面向21世纪课程教材
Textbook Series for 21st Century

U0771147

新闻学导论

Xinwenxue Daolun

（第三版）

李良荣 著

高等教育出版社·北京

内容提要

本书是教育部"高等教育面向21世纪教学内容和课程体系改革计划"的研究成果。

本书是第三版，与第二版相比有较大改动，新增加了三章，即第十三章互联网与传播革命，第十四章从大众传媒到新媒体，第十七章舆论引导与舆论监督。修改补充了某些章节内容，更新了相关数据。修改了第二版教材中一些陈旧的案例和观点，充实了近十年来传媒业的新发展和新闻传播学研究的新理论，系统全面地讲述了新闻学的基本概念、基本原理和新闻工作的基本原则。

本书是高校新闻学专业基础课教材，也可作为新闻学自学考试的参考书、新闻媒介从业人员的自修用书。

图书在版编目（ＣＩＰ）数据

新闻学导论 / 李良荣著 . -- 3版 . -- 北京：高等教育出版社，2016.12（2025.1重印）
ISBN 978-7-04-046341-5

Ⅰ . ①新… Ⅱ . ①李… Ⅲ . ①新闻学－高等学校－教材 Ⅳ . ①G210

中国版本图书馆CIP数据核字(2016)第197628号

策划编辑	武 黎	责任编辑	赵懔简	封面设计	杨立新	版式设计 马敬茹
责任校对	杨凤玲	责任印制	高 峰			

出版发行	高等教育出版社	网 址	http://www.hep.edu.cn	
社 址	北京市西城区德外大街4号		http://www.hep.com.cn	
邮政编码	100120	网上订购	http://www.hepmall.com.cn	
印 刷	固安县铭成印刷有限公司		http://www.hepmall.com	
开 本	787 mm×960 mm 1/16		http://www.hepmall.cn	
印 张	22.25	版 次	2006 年 12 月第 1 版	
字 数	400 千字		2016 年 12 月第 3 版	
购书热线	010-58581118	印 次	2025 年 1 月第 7 次印刷	
咨询电话	400-810-0598	定 价	46.00 元	

目录

绪论

一、新闻学

任何一门学科都以客观世界(包括人类社会和自然界)的某一特定现象作为自己的研究对象。新闻学是以人类社会客观存在的新闻现象作为自己的研究对象,研究的重点是新闻媒体和人类社会的关系,探索新闻媒体的产生、发展的特殊规律和新闻工作的基本要求。

新闻学的中心议题是:客观社会的诸条件对人类新闻活动的决定、支配作用以及新闻活动对社会的反作用。

从新闻学的内容来说,大致可以分为理论、历史、应用三部分。

新闻理论:总结、阐明人类新闻活动(主要是新闻媒体)的基本规律。它从新闻实践中抽象出来,又指导新闻实践。

新闻史:评述和研究有史以来人类的新闻活动的历史,重点是新闻媒体产生、发展的历史。它提供理论科学的历史材料,可为当前的新闻工作者作借鉴。

新闻业务:总结、研究各种业务知识和新闻工作的技能技巧,包括新闻采访、新闻写作、新闻编辑、新闻摄影、报刊发行等。

新闻学这三个部分是不可分割的一个整体。如果只有理论、历史,没有实际应用的新闻业务部分,理论、历史就不能有力地发挥其应有的作用;如果只有实际应用的新闻业务部分,没有理论、历史,那么也会使人只知其然不知其所以然。

《新闻学导论》主要是介绍新闻学和新闻媒体的基本知识、基本概念、基本观点,为今后进一步探索新闻理论、研究新闻史、从事新闻业务工作打下基础。

新闻学从 18 世纪发轫,到 19 世纪末初步形成。在西方发达国家,从 20 世纪 50 年代以后,新闻学逐渐融入大众传播学。中国的新闻学在 20 世纪 20 年代初步形成。徐宝璜的《新闻学大纲》(1918 年在北京大学演讲,1922 年正式出版)、邵飘萍的《实际应用新闻学》(1923 年出版)、戈公振的《中国报学史》(1927 年出版)三本著作构筑了中国新闻学的基础框架。

二、学习新闻理论的意义

《新闻学导论》涉及新闻学的三部分内容,三者之中又侧重于新闻理论。

新闻理论来源于实践,但不是实际经验的简单堆砌,而是实际经验的总结和概括,是对实际经验中所含的具有普遍性的新闻工作客观规律的认识,因而它对实践具有一定的指导作用。

1. 指导新闻工作者自觉地从事创造性的工作

一般说来,新闻学中的应用业务部分着重于具体的工作方法,教会大家怎样做;而新闻理论则是从社会的新闻活动(包括专业新闻工作)的全局出发,系统地告诉大家为什么必须这样做,为什么不能那样做。感觉到的东西不一定能立刻理解它,只有理解了的东西才能更好地感觉它,更好地掌握它。只懂得应该怎么做,不明白为什么必须这样做,至多只能仿效别人成功的经验,不大可能去创造新的经验。只有既懂得应该怎么做,又明白为什么必须这样做,才能根据实际情况,探索新的工作方法,创造新的工作经验,才能把新闻实践不断推向前进。这就是创造性的工作。新闻理论讲的都是人类新闻活动(包括新闻媒体)的根本道理,即客观必然性的道理。新闻工作者如果缺乏新闻理论的修养,虽然也能学习现成的经验,但很难突破与创新。正确的理论是实践的向导。新闻工作也是如此。

2. 指导新闻媒体不断进行正确的改革

新闻理论反映现实世界。现实世界的不断变动决定了新闻媒体需要不断地进行改革。新闻改革只有遵循新闻媒体的客观规律才能取得成功。只有改革的愿望,没有科学的态度,没有对客观规律的正确认识,在实际改革过程中,就会左右摇摆,或者人云亦云,不能按照新闻规律认清改革的方向。

从我们党所领导的新闻事业来看,1942 年 4 月开始的新闻改革,1956 年的新闻改革以及从 1979 年开始,至今还在进行的新闻改革,都包括总结新闻工作的经验教训和学习、探讨新闻理论等内容。因为新闻工作中的许多问题需要新闻理论来阐述,新闻改革需要新闻理论的指导。

3. 指导我们以科学的态度对待国外新闻工作的理论和实践经验

对于国外的新闻学和新闻工作的业务经验,我们曾经有过两种极端:一种是全盘照搬,从新闻理论到新闻业务,甚至包括报纸版面安排、编辑部的组织分工、新闻体裁,不问是否适合中国国情,都依样画葫芦。另一种是全部排斥,凡国外的东西一概斥之为资产阶级的腐朽东西。这种全面肯定或全面否定的简单化态度,反映出我们缺乏新闻理论修养。当提倡学习国外新闻工作的经验时,我们往往只记住了新闻媒体的共同规律,忘记了我国新闻工作的特殊性;而当提出要抵制国外新闻工作中不适应中国情况的一些做法,批判一些错误的观点时,我们又往往只注意到了我国新闻工作的特殊性,忘记了新闻媒体具有共同的规律。

对于国外新闻工作的经验和新闻学观点,正确的态度应该是有分析、有鉴别,取其精华、弃其糟粕。实行对外开放政策以来,我国的新闻工作者和国外同行的接触日益频繁,采取正确的态度就显得尤为重要。面对国外新闻工作的理论和实践,我们有时分辨不清有用与无用、精华与糟粕,这就需要我们认真学好新闻理论,既懂得新闻工作的共同规律,又明确我国新闻工作的特殊要求。

4. 指导我们正确地吸收其他学科的成果

新闻学在它形成过程中,曾经吸收了哲学、政治学、历史、文学等许多学科的成果;在新闻学今后的发展中,还将继续吸收其他学科的成果。过分强调新闻工作的特殊性,而拒绝吸收其他学科的成果的想法和做法是狭隘的。从历史和当前的情况看,这种盲目排斥的做法虽不是主要倾向,但并非没有。由于新闻学是比较年轻的学科,和其他学科相比,它还不成熟、不稳定。这就使得新闻学常常到其他学科中去寻找材料来丰富自己。但是如果不能区别新闻学和其他学科的不同点,把哲学、文学、历史、政治经济学,甚至军事学上的许多概念、方法简单地套用到新闻工作上来,就不能准确阐明新闻理论问题,还可能使新闻研究出现混乱。没有对新闻工作客观规律的深刻理解,也就难以吸收其他学科的成果。

三、新闻学和新闻工作

如果以为掌握了新闻学就可以从事新闻工作,那实在是一种误解。新闻学给了我们一种从事工作的思维方式,使我们善于去发现新闻、发掘新闻,给了我们从事新闻工作的基本的技能技巧。但是,在新闻学里并没有一个观察、理解现实和评价事实的是非曲直、利弊得失、荣辱好恶的价值体系或参照系。这种价值体系必须从其他学科,例如政治学、法学、经济学、哲学、文学等方面去汲取,在党的方针政策、国家的法律法规中去寻求。

新闻学仅仅是一门专业学科,而新闻工作却是多种学科的综合运用。对于立志从事新闻工作的人来说,除了学好新闻学,还应该花更多的时间、精力去学习党的方针政策、国家的法律法规,学习其他的社会科学、自然科学,到新闻实践中去刻苦磨炼,从而建构起比较完整的知识结构。

复习思考题

1. 新闻学的中心议题是什么?
2. 如何理解新闻学和新闻工作的关系?

第一章

新闻活动

第一节　新闻活动是一种普遍的社会现象

在现代社会,人们一谈到新闻,总是联想到报纸、广播、电视这些传统媒体。报纸、广播、电视,在新闻学上总称新闻媒体,在传播学上称为大众传播媒介(简称大众传媒)。新闻媒体的迅速发展,对社会产生了巨大的影响,并成为人类文明的一个标志。无论是繁华都市还是边陲山寨,读报、听广播、看电视已成为人们日常生活不可缺少的一部分。人们通过这些传播工具来了解国内外的重大事件。

但是,在社会生活中,除传统的新闻媒体外,人们还可以通过其他途径来相互传递新闻。在茶馆中,在车船上,在亲戚朋友聚会的时候,人们总自觉或不自觉地相互打听新闻。信件、电话、手机短信、手机微信和互联网中也有新闻。另外,我们开会、听报告、研究工作,同样可以了解到不少新闻。这说明,在人们的交往中,相互传递新闻的活动在普遍地持续地进行着。

因此,我们说,了解和传播新闻是一种普遍的社会现象。从广义上说,新闻活动不仅仅限于和大众传播工具的直接接触,它也包括人们为沟通客观世界新近变动的情况所进行的一切活动。

如果再稍稍注意一下,还会发现另一个普遍的社会现象:在当今世界上的任何国家、任何阶级、任何行业,每天都需要获取一定的新闻,才能在社会中求得生存,求得发展。例如:

作为一个国家的领导人,为了制定正确的内政外交的方针政策,他就得了解国内外形势的变化,准确及时地获得可靠的、全面的、丰富的现实变动的情况。

作为一个企业的管理者,为了安排企业的生产和经营,他就得随时随地了解国内外经济环境的变化,了解本国以及国外的与本企业有关的法令、政策的变动情况,了解与本企业有关的其他企业的生产动态,了解市场的动向。根据中国目前情况,一家独立经营的中型企业,一般情况下要与六十多个部门、行业发生直接、间接的联系。也就是说,企业管理者必须了解这六十多个部门、行业的情况和变动,包括宏观经济形势,党和国家有关法令,党政主管部门有关政策、文件情况,银行利率和借贷变化,原材料和零部件供应厂商的情况,同类产品企业情况,市场行情和消费者走势,新技术研制,劳动力市场变化等。任何一位企业领导人都懂得一个简单的道理:在形势不明的情况下盲目投资、盲目生产、盲目经销,必然导致企业亏损甚至倒闭。

作为一名军事指挥员,就要随时了解敌我双方的兵力、军事装备、部署、士气等的变化情况。当两军对垒、战争爆发以后,要一天 24 小时不间断地关注战争的进程,并根据了解到的新情况修改或重新制订作战计划。"指挥员的正确的部署来源于正确的决心,正确的决心来源于正确的判断,正确的判断来源于周到的和必要的侦察,和对于各种侦察材料的联贯起来的思索。"[①] 不随时了解情况,必然招致战争的失败。

作为科学工作者,为了在科学研究中取得新的成就,就必须随时关注科学研究的动态。如果只顾埋头搞科研,不了解科研的新发展,把人家已经解决的问题当作新课题去研究,就会枉费巨大的人力、财力、物力,造成莫大的浪费。

生活在现实社会中的每个人,他们的许多行动都要以了解一定的新情况为前提,大至国内外形势、国家的有关政策,小至每天的天气,市场上的物价变动、商品供应情况。在人们的日常交往中,领导、同事、家庭成员、亲戚朋友、左邻右舍甚至某些陌生人的行为都会引起人们的关心。"家事、国事、天下事,事事关心",这不仅是从事政治活动的需要,也是人们日常生活和社会性生产的需要。例如,中央关于提高部分农副产品的收购价格、关于调整部分物价、关于增加职工工资等通知,谁会充耳不闻,不去详细了解? 三峡大坝工程竣工、潜艇发射导弹成功、神舟十号上天、青藏铁路通车、粮食的丰产或歉收等消息,谁会不关心呢? 如果一个人远离父母在外工作,那么亲人的任何变化会时时牵动他的心;如果人们想外出旅行,那就需要了解交通和天气变化情况;如果家里有孩子即将大

---

① 《中国革命战争的战略问题》,《毛泽东选集》第 1 卷,人民出版社 1991 年版,第 179 页。

学毕业,那么家长、孩子本人必定想了解就业的动向,如此等等。在日常社会生活中,这样的事情何止成千上万? 这些年来,城乡不少人富裕起来,家有余钱,余钱投向哪里? 股票、房产还是合伙办企业? 这就必须像企业家那样,掌握方方面面的情况,既要了解现实的变动,又要预测未来才能决策。可以说,中国人比以往任何时候都渴望新闻。

第二节 新闻活动是人类社会
求生存图发展的需要

　　人类为什么必须随时了解新闻和传播新闻? 从事此项活动的目的何在? 对于这个问题,新闻学者提出过许多不同的观点。对受众(读者、听众、观众)进行调查表明,不同的人有不同的回答。要弄清新闻学的这个基本问题,必须从人类社会关系最原始、最简单的时期开始考察,然后依次研究社会条件发生变化以后的情况。

一、原始社会的新闻活动

　　原始人怎样从事新闻活动,当时并无记载。但从人类学家、探险家、考古学家对原始部落的考察中,我们可以推想远古原始人的新闻活动。

　　例如,南部非洲的什门人狩猎时往往集合二三百人协同狩猎,狩猎完毕以后,队伍就分散成一些小的群体,但分散以后并未断绝相互的联系。他们经常用火作信号,彼此通报情况,如果发现大的猎群,就迅速地重新集合起来。达尔文在他的《研究日志》中也说到,火地岛上的土著居民(原始人)同样用火传递信息,相互联系。这是借助一定的信号(火)从事消息传递活动的例证。

　　普列汉诺夫在《没有地址的信》中用不少事例证明:绘画在原始人那里首先服务于纯粹实际的、功利的目的——向同伴传递消息。在澳大利亚内地,水源奇缺,原始人在水溪周围一带的岩石上画上袋鼠和人的胳膊,告诉经过此地的同伴:附近有水源,人和动物在此饮过水。巴西的原始人在一条河岸的岩石上画了一条鱼,以此向同伴通报:此河有鱼。这是借助于一定的符号从事新闻活动的例证。

　　在中国远古时代的神话传说中,常常出现"千里眼"或"顺风耳"这样的角色。他们是怎样的一种人呢? 在殷墟出土的甲骨文中,有一块刻着这样的字句:

来僖自西,告曰:土方征我于东鄙。

来僖自北,苦方又侵我西鄙里,戋二人。①

这两句的意思是说:西面边疆上的士兵报告说,土方部落来攻打我东边的地方;北方边疆来的士兵报告,苦方部落又来侵犯我西边的土地,还杀了我们两个人。以此推测,所谓"千里眼""顺风耳"不过是将报告情况的士兵神话化而已。这些士兵不是在从事新闻活动吗?

这些事实说明:人类的新闻活动起源于原始社会,新闻活动随着人类社会的产生而出现。那么原始人为什么要从事新闻活动呢?

人类一产生,就聚群而居,结成最简单的生产关系,共同应对自然界。这是基于原始人本身的生存需要。因为他们凭借简陋的工具,无法在自然界单个生存下去。采集植物、猎取动物和为争夺生活资源而进行氏族间、部落间的战争构成了原始人生活的三大部分。原始人的采集、狩猎和战争从一开始就是社会性的,是许多人一起协同行动的。

客观世界是不断发展变化的。植物应时而异;动物忽现忽失;天有不测风云,随时发生的自然灾害威胁着原始人的生命。为了寻找食物,躲避自然灾害,原始人群不断地迁徙,随时可能和其他原始群发生遭遇战或受到袭击。客观世界的这一系列变动,直接关系到原始人的生存,他们就必须随时随地了解并相互传递外界的变化,以便商量对策,协调一致,采取行动。比如说,当一个原始人发现一头野牛的时候,他就得及时报告同伴,组织力量来围捕;当其他部落来袭击时,他们得了解对方的情况,商量对付的办法。没有相互传递外界变动情况的新闻活动,就没有协调一致的集体行动;没有协调一致的集体行动,原始人就只能饿死或被其他部落杀死。由此可见,在原始社会,新闻活动并不是为了满足某种精神上的需要或出于政治上的考虑,而是为了满足生存的需要。

由此,我们从原始社会的新闻活动中可以得出这样的结论:

客观世界的变动关系到人类的生存,人类的社会性决定了人类从事新闻活动的需要,人类从事新闻活动的目的是为了了解客观世界的变动。

二、奴隶社会的新闻活动

随着生产力的发展,奴隶社会代替了原始社会。和原始社会相比,奴隶社会

---

① 转摘自《古代的通信兵》,《集邮》1964 年第 2 期。

的社会条件有了很大变化:(1) 产生了阶级和阶级斗争,出现了日益庞大的国家统治机器。(2) 出现了社会分工:农业与牧业,农业与手工业、商业,脑力劳动与体力劳动。社会关系比原始社会复杂得多。这样,人们不但需要了解自然界的变动,还必须了解各种各样的社会关系的变动。这就使奴隶社会的新闻活动比原始社会频繁得多,规模大得多。

奴隶社会的统治集团为了运转国家机器,就需要上下左右互通消息,使各方面协调一致。为了维护统治,还得随时注意奴隶的举动,以便及时镇压他们的反抗。

社会产生分工以后,从事不同产业的人们为了交换产品的需要,就得彼此了解,尤其是商业活动,更需要大量的信息。

在原始社会,产品仅够维持个人的生命,无力供养大量专门从事新闻活动的人,而且也无此需要。到了奴隶社会,生产力提高了,社会有了剩余产品,就有余力来养活一批采集、传递新闻(情报)的专职人员(首先是在军事上,以后用在政治、经济上)。春秋战国时期,由于社会变动频繁,新闻活动也活跃一时,各国都雇佣大量人员专门刺探对方的政治、军事、经济等情报。谁的消息灵通,谁就有克敌制胜的主动权。春秋末期的《孙子兵法》有一章专论《用间》,用"因间""内间""反间""死间""活间"五种方法刺探敌情,作为决策依据。战国时期的魏公子信陵君的门下食客逾千,有不少人从事情报活动,达到出神入化的境地。《史记·魏公子列传》载:

> 公子与魏王博,而北境传举烽,言"赵寇至,且入界"。魏王释博,欲召大臣谋。公子止王曰:"赵王田猎耳,非为寇也。"复博如故。王恐,心不在博。居顷,复从北方来传言曰:"赵王猎耳,非为寇也。"魏王大惊,曰:"公子何以知之?"公子曰:"臣之客有能深得赵王阴事者,赵王所为,客辄以报臣,臣以此知之。"

赵王的一举一动,包括打猎游玩,信陵君的食客都向信陵君报告,使得信陵君可以遇乱不慌。

三、封建社会的新闻活动

到封建社会,社会关系进一步复杂化,人们彼此之间的联系更加密切,社会对新闻的需求量就比奴隶社会大得多。

　　第一，国家的形式更加完备，建立了中央集权制。中央集权制的巩固始终和灵敏的情况反映相联系。为了维护日常的统治，中央政府制定了许多法令、政策，向全国发布；同时要监督各级官吏，了解各地的情况。没有灵敏的情况反映机制，中央集权就会动摇。中国历代王朝修驰道，建驿站，除运兵、运物外，另一个重要目的是通情况。意大利旅游家马可·波罗在他的游记中这样描写元朝的通信工作：

　　　　从汗八里城（元朝首都，今北京城——引者注）有通往各省四通八达的道路。每条路上，也就是说每条大路上，按照市镇坐落的位置，每隔四十或五十公里之间，都设有驿站……每一个驿站，常备有四百匹良马，供大汗信使来往备用……

　　　　在各个驿站之间，每隔约五公里的地方，就有小村落，大约有四十户人家。这里住着步行信差，也同样替皇帝陛下服役……（每名驿卒只跑约五公里）一站一站地依次传递下去，效率极为神速，所以，只消两天两夜，皇帝陛下便能接到远方的信息……

　　　　如果遇某处发生骚乱，或某处首领造反，或者其他重大事件，需要火速传递消息的话，那么，驿卒们一日飞驰三百二十公里，有时甚至是四百公里。在这种时刻，他们身上带有一块画有隼的牌子，作为紧急和疾驰的标志。①

这实在是规模巨大、设计完整的通信网。有了这样的通信网，中央对各地发生的情况可随时作出反应，统治集团的上下左右能协调行动，把国家机器运转起来。

　　第二，在整个封建社会，常有各个利益集团之间的战争，也常有农民武装起义，敌对双方都需要了解对方的情况，摸清对方的政治、军事、经济等方面的任何变动；同时敌对双方的内部也需要大量的新闻（情报）传递工作，以便统一行动。尤其在农民组织起义的前夕，需要大量的联络发动工作。

　　第三，封建社会的农民，虽然由于政治压迫、经济剥削产生了对地主的人身依附，同时自给自足的自然经济也把农民束缚在狭小的圈子里，但他们毕竟有了一定的人身自由，一定的自主权。这样就不可避免地和外界发生联系，需要了解相关情况来维持正常的生产和生活。例如，对于官府衙门（主要是缴捐税、打官

---

① 《马可波罗游记》，陈开俊等译，福建科学技术出版社1981年版，第118~121页。

司)、对于市场、对于有租佃关系的地主以及对亲戚朋友等,农民都需要了解一些情况,这就要从事一定的新闻活动。

第四,在封建社会,地主阶级仍然坚持用武力对农民进行剥削,但因为农民已有一定的人身自由,仅用武力是不够的,还需要从思想上软化或者说奴化农民。地主阶级奴化农民,除了利用儒家学说和道教、佛教等实施思想统治外,还用新闻来宣传皇帝、地方官吏、地主的所谓德政、威严。

第五,社会分工比过去更加明确,尤其是大量城镇的出现,使城乡之间、城镇内各行各业之间的联系频繁起来,这就需要有更多的新闻活动。

我们看到,从奴隶社会到封建社会,社会条件改变了,但和奴隶社会相比,新闻活动有两点没有改变:(1) 无论是统治阶级还是被统治阶级,都必须要有一定量的新闻才能生存下去。从事新闻活动的主要目的是为了了解客观世界的变动。(2) 驱使人们不由自主地从事新闻活动的原因是人类相互之间的联系和客观世界的永恒变动。

此外,和原始社会相比,人类的新闻活动在不断向前发展。(1) 新闻活动的规模越来越大,过去仅几十人、几百人的一个原始群,新闻传递不超过几十里;而到了封建社会,新闻活动在整个国家内进行,一个信息可以传递到几千里外。原始社会没有脱产的专职人员,而到了封建社会,有一大批脱产的专职人员。(2) 新闻的内容大大丰富了、复杂了。原始人的新闻活动集中于了解自然界的变动,部落间的战争并不频繁。而到了封建社会,人类的新闻活动除了了解自然界的情况外,还包括政治、经济、军事、文化等。(3) 传递新闻的手段多样了。原始社会只有语言和极为简单的符号、信号;奴隶社会开始用手写的文字作媒介,封建社会又有了印刷品。

奴隶社会、封建社会的新闻活动情况告诉我们,社会条件的改变提高了人类社会交往的密切程度,各行各业、各个阶级、阶层对新闻的需求量增加了。正是新闻需求量的增加,迫使人们不得不扩大新闻活动规模,扩大新闻内容,增加新闻传递的手段。社会对新闻的需求量直接决定了人类社会新闻活动的规模、方式和内容。

而社会对新闻的需求量又是由社会生产力水平所决定的。从原始社会到封建社会,社会生产力水平越高,人类相互之间的关系越密切,社会的变动就越剧烈。社会变动越剧烈,所产生的新闻就越多;人类相互之间的关系越密切,社会对新闻的需求量也越大。由此可以得出这样的结论:变动产生新闻,关系决定需要。

第三节　新闻活动的渠道

在现代社会,人们获取和交流新闻的渠道、形式、手段多得难以胜数。而不同的人由于社会地位、职业、文化程度不同,各有相对固定的渠道来获取自己需要的信息。

不管是公开的还是秘密的,人们获取新闻、交流信息的渠道,可以归纳为三类。

1. 亲身传播。不管是近距离还是远距离,亲身传播都是个人对个人的传播。最常见的是两个人面对面的交谈。其实,亲身传播可采用的方法极多,主要有:言语传播,包括面对面交谈,电话会谈;文字传播,包括私人信件、传真、电子邮件;体态语言传播,即人们常常在一定场合以手势、眼神、面部表情等来传达一定的情感、情绪,也传播一些信息,比如,在股票交易大厅,股票经纪人向他的委托客户以手势显示股市的涨落,客户也同样以手势传达买进卖出的要求。还有信号传播,在战争年代,共产党的地下工作者常以在窗外悬挂实物显示安全或危险;海上航行时,舰船上的信号员互打信旗,都属于这一类。亲身传播的最大特点是信息传播有明确的对象,属于定向传播。好处是传播信息针对性强,反馈快,互动快,不同的方法可以交替使用。不足之处是传播面窄,传播速度慢,保真度差,一个信息,经人们口口相传,越到后来越失真。中国古代"掘井得人"的故事正反映了在口头传播中人们添枝加叶,以致最后完全走样,以讹传讹。

2. 大众传播。在中国的新闻学分类上,大众传播习惯上只包括报纸、广播、电视三种,而西方国家还包括杂志、书籍、电影,总共六种媒体。大众传播最大特点是一个媒介面向全社会传播信息,没有明确的传播对象,是一种无定向传播。它的长处是传播速度快,传播面广,保真度好。一条报纸上的新闻,白纸黑字,不管有多少人读,都是一个样,尽管人们理解不同,但原始样本总是一样的。不足之处是,它没有明确的传播对象,所以它的反馈很慢,互动性差。

3. 群体传播。这是一个人面对一群人所进行的传播,常见的有群众集会、新闻发布会、座谈会、各种讲座、报告会、小组讨论会,大到几千人,小到几个人。它既属于定向传播,又属于无定向传播,要依具体场合、参与人数来定。

需要说明的是,亲身传播、大众传播、群体传播,是人们和外界沟通的三种方式或三种渠道,通过这三种渠道获得的不一定全是新闻。

复习思考题

1. 人类为什么必须从事新闻活动？
2. 新闻活动的三大渠道是什么？

第二章

新闻

第一节　新闻的基本特点

　　新闻与生俱来的基本特点有两个：一是真实，二是新鲜，由此而延伸出新闻报道迅速及时的要求。这两点是新闻最为基本、最为核心的要求和规律。

　　新闻为什么必须真实和迅速？这不是某个人的规定，而是出于人类求生存、求发展的需要。人类是聚众而居的生物，每一个群体（部落）必须以集体的力量面对来自自然界和其他群体的挑战。为此，他们必须及时地了解周围世界的变动，以便及时作出决策，采取行动。一切正确决策的前提是情况报告（我们可以称为新闻或消息，亦可称作信息）必须是真实的、全面的，采取恰当行为的前提是情况报告必须及时。

　　从原始人到现代人，经历了数百万年，人类传播新闻的手段（新闻运载工具）日趋丰富、复杂，但新闻的真实、迅速的特点并没有改变，改变的仅仅是人们对新闻真实、迅速要求的程度不同而已。

　　在现代社会，真实、迅速决定了新闻工作的方向，是新闻工作者必备的职业素养，也决定了媒介采用的形式和技术。

　　人类对于传播工具的选择归根到底是由新闻的特性所决定的。人类社会的新闻传播工具，经历了口头新闻、书信新闻、新闻书、新闻周刊、日报、电台、电视台这样一个演变过程，或者说，从人体器官到印刷媒介再到电子媒介的过程。比起口头新闻来，印刷媒介具有广泛性和保真度，千百万读者可在几乎相同的时间获得相同的新闻。1663年德国的《莱比锡新闻》是世界上最早的日报，它一开始就是两面印刷的散页,几百年过去了,报纸的内容天天在变,但报纸的外观——散装活页却至今不变,而且世界上任何国家的任何报纸都是如此,不同的仅仅是版面的多少和文字而已。为什么人们不去改变它? 不是不想变,而是无法改变,因为报纸的散装活页能够印得快(省去了书本、杂志的装订时间),读得快(读者一下子可以看到一个版面上所有的新闻内容,省去了翻阅的时间)。可见,是新闻迅捷的要求塑造了报纸的外貌。在印刷媒介中,新闻周刊比新闻书快,日报又比周刊快;而电子媒介的传播速度则大大快于印刷媒介,此外,声音和画面比文字更具有真实感。而在电子媒介中,电视比电台广播更显著的长处是有现场画面,更具真实感。

在现代社会,新闻媒介处于激烈的竞争之中,竞争的目的当然是争取受众。那么,新闻媒介靠什么来吸引受众? 就新闻而言,归根到底是依靠真实和迅捷。任何一种媒介,只要受众认为这家媒介在隐瞒事实、歪曲事实,它就会被受众遗弃,纵然它还存在着,也不过徒具形式而已。而在新闻报道的速度上,新闻媒介之间的竞争是以分、秒甚至零点几秒来计算的,就像奥运会中的百米竞赛。美国三大广播公司(全国广播公司、美国广播公司、哥伦比亚广播公司),1995 年全年各自播出上万条重要新闻,为争夺观众,它们各出绝招,都想争先报道。但一年竞争的结果,在报道时间上累计总和相差不到一分钟。这是何等残酷的竞争,这也正是新闻特征的表现。

真实和迅速的要求还决定了对新闻工作者素质的基本要求。无论是什么样社会体制下的新闻从业人员,无论从事何种媒介的传播工作,对他们的素质有一个共同要求:首先必须诚实、公正和严谨,其次必须有敏锐的反应和判断能力,这一切都是从保证新闻的真实和迅速出发的。

第二节　两种新闻定义

一张报纸,一版大约有 20 条新闻。打开电视机,半小时的新闻节目,会有 60 条左右的新闻。但是,在日常生活中常常会听到这样的话:"看了半天,一条新闻也没有。"那么,报纸上那么多的"本报讯""新华社电""据路透社电"等都不是新闻? 这种状况之所以发生在于新闻工作和日常生活中存在着并行不悖的两种新闻定义。

新闻定义一:新闻是新近发生事实的报道。

新闻定义二:新闻是新近事实变动的信息。

　　这两个定义的共同点是：它们都概括或反映了新闻的真和新这两个基本特点。它们的区别在于，去掉中间的限制性定语，便成了：新闻是（一种）报道（新闻定义一），新闻是（一种）信息（新闻定义二）。

　　新闻是报道，表达出新闻的形式。

　　新闻是信息，表达出新闻的实质。

　　这两个定义，对于新闻互为表里，在不同的场合各有不同的内涵和功能。报纸上一个版 20 条左右的新闻，这是以新闻定义一来衡量的；说报纸上"一条新闻也没有"，这是以新闻定义二来衡量的，意思是说，报纸上没有一条可以引起读者兴趣的信息。

　　关于新闻与信息的关系，我们将在下一章阐述。本节着重讲述新闻定义一，即新闻是新近发生事实的报道。

　　新闻是（一种）报道。报道是什么？为了弄清新闻定义的内涵，有必要把报道、分析、判断三个概念区别开来。

　　报道是对可以查证的事实的客观叙述。这里所谓"可以查证的事实"是指人们看得见、摸得着、感受得到、有根有据的事。例如，"新华社（1998 年）7 月 19 日电　记者从'民营企业历史责任与企业素质研讨会'上获悉，中国现有私营企业 96.07 万户，从业人员 1 349 万人，注册资金 5 140 亿元人民币。"这个数字可以通过某种途径核对。"中新网（2013 年）12 月 30 日电　国土资源部副部长、国务院第二次全国土地调查领导小组办公室主任王世元今天上午在第二次全国土地调查主要数据成果新闻发布会上表示，与上一次调查相比，建设用地从 2 918.0 万公顷增加到 3 500.0 万公顷，增加了 581.9 万公顷。国家实施建设用地增量计划投放与鼓励存量盘活并重的调控措施，有力保障了经济社会发展的用地需求。"这里要核对的不是一连串数字，而是 12 月 30 日国土资源部副部长王世元有没有讲过这些话。"据新华社（1998 年）7 月 20 日电　98 长春英语语言村 19 日正式开学，这是美国英语语言村今年在中国开办的第四个语言村。另外三个语言村分别设在山东济南市、浙江杭州市和宁波市。这 4 个语言村共有 73 名美国教师、近 800 名学生。"这些语言村是人们可以通过其他渠道获知的，有根有据。相反，如果报道让人无法核对，那就令人怀疑。下面是一则德国某通讯社的报道《错把绿发当青草》①：

----

　　①　见《新民晚报》1998 年 7 月 21 日。

德国 19 岁的吉他手奥吉把头发染成绿色,并剪了一个古怪的发型。一天下午,他去汉诺威动物园与女友约会,对方迟到,于是他沐浴着阳光在长凳上睡着了。这时适逢骆驼"托尼"路过,看中了他的头发,于是决定饱餐一顿。奥吉从疼痛中醒来,发出阵阵尖叫声。骆驼把头发在嘴里嚼了几口,发觉上当,于是吐了出来。"托尼"的饲养员说,"托尼"这是第二次犯同一错误,几年前它也拔掉了一个留有绿头发的小伙子的头发,它显然是把绿头发错当成了青草。

在上述新闻中,吉他手奥吉的举动以及"饲养员说"的话都可以核对,骆驼"托尼"嚼奥吉的头发也可以核对,但"托尼""看中了他的头发,于是决定饱餐一顿""发觉上当,于是吐了出来",这一连串"看中""决定""发觉"属于动物的心理活动,怎么去核对?骆驼"托尼"不能告诉记者,记者是"想象"出来的。

分析是建立在事实基础上,对事实发生的原因、意义、影响所作的解释以及对未来发展趋势、结果所作的预测。分析的前提是掌握全面的事实,分析的依据是事实(人们常称之为背景材料),分析的结论同样必须是事实,或者是构成该事实的必要材料。例如,"新华社 22 日电 到(1998 年)6 月底,中国国家外汇储备数为 1 405.1 亿美元,比年初上升 6.2 亿美元。"在分析外汇储备增加的原因时,新闻称"今年以来,通过改革和调整政策,国家在增加投资、加强基础设施建设、鼓励出口和利用外资等方面采取了一系列政策并取得了积极成效"。"上半年中国进出口贸易顺差达 226 亿美元,与去年同期相比增加了 48 亿美元,增长 26.6%。"国家外汇储备的增加是由于出口增长,以一个具体的事实来解释另一个具体事实,令人信服。而令受众生厌的是有些新闻报道"戴帽穿靴"说空话。

判断是对某一事件利与弊、是与非、对与错、得与失、善与恶、荣与辱所作的结论。这种结论,有强烈的主观倾向,有鲜明的价值取向。如"申城打假特别执法月成绩斐然",这"斐然"两字表示出作者对此事持鲜明的肯定态度。"今晚,上海京剧团《曹操与杨修》剧组以精湛的演技征服了爱挑剔的天津观众",一句导语里有三个判断词:演技——精湛,天津观众——爱挑剔,演出结果——征服观众,这一条导语显示出作者鲜明的倾向。一些厅、局级干部"工作繁忙而效率不高",这是对某些干部工作作风的评判。"美佳饭店的服务既不美也不佳",这是对某饭店服务质量的判断。

新闻既然是对新近发生的事实的报道,那么,它就应该尽可能多地向人们提供可以查证的事实,如果要做些分析,也应尽可能避免下判断,更不要以判断来代替事实。但从实际情况看,在不少新闻中,事实不多,判断不少,以作者的主观判断来代替具体事实的情况比比皆是,造成新闻空洞。

1985 年 6 月 26 日《经济日报》第 2 版在总标题《五省、区信访接待室见闻》下,有两条新闻,我们来对比一下:

> 《内蒙古——既讲政策　又讲人情》:18 日上午 8 时,记者来到内蒙古自治区信访接待室。第一个来上访的是伊盟达拉旗一位 60 岁的复员军人,负责接待的同志搬来椅子热情地招呼这位同志坐下,刚刚翻开接待记录,一位老农在儿子的搀扶下又走了进来。接待员站起来说:"看您的身体不好,隔壁有长条凳子,您先躺一会儿,等接待完这位同志再过来。"10 点钟,记者看到这位老农手捧水碗发呆,问是不是对接待不满意? 老农含着眼泪连连摆手说,我遇到了好人,这碗水就是接待我的那个女同志给倒的。

> 《山西——安置孤儿　局长过问》:18 日上午 6 时,记者来到山西省委、省政府接待室。接待室干净、整洁。厅角的桌上放着一只装满开水的大保温桶,十几名上访者秩序井然地坐在长椅上等着依次接待。工作人员热情地询问情况,认真做着记录。这时一位年轻人推门进来,激动地对工作人员说:"太感谢你们了,真没想到事情解决得这样快,这样好。"这个年轻人叫李晓前,1960 年随父母下放到潞城县农村,以后父母病故,小李成了孤儿,生活无着。1982 年小李找到信访局要求给予安置,工作人员多次联系,局长还亲赴潞城县协商,终于解决了小李的问题。

这两则新闻,明眼人一看就知道是前好后次。前一篇,作者在仔细观察的基础上,用一连串动词来描述那位接待员的动作,表明这位接待员热情、周到、礼貌,使读者如闻其声、如见其人。而后一篇,对接待员的现场工作情况的叙述只有一句:热情地询问,认真地记录。接待员们究竟怎么"热情""认真",这本来是全文的主题,也是读者最关心的事情,恰恰没有提供,而是用"热情""认真"两个副词一带而过。作者用自己的判断代替了对客观事物的叙述,用自己的评价来代替应该让读者从具体事实中得出的结论。这样的新闻空空洞洞,作者不得不用过去发生的事情来代替现场描写。

新闻报道要求记者多作报道,少作判断,但无论现实生活还是新闻报道,判断是必不可少的。这里的一个技巧就是善于把判断变成报道。举例说,1998 年

7月8日,在第15届世界杯足球赛的半决赛中,法国队对克罗地亚队,裁判判罚法国队后卫打人犯规而出示红牌。当时,无论是现场直播的主持人还是第二天的各报新闻,基本上都这样报道:

> 法国队与克罗地亚队的半决赛,战至下半场第22分钟,法国队核心后卫布兰科因击打克罗地亚队前卫比利奇的脸部而被罚红牌下场,法国队不得不以10人应战克队11人。

但事实证明,这个报道错了。布兰科被罚红牌下场是实有其事的,但录像显示:布兰科没有击打对方,只不过在双方争夺中推了一下比利奇的前胸。而克队的比利奇却装作脸部被打,捂着脸倒在地上,骗得裁判给对方一张红牌。所以,英国的《卫报》、法国的《队报》都大字刊出一条新闻标题:裁判的错误,比利奇的耻辱。同一件事,如果把判断转为报道,那么新闻媒介就显得客观、冷静、公正。可以改为这样的写法:

> 法国队与克罗地亚队的半决赛,战至下半场第22分钟时,克队前卫比利奇捂着脸倒在地上。裁判判罚法国队后卫布兰科击打比利奇脸部而出示红牌,把布兰科罚出场外,法国队不得不以10人应战。

这里报道的是裁判的判决和举动。至于布兰科有没有击打比利奇的脸部,新闻媒介不承担调查责任,它只负责报道裁判是怎样裁决的这个事实。

第三节　新　闻　本　源

新闻本源探讨的是:新闻是从哪里产生出来的? 或者说,记者从哪里去发现新闻?

先有事实,后有新闻;事实是第一性的,新闻是第二性的。这是新闻界对新闻本源的普遍表述。它对于坚持新闻的真实性,反对凭空捏造新闻具有重要意义。但这样的表述对于新闻工作是不够的。

世上万事万物,日出日落,面对大千世界,记者从哪里去找新闻? 街上车水马龙,人来人往,面对熙熙攘攘,记者从哪里着手采访?

我们说,记者不仅仅要从事实出发找新闻,还必须从事实的变动中找新闻。

因为,变动产生新闻,变动是新闻之母。

日出日落,谁也不会把它当作新闻来传播。但当太阳黑子活动加剧,引起气候异常,影响到人们日常生活、工作时,这就成为新闻媒介报道的题材。

火车站每天进进出出的火车几百车次,如果天天基本上准时准点按照时刻表发车或抵达,就构不成新闻。只有当火车时刻表发生变动,才成为新闻媒介的重要新闻。

城市的公交车每天按时行驶在固定的路线上,谁会把它当新闻来传播呢?比如,上海26路无轨电车天天在繁华的淮海路上正常行驶,记者不会去采访。但忽然有一天,电车冲上了人行道,这件事就登上《解放日报》,并且在1980年被评为全国好新闻。①

商业街上人来人往,熙熙攘攘,比如上海的四川北路是上海三大商业街之一,每天成千上万的顾客在这里徜徉,这不奇怪。奇怪的是1997年3月间,有那么一两天,四川北路的晚上竟冷冷清清,这就成了大新闻。不明真相的人肯定要弄明白,为什么人们晚上不再去四川北路商业街? 原来是附近街区出现一名罪犯,专门在晚间从背后敲砸妇女脑袋,吓得人们晚上不敢上街。最后该罪犯被公安部门捕获,四川北路才重现昔日繁华。②

有些人可能以此认为,记者就是唯恐天下不乱,不乱没有新闻,乱了才有新闻。其实并非如此,无论形势是由顺变逆,还是由逆变顺;事情由好变坏,还是由坏变好;一个事件由吉变凶,还是由凶变吉;一个国家由强变弱,还是由弱变强等等,凡是引起人们关心的变动都可能成为新闻。这就是新闻最主要的功能——反映世界的最新变动。新闻报道不是太阳,它只能是探照灯,有自己的聚焦点——照亮世界的最新变化和人们最关心的事情。正因为变动产生新闻,变动越是剧烈,新闻自然也越多,人们也越关心,众多记者就会蜂拥而至。

变动产生新闻,那么就应该从事物的变动着手去寻找新闻。这就需要新闻记者具有新闻敏感。无论是从宏观层面上报道大的局势,还是从微观层面上报道一个具体事件,都是如此。

世界是相互联系的整体。一个事物的变动可能波及其他事物,一个细微变动的背后可能有惊天动地的大事发生,一个具体的事件可能意味着一个重大决策的产生,等等。从人们看得见、摸得着的变化中探究它的影响、意义,追究出更大的事件,这体现出记者的水平。这样的事件不胜枚举,其中美国总统尼克松

---

① 见《解放日报》1979年8月12日。
② 见《新民晚报》1997年5月10日。

的"水门事件"是最典型的。"水门事件"的初始只不过是登在《纽约时报》内页上一块"豆腐干"式的小新闻,说民主党竞选总部发现一根窃听他们谈话的电话线。除了两个人,谁也没有去注意这条新闻。这两个人就是《华盛顿邮报》初出茅庐的年轻记者罗伯特·伍德沃德和卡尔·伯恩斯坦。他们抓住这条新闻,穷追不舍地采访了几百个人,使这件事传遍了全世界。

与新闻本源容易混淆的一个概念是新闻来源。新闻来源是指具体的某一条新闻从何处获得,所以又称新闻出处。在新闻报道中,西方国家的新闻媒介都明文规定:所有新闻都要交代新闻来源;在中国,也已有相当一部分,尤其是重要新闻都要交代新闻来源。交代新闻来源的最大目的是让受众了解该新闻的权威性及可靠程度。

新闻来源一般有三条途径:一是记者采访他人,二是记者在现场亲眼目睹,三是查阅有关资料或信函。

第四节　新闻要素

新闻要素是指构成新闻所必需的材料。好比人有五官才能构成一张完整的脸,新闻有五要素才能构成一条完整的新闻。

新闻五要素是指:发生新闻的主角(谁)、发生的事情(什么)、发生的时间、发生的地点、发生的原因。五要素用英语来表示就是 Who(谁)、What(什么)、When(时间)、Where(地点)、Why(原因),它们都以 W 开头,所以新闻五要素在国际上又简称为"新闻五 W"。明确新闻五要素,对于新闻工作有两大作用:第一个作用是有助于记者在采访新闻时迅速弄清每一个事实的要点。从这个意义上说,新闻五要素是弄清每一个事实的阶梯。在采访过程中,被采访对象不可能有条不紊地把五 W 都讲清,在叙述过程中也可能讲错,记者有必要从五个方面一一核对清楚,以此保证新闻来源不失实。但是,弄清每一个事实的五 W,对于采访来说是远远不够的。第二个作用有助于记者迅速地抓住新闻的重点,尤其在新闻导语的写作中能做到全面、简洁。

最早的新闻导语就是把五个 W 都浓缩在一个段落里,称为"小结论式的导语"。这种导语的好处是让读者在短时间内明白一个事件的全貌。但其短处也显而易见:主次不分,把读者最感兴趣或最有意义的部分淹没在冗长的陈述中。现代新闻写作,除了继续保留"小结论式的导语"外,总是千方百计地突出五 W 中一两个最重要、最有意义、最让读者感兴趣的要素。

有些导语突出事情（What），例如：

本报 22 日讯 本世纪最好的 100 部英文小说评选出炉，杰姆斯·乔伊斯的《尤利西斯》位居榜首。

这 100 部当代小说，由兰登书屋现代图书馆的编委组织评审，评审员均为当代小说理论家。评审是昨天结束的。①

上述这条新闻导语连时间都未写明。因为在 20 世纪最好的 100 部英文小说中，哪一部小说应列榜首是读者最关心的，作者就把读者最关心的事写在导语里，非常醒目，使读者有兴趣读下去。

有些导语突出了人（Who）——新闻主角：

据新华社桂林 6 月 × 日电 美国总统克林顿今天上午乘坐总统专机从上海抵达桂林，进行他中国之行的第 4 站访问。

……

克林顿一行随后从机场前往桂林七星公园。他在那里就环保问题举行了一个小型座谈会，并发表演讲。演讲结束后，克林顿一行乘船游览漓江，途中还参观了漓江下游的兴坪渔村。

7 月份的桂林是旅游旺季，游人如织，但极少有人为此而被报道。但克林顿不同。美国总统 1998 年 6 月份到中国进行国事访问，是中美关系史上的重大事件，引起世界瞩目，克林顿到哪里访问都是令人感兴趣的新闻。所以，导语里突出"美国总统克林顿"。

有些新闻突出的是地点（Where），比如：

本报讯 吐鲁番消息：一向以"火洲"著称的新疆吐鲁番将通过"西水东调"水利枢纽工程解决用水紧张难题。通过该工程，吐鲁番流域内 5 条河流的水资源将得以平衡，东部经济发达区将不再受制于水资源短缺。

新闻一开头就写明"吐鲁番"，就因为吐鲁番在读者心目中有相当高的知名度。

---

① 见《新民晚报》1998 年 7 月 22 日。

第五节 新闻类别

研究新闻分类,是为了了解不同类型新闻的特点。

新闻有各种分类的方法,最常见的有:

一、以新闻内容来分类

在中国,可以分为政法新闻、国际新闻、经济新闻(有些称工交新闻、财贸新闻)、军事新闻、文教卫生新闻(包括文艺)、体育新闻、社会新闻。综合性日报往往以此把报社分为政法部、经济部、教卫部、国际部、体育部等。报纸版面有些也以此划分。

不同内容的新闻对采访、写作,对记者的知识结构有特殊的要求,有些新闻院系开设"专题报道"课程专门予以研究。

二、以新闻发生地来分类

一般的地方报纸、电台、电视台,把新闻分为三大块:国际新闻、全国新闻、地方新闻。报纸往往按版面来划分。比如上海的《解放日报》每天出 16 个版,新闻有 6 个版,除去第 1 版为要闻版外,其余 5 个版中,国际新闻 2 版,全国新闻 1 版,本地新闻 2 版。

国际新闻、全国新闻、地方新闻的版面配置,反映出一家新闻媒体的编辑方针,也折射出该媒体的新闻观念。

三、以新闻的时间性来分类

这种分类把新闻划分为两大类:突发性新闻、延缓性新闻。突发性新闻是对出乎人们预料而突然爆发的事件的报道。例如,突然发生的灾难(空难、火灾、车祸等),突然爆发的战争,突然生变的政局,不期而至的天灾(地震、海啸、暴风等)。这类新闻常常是新闻媒介的主角。延缓性新闻是对逐步发生变化的事情的报道。例如,天气渐渐热起来了,物价在慢慢降低,青少年的平均体重逐步增加,等等。

突发性新闻有明确的发生时间,有时会精确到几点几分几秒;而延缓性新闻很难有明确时间,往往只能以"近来""最近""近日"之类的模糊词汇来写出时间的概数。

四、以新闻与读者关系来分类

这种分类把新闻分成硬新闻与软新闻。

什么是硬新闻？关系到国计民生以及人们切身利益的新闻,包括党和国家重大方针、政策的制定和改变,政局变化,市场行情,股市涨落,银根松紧,疾病流行,天气变化,重大灾难事故等。这类新闻为社会政治、经济以及人们工作、日常生活的决策提供依据。

硬新闻有极严格的时间要求,报道必须迅速,越快越好,在有些场合,可以说失之分秒,差之千万。比如在期货市场、股票证券所里,各家新闻媒介为争先发表重大新闻,不惜工本,采用一切先进技术抢时效。在新闻事件现场,真正称得上是争分夺秒的战场。

硬新闻另一个要求是报道尽可能地准确,叙述尽可能地量化。请看下面一则新闻:

长江干流水位继续上涨　部分河段超过历史最高水位

新华社北京 26 日电　记者今日零时从国家防汛抗旱总指挥部办公室获悉,长江干流沙市以下河段和洞庭湖、鄱阳湖水位继续上涨,监利、九江、湖口三个水文站先后超过历史最高水位。

据国家防办提供的数据,到 25 日 23 时,洞庭湖城陵矶站水位 35.14 米,接近历史最高水位;九江水位 22.31 米,超过历史最高水位 0.11 米;鄱阳湖湖口水位 21.83 米,超过历史最高水位。监利水位 37.45 米,超过历史最高水位 0.39 米。

据国家防办分析,预计第三次洪峰 27 日到达城陵矶,洪峰水位将达 35.30 米左右,28 日到达汉口,洪峰水位将达 28.80 米左右,29 日鄱阳湖可能超过历史最高水位。[①]

这则新闻几乎全是由数字构成的,数字精确到小数点后两位,但这正是当时防洪抗洪所必需的。

而软新闻正相反。什么是软新闻?富有人情味、纯知识、纯趣味的新闻。它和人们的切身利益并无直接关系;向受众提供娱乐,开阔眼界,增长见识,陶冶情

---

① 原载《新民晚报》1998 年 7 月 27 日。

操,或作人们茶余饭后的谈资。

　　软新闻的发生往往没有明确的时间界限,多数属延缓性新闻;软新闻的公开发表也没有时间的紧迫性,耐"压",早一天迟一天往往无碍大局。

　　然而,软新闻很讲究写作技巧,须用生动活泼的文笔来写,写出情趣来,即人们常说的"散文笔法"。请看《杭州"南屏晚钟"获新生》一文 [1]:

　　　　21 日上午 10 时许,一百零八下雄浑壮阔、沉郁磅礴的钟声,回荡在杭州群山、碧湖上空,宣告绝响百年的"南屏晚钟"的新生。"南屏晚钟"是净慧寺的美称,为著名的西湖十景之一。铜钟在连年战乱中悄然消失,钟声沉寂近百年。现在的钟是日本佛教界1984年10月捐资相助,重铸而成的。……

这条新闻既有趣味,又含知识,作者用散文笔调对钟声作了描绘,使人兴味盎然。

　　虽然不同的人(或群体)对新闻有不同的需求,但从总体上说,人类必须在硬新闻获得满足以后才会需要软新闻;新闻媒介也是以传播硬新闻作为生存、发展的基础。

　　虽然新闻媒介总体上以传播硬新闻作为生存、发展的基础,但并不是说,任何新闻媒介都应以硬新闻为主。不同的新闻媒介对新闻有不同需要。一般说来,严肃的高级报纸(在中国以党报为代表)以刊登硬新闻为主,大众化通俗报纸(在中国以晚报为代表)有更多的软新闻。

复习思考题　　　

1. 新闻的基本特点是什么?
2. 分清报道、分析、判断三个概念。
3. 阐述变动产生新闻的原理及对新闻工作的意义。
4. 硬新闻与软新闻有何区别?

---

[1]　见《人民日报》1986 年 11 月 22 日。

第三章

新闻与信息

第一节　新闻是一种信息

　　前一章曾讲过，"新闻是新近事实变动的信息"，也就是说，新闻在本质上是一种信息。人们从事新闻活动，无论是口头的、书信的，还是读报、听广播、看电视，根本目的在于获取外界变动的信息。信息是整个新闻活动的一根主轴。

　　那么，信息是什么？国内外的学者对信息下过五十多种定义。根据所指范围不同，可以分成广义信息、一般信息和狭义信息三大类。

　　广义信息是指所有对象在相互联系作用过程中呈现出来的各自的属性。信息与物质、能量构成客观世界。没有物质的世界是虚无的世界，没有能量的世界是死亡的世界，没有信息的世界是混乱的世界。信息具有和物资、能量等量齐观的地位。火山爆发、地震，是地壳运动能量的释放，在这过程中同样有"信息"传出：许多动物本能地意识到危险而逃避危险区。人随着科学的进步逐步地捕捉到这些征兆而预测地震。

　　一般信息是指与人类的认识过程和传播活动相关的知识积累。这个概念摒除了人类社会以外的无机物、有机物的反应和感应现象，只强调对象与人的作用与联系。比如各种图书资料、金文石刻等。

　　狭义信息是指能够消除受信者随机不确定性的东西。正如信息论的创始人香农在其名著《信息论》中所指出："接收信息和使用信息的过程就是我们对外界环境中的种种偶然性进行调节并在该环境中有效地生活着的过程。"这里所说的随机不确定性或称偶然性，是指现实生活中出现影响人们的生存、发展的多种变动的可能性。比如说,从 2005 年初开始,关于中国人民币汇率的新闻成了各大媒体的焦点。人民币会不会升值? 升值的幅度有多大? 世界各国的股市、汇率在这样的猜测中忽高忽低,起伏不定。2005 年 7 月 22 日,新华社发布消息,称中国人民银行于 7 月 21 日发布公告,人民币升值 2%。这个消息一公布,就消除了猜测的不确定性,即排除了所有其他可能性(降息或不降息,降息幅度大小),只取其中一个可能性。这就是信息。

在新闻学里,信息这一概念是指狭义信息,即消除受信者随机不确定性的东西。

信息能够消除人们的随机不确定性,信息对现实生活的巨大意义就充分显示出来。就以上述人民币汇率变动为例,人民币对美元的汇率上调 2%,此消息一发布,全球所有媒体都以最快速度,在最显著位置播报。因为这一信息将引发连锁反应,它将影响中国和世界许多国家的贸易、互相投资,甚至影响到许多商品的零售价格,进而波及股市、期货市场,甚至旅游业等。可以说牵一发动全身。在经济全球化的背景下,世界上任一个地方的变动,都可能对全球带来冲击波,这在经济学上称作"蝴蝶效应"。信息在对政治、经济、军事、社会方方面面的影响越来越大。

正因为信息的巨大价值,以传播信息为主要功能的新闻媒体的作用,在现代社会就越发凸显出来。

信息从传者(信息发布者)到受者(信息接受者)有个流通过程。1955 年,美国传播学者香农和韦弗在《传播的哲学原理》一书中提出了信息传播过程图,至今还被广泛引用:

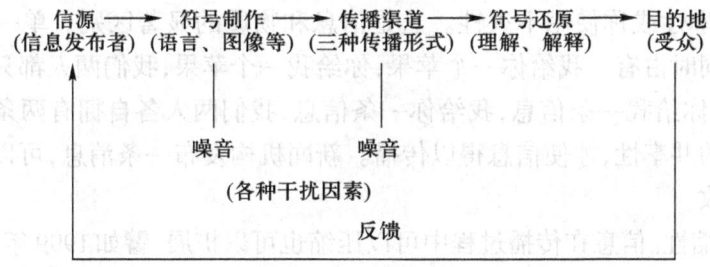

这个信息流通图简洁明了,但需要对噪音、符号作些说明。

噪音是对信息流通的干扰,降低信息明确性,甚至造成信息混乱。噪音在信息流通的各个环节都会出现。在传播渠道中,各种噪音会干扰受者的阅读、收听、收视,在广播电视中尤为明显。在符号制作这一环节,语言、图像是最常用的符号,作者能否准确地把他们获得的、理解的信息用语言、图像表达出来,是关键性问题。有些词不达意,有些画面模糊不清,有些是陈词滥调,有些不分轻重缓急,还有技术上的问题,诸如语法错误、错别字、印刷模糊等。这些都会降低信息传播的效率。

然而,在信息流通中,受者能否准确、完整地接收传者的信息,关键是在"符号还原"这一环节。比如,打开一架性能良好的收音机,每个人都可以收听到来自国外电台的广播。但是,对绝大多数中国人来说,因为听不懂外国话,无法将传者发出的声音符号还原成信息,这就产生了"传而不通"的状况,传播效果等于零。传而能通的前提是,受者要能将传者制作的符号基本还原,符号还原越准确、越完整,传者和受者的沟通就越容易。为此,传者和受者之间必须有一定程度相同的认知结构,比如语言相同、知识结构基本相同等等。所以,传者为了达到"传通"的目的,必须了解受者,包括其教育程度、年龄、生活习惯、心理等。"对牛弹琴",牛不能理解,责任不在牛,在于弹琴者。

第二节　信息的特点

正因为信息能够而且必须消除人们的随机不确定性,因此,信息必然包含着新的情况、新的知识、新的内容。这是信息最基本的特点。信息一经公开传播,就成了历史;当然,历史资料有些也称作信息资料,但这是一般概念上的信息,而不是新闻学意义上的信息。

除此之外,信息还具备以下特点:

1. 共享性或称使用不灭性。这是信息和物质的显著区别。单一的物质无法共享和同时占有。我给你一个苹果,你给我一个苹果,我们两人都只有一个苹果。但是,你给我一条信息,我给你一条信息,我们两人各自拥有两条信息。正由于信息的共享性,才使信息得以传播。新闻机构发布一条消息,可以使亿万受众同时接收。

2. 扩缩性。信息在传播过程中可以压缩也可以扩展。譬如1999年3月16日,华尔街股市道·琼斯指数在一片欢呼声中登上万点大关,这是华尔街股市114年来的第一次。这条消息被世界各国报纸登在很醒目的位置上。多的不过500字,短的只有100字,也可以浓缩为一句话:1999年3月6日,华尔街股市道·琼斯指数突破万点大关。加上标点也只有30字,但已把事情讲清了。随后,3月28

日上海《国际金融信息报》发表一整版通讯《华尔街鼓足牛气破万点》,下分 6 小节:(1) 破万点,道指又创里程碑。叙述 114 年来,尤其近 10 年来华尔街股市的发展历程。(2) 领风骚,高科技股创辉煌。剖析道·琼斯指数破万点的直接原因是高科技股表现异常活跃,异军突起,一路攀升,反映出美国经济已进入高科技时代。(3) 遇良机,经济增长唱主角。分析道指突破万点的最基本因素是经济发展强劲,吸引了世界各国的投资者。(4) 望前景,格氏扮演掌舵人。反映各界人士对华尔街股市前景的不同看法和未来走势。(5) 众揣测,神经牵连华尔街。美联邦银行行长格林斯潘警告股指过高以后,股民们作出不同的反应。(6) 保坚挺,家庭财富作后盾。美国经济发展的强劲,以国民消费为第一驱动力;股市的消长与消费消长有密切关系。这样一篇通讯,洋洋万字,但也只写出华尔街股市冰山一角。围绕着道指突破万点,还可以写出一长串文章,比如,它对欧洲、南美、东南亚股市以及经济的即时、未来影响;道指突破万点,究竟有多少泡沫? 国外资本涌入美国带来的利弊等等,还可以再写一万字、两万字、十万字。从 30 字的简讯到几万字的通讯,讲的都是同一件事,这说明信息是可以无限开掘的。

信息具有扩缩性的特点决定信息开发的多层次性。任何一个新闻题材,可以写成简讯、短消息、短通讯、长通讯乃至几万字的报告文学。这都取决于信息传播者的愿望和需要。新闻体裁和篇幅并不是由新闻内容决定的,而是依据新闻报道者所需要达到的信息层次决定的。

3. 组合性。两个及两个以上的信息有机组合,可以产生出新的信息。

1999 年初,美国国内的一些媒体和政客再度掀起反华浪潮,起因是有人怀疑一名美籍华人李文和在美国一所实验室工作期间向中国泄露关键性核技术。这件事根本不存在,美国国防部、核技术实验所都出来辟谣,但一些媒体和政党仍然咬住不放。原因何在? 目的何在? 不同的媒体从不同的角度来分析,它们所组合的信息不同,得出的结论也不同。美国《洛杉矶时报》3 月 9 日发表《从莱温斯基到李文和》一文,把李文和和莱温斯基的性丑闻联系在一起,放在共和党与民主党为争夺下届总统的大背景下,认为美国掀起反华浪潮旨在打击克林顿总统,为共和党夺取白宫作舆论准备。而《亚洲华尔街日报》3 月 12 日文章《美国内例行的春季反华攻势又开始了》,细数多年来美国春季总要以各种借口掀起一股反华浪潮,其目的是为了给延长中国最惠国待遇制造麻烦,迫使中国作出种种让步。而 3 月 15 日出版的《亚洲周刊》刊登《美在亚洲军事扩展的一步棋》,该文把李文和案件和美国不断增长的军费开支联系起来(在 2000 年度财政预算中,军费增加 120 亿美元,以后 6 年将增加 1 100 亿美元),揭示出美国政客们的真正用心:为美国的军事扩展和独霸全球制造假想敌。而 3 月 23 日的日本东京《时报》报道《从间谍案看美国种族政治歧视》则把李文和案放在美国种族歧视的背景下来考察,揭露美国人权的双重标准的本质。同一个信息(李文和案件)和不同的信息组合,显露出新的信息(新动向、新观点、新情况)。

人的大脑既是信息的贮藏库,又是信息组合的加工厂。这就是我们经常所说的联想——当接受到外界的新信息时,把新的信息和原先贮存的信息结合起来,从而产生新的信息(新的认识、新的观点等)。

对信息进行组合的能力,反映出每一位记者的水平。新闻界越来越认识到:新闻背后的新闻往往比新闻本身还重要。上述李文和案背后的新闻是什么?是美国共和、民主两党争斗的前台表演,还是为美国军事扩展制造假想敌?这确实比李文和案更令人关心。人们常说,客观世界是相互联系的。只有真实地反映一个事物和另一个事物的联系,才能揭示出新闻背后的新闻。而相互联系,有直接的和间接的,有主要的和次要的。如果把风马牛不相及的事情或者要转许多弯才联系得上的事情硬扯在一起,那么,所揭示的新闻背后的新闻可能是虚伪的,或者是抓不住要害的。一条信息和其他什么信息组合起来,是揭示新闻背后新闻的关键所在。

4. 多角度性。这是信息和物质的又一显著区别。物质的使用属性在生产过程中已确定下来,但人们对信息的认识却往往“仁者见仁,智者见智”,因而也会从不同的角度运用信息。1980 年冬,几名解放军战士在北京龙潭湖公园破冰下水,抢救一名掉进冰窟的儿童。旁观的一些青年却嘲讽战士:“想入党啦!”“立功的时刻到了!”新闻报道是把这些落后青年当作战士们的对立面来写的。但《北京日报》的评论《从根本上认识社会主义制度的优越性》(1981 年 6 月 5 日),却从这件事中发现后进青年与先进战士共同的道德标准。文章写道:“为什么决不会有人说那些小偷流氓是‘想入党’或‘立功’呢?可见,就连这些相当落后的人也不能不承认,在我们社会里,只有为人民做好事的人才能入党、立功。……它们说明,在我们社会里,确实存在着共同的道德标准。”1999 年 4 月 20 日、21 日,全国最大的两家彩电生产企业四川长虹和深圳康佳先后宣布大幅降价,其他彩电生产企业也表示要降价。消息一经发布,有些媒介报道中认为“这给消费者带来福音”;也有报道分析“中国彩电生产从此真正走上微利时代”;但《经济日报》以此发表《彩电降价再给我们上课》的分析报道(4 月 22 日),指出:这是重复建设导致市场恶性竞争。作者从彩电降价看到了我国投资上存在的问题。一个彩电降价的事件,引发了三种不同认识:福音、趋势、问题。

人们对信息的认识,有正确与错误、深刻与肤浅之分。但还可以从不同侧面、不同角度来认识。信息像一面多棱镜,从不同侧面可以看出不同的色彩,得到不同的认识。

5. 相对性。信息的相对性是和人们对外界信息的选择性注意密切相关的。对纷繁复杂的大千世界的种种变化,人们通常只能注意到一部分信息;所注意到的信息又和接受者的内在需求相关。美国信息学理论家汉肯说过,由系统和环境获得的信息在任何特定的时刻不仅要取决于系统的特征,而且要取决于决策者的特征。如果决策者——让我们用驾驶员作比喻——的兴趣在于尽可能跑得快,那么他就得知道汽车的速度以及汽车在路上所处的位置,他还要观察道路的状况,包括交通状况和交通信号。

信息的这一特点,要求新闻工作者了解、熟悉受众的需要。不同的媒介有不同的受众,不同的受众对信息有各种特殊的需求。尤其随着信息化时代的到来,受众细分为各种群体,小群化趋势日渐明晰,受众对信息的需求更趋多样。

第三节 信 息 量

和信息相联系的是信息量。没有信息量当然也就不存在信息。

扩大信息量,这是近几年来许多新闻媒介努力的方向。但什么样的新闻或新闻媒介可以称为信息量大? 至今还无法用数学语言来精确地度量。人们只能凭直觉、凭自己对新闻欲的满足程度来对新闻报道或某一家新闻媒介作一个模糊的评价。

有人试图对信息量作较为精确的统计,采用两个办法来计算信息量。一种是按版面上的新闻稿的条数来计算,以为条数越多,信息量越大。于是,许多新闻媒介都不断强调发短新闻,规定每条新闻字数的高限(例如消息不得超过 500字,通讯最长不得超过 1 500字);规定各个版面的新闻稿条数的低限(例如对开大报一版不得少于 20 条、二版不得少于 30 条),广播、电视新闻则规定每个时段新闻条数(一般 30 分钟不低于 30 条新闻)。另一种是用新闻所提供的事实的单元来计算信息量,以为在同样的篇幅内,新闻所提供的事实单元越多,信息量越大。

首先应该肯定,这两种统计方法对扩大新闻媒介的信息量都有积极的意义。因为这迫使记者、编辑尽可能挤掉水分,去掉可有可无的事实,以尽可能少的篇幅和时间提供尽可能多的事实。但仅从数量上着手还不能解决扩大信息量的根本问题。例如,拿一家报纸与另一家报纸比,同样的版面,大致相同的新闻条数,有些报纸读者感到信息量大,读得有滋有味,有些报纸读者从第一版翻到第四版只花几分钟,然后把报纸一扔,"报上什么新闻都没有"。即使拿同一家报纸比,同样的版面和新闻条数,有时候读者争相传阅,先睹为快,有时候读者感到无新闻可读。以每条新闻来说,同样的篇幅提供同样多的事实,信息量大小也不一样。例如,1985 年 5 月 19 日中国足球队在世界杯足球预选赛中以 1∶2 输给中国香港队;过了几个月,中国足球队远征意大利,以 0∶3 负于意大利队。两条新闻稿可以这样写:

<blockquote>
今天中国足球队以 1∶2 负于中国香港队。

今天中国足球队以 0∶3 负于意大利队。
</blockquote>

前一条新闻,曾引起举国震动;后一条新闻,闻者不以为怪。

以此可以说明:新闻的条数、新闻提供事实的多寡和信息量大小有密切联系,但并非决定性因素。扩大信息量关键不在于扩大新闻的量,而在于提高新闻的质,即向读者提供什么样的事实。

"信息是事物运动的外化,没有运动就没有信息。"[①] 新闻是新近事实变动的信息。那么,必须从事物的运动、事物的变动中去认识信息量。

决定新闻信息量大小的主要因素有:

1. 事物变动的影响力。信息量大小和事物变动对社会、对人们切身利益的影响程度成正比。世界各大通讯社、著名报纸每年都评选当年的世界十大新闻。尽管这些新闻机构有不同国别、不同的政治立场,但评选出来的十大新闻大同小异。因为尽管各种新闻机构对这些事件抱有不同的立场、态度,有不同的评价,但这些事件对世界的现实和未来所产生的影响谁都不会闭眼不见。这些新闻的信息量都是最大的。

2. 事物变动的规模和空间。信息量大小和事物变动的规模、空间大小成正比。一场全局性的变动总比局部性的变动信息量大。前面提到的中国人民币升值 2% 的消息传出后,世界各国的金融界、所有大媒体都对此迅速作出反应。因为中国已成为世界经济大国,是引领全球经济的发动机,人民币汇率的变动对全

---

① 黎鸣:《试论唯物辩证法的拟化形式》,《中国社会科学》1981 年第 3 期。

球经济、金融产生重大影响,以至于美国报纸称"中国的微小举行让地球抖动"。所以,中国人民银行的微小举措都具有很大的信息量。

3. 事物变动的速度。信息量的大小和事物变动的时间长短成反比。事物变动的速度越快,时间越短,信息量越大。"爆炸性新闻"就是信息量很大的新闻。所谓爆炸性新闻都是突发事件,都是在极短时间内发生的。像印度前总理拉·甘地遇刺身亡、美国"挑战者"号航天飞机空中爆炸、英国戴安娜王妃车祸身亡等,都引起世人的震惊。

4. 事物变动的可能性概率。信息量和概率成反比。事物按常规、常理、常态发展,按人们预料的方向发展,信息量比较小;事物的发展一反常态,出乎人们的意料之外,"爆出冷门","跑出黑马",信息量就比较大。像前面所说,中国足球队输给意大利队,人们不以为奇,因为论实力,中国队不及意大利队,输球在意料之中。但中国队和中国香港队相比,无论是球员的技术、体力,还是当时的天时、地利,中国队都优于对手,人们几乎以必胜的心理看待这场比赛。比赛结果却大爆冷门,不能不令人吃惊。

第四节 信息与新闻工作

信息概念是在 20 世纪 80 年代初引入中国新闻界的。随着新闻工作者对信息理解的不断深化,引起中国新闻界从新闻观念、新闻媒介结构到新闻业务的一系列显著变化。信息概念向新闻工作提出了一系列新的要求。

一、提供信息,是新闻媒介的首要功能

长期以来,人们总习惯地把宣传当作新闻媒介主要的或者首要的甚至唯一功能。而现在,中国新闻界达成一个基本共识:虽然不同的新闻媒介在功能的定位上有不同的侧重,但从整体上看,新闻媒介以向社会提供广泛而及时的信息是其生存前提,或者说,社会需要新闻媒介,首先就因为它们能满足人们获取信息的需求。一切宣传都必须建立在提供信息的基础上,因为信息是人们任何行为的先决条件。

二、新闻必须致力于消除读者的不确定性

回答人们所关心、所渴望了解的情况,每一条新闻至少不应该使读者产生新的疑惑。法国新闻学者莫列尔在《报刊的精神作用》一书中指出:"读者应当

有权完整而公开地了解所发生的一切事情,这种思想是信息报纸的理论基础。"
如果新闻不能提供足够的事实来消除读者的不确定性,而是首先考虑如何教育
读者,向读者灌输某一种思想,那么,不但新闻失败,宣传也失败。举一篇新闻
为例。

机构若要"换职能"　干部先要"换脑袋"

新华社(1987年)12月14日电　从轻工业部为举办劣质产品展览收到
的消费者信件来看,相当多的消费者高度评价和积极支持国家机关职能的
这一转变……

10月,轻工业部部长曾宪林也敏锐地就举办"劣展"的意义提出了一
个新的改革的思路:过去,我们花很大力气直接抓企业,但是忽视了消费者
的积极性、公正性、权威性起的作用,继续采取单纯行政办法,单纯依靠企
业的自觉行动,现在看来已不够了。在卖方市场条件下,我们要紧紧依靠消
费者来监督产品质量的提高……

但是,两个月后"劣展"终于流产。这显然表明,上述新的改革思路遇
到了阻塞,也就是说,轻工业部在转变机构职能这一改革上遇到了阻塞。

要实行"换职能"的改革,就要使机关干部们先"换脑袋"。这里有一
个轻工业部代表谁的利益的问题——是企业,还是消费者?不言而喻,十
亿消费者的利益,就是人民大众的利益。曾宪林曾一再说服部里对"劣展"
持有不同看法的同志。但是,改革的思想上的阻力,当然不会就此一下子
消失。

一个具体的例证就是,机关工作人员的工作方法和思想上,还有着多
多少少的对过去的依恋。这就给人一个印象:轻工业部对工厂比对消费者
要切近得多。办"劣展",工厂一来说情,容易动摇;甚至部长曾宪林也感叹
说:"你们知道这四个月厂长们是怎么过来的?"厂长们的难处,与消费者
买来个坏冰箱之类的劣质产品后寻修无门、更换无路相比,哪一个更让人
难以接受?

正因为改革过程中新旧两种体制相并存,两种力量摩擦的火花就导致
了这个"劣展"的流产。这也给人以启示:"双轨制"不可能也不应该长久
存在。

改革就是这样——像一艘船,不进则退;像一泓水,不流则腐。你采取
的措施,可以成为促进产品质量提高的好办法,也可以成为保护落后的东

西,这是值得深思的。

读完这篇新闻,最关键的地方人们始终不明白:劣质产品展览为什么会流产? 到底遇到哪些阻力? 反对展览的是些什么人? 他们反对展览有些什么理由? 而作者提供给我们的始终只有一个观点:某些机关工作人员的方法和思路陈旧,新旧体制并存。但这个判断是哪里来的? 可能材料在作者的脑袋里,读者无从知道,这样的宣传也就不可能有说服力。此外,为什么说举办劣质产品展览是事关国家机关职能转变的大事? 新闻中也没有说清楚。可以说,这篇新闻对于读者所迫切需要了解的背景材料守口如瓶,对读者所关心的问题避而不谈,只塞给读者几个观点。这就是有些新闻的老毛病:用空洞的说教代替事实。当读者满腹狐疑时,会轻易相信你所讲的那一套东西吗? 或许作者有许多难言的苦衷,许多材料不便公开。如果是这样的话,那么干脆就不写,要写就得写清楚。否则,读了新闻,反让读者增加更多的疑问,效果适得其反。

三、信息对新闻业务提出一系列新要求

1. 变一次性的终端报道为分阶段的连续报道。任何事物的变动都有预兆、发生、发展和结果这样几个阶段。现在的新闻报道绝大多数"一次性处理",即等到事情有了结果,写一篇新闻作全面概括。这样的终端报道今后还会大量存在,但对有些题材的报道却需要作些改进。当街上流行红裙子的时候,有些厂家决定跟风生产,经过设计、采购面料、生产、推销、上柜供应,一系列程序下来,红裙子时过境迁,厂家只好削价处理。信息的强烈的时间效应要求我们变一次性的终端报道为"事前有预测报道,事件发生后有动态报道和追踪报道,事后有反馈总结报道"这样分阶段的连续报道。

2. 加强深度报道。深度报道是依据信息可以扩缩的特点,对信息进行深加工,即抓住一个社会现象,穷根溯源,一层一层地开掘下去,直到找出事情发生的直接原因或根本原因。

3. 加强新闻的综合评述。这是信息的组合性特点在新闻报道中的具体运用。综合评述要求作者把与一个事件相关的各个方面加以综合,从而显示事件的社会影响,揭示其发展趋势。

4. 加强全方位报道。这是利用信息使用的多角度特点,对新闻做多侧面、多角度的报道。全方位报道又称作"全息"报道。对于一个重大的新闻事件或社会现象,既从微观上看,又从宏观上看;既作纵向比较,又作横向比较;既从积

极方面看，又从消极方面看；既立足于当前，又放眼于未来。这样的报道，不是孤立的、就事论事地反映某一个新闻事件或社会问题，而是把它放到历史、现实、未来的立体交叉发展的大网络中加以全方位、全景式的扫描。

深度报道、综合评述、全方位报道等，都是对信息的加工——选择、梳理、开掘，使得信息可以被人们理解和接受、利用。对信息不加选择、梳理，杂乱无章地传播出来，可能带来信息污染，使人们面对如潮水般涌来的信息不知所措，甚至被各种相互矛盾的信息误导。

对于深度报道、综合评述、全方位报道的具体采访、写作要求，将由新闻业务课来承担，这里不作详述。

第五节　信息与客观性报道

信息概念的引进，把报道的客观性要求提了出来。

中国的新闻媒介自20世纪初逐步形成客观报道。必须指出：客观报道和客观性报道只有一字之差，但内涵大不相同。

中国的客观报道就是我们常说的"用事实说话"。在这里，"说话"一词的含义是"说理"，用事实说话就是用事实说理。新闻报道用事实说话，就是用新鲜事实来说理。

在我国，对客观报道作出最经典解释的是胡乔木在《人人要学会写新闻》一文中的一番话：最有力量的意见，是一种无形的意见——从文字上看去，说话的人只是客观地朴素地叙述他所见所闻的事实（而每个叙述总是根据一定的观点的），这样，人们就觉得只是从他那里接受事实而不是从那里接受意见（而每个有自尊心的人一般都是不愿相信意见，而宁愿相信事实的）。新闻就是这种无形的意见，愈是好的新闻，就愈善于在内容上贯彻自己的意见，也愈善于在形式上隐藏自己的意见。这段话的含义很明确：客观报道实际上是一种宣传方法，是以客观的外表掩饰主观的宣传动机。

而客观性报道大致包含三层意思：第一，要求记者在事实选择中不带偏见。第二，记者应超然于所报道的事件之外。第三，记者不应该对事实发表评论，把意见和事实分开，新闻报道只提供事实，评论才提供意见。这三层含义构成客观性报道的基本框架。

客观性报道的含义意味着对事实的尊重，对记者主观的否定。但事实上，报道的客观性从一开始就在实践中出现了不可克服的矛盾，那就是：记者在选择事实时能否真的不带偏见？能否真的抱超然态度？选择、报道事实能否和记者的价值判断完全分离？无论是对新闻工作的现状调查或从理论上分析，彻底摆脱偏见是困难的。

经过一百多年反反复复的探索、实践，现在世界大多数国家，包括中国在内，逐渐对客观性报道达成基本一致的认识，即客观性既是必要又是不可能完全达到的，但它应该成为一项去追求的原则、一个去逼近的目标，或者朝着它去努力。

经过不断探索，新闻界形成了一套客观性报道的操作方法，其要点是：

1. 完整（或称全面）。要把构成该事件的主要事实和盘托出，给读者完整的印象，不能有意隐瞒某些材料。西方新闻学称之为"多维的背景材料"。

2. 平衡（或称对等）。当社会上对某一事件有多种不同的意见，或者双方当事人发生争执，报道应该让各种见解或让双方有同等的表达机会，不能在版面上（篇幅、播放时间）偏袒一方。

3. 非感情色彩的中性语言。客观性报道在很大程度上是一种语言的艺术。文字就像面团一样，你可以将文字拿起来，按揉、捏制、挤压，用模子做成你所希望的形状。然而在进行客观性报道时，得剔除掉感情色彩，尽量使用中性语言。

4. 引语的运用。引语能使报道具有真实性，使读者觉得记者就在新闻现场聆听了原话或接触了消息来源，掌握了第一手材料。更为重要的是，大量引用原话可以避免记者对某一事件的性质、意义、影响直接作出评判，避免由于判断失误而造成偏差。

5. 避免记者直接发表意见。信息概念的引进，也使客观性报道方法有了用武之地，在纯信息的新闻报道中，客观性报道是主要的报道方法，像某些灾难性事故、突发性事件、社会上众说纷纭的某些现象、民事纠纷、某些国际新闻、经济信息等，可以让客观性报道一试身手。尤其是股市行情、期货行情、商品市场物价行情等，都需要使用客观性报道方法。

复习思考题

1. 阐述信息的定义。
2. 阐述信息与新闻工作的关系。

第四章

新闻与宣传

新闻学为什么要讲宣传？因为新闻与宣传、新闻工作和宣传工作紧密相连，新闻媒介既传播新闻，也从事宣传，中外皆然，只不过深浅重轻不同而已。

第一节　宣传的基本特点

宣传和新闻一样，是一种普通的社会现象；宣传活动也和新闻活动一样，从人类一诞生就开始。因为人类一开始就聚众而居，必须宣传一种理念来凝聚内部，协调行动，教育下一代。

那么，什么是宣传？由于宣传往往和新闻、学术、文艺、教育等传播形式结合在一起，人们会混淆，因此，我们把宣传和其他传播形式作对比，来明确宣传的基本内涵。

一、宣传和新闻

在日常生活中，许多人把宣传和新闻视为一体，新闻、宣传两词常常并用。的确，人们常用新闻来进行宣传，这在中国的新闻媒介中运用得尤为普遍。但新闻和宣传毕竟是两种不同的社会现象。

新闻是新近发生的事实的报道，它的基本职能是告知人们所需要的信息。宣传的基本职能是传播一种观念（理论、方针、政策、伦理道德、立场态度等）。新闻传播信息，宣传传播观念，这是两者最基本的区别，由此引发其他一系列区别：

1. 出发点不同。宣传的出发点是出于宣传自身的需要，把一定的观念传播出去，让受众了解、理解、接受，从而争取受众的信任和支持。而新闻的出发点是出于受众的需要。因为信息是消除人们认知上的不确定性,是人们一切行动决策的前提,充分的信息是人类有理智地生活的必备条件。人们为了生存、求发展,必须千方百计地获取信息,甚至不惜花费巨大的人力、物力、财力。电影《渡江侦察记》描述一个班的解放军战士,为了掌握敌军江防部署的确切情况而历尽艰险,甚至许多战士为之牺牲,这也是为了获取信息。因此可以说,宣传活动是宣传者出于自身的生存、发展的需要去追逐受众,新闻活动却是受众出于自身的生存、发展需要而追逐信息。宣传追逐受众,受众追逐信息。这就是为什么宣传者自己花钱花精力从事宣传,而受众自己花钱花精力花时间打听新闻的原因。

2. 归宿点不同。宣传者传播一定的观念,其最终目的,是要人们理解它、接受它、支持它。宣传者在宣传之前,有自己的主观意图,通过宣传,力图影响人们的思想,让受众按照宣传者的意图去行动。而新闻发布者(如果他们没有宣传意图的话)发布新闻,除了以新闻谋利外,对新闻本身没有自己的主观意图,任凭新闻接受者自己去分析、判断,作出决策。

3. 传播的方式不同。信息是消除人们随机不确定性的东西。对受众来说,信息总包含着新的原先人们不知道的东西:新的事实、新的问题、新的情况、新的思想、新的知识等。因此,一条信息的传播从来是一次性的,第二次、第三次都成了"明日黄花",它们可以证实第一次传播的可靠性,但已不是信息。在一张报纸上,绝不可能重复刊登同样内容的新闻。但宣传却常常需要重复,无论是意识形态还是商品广告,为了加深人们的印象,往往以同一形式或不同形式向人们重复宣传。

4. 传播的要求不同。信息沟通要求定量的准确,具体要求是:

真实。不容许有任何夸大或缩减,当然更不容许凭空捏造。虚伪的信息必然导致错误的决策。

全面。构成一个信息的各种要素必须齐备,一个决策所必需的信息必须周全。片面的信息使人们或者无法决策,或者得出片面的结论,导致错误决策。

客观。信息的传播者在传播信息时不能以个人的好恶来取舍信息,只能尽可能地按事物的本来面貌来叙述。

公正。不管是多数人意见还是少数人意见,是赞成还是反对,是令人喜悦还是令人沮丧,都要如实传播。

及时。信息以时间为生命,同样内容的信息,如果迅速及时,可能一字千金;一旦延误,人们来不及采取对策,那只能成为一堆垃圾。

准确。一是一,二是二,"可能""大概"是信息沟通所忌讳的字眼;"基本上""多数""少数"也要尽可能少用。最准确的语言是数学语言,在信息沟通中,凡是可以用数学语言来表达的都要用数学语言,而不是模糊的语言。

而宣传要求定性的正确,即观点和材料的统一。观点要求正确、鲜明;材料要求真实、典型,能够恰到好处地说明观点的正确。在宣传上,凡是能够证实观点的所有材料,只要是真实的、典型的都可以用,不管是新近的还是历史的,是新鲜的还是人们所熟知的,是国内的还是国外的。

二、宣传和学术研究

许多人同样把宣传和学术研究当作一回事。这两者确有密切关系,许多学术研究的成果被有关机构采纳,变成宣传内容,而宣传使学术研究成果广为人知,化为广大群众的思想,但是,宣传和学术研究是有明显区别的。

学术研究的使命在于探讨未知——未被人们认识的真理、事物发展的客观规律、未被人们发现的材料。而宣传是传播已知——把少数人业已形成的观点让多数人了解、接受。这是宣传和学术研究的根本区别,由此引发其他一系列区别:

1. 要求不同。学术研究要求标新立异,讲前人没讲过的新见解,敢于否定前人已经陈旧的论点或提出与众不同的观点。重复别人已说过的论点,不但毫无价值,而且有剽窃他人成果之嫌。而宣传却要讲统一,如果我有我的号,你有你的调,其结果必然是一片混乱。

2. 对工作人员的约束不同。为了探讨未知,学术研究必须要有自由风气,需要百家争鸣,允许有不同学派、不同观点存在。百家争鸣、流派纷呈,这是学术繁荣的标志。与此相反,宣传必须讲纪律,宣传者应该讲什么、不应该讲什么,宣传者的基本观点不能由自己决定,而必须无条件地服从最高决策机关的布置。

3. 评价标准不同。学术观点能否站得住,其衡量标准是它是否有科学性,即是否阐明了客观规律,能否令人信服地解释它所研究的现象和预示事物的发展。学术研究只讲理性,不带感情,不顾及伦理观念,也不在乎多数人还是少数人。对于学术水平高低的鉴别,是以正确与谬误、深刻与肤浅来划分的。不管他是谁,属于什么阶级,生活在何种社会制度下,出于何种动机,只要说得有理,能够阐明事物的发展规律,就得承认他的学术地位,就得吸收他的研究成果。宣传的衡量标准首先是对谁有利,为哪个阶级服务,这就是阶级性和现实性的标准。进行宣传,就必须考虑利弊得失,顾及多数人的情绪。有些观点、见解尽管是正确的，但一时难以被人们接受，或者可能产生相反的效果，那就不能公开宣传。

4. 运用材料的方式不同。从事学术研究，一般是先有材料，再从中提取观点。学术研究必须占有详细的全面材料，经过"去伪存真、去粗取精、由此及彼、由表及里"的加工制作，才能形成正确的观点。而宣传一般总是从已有的观点出发，依照观点寻找材料，找出最有说服力、最吸引人的材料来说明观点。

三、宣传和商业广告

商业广告也是一种宣传，它和其他宣传一样，是为了一定的目的去追逐受众（顾客）。广告主也是自己出钱出物千方百计吸引人们关注。同样是登报，登一条新闻，编辑部给作者发稿费，因为提供了信息；登一条广告，广告主掏钱给报纸，因为他利用报纸宣传了自己的产品。但一般宣传（尤其意识形态的宣传）和商业广告有明显区别。商品广告以迎合受众为特征。广告主是从受众的个人需要出发，千方百计地迎合他们的心理，投其所好，满足他们个人的眼前需求。而意识形态的宣传有它既定的目标，在方法上可以灵活多样，但在宣传的基本观点、基本目标上却始终如一。它往往要求人们克制个人眼前的需求，甚至要求人们牺牲个人利益而服从长远的、整体的利益。

四、宣传和文艺

文艺完全可以用来作为宣传工具。中外许多作家都以文艺作品来宣传自己的世界观，试图教化民众，改造社会。但文艺的基本特征是以具体的形象来反映现实生活或再现历史画卷。它富有情感，给人们以美的享受。如从心理学上来看，人们欣赏优秀的文学作品，叫做不随意注意，即不需要做意志上的努力就身不由己地沉醉在艺术享受中，任凭自己的思想、情感自由地驰骋。而宣传是以抽象的逻辑思维来陈述自己的观点。人们要理解它、吸收它，须控制自己的思想，加上紧张的思维活动和内心的矛盾冲突，这叫做随意注意，实在谈不上享受。

五、宣传和教育

这里指的教育仅仅指智育，包括正规和非正规的学校教育，而通常所说的思想政治教育是属于宣传工作。学校教育当然不排斥思想教育工作，既教书又育人，但学校教育是以传授知识为基本特征的。传授知识，就要求教育的全面性、系统性和阶段性，而宣传却要统一人们的思想，强调宣传的现实性和针对性。因此，选编教科书和选编宣传材料、编写知识性读物和编写宣传材料的要求是不同的,向学生传授历史知识和向学生宣传中华民族的优秀传统是不同的。

正因为宣传和新闻、学术、广告、文艺、教育有许多重大的区别,宣传就能够自成一体在社会上独立地存在着。

归纳上述的种种特点,我们给宣传作如下的定义:宣传是运用各种有意义的符号传播一定的观念,以影响人们的思想、引导人们行动的一种社会行为。

在这里,"影响人们的思想、引导人们的行动"是指宣传的目的,显示出宣传的目的性。"传播一定的观念",指宣传的内容。宣传的对象是"人们"即社会大众,反映出宣传的社会性。"运用各种有意义的符号"指宣传的形式和方法。

第二节　决定宣传效益的因素

任何宣传都是为了达到预定的宣传目标即争取良好的宣传效益。

宣传作为一个传播过程,由 7 个环节组成:

(1) 宣传者——谁来宣传(Who)

(2) 宣传对象——向谁做宣传(Whom)

(3) 宣传内容——宣传什么(What)

(4) 宣传场合——在什么样的社会环境、什么地方做宣传(Where)

(5) 宣传时机——在什么样的时机做宣传(When)

(6) 宣传动机——为什么要宣传、要达到什么样的预期目的(Why)

(7) 宣传方法——怎样宣传(How)

上述 7 个环节,总称 6W1H。这 7 个环节也是决定宣传效益的 7 个因素。我们分别作简单的阐述。

一、宣传者

这不但指某一个人,也包括一个团体或宣传机构(例如报社、电台、电视台等)。宣传者不但是宣传活动的组织者,是一切宣传的信源,而且宣传者自身的形象也是决定宣传成败的重要因素,在有些情况下,甚至是决定性因素。宣传者的自身形象主要是指宣传者在受众心目中的信任度。信任度和宣传效益成正比。受众相信的人所说的话就不会被怀疑,受众怀疑的人所说的话就不会被相信。早在 2 300 多年前,亚里士多德在《修辞学》论文中就强调宣传者的可信度。他认为,说服必须具有三个条件:"演说者的品德,⋯⋯对听众造成某种态度(的机会),论点本身(所提供的证明)。"而在这三者中,演说者的品德"是所有说服的手段中最有力的"。"因为作为一项原则，我们越是觉得一个人诚实，就会越快地相信他。在一般情况下，当问题超出确切的知识范围时，在意见分歧时，我们就会绝对地相信他。"美国的心理学家和传播学家用许多实验证明亚里士多德的论断。他们将实验者分成若干小组，把内容完全相同的材料说成由不同宣传者提供的，随后请各人对材料的可信度作出评判。结果表明：宣传者在实验者心目中的信任度和材料的可信性成正比。宣传者的信任度越高，实验者对材料的评价也越高，尽管这些材料的内容是完全一样的。在现实生活中，大量的事实也证明了亚里士多德的论断的合理性。

二、宣传对象

宣传对象在宣传中占有什么地位，这在宣传中具有至关重要的意义。在漫长的宣传活动史上，宣传对象始终处于被动的地位。在奴隶社会、封建社会中，"宣传"就是居高临下的命令。只是到了近现代，宣传对象的地位才被进一步认识。宣传对象是一批活人，他们有自己的利益，有自己的认知结构，有自己的记忆和思想。对于一切宣传，他们会作出能动的反应，在整个宣传活动中，他们是积极的参与者，会以各种方式影响宣传过程。宣传对象是宣传效果的承担者，也是宣传效果的最后鉴定者。

三、宣传内容

在宣传效益中，最后起决定性作用的是宣传内容。这包括：

1. 宣传者是宣传真理还是宣传谬误？真理有时可能掌握在少数人手里，可能一时不能被人们理解、接受，但真理总是会给自己开辟前进道路的，总是会赢得人心的。在马克思主义刚刚诞生的时候，信仰它的不过几个人、几十个人，在工人运动中也不占统治地位，但经过一百多年的宣传，其在工人运动中占据了无可争议的统治地位。谬误有时候可能"金光灿烂"，迷惑一些人，但终究会被人民唾弃。

2. 宣传者是提供真实材料还是虚假材料，向受众讲真话还是弄虚作假？真实的东西是经得起历史考验的，终究会被人们信服。有些假话尽管一时使一些人上当受骗，但终究会被揭穿。

3. 宣传内容是维护人民利益还是损害人民利益？一切维护人民利益的内容（理论、方针、政策等）必然为人民所欢迎、所接受；一切损害人民利益的内容必然会被人民所反对和拒绝。

一般说来,效果最好的宣传是强化宣传,即进一步加强受众原先的观点;效果较好的是革新宣传,即宣传全新的思想观点;最困难的是转化宣传,许多事实证明,要改变受众的原来观点并非易事。

四、宣传场合

从宏观的社会背景来说,有封闭环境和开放环境。在封闭的环境下,信息渠道单一,外界的干扰小,没有竞争性的或敌对性的信息、观点,宣传就容易取得预期的效果。在开放的环境下,信息渠道多样,各种各样竞争性的或敌对性的信息、观点都设法争取受众,宣传要取得预期的效果就比较困难。从微观来看,在不同的场合下,有不同的宣传气氛,受众就会产生不同的心情和心理定势,同一内容的宣传所取得的效果也大相径庭。比如,有些场合比较严肃庄重,有些场合比较轻松活泼;有成千上万人参加的大场面,有十几个人参加的小范围座谈,也有两个人面对面交谈的场合;有办公室里的谈话,有家庭氛围中的交谈,有散步时的谈心,等等。场合不同,宣传的具体内容、方法也不同。善于组织和选择具体的宣传场合是取得预期效益的重要一环。

五、宣传时机

在不同的历史时期,人们对宣传的需求是不同的,宣传效益也不同。从大的方面看,有局势相对平稳和局势比较动荡的时期。在局势动荡时期,各种新情况每日每时都会出现,社会问题错综复杂,发展趋势捉摸不定,人们不能把握自己的命运,急于寻求解决问题的各种方法,澄清各种疑虑。这样,宣传对于受众有很大的吸引力。相比之下,在局势平稳时期,信息的透明度高,人们对前途充满信心,人们对既定的方针、政策,对自己已有的思想观点充满信心,强化宣传是最易被人们接受的。相反,在遇到挫折、遭到困难的时候,人们感到老一套的办法不灵了,人心思变,就比较容易接受革新宣传,对强化宣传会产生厌烦。对每个人来说,不同时机每个个体的心理状况不同,取得成绩和遇到挫折时的心理不同,宣传需要针对每个个体不同时机的不同心理情况,才能取得预期效益。

六、宣传动机

宣传的动机不同,宣传的效益也必然不同。宣传要取得成功,动机必须纯正,那就是要为人民利益而宣传。为小团体的利益而损害广大群众利益,或为个人自私的目的而进行宣传,必然口是心非,这样的宣传终究要失败。同时,宣传目的要十分明确。

七、宣传方法

宣传方法包括所采用的媒介、途径和宣传的手段、技巧。任何宣传都必须借助于一定的媒介、途径，采用一定的手段、技巧。问题在于宣传者是否运用得当、运用得巧妙。高明的宣传者都是宣传艺术大师。各种媒介、途径各有特点，宣传的手段、技巧也多种多样。

宣传的成败是上述 7 种因素共同作用的结果。在一次成功的宣传中，可能有其中的一两种因素起突出的作用，但并不等于其他因素不起作用。

第三节　事、理、情——宣传三元素

事实、道理、感情，构成了宣传的三大元素。在宣传过程中，三个元素各有自己独特的作用，又经常被综合运用。

一、事实在宣传过程中的作用

有一件事情改变了鲁迅的生活道路，那是 1905 年鲁迅在日本仙台医学专门学校就读时，有一次在幻灯片中看到一幕悲惨的情景：日俄战争时，日本军队抓到一个中国人，说他是沙皇军队的侦探，把他绑在树干上准备砍头，周围是一群看热闹的中国人。这些人体格强壮，但神情麻木，目睹同胞被害，个个无动于衷。这不但深深地刺伤了鲁迅的民族尊严，也打破了他"医学救国"的梦想。他感到："医学并非一件紧要事，凡是愚弱的国民，即使体格如何健全，如何茁壮，也只能做毫无意义的示众的材料和看客，病死多少是不必以为不幸的。""我们的第一要著，是在改变他们的精神，而善于改变精神的是，我那时以为当然要推文艺，于是想提倡文艺运动了。"[1] 于是，鲁迅毅然弃医从文，希望唤醒中国人的觉悟。在他的文学作品中，像《阿 Q 正传》《药》等，多次出现"示众"这样的场面，也足可见那部幻灯片给鲁迅的刺激之深。

一件事情改变一个人的人生道路，这样的情况可能不多见。但是，一件事情改变一个人的思想，触发一个人喜怒哀乐的感情，却是屡见不鲜的。

事实是形成一定思想、支撑一定观点的基础，是触发人们感情的酵母。在各

---

[1]　鲁迅：《呐喊·自序》，人民文学出版社 1981 年版，第 417 页。

种各样的宣传中,宣传者总是大量地选用事实。

事实有真有假,有新有旧,有近有远……那么,从宣传角度来说,应该采用什么样的事实呢?

1. 真实性。真实,这是关系到宣传成败的根本前提。

2. 接近性。宣传中所选用的事例,越是接近人们的生活越会使人们感到亲切,越能引起人们的兴趣,也越有说服力。列宁、毛泽东都反复告诫宣传者用群众身边的事例通俗地向群众宣传真理。在《湖南农民运动考察报告》里,毛泽东自述过向农民宣传破除迷信的一段话:

> 信八字望走好运,信风水望坟山贯气。今年几个月光景,土豪劣绅贪官污吏一齐倒台了。难道这几个月以前土豪劣绅贪官污吏还大家走好运,大家坟山都贯气,这几个月忽然大家走坏运,坟山也一齐不贯气了吗?土豪劣绅形容你们农会的话是:"巧得很啰,如今是委员世界呀,你看,屙尿都碰了委员。"的确不错,城里、乡里、工会、农会、国民党、共产党无一不有执行委员,确实是委员世界。但这也是八字坟山出的吗?巧得很!乡下穷光蛋八字忽然都好了!坟山也忽然都贯气了!神明吗?那是很可敬的。但是不要农民会,只要关圣帝君、观音大士,能够打倒土豪劣绅吗?那些帝君、大士们也可怜,敬了几百年,一个土豪劣绅不曾替你们打倒!现在你们想减租,我请问你们有什么法子,信神呀,还是信农民会?[①]

这些话,说得农民都笑了,不能不口服心服。"信农会,不信神",这个结论是从农民身边天天发生的事例中抽象出来的,具有极大的说服力。

3. 典型性。在宣传中,选用事例不在于多,而在于精,在于这些事例具有典型性。具有典型性的事实能够直接论证观点,并给人们留下难忘的印象。

二、理性在宣传中的地位

"事实胜于雄辩",这句话常常被人们引用,以此来说明在宣传中恰当地运用事实的重要作用。但这并不意味着"用事实说话"的宣传方法可以取代雄辩。宣传者鞭辟入里的分析,能使对方百思不得其解的疑虑迎刃而解,思想豁然开朗,这就是理性宣传的作用。

---

① 《毛泽东选集》第 1 卷,人民出版社 1991 年版,第 33~34 页。

人的行为总要受到人的思想支配,越是成熟的人,就越是善于用理性来控制自己的感情,驾驭自己的行动。从宣传史上看,理性宣传对于改变人们的思维方式、工作方式、生活方式,对于推进整个社会的进步有不可估量的作用。法国资产阶级革命被公认为典型的资产阶级革命。早在法国资产阶级革命以前,资产阶级思想家伏尔泰、孟德斯鸠、卢梭等人表达了历史发展的客观要求,举起了"理性原则"的旗帜,对封建专制制度以及保护它的宗教神学进行了无情的揭露和批判。他们强调理性的重要性,用"自然法""自然权利""社会契约"等新观念来对抗君权神授的封建阶级的观念。他们相信理性能够消灭中世纪的黑暗势力,能建立新世界。他们用天赋人权、自由平等一系列先进思想武装法国人民,为法国大革命提供了理论武器和思想准备。恩格斯这样评价这些思想启蒙家:"在法国为行将到来的革命启发过人们头脑的那些伟大人物,本身都是非常革命的。他们不承认任何外界的权威,不管这种权威是什么样的。宗教、自然观、社会、国家制度,一切都受到了最无情的批判;一切都必须在理性的法庭面前为自己的存在作辩护或者放弃存在的权利。"[①]

在中国近现代史上,19世纪末期和20世纪前20年,曾被称作"政论时代",梁启超、孙中山、章太炎、邹容、于右任、宋教仁、陈独秀、李大钊等人在报刊上所发表的政论,产生了振聋发聩的影响,教育了整整一代青年人,推动了思想解放的潮流。1911年7月26日发表在武汉《大江报》上的时评《大乱者救中国之妙药也》,全文不足二百字,写得沉痛悲愤又激越昂扬,极大地鼓舞了革命者的斗志,引起全国性震动。不少人把此文比作"辛亥革命的烈性的催化剂"。在抗日战争初期,当不少人被"速败论"的失败主义论调和"速胜论"的盲目乐观情绪所迷惑的时候,毛泽东的《论持久战》为全国抗战拨开迷雾,指明了抗战胜利的道路,它对于全国军民坚定抗日必胜、坚持长期抗战的信念所起的巨大作用已被历史证明,甚至在日本侵略军中也产生了影响。一名日军士兵被俘后打算自杀以"效忠天皇",在一个偶然的机会,他读到了《论持久战》,被书中精辟的分析折服,最后加入"日本反战同盟",从一名法西斯军人变为反法西斯主义战士。这就是理性的力量,这就是理性宣传的效力。

一切革命的、进步的宣传,其直接目的是以光辉的思想和科学的真理来赢得人心。理性宣传就是用理论、观念、政治主张、方针政策、伦理等向社会作广泛传播。理性宣传在宣传中占有极其重要的地位。

---

① 《马克思恩格斯选集》第3卷,人民出版社2012年版,第391页。

三、情感在宣传中的地位

人类是有情感的动物。人的情感是人的行为的一个动力源。人们的许多行为(不管是否正确)常常不是理性的产物,而是直接由他们的情感所决定的。中医典籍《内经》,把人的情感分为七种:喜、怒、忧、思、悲、恐、惊,并认为"百病生于气也,怒则气上,喜则气消,恐则气下,惊则气乱"。而"气"又直接影响人的行为。古希腊的哲学家们也指出:感情在人的全部经验中对人的行为具有强化或否定强化的功能。在现代社会,人们仍然强调感情对人的行为的作用。凡是热爱的,人们会设法去维护;喜欢的,人们就会去接近、模仿;厌恶的,人们就会避开;愤恨的,人们就会设法去清除。

中国革命的先辈们正是基于对处于水深火热之中的劳动人民的同情,基于对中华民族命运的忧虑,才不惜离家奔走,寻求救国救民的道路,终于找到了马克思列宁主义。许许多多的科技工作者也基于对自己事业的热爱,在科学的崎岖小路上不停地攀登,献出自己毕生的精力,甚至忍受常人难以想象的痛苦和挫折,终于获得了成功。

在现实生活中,人们的许多行为又是感情和理智的合力作用。人们常说:爱之愈切,知之愈深;知之愈深,爱之愈切。知和爱互为因果。一个人的自觉行动、一个群体协调一致的行动,总是感情和理性相一致的产物。当人们的感情和理智处于矛盾状态时,他们的行动总是摇摆不定的。有些时候,理性要求人们去行动,但感情上接受不了。

情感对于人们行为的重要影响,决定了情感宣传在宣传中的重要作用,要求宣传工作者在写作中尽可能动之以情,使受众的心理产生强烈震动,受到感染,和宣传者产生感情共鸣。大量的事实表明,动感情的呼吁比诉诸理性的阐述更能带来受众态度的改变。美国心理学家乔治·哈特曼在20世纪30年代进行了一次同选举有关的调查,至今仍被认为是典型调查之一。在调查中,对选举时情绪和理性影响人们行为的两种效应作了对比。他把一个城市里的居民划分为三部分。总的目的是劝说居民投某一政党的票,但所给的宣传品内容不同。在第一部分家庭中散发的传单包含有情绪煽动的内容,第二部分家庭的传单是从逻辑上说明投某一政党票的必要性,第三部分家庭什么也不散发。结果,这个党从第一部分家庭获得的票最多,而获得选票最少的是那些任何宣传传单都未散发过的家庭。哈特曼由此得出结论:带有感情色彩的宣传比理智宣传更能影响人们的行为。这个结论有点片面,只能说在某些时候、某些问题上是这样。但带感情色彩的宣传对人们行为的影响确实是强烈的,特别在短时间内。一位教育家曾说:一个干练的教师应当是一名艺术家,他们教育学生,如同琴师操琴一样,触动着人们的心弦,刺激之,兴奋之,鼓励之,安慰之。宣传工作同样如此。

在实际的宣传工作中,宣传工作者有时单独使用其中一个要素,有时侧重于其中一个要素,而以其他两个要素为辅,但更多的时候,是三个要素综合使用,做到动之以情,晓之以理,传之以知,才能够收到更好的宣传效果。智慧的启迪(理性)、知识的滋润(事实、材料)、感情的共鸣,历来是宣传的三昧。

复习思考题

1. 宣传的基本特点是什么?
2. 决定宣传成败的基本因素有哪些?
3. 在宣传中如何灵活运用事、理、情三元素?

第五章

新闻与舆论

在现实生活中,人们常把新闻界称作舆论界,把新闻媒介称为舆论工具。新闻媒介与舆论相生相灭,互为依托。

第一节　舆论的定义与特点

舆论,虽然无影无形,但现实生活中的人们无时无刻不感觉到它的存在和力量。舆论作为一种公开表达的社会评价,作为社会公众共同的意见和态度,传达着多数人的信念、意志和要求。小至人们的日常行为规范,大至社会政治决策,无不受到社会舆论的影响与制衡,它以其广泛的代表性和巨大的社会动员力深刻地影响着社会发展的进程。

既然舆论有着如此广泛的存在和强大的社会影响力,那么,究竟什么是舆论呢?

从词义的角度看,无论中外,"舆论"一词都由"公众"和"意见"复合而成。从其最初产生到演变为现代舆论概念经历了相当漫长的过程。到目前为止,人们对于舆论的确切定义尚有争议,但对其基本要素是大致认同的。

1. 舆论的主体——公众

在任何时候,公众都是舆论的主体。在形式上,"公众"表现为一定数量的人群,但与通常意义上的群体、人群、大众等概念相比,定义要更为严格:它是指一定社会中有着共同的利益,面对共同关注的社会问题或现象,有着大致相同的意见、态度的人群。

公众中的个体具有鲜明的自主意识,没有固定组织或团体的强迫;而人群的组合是随机的,只因某一个共同利益而作暂时的松散的结合,随着问题的解决而随时解体;公众在自愿的原则下,出于共同利益,而对共同问题展开平等交流。

2. 舆论的客体——某个特定的涉及公众切身利益的社会公共事务

如前所述,意见总是有着特定的指向的,舆论既然是公众意见或曰公共意见,指向就必然是某种可能聚合众人的带有某种公共性的事务。它或是社会现象,或是社会问题,或是社会伦理,也可以是突发性的社会事件,但不管怎样,有一点是共通的,即它必须具备公共性。公共性即是对于广泛的社会成员而言的利益相关性。没有利益相关不可能唤起意见交流的意向和行动。事务的利益联系范围越广,公众成员范围也就越广,利益联系越密切、越紧迫,唤起公众参与讨论交流的积极性也就越高,社会舆论的影响力也就越大。

3. 舆论的本体——人们大致相同的意见或态度的总和

按照一般的理解,舆论的本体就是围绕特定的对象(某种社会问题、事件、现象)形成的公开的基本一致的意见。所谓意见实际就是针对特定事物所形成的判断,以语言或行为形式表现出来,带有明显的倾向性和评价性。

4. 舆论的载体(渠道)——公开的传播活动

公众对于涉及自身利益的社会公共事务所形成的一致意见要成为具备社会影响力的舆论,其间必须经过公开表达的形式向社会传播。没有面向全社会的传播,大家把意见隐藏在心里不表露出来,即没有意见(态度)的公开,就不可能有个人意见经交流整合为公众意见的过程,也就不会有舆论,更谈不上舆论影响力。而公开表达必须经过一定的渠道,也就是通过一定的传播媒介。这种公开传播是多种多样的,集会游行、开会表决、街谈巷议等都可算在内。而在现代社会中,最主要、最重要、最具影响力的公开传播是日臻发达的大众传播。它面向全社会,具备了充分的公开性、广泛性、连续性和大规模集中传播的特点。这使得大众传媒成为承载舆论、反映民意的最有代表性的机构,大众传播也成为最主要的舆论载体。

无论在舆论的形成和传播过程中还有多少构成要素,上述四点是舆论构成中必不可少的。

综合上述四个要素,我们能明确:舆论就是在特定的时间和空间里,公众对于特定的社会公共事务公开表达的基本一致的意见或态度。

舆论作为公众意见(公共意见)是社会评价的一种,是社会心理的反映,它以公众利益为基础,以公共事务为指向,并因此而具备许多独有的个性。具体表现在:

1. 公开性

前面说过,从分散的个人意见到成为群体性的公众意见,必须经过公开的社会讨论和交流,而已经形成的公众意见要发挥其影响力,必须面向社会公开传播,作为民意的显示,实现舆论对于社会公共生活的直接或间接干预。也可以说,舆论在公开讨论中形成,又公开表达以实施干预,而且自始至终它都是在社会公共领域内产生并发挥作用的。而公共领域的开放性也造成了舆论的开放性。公共领域的重要功能在于形成公众舆论,而之所以能形成舆论,就在于它的开放原则,这也从而奠定了舆论公开讨论和公开传播的基础。没有公共领域就没有舆论,没有公共领域的开放就没有舆论的形成,开放程度越高,舆论的公开性也就越强,它对社会生活中公共事务的干预程度也越高。也正因为舆论具有公开性,所以说现代舆论更多地体现出公众民主参与的进步性。

2. 公共性

舆论既然始终在公共领域内产生并发挥作用,那么公共性就不可避免地成为舆论最重要的特性之一,这种公共性具体体现就是舆论指向的公共性和作用目标的公共性。

要吸引公众参与,形成广泛的社会讨论,最终整合形成一致意见,那么,这一意见指向的事物必须具备公共性,即利益上对公众而言的切近性,或说涉及公共利益。个别的、仅涉及私人的小事是不可能引发广泛的社会舆论的,而与某种普遍利益关联的公共事务(如下岗再就业、反腐倡廉等)往往能够很快成为公众关注热点,形成舆论。如果某个偶发的突然事件,能够引发大面积的强有力的社会舆论,也必是因为事件的原因、过程、结果、影响、实质等构成要素中蕴含某种公益的成分,具备了公共性,契合了公众关心公共事务的内在心理。像这样的实例在生活中几乎不胜枚举。

例如,1999 年重庆綦江发生垮桥案,虽是一个地区的偶发恶性事故,却成为全国性的热点,引发了全社会的强大公众舆论,其根本原因在于近年来反腐已成为百姓关注的最大焦点,綦江案中的个别官员却玩忽职守、贪污受贿,视人民生命财产如儿戏,这种恶劣行径,恰恰触及了公众最敏感的神经,事虽偶发,实质却关系公益。同时公众舆论的目标不仅在于促使綦江案早日解决,还百姓以公道,更在于以此震慑贪官、打击腐败。

由此可以看出,舆论针对公共事务产生,目的是通过影响公共事务的解决以实施对社会公共生活的干预;事务是否具有公共性是舆论能否产生的前提,而公共事务涉及公众利益范围的大小也决定了舆论波及公共领域范围的大小。在这样的层面上,我们说舆论具备了公共意义。

3. 急迫性

舆论涉及的都是近在眼前而且迫切需要解决的问题,这就是舆论的急迫性。

千余年前的历史旧事不会成为舆论热点,因为它距离现实的公共生活太远了。只有现实的带迫切性的问题才能引发舆论,不但如此,公众形成舆论的目的就在于让问题尽快解决(甚至立竿见影),能顺乎公众的意愿,合乎公众的利益。

4. 广泛性

舆论的广泛性是指舆论存在范围的广泛性和影响范围的广泛性。

舆论是现实的、功利的、急切的,它随着各种各样的问题、现象、事件的产生而产生,又随着它们的消失而消失。它经常突如其来,又倏忽而逝,但它又无所不在,像空气一样弥漫在我们周围,随时随地,人们都能感觉到它的存在,无时无刻,人们不身处舆论的氛围和影响之下。

这种存在和影响的广泛,原因主要在于舆论主体公众聚合的随机和舆论客体的多元以及舆论本体意见指向的涵盖范围的广阔。

公众是群体概念,数量多,而这个多数又是个相对概念,小到一个班级、一个学校、一个工厂,大到一地、一省、一国乃至全世界,随着地域范围的不同,相对多数的公众范围也不同,有公众就有舆论,舆论的存在和影响自然而然变得广泛。再看舆论涉及的公共事务。它也是个覆盖面极大的概念,不同范围内相对多数人的共同利益都可包括在内,小到行人乱穿马路、公共场所违规吸烟,大到反贪倡廉、民族矛盾、经济危机、贸易摩擦、国家冲突都可定义为公共事务。

5. 评价性

舆论是一种意见,它不是一般的客观陈述,而是对事物(包括社会人物、事件、问题及其方方面面的社会联系等)作出的判断,带有明显的主观倾向,也就是具备了一种评价性。

舆论的意见可以由客观陈述、价值判断及趋势预估三部分构成,即一是对事物特征、事件原因、过程、人物个性、形象等客观存在的叙述,二是对事物(事件、人物等)的影响、性质等作出的好坏、是非、善恶、对错等方面的价值评定,三是对事件可能的发展方向、趋势所作的预测。通常情况下,完整的舆论意见至少包括前两部分,有时也包括第三部分。以 1999 年北约轰炸南斯拉夫为例:

北约轰炸南联盟,造成平民伤亡和大量财产损失,南联盟人民奋起抵抗。(客观陈述)

北约的军事行动是侵略行径,北约悍然违背国际公约,是武装干涉他国内政。(对事件的价值评定)

北约的侵略行动如继续下去,必将危害巴尔干地区、欧洲乃至世界和平。(对事件影响、趋势的预估)

第一部分是客观叙述,而后两部分都带有主观色彩,只不过第二部分属于价值评判,倾向性更加鲜明,第三部分是预测性的分析,主观性相对弱一些,但总体而言都带有主观评价的意味。也可以这样说,如果失去了价值评判或预测分析,只剩下陈述,那就是纯粹的客观报道而不是舆论意见了。实际上,在舆论意见的三个组成部分中,客观叙述是为后面的评判、分析所作的铺垫、提供的依据,而绝不是意见的主体。

在任何时候,意见必然带有评价,表现出主观倾向,舆论作为公众的一致性的集合意见,自然不能例外。从一定意义上讲,也正因为舆论有了是非善恶的价值评判,作为公开的社会评价的一种,它才能成为人们所敬畏的社会约束力量,有效、有力地干预社会生活。

第二节　舆论的社会功能

我们说过,生活在现实中的人们无时无刻不感觉到舆论的存在,体会到它的力量。从古至今,上至高高在上的一国之君,下至芸芸众生的平民百姓,都不能漠视舆论的存在。许多时候,人们会听从舆论的指向,受到舆论的影响和制约。

舆论作为公开的社会评价,它所实现的社会功能是以公开表达的集合式的公众意见直接或间接干预社会生活,这是由其"民意表达和民众力量的显示"这一特性所决定的。

在舆论存在的范围内,舆论代表着"相对多数",这就赋予了舆论是多数人所秉持的一致意见(态度)的特质。尽管对这个"多数"究竟在人群中占多大比例,人们看法并不统一,有的认为如果有四分之一的人持有一种意见,则舆论形成[①],有的则依据黄金分割的比例认为"在一定范围内有 38.2%(约三分之一多)的人持有某种意见,则这种意见便在这一范围内具有了相当的(但尚不能影响全局)影响力;而若有 61.8% 的人持某种意见,则这种意见在这一范围内将成为主

---

① 参见陈力丹:《从舆论导向视角看舆论的基本要素》,《新闻大学》1997 年第 3 期。

导性舆论"①。但是,不管怎么说,在很多不一致的意见中总会产生出相对多数人的一致意见(态度)。而在任何时候,任何地方,多数人的意见总是强有力的,舆论的力量即得自这个"多数一致"。由此可以引申出舆论的本质是(不同范围内)多数人共同意志的表达,作用于社会公共领域,以直接或间接的方式干预公共事务,使其按照民意指向发展,这时舆论就成为民众力量的显示。

正是"民意表达和民众力量显示"的本质特性,成为舆论巨大力量的源泉:人是社会的产物,每个人都生活在广泛的社会联系中,一旦被社会孤立将很难立足。人们出于社会生存的本能会很自然地追求广泛的社会支持,寻求广泛的社会认同,从而产生自发的从众心理。一般情况下,人们都会畏惧、顾忌民意,所谓民意难违、众怒难犯、"得民心者得天下,失民心者失天下"等都可以看做是民众力量的体现。

舆论的主要功能是对涉及公共事务的组织、人员的行为实行监督,进行有效的制约和限制,使之服从、服务于既定的公众共同意志,符合公众共同利益。它是社会控制的有力形式之一。

舆论的这种控制作用主要表现在两大方面。

一、对国家政权、政府行为的监督和制约

舆论指向公共事务。在一个社会中,国家权力是最重要、最大的公共权力,因此它必然成为舆论监督和制约的最主要的对象。

公众通过广泛的社会讨论,借助于公开表达的传播媒介,形成强大的公共舆论,对国家权力及其主要行使者——政府的行为实施监督,或极力促进某种有利于公众利益的政策和行为的实施,或制止某种危害公众利益的政策和行为的施行。这种控制又体现在对国家政府决策过程、决策施行结果和相关决策执行人物的监督这三个方面:

1. 对国家政府决策过程的监督制约

政府决策主要是适应国家社会的长期和近期发展目标,针对一系列相应的社会公共事务制定具体的政策,采取一定的措施。现代社会中舆论制约可以表现为监督决策过程科学化、民主化和法治化的程度,以及监督决策过程是否符合既定的法律程序和规范等,但最主要的是监督决策目的朝向是否在于维护公众的共同利益,因为公益是舆论最根本的出发点和最终的目标。特别是在某些涉

---

① 参见陈力丹:《从舆论导向视角看舆论的基本要素》,《新闻大学》1997 年第 3 期。

及面广、与人民利益密切相关的重大决策上,舆论监督作用更加重要,它的制约作用也更加明显。例如,我国政府关于三峡大坝工程的决策过程就较多地体现出舆论的监督和制约色彩。这是一项关系子孙后代幸福的百年大计,不仅投资巨大、工程复杂,而且牵涉到大规模移民、环境保护、生态平衡、文物保护等一系列错综纷繁的事项,建或不建,如何建设,不仅关系到三峡地区人民,而且关系到全国人民的利益。这一决策从20世纪50年代中期酝酿到90年代初正式上马施行,到2004年正式竣工,中间经历了长达四十年左右的讨论、论证甚至是激烈论争的过程。在这期间特别是80年代以后,由于国家民主监督机制的逐步完善,给了舆论较充分的参与机会,使舆论的决策监督有了更广阔的适用空间。有关的专家、学者、政府部门以及普通公民通过不同的渠道(尤其是公开的新闻媒体)积极参与三峡工程讨论,展开对工程利弊得失和政府决策方案内容、趋向的探讨,最后形成较一致的社会共识:工程上马确可造福人民,但工程必须把负面效应减至最低限,尽量减少文物、环境方面的损失。这种社会共识借助大众传媒形成了极有力的社会舆论,对其后三峡工程施行方案的具体制订起到了很大的影响和制约作用,减少了可能有的决策失误,在较大程度上维护了人民的公益。

2. 对决策执行过程和执行结果的监督

决策朝着维护公众利益方向努力,并按此原则产生,但它是否最终维护公益,还要看决策的执行和执行后的结果。从维护公众共同利益出发,舆论对此也要施行有效的制约:实践过程遵从了国家既定的法律和制度,没有伤害公民正当的权益,实践结果也确实维护或促进了社会公益,如果证明是正确的决策,社会舆论就应给予及时的肯定和促进;如果实践与决策初衷相左,执行过程中出现了危害公益的现象,或从执行结果看,与实际期望存在一定距离,甚至完全相反,舆论则及时发出警告或呼吁,引起决策部门和执行部门的重视,同时给其施加强大的社会压力,促使其及时修订、完善相应政策,或者中止政策措施的执行,更改或重新制定政策,纠正决策失误,弥补错误决策造成的损失等。

事情总是复杂的,愿望和结果不一定完全相符。我国目前正处于从计划经济体制向社会主义市场经济体制转轨以及整个社会向现代化社会转型的关键时期,国家决策的重要性日益凸显,但同时由于改革的全面性和复杂性,又必须容忍某些决策带有一定意义上的试验性,在实践过程中完善和修订政策及其相应措施,这给舆论监督提供了一片广阔的适用范围。例如国家从改革国有企业、提高企业效益出发,制定了"抓大放小"的总体战略,对于中小国有企业,允许各地采用租赁承包、股份合作以及合并重组等方式实施更大胆的改革。但在实际执行过程中,有些地方不顾实际情况,或盲目跟风,或急功近利轻率处置,个别地方或企业领导甚至变相侵吞国有资产,造成国有资产的大量流失,引起社会舆论的强烈不满。国家为此及时出台了一系列更严格、谨慎的政策法规,制止执行过程中的违法违规现象,更有效地在维护国有资产、保护国家和人民共同利益的前提下推进企业改革。

这说明,对决策执行过程和执行结果的监督两者一脉相承,缺一不可,在我国目前的改革阶段,这显得尤为关键。

3. 对于决策和执行人物行为的监督

舆论的决策监督和制约是一个完整的过程。它不仅指向决策内容和执行过程、结果,也同样指向决策参与、执行的主体——决策者和决策执行者,主要是对国家公务人员行为的限制和约束,促进其在合法的范围内,在维护公众利益前提下制定和执行政策、措施,正当地、规范地行使权力,履行责任。在现代民主体制下,上至国家最高行政领导,下至基层公务员,只要是负责处理公共事务者,都在社会舆论广泛的监督和限制之下,一旦出现有损公益的行为,就很容易受到社会舆论强烈的谴责。对美国前总统克林顿的性丑闻案的跟踪报道就是一例。

二、对公众行为的鼓舞或约束

任何社会的存在和发展,必须借助于一定的社会规范限定社会成员的行为,使其按照某些共同的价值观念确定自己的行动指向,从而有效地增强社会凝聚力,达到社会的整合。舆论作为公众意见,可以借助多数一致对社会成员产生从众压力,督促或迫使个人服从舆论意向。所以舆论在通常情况下可以作为规范公众行为的有效手段之一,通过舆论所包含的肯定、否定倾向,鼓舞维护公益的行为,约束、制止损害公众共同利益的行动,这主要包括:

1. 鼓舞公众成员合乎社会公德的行为,约束、制止损害公德的行为发生

社会公德是全体社会成员认同的共有的道德规范,任何符合公德的行为都会受到舆论的赞扬,促使更多的社会成员更自觉地效仿,例如舍己救人、见义勇为,在任何社会中都是符合社会公德、受到舆论赞扬的正义行动。公众成员从多次同类事件的舆论肯定中得到鼓励,更加认同这一道德规范,更自觉地模仿、重复,从而不断强化和维护了这种公德。相反,某些损害公众利益、违背社会公德的消极行为,就会受到舆论的谴责,例如科学研究证明吸烟不仅危害吸烟人的身体,而且会损害周围人的身体健康,因此在公共场所禁止吸烟,一旦有人违反,就会受到公众的指责,在舆论或他人的否定态度的压力下而中止这一行为。多数

情况下,人们都会服从舆论意见,修正自身行为,这是舆论以压力形式表现出的对社会成员行动的限定性作用之一。

正是在这种循环往复的赞同和否定之中,舆论通过意见的作用力强化了社会公德,对社会成员的行为形成约束。

2. 鼓舞公众符合职业道德的行为,约束和制止公众成员违背职业道德的行为

每个人作为社会一员,从事一定的社会职业,服务于其他的社会成员,这使其职业和职业行为具备了与公共利益的相关性,也自然被纳入舆论监督和制约范围内,舆论对其作用过程与对公德行为作用类似,以肯定和否定的意见倾向,产生压力,鼓舞或限制公众职业行为,促其遵从社会普遍认同的职业道德规范。

我国目前正处于社会转型期,受拜金主义思潮的冲击,社会成员职业道德素质出现不同程度的下滑,这期间舆论的鼓舞和约束作用越发显得重要。比如,近年来,部分医疗工作者职业意识淡薄,有的公然向病人索要红包,有的玩忽职守、不负责任,造成医疗事故,给人民的健康乃至生命造成损失,引起了公众舆论的强烈批评。这一方面促进了卫生管理部门改革现行体制,制定职业管理新举措,另一方面也对培养医疗行业从业人员的职业道德起到了积极的推进作用,以舆论的压力从外部强化其遵从职业道德的自觉性。相类似的还有诸如近年来各地陆续发生的严重的建设工程质量事故,给人民生命财产造成了严重危害,舆论强烈呼吁强化建设工程质量监管,要求建设行业从业人员遵守职业道德,这一舆论力度还在逐渐增大,对于该行业从业人员来说,无疑是一种约束力。

类似事例还有很多,舆论对职业道德的制约作用,构成了对广泛的社会成员个人行为的限定;在公共领域内,将其限定在符合公众利益的基础上。

从舆论对公共决策和公众成员个人行为两方面的监控作用,可以看出,对整个社会的整体维系和稳定来说,健康的舆论是不可或缺的重要力量。此外,舆论还常常在社会改革和革命中起着启蒙思想、争取群众的先导作用,为改革和革命赢得人心、获取正确的社会评价铺平道路,这时,它又成为先行者和启蒙者。

但是,仅从积极一面强调舆论作用是不够的,我们必须清醒地意识到,舆论虽然是公众集中意志倾向的表达,但由于公众认识水平等自身条件的限制和外在客观条件的制约,这种集中立场并非在任何时候都是正确的。某些特殊情况下,真理可能掌握在少数人手中,所谓"千人之诺诺,不及一人之谔谔",这时舆论就可能代表错误倾向,甚至扼杀真理。布鲁诺道出真理却被烧死在火刑柱上,这种钳制思想的暴行并没有被当时的舆论谴责,反而获得赞同;"二战"期间,希

特勒蛊惑人心的法西斯宣传也曾一时蒙蔽人民,获得德国国内舆论普遍支持,结果给国家和人民乃至整个世界带来深重的灾难。

舆论是一把锋利的双刃剑,"公共舆论中真理和无穷错误直接混杂在一起"①,大多数时候它是促进历史进步的催化剂,但有时它也扮演不光彩的绊脚石角色。换言之,舆论的作用是正负双向的,它的质量并不是恒定不变的,而是存在高低之分,好坏之别。衡量舆论质量的标准是舆论作用于社会实践的后果,包括直接与间接、长期与短期结果等。而决定舆论质量的因素或者说舆论质量的高低、好坏主要取决于以下几点:

第一,公众的认识水平、道德水平、受教育程度等主观条件。它决定人们感知外界信息并进行分析、判断能力的高低,相应地,也就决定了最终形成的舆论意见的质量。

第二,公众获取信息的真实、全面和充分程度。信息是舆论形成的前提和基本构成材料,在舆论产生并最终形成的过程中,公众能否及时地、准确地、充分地了解到有关公众事务的全面的信息,对人们能否进行正确、客观的分析、判断,从而形成正确的意见是至关重要的。很多时候,虚假的信息导致人们判断错误,而片面的、不充分的信息又造成人们对事实的认识出现偏差,或歪曲真相,或形成偏见,这样,舆论指向也就不可能发挥积极的社会促进作用。因此,提高舆论质量的很重要的一条,就是要加大信息特别是重要公共事务信息的透明度,让公众有充分了解、认识信息的机会和渠道,避免信息失真、信息不全造成的判断失误。也就是要扩大公众的知晓权。

第三,公众自由表达意见的可能性和充分性。高质量的、代表社会前进方向的舆论意见,其形成必须经过充分的社会讨论过程,也就是公众能有自由表达意见的权利和充分发表见解的机会。尽管并不排斥"意见领袖"在公众中的主导作用,但离开全体公众平等、自主的意见交流,舆论就很难成为真正的、高质量的公众意志表达。在这个意义上,维护公众表达权,就是提高舆论质量,促进舆论发挥积极作用的举措。在现代民主国家中,公民的言论自由权大多被写进宪法,作为一项基本的公民权利获得法律上的最高保障,我国宪法第 35 条也规定要保护公民的言论和出版自由,这对公众在舆论形成中充分行使自己合法的意见表达权提供了最基本的保障,对提高我国公众舆论质量是至关重要的。

总之,舆论作为普遍的、强大的社会制约力量,虽有正、负两面作用,但从历

---

① [德]黑格尔:《法哲学原理》,商务印书馆 1961 年版,第 333 页。

史长期性和社会发展整体进程出发,舆论毕竟是代表了人民的意愿,具有潜在的、永恒的正义性。而对处于不同历史阶段的社会来说,要使舆论尽可能沿着正确的方向行使其强大的监督、促进功能,就要努力提高舆论质量,同时还有必要强化正确舆论引导,培育良好舆论环境。也正是在这个意义上,现代新闻媒介起到了越来越重要的作用。

第三节　新闻媒介与舆论

现代社会中,新闻媒介与舆论之间建立起一种天然的、密切的关系。

在舆论从产生到形成并作用于社会的每个环节中,几乎都能看到新闻媒介若隐若现的影子。要深入认识舆论,就必须清楚新闻媒介与舆论之间这种错综复杂的联系,以便让新闻媒介在此间能更好地、更积极地发挥自己的功能。

然而,要了解这一切,首先必须简要回顾一下舆论形成的过程。

1. 问题提出。分散的公众成员意识到涉及公众利益的事件、人物、问题等,即舆论意识的客体开始列入公众关注范围、提上公众讨论议程。

2. 社会讨论。特定的公共事务被列入议程后,分散的公众成员开始公开发表个人意见,公众之间(包括个人、群体、组织、团体等)相互影响、相互作用,这是一个平等的、充分的、交换意见的过程,也是舆论形成的开始。

3. 社会协调(意见整合)。分散的个人意见并不是舆论,必须经过讨论,把大量的、不一致的、散落的意见,通过选择、吸收、扬弃,进行集中、归纳、综合,最后形成一个集合性的基本一致的意见,也就是经历一种有效的意见整合,形成舆论内核。这是一个在公众成员间充分对话、共同探讨基础上协调一致的社会互动过程。

4. 公开表达。一致性的意见或态度形成,还必须经过一定渠道,借助公开的传播媒介向社会表达,才能成为最终的公众舆论并作用于社会各个领域。没有公开的意见表达就没有舆论,它是舆论最后形成的标志。

在这四个阶段中,新闻媒介凭借自身的特性,不时介入到其间的各个环节中。这种介入,构成了它与舆论的千丝万缕的关联,归纳起来,主要体现在以下三个方面:

第一,反映并代表舆论。分散的个人意见要公开表达才能参与大范围的社会讨论,最终形成的一致意见也要公开表达才能作用于社会,成为具有实际意义的公众意见。新闻媒介履行的是面向全体社会成员的大众传播,舆论形成的全过程都少不了新闻媒介这条最公开的渠道,马克思曾把报刊比作驴子,每天驮负着公众舆论在社会成员面前出现,让人们评价,也曾认为"报纸是作为社会舆论的纸币流通的"①。报刊如此,此后兴起的广播、电视等新兴媒介亦是如此。

正因为有了最初也是最经常的承载作用,在人们眼中,新闻媒介与舆论之间的关系越来越紧密,加上新闻媒介传播活动的专门化和职业化,久而久之,逐渐衍生为专职性的舆论工具或曰舆论机关。在现代社会中,新闻媒介逐步从单纯的表达渠道变成公众代言人,成为"广泛的、无名的社会舆论的工具"②。新闻媒介在舆论领域实际已同时扮演了公众论坛和公众代言人的双重角色,它既是舆论的载体,又常常是舆论主体(公众)的影子。

第二,引发舆论。舆论要形成,必须要有意见指向——特定公共事务,即公众必须首先了解与自身利益相关的事务的信息,才有可能发表意见,而公众又是如何认识这一事务的? 实际生活中,人们所接收的重要信息主要来自新闻媒介。人们生活在由新闻媒介提供的源源不断的信息流中,新闻媒介也许不能从根本上决定人们如何判断和思考,但至少它能在很大程度上决定人们思考什么、关心什么:"新闻界也许不能经常成功地告诉人们持什么观点,但它能极其成功地告诉读者应该考虑些什么问题。"③ 这种理论认为新闻媒介报道外界信息是经过仔细筛选与过滤的,并采用种种手段把媒介认为重要的信息加以凸显,使之成为公众焦点,甚至进而引发公众舆论。这是一个严格选择与精心突出的过程。新闻媒介设置的议题常常衍生为舆论的源头——公众关注的公共问题(事务)。这是新闻媒介长期潜在的作用,也是影响舆论的重要手段之一。

第三,引导舆论。新闻媒介的主要功能在于向社会公众提供大量准确、及时的信息,供人们了解外界变化,但这并不意味着新闻媒介在舆论形成中只是材料供应者和意见反映者,事实上,现代新闻媒介还可以是舆论的引导者。

第四节　舆论新格局

在中国乃至全世界,新闻媒体承载着社会舆论的凝聚和公开表达,人们习惯上把新闻媒体称作"舆论界"。1985 年 2 月 8 日,胡耀邦在《关于党的新闻工

---

① 《马克思恩格斯全集》第 7 卷,人民出版社 1956 年版,第 523 页。
② 《马克思恩格斯全集》第 7 卷,人民出版社 1956 年版,第 117 页。
③ [美]库恩:《新闻界与外交政策》,转引自张咏华:《大众传播社会学》,上海外语教育出版社 1998 年版,第 32 页。

作》中明确提出:"党的新闻机关就经营来说也是一种企业,但它们首先是舆论机关。"①在一定程度上,新闻媒体是唯一的舆论场。

但是新媒体的出现打破了传统媒体对舆论表达的垄断权,出现了一个全新的舆论场,形成"两个舆论场"的新格局。在中国,"传统媒体反映出来的舆论,主要体现的是媒体组织的意见,公众的意见难以得到反映,即使反映也是很少的、微弱的"②。而新媒体赋予公众自由表达权,从而形成了另一个舆论场,这个舆论场在相当程度上是自发的,在一定程度上代表着民意。

新媒体形成的舆论场依托着互联网,可以称为网络舆论,随着技术进步,不同时期的网络舆论有不同的主要平台,不同平台具有不同特点。

第一个主要平台是博客(2000—2007),这是以记者、律师为主的社会精英主导网络舆论的阶段。写作博客,有两个基本条件,一是有相当的财力,因为电脑在当时是贵重的,而且只能接电话线上网,平常百姓都没有这个条件;二是要能写,有理有据有法,才能吸引人、说服人,才能形成舆情。以记者、律师为代表的社会精英阶层成为天然的舆情引导者。广州的孙志刚案成为这一阶段网络舆论的代表作,显示了博客的强大影响力,彰显了网络舆论的强大威力。

第二个主要平台是微博(2007—2014),在七八年时间里,微博仿佛拥有摧枯拉朽的强大舆论威力。这一阶段,网络草根群体成为网络舆论主导者。微博兴旺是新技术快速发展的结果。一是手机价格大幅下降,从万元左右跌到千元左右,甚至几百元也可以买到,一般的工薪阶层都可以拥有,手机从奢侈品成为日常品。二是随着移动终端的普及,人们可以随时随地无线上网。这样一来,网民人数激增,尤其"三低人群"即低年龄、低收入、低学历者大批涌入网络,据统计,这一人群占 50% 左右。这群人尽管职业不同,性格不同,但他们的共同特征是获得改革开放的红利不多,对社会有结构性的抱怨,有仇官、仇富、仇精英的倾向;他们社会阅历浅,缺乏理性思考,情绪易于激动。他们随时随地上网,一旦网上有事件触动他们敏感的情绪,马上就炮轰,引发无数跟帖,甚至引发群体极化。在微博鼎盛时期,网络上舆情事件此起彼伏,一波未平,一波又起,平均每天有一两起。至今人们还耳熟能详的"三鹿毒奶粉""邓玉娇案""躲猫猫""唐福珍自焚""产妇肛门被缝""我爸是李刚""郭美美案""药家鑫案""宁波厦门 PX项目"等都是在这一时期发酵、爆发的。

第三个主要平台是微信(2014—),微信的兴起使微博快速衰退,原因就

---

① 《十二大以来重要文献选编》,人民出版社 1986 年版。
② 陈力丹:《舆论学——舆论导向研究》,中国广播电视出版社 1999 年版,第 149 页。

是城市中的中间阶层（也可称作中产阶级）纷纷退出微博或只围观不参与，并转而进入微信。微信是带有私密性的小圈子，微信的兴旺使网络舆情下沉且碎片化了。

从网络舆情的发展过程看，传统媒体和新媒体形成的两个舆论场在20世纪90年代基本上是各走各的路，只是偶尔有协作或冲撞。90年代是传统媒体蒸蒸日上的年代，凭借其强大的影响力，并不把弱小的新媒体放在眼里，而新媒体虽然弱小，但也不屑跟随传统媒体。2003年孙志刚案，新媒体初显身手，引发传统媒体关注。而2007年"厦门PX项目"、陕西"华南虎事件"、山西"黑煤窑事件"以及重庆"钉子户事件"等大事件，传统媒体和新媒体第一次全方位互动，两类媒体优势互补，共同合作，使四大事件得以顺利解决。自此，两大舆论场相互协作、相互配合，形成强烈的共振效应。

对于当前的舆情新格局，我们应该有清醒的认识。

第一，新老媒体形成的舆情新格局具有很大的历史进步意义，在推动民主政治建设、推动和谐社会建设、反腐防腐等方面的作用尤为突出。公众拥有新媒体，意味着眼睛无处不在，耳朵无处不在，嘴巴无处不在，从而使政府与政府官员对公众产生敬畏，对违法违规者形成了不小的威慑力。

第二，网络舆情虽然在一定程度上、一定范围内代表民意，但并不必然代表民意。民意也并非永远是正确的。网络舆论场是各种力量的博弈场，有政府的意志，有资本的力量，有公众的诉求，有社会各种团体的企图，还有国外各种势力的渗透，等等。在不同事件中，各种力量有不同组合，也有不同冲突。所以，对各种舆情事件要作具体分析，切不可盲目跟风。

第三，随着网民数量爆炸式增加，舆论的主阵地已逐步从传统媒体转向新媒体，但舆论的主导权仍然在传统媒体，而且传统媒体必须牢牢把控舆论主导权，才能真正引导舆论，形成健康向上的舆论环境。

复习思考题

1. 舆论的社会功能是什么？
2. 阐述新闻媒体与社会舆论的关系。
3. 当今舆论呈现出什么样的新格局？

第六章

新闻媒体的产生

第一节 中国古代社会的新闻传播工具

  从原始社会到封建社会,新闻传播工具随着新闻活动规模的扩大而不断发展,随着生产力的提高而不断创新。新闻传播工具的演进在一定程度上反映出人类文明的发展。

  在原始社会,生产力水平低下,社会规模狭小,基本上一个部落是一个社会。原始人主要以人体的器官——嘴巴作工具来传递新闻,就可以满足需要。但是,人的活动特点在于能制造和运用自身以外的工具。到原始社会末期,人类创造了文字,新闻活动开始了用文字传递新闻的新阶段。到奴隶社会,已形成了口头、信号、文字三者并存的新闻传播媒介。

  新闻活动依赖于交通、通信工具和其他物质手段。以中国情况来看,秦始皇统一六国后,实行书同文、车同轨、修驰道、通水路等措施。在唐朝,水陆交通更为发达,在水陆主要干线上设驿站,每30里一站,全国有驿站1 639所。韩愈曾有诗形容驿站:"府西三百里,候馆同鱼鳞。"陆路传递邮件的速度,一般每天70里,最快达500里,这大大便利了新闻的传递。我国秦朝开始用笔书写,东汉造纸术的发明以及唐代以后盛行的印刷技术,对于文字媒介的发展起到巨大促进作用。口头、信号、文字三种传播媒介,各有各的用处,不可相互取代。随着时代的发展,每一种媒介创造的具体形式日益增多,其中尤以文字为甚。

一、口头新闻

口头传递新闻很简便,消息不胫而走,具有广泛的群众性。但口头新闻最大的缺点是新闻保真性差,新闻越传越走样,而且传递速度慢,覆盖面窄。在日常生活中,田头、车站、旅店、市场到处是群众传播口头新闻的场所。中国的茶馆、西方一些国家的咖啡馆和酒吧,是口头新闻的重要集散地。许多重大新闻都可以在茶馆、咖啡馆、酒吧等打听到。即使在新闻业十分发达的现代,茶馆、咖啡馆、酒吧等作为新闻集散地的作用还存在。

二、信号媒介

信号作为媒介传递新闻,最大好处是迅速,但传递复杂的信息比较困难,一般只用来传递简单的信息。信号媒介最著名的莫过于我国古代的烽火台。台上"广积秆草,昼夜轮流看望,遇有紧急,昼则燃烟,夜则举火,接递通报"[1]。在明朝燃放烽火时还鸣炮。《史记·信陵君列传》称,边关戍卒用烽火向魏王先后通报两个信息,先是报赵王入侵,后是报赵王打猎,那就得发出两种不同的信号。明朝规定:"若见虏十至百余人,举放一烽一炮;五百人,二烽二炮;千人以上,三烽三炮;五千人以上,四烽四炮;万人以上,五烽五炮。"[2]同时还采用不同的形状,或排成直线,或成十字交叉等。烽火台设置,五里一燧,十里一墩,三十里一堡,百里一城寨,一节节传下,速度极快。汉武帝时,卫青和霍去病率领几十万军队分头出击匈奴,以举火放烽为发现敌情、协同进攻的信号。两军相距三千多里,仅一天工夫,信号从河西传到辽东。这在当时可以说是最迅速的通信方法。

敲锣报警也是古代社会传递信息的一种方法。遇到紧急情况,紧锣密鼓,声震四乡,聚集群众。这种方法至今还在交通和通信不发达的农村山区使用。

三、书信新闻

这是古代社会远距离传递信息的主要方式。书信新闻主要通过邮路来传递。书信新闻包括军报、官书,还有民间书信往来。在中国古代,由于驿站发达,书信新闻传递得很快。在唐朝,明文规定了邮件传递速度,陆驿每天70里,紧急公文一天400里。到宋朝,紧急军书每天传递速度达500里。

---

① 《明会典》卷一二三。
② 《明会典》卷一二三。

传递书信的办法还有风筝、信鸽等。

四、印刷媒介

中国是世界上印刷业最早出现的国家,但古代并没有产生过像近代报纸那样以新闻为主的定期连续出版物。这里说的印刷媒介,主要指古代"邸报",刊登皇帝的谕旨、大臣的奏折等政府公文。"邸报"基本上没有自己采写的新闻,但它客观上起着沟通内部消息的作用,这将在第四节详细加以论述。

五、其他传播方法

1. 露布。露布是一种布告,早期专用来传播战争捷报。南北朝时,"后魏每征战克捷,欲天下闻知,乃书帛建于漆之上,名为露布"。写着捷报的大幅帛书,高高地悬挂在竹竿上,将士们擎着它,快马送往京城,沿路民众都可以看到,这可以说是我国比较早的向公众发布新闻的形式之一。唐朝时,大将李晟击败背叛朝廷的军阀朱泚,攻克长安,用露布报捷,有这样一段话:"臣已肃清宫禁,祇谒陵园,钟虚不移,庙貌如故。"[1]

军事捷报公开张扬,其目的在"欲天下闻知",鼓舞士气、民气,威慑敌军。

2. 牌报、旗报。这是露布的一种转化形式,在明末李自成起义军中广泛使用,把起义军的战果和作战情况写在布旗上(称旗报)、木牌上(称牌报),由人手持,沿途供民众阅读。下面是李自成起义军的两块牌报[2]:

> 今报:长安二府田绥德、汉中高从西河驿河,统领夷汉番回马步兵丁三十万。权将刘(即刘宗敏)统兵十万过河,从平阳北上。

> 又报:皇上(指李自成)统领大兵三百五十万,七月初二日从长安起马,三路行兵,指日前来。先恢剿宁武、代州、大同、宣府等处,后赴北京、山海,剿除辽左叛逆官兵,尽行平洗。顺我百姓,无得惊遁。
>
> 永昌元年七月初七(即 1664 年 7 月 22 日)

后一块牌报,报告了李自成起义军向明王朝发起进攻的行动,宣扬了起义军的赫赫声势。七月初二的行动,七月初七就发出报道,在当时是很迅速的,可以想见

---

[1] 《旧唐书·李晟传》。

[2] 《明末农民起义史料》,中华书局 1960 年版。

李自成起义军很重视信息的通报活动。

3. 悬书、揭帖。悬书出现于战国时代的郑国。乡人把情况和意见、要求写在缣帛上悬挂出来,内容既有消息又有议论,多是对当局者的批评和指责。悬书后来发展到"揭帖",用毛笔写在纸上,贴在墙上,供过往行人观看,多为匿名。揭贴的内容有些是标语、口号,有些则是在新闻基础上加以评议,是一种夹叙夹议的写法。

原始社会、奴隶社会、封建社会,由于各自的生产方式不同,人类的新闻活动在不同时期各有不同的特点。但和近代、现代社会的新闻活动相比,整个古代社会的新闻活动又有共同点。

第一,古代社会始终没有停止过新闻活动,但没有产生以收集和公开向社会发布新闻为职业的机构。

第二,古代社会的新闻活动规模小,新闻基本上是定向传播,以口头、书信为主要手段的新闻传递,基本上是在个人与个人之间进行的。那时新闻活动和情报活动很难区别开来。

第三,古代社会的新闻活动基本是由统治阶级所垄断。

上述种种情况说明,在封建社会的土壤中,尽管已具有印刷报纸的物质手段(活字印刷、纸张和四通八达的邮驿),但不可能产生面向社会大众的报纸,在这里起决定作用的是经济条件。从战国到清朝前期,中国社会虽然在发展,但发展的节奏极其缓慢,秦锄汉犁,持续两千年。广大农民和外界的联系很少,外界的变动对农民的影响极小。这就使新闻业缺乏赖以生存的基础。

第二节　报纸是资本主义商品经济的产物

西欧在 14、15 世纪,即封建社会的后期,已出现了资本主义生产关系的萌芽。但正如马克思所说:"资本主义时代是从十六世纪才开始的。"[1]16—18 世纪,是封建制度解体,资本主义生产关系发展时期。在封建社会向资本主义社会过渡时期,产生出最早的新闻业。

马克思在谈到需要和生产时揭示了一条朴实的真理:"没有需要,就没有生产。"[2] 报纸的产生以及它的大量生产,正是适应了当时社会对信息的大量需求。而社会对信息的大量需求,根源于资本主义商品经济的出现。报纸伴随着资本

---

[1] 《马克思恩格斯全集》第 23 卷,人民出版社 1972 年版,第 784 页。

[2] 《马克思恩格斯全集》第 23 卷,人民出版社 1972 年版,第 94 页。

主义商品经济来到了世上。

资本主义时代是从 16 世纪开始的。资本主义商品经济出现以后,引起了整个社会的改变,几千年来凝固不变的社会秩序一下子被打破了。《共产党宣言》描绘出一幅世界发生翻天覆地变化的生动情景:伴随资本主义商品经济的出现,(1) 社会的规模扩大了。"不断开拓产品销路的需要,驱使资产阶级奔走于全球各地。……使一切国家的生产和消费都成为世界性的了。不管反动派怎样惋惜,资产阶级还是挖掉了工业脚下的民族基础。……过去那种地方的和民族的自给自足和闭门自守状态,被各民族的各方面的互相往来和各方面的互相依赖所代替了。物质的生产如此,精神的生产也是如此。"(2) 社会的变动大大加速了。"资产阶级除非使生产工具,从而使生产关系,从而使全部社会关系不断地革命化,否则就不能生存下去……生产的不断变革,一切社会关系不停的动荡,永远的不安定和变动,这就是资产阶级时代不同于过去一切时代的地方。"(3) 生产的分工更加精细了,使得各行业、各部门之间互相联系、互相依赖的程度大大加强了。资本是集体的产物,它只有通过社会许多成员的共同活动,而且归根到底只有通过社会全体成员的共同活动,才能得到运用。(4) 从封建社会向资本主义过渡时期,资产阶级、封建阶级(包括各种教派)、工人阶级彼此之间的斗争激化了。

社会规模的扩大,打破了自给自足的自然经济,人们不但需要了解本地的情况,还必须关心世界各地的重大事变。社会急遽的变动,各阶级之间斗争的激化,使得社会每日每时涌现出大量新闻,而人们为了适应这种变动的需要,不得不每日每时去了解新闻。社会分工的精细,使得每个生产单位都不能只顾埋头生产,而只有在摸清与它有关的一切企业生产情况的前提下才能生产。处在这样的社会背景下,人们迫切需要大量的政治、军事、经济、文化等方面的信息;而且,各阶级、各派政治力量、各种职业人员,尽管抱有不同的动机,但对世界上的重大事件都表现出共同的关心,这是以往任何一个历史时代所不可比拟的。

社会对信息量的需求在激增,需要信息的人数在激增。古代社会那种狭小的新闻活动规模不能适应新的变化,传递情报式的新闻活动方式不能适应新的要求。于是,社会需要分出一部分人来专门收集、发布新闻,公开出售,以满足人们了解新闻的需要。

"需要是同满足需要的手段一同发展的,并且是依靠这些手段发展的。"① 资本主义商品经济不但使新闻事业的产生成为社会必要,而且为新闻事业的产生

---

① 《资本论》第 1 卷(下),人民出版社 1975 年版,第 559 页。

准备了全部物质手段。

报纸要有一定的读者群,读者要有一定的文化水平。随着大工业生产的发展,各类学校大量兴办起来,整个社会的文化水准在提高。这就客观上为报纸创造了读者群。

资本主义的大工业生产使城市化程度迅速提高,城市人口大大增多,这就便利了报刊的新闻采集和发行。资本主义的大工业生产要求各企业之间紧密协作,工厂就需要相对集中并靠近交通要道,于是城镇大量兴起,城镇人口急剧增长。比如在英国,曼彻斯特、利物浦、伯明翰等新兴工业城市都是在17、18世纪逐步形成的。1770年,曼彻斯特的人口才有1万,50年后达到35万人。城镇大量兴起,人口骤增,使新闻采访比较容易,报刊发行既集中又方便,保证了报刊的销路。在一定意义上也可以说,报纸是城市化的产物。

交通工具和道路的迅速发展保证了新闻采集、发布的迅速及时。随着资本主义经济的发展,交通发展特别迅猛。在17世纪,公路大量兴建,新闻的传递和报刊的发行随之加速。

印刷、纸张等工业的日趋发展,保证了报刊的物资需要。

最后,资本集中的加速,使资本家有可能独资或合资办报刊。资本家为推销商品,需要大量地刊登广告,报纸从广告中可以获得大量利润,使报纸成为有利可图的企业。从17世纪开始,报纸就和广告结下了不解之缘。

第三节 报纸、广播、电视的产生

报纸、广播、电视合称新闻媒体,又称大众传播媒介①,简称大众传媒。大众传媒是集合名称,与此相对应的单称是新闻媒介。

一、报纸:以刊登新闻为主的定期连续向大众发行的印刷品

最早的新闻媒体是报纸,这是由当时生产力所能提供的物质手段所决定的。报纸比起广播、电视来,物质要求较低。

16—18世纪,报纸的产生大致经历了三个阶段。

第一阶段:手抄新闻的出现和盛行时期。

---

① 在西方各国,大众传播媒介包括报纸、广播、电视、书刊、电影、戏剧。在中国,大众传播媒介习惯上只包括报纸、广播、电视。

这是古代社会书信新闻的继续。手抄新闻最早在意大利的威尼斯兴起。由于意大利处在与近东贸易有利的地理位置上,在 14—15 世纪,它成为欧洲资本主义商品经济最发达的地区,几乎垄断了和近东的贸易,成为各国注目的中心。世界各地的政客、商人需要了解威尼斯的情况,这就促使威尼斯逐步出现一批以供应新闻谋生的人。这批人自己收集新闻,自己抄写,自己发行。这些新闻大多是手抄的,俗称手抄新闻。因为它发源于威尼斯,也有人称之为威尼斯公报。

手抄新闻是公开发行的。发行的办法有这样几种:一是贴在公共场所,用绳或栏杆围起来,凡走近阅读者须付一枚小铜元;二是把手抄新闻张贴在屋内的墙上,进屋的阅读者同样收取一个铜元,这种房子称新闻房;三是抄写多份,沿街叫卖、兜售,像卖日用商品一样;四是接受加工订货,谁需要什么新闻,这批人就代为打听,收费也较高;五是定期寄给订阅者。据记载,在位于罗马的梵蒂冈图书馆中,还保存着两本当时一位银行家收集的手抄新闻,一本是 1554—1571 年,另一本是 1565—1585 年,可以想见这位银行家是定期订阅手抄新闻的。

由于社会对信息的需求,手抄新闻很快从威尼斯流行到各地。罗马、巴黎、里斯本、里昂、布鲁塞尔、伦敦等地都有手抄新闻发行,17 世纪初叶达到高潮,到 17 世纪末逐渐消亡。

手抄新闻集编、写、发行于一人,这些人是名副其实的个体劳动者,他们是世界上第一批真正靠新闻为生的职业新闻工作者。

第二阶段:新闻书的出现。

新闻书沿用了古代印刷书籍的办法,用铅字印刷,可以大量发行。据现有资料所知,最早的新闻书在德国的法兰克福发行。法兰克福地处欧洲中心,也是商品经济发展较早地区。该地每年春、秋各进行一次集市贸易,欧洲、近东各地商人云集于此。1588 年奥地利人艾青氏(Miehel von Aitzing)印刷出版了新闻书,每年两册,每册系统地刊登过去六个月内欧洲、近东各国的重大事件,其中以政治、军事内容为主,兼有商业行情。在现在看来,像本大事表,但在当时颇受欢迎。1620 年,荷兰人在阿姆斯特丹开始印刷新闻书,报道德国和欧洲大陆其他国家的政治、军事、商业等新闻,还运往英国高价出售,获利颇厚。在大英博物馆目前尚存有这种刊物,出版日期为 1620 年 2 月 2 日到 1622 年 9 月 18 日。在英国,最早出版的《西班牙新闻》(1611 年)、《德国新闻》《英国新闻》(均为 1625 年)皆为新闻书。

这种新闻书已有刊名,但基本上是不定期的,中间间隔时间很长,新闻迟缓；没有固定的订户，只在市场上像其他书一样公开出售。出版者多为印刷商，以印刷其他书本为主，附带出版自己编写的新闻书。

第三阶段：周刊（周报）、日报的兴起。

1609 年，德国奥格斯堡发行的《德国观察周刊》，可能是世界上现存的最早的印刷周刊，每星期一张，仅刊登一项新闻。不久，《法兰克福邮报》(1616 年)、《马德堡新闻》(1626 年)等周刊先后问世。周刊定期出版，由邮局发行，马上吸引了不少固定订户。读者可以定期阅读一周内的要闻，办报者有了稳定的收入，这就刺激了周刊的兴起。欧洲各国几乎都在 17 世纪上半叶有了周刊，法国于 1631 年在巴黎创办《法国公报》(初为周刊，后改为半周刊)；英国的周刊更兴旺一时，如《国内纪闻》(1641 年)、《国会每日纪闻》(1642 年，10 天一期)、《国内新闻周刊》、《每周纪事报》、《英国新闻周刊》(1644 年)等。

这种周刊基本上还未脱离书本模样，它们以刊登政治、经济、军事等动态情况为主，兼有评论，但也有些周刊只有新闻无评论。

到了 1663 年，德国莱比锡出版了《莱比锡新闻》，最初为周刊，后改为日刊，通常被认为是世界上最早的日报。但它仍采用书本形式。

1665 年 11 月 16 日，英国的《牛津公报》问世。它在世界上第一个采用单页两面印，一反过去书本模样，这就加快了印刷速度，争取了提前发行的时间。《牛津公报》全是新闻，没有评论。英文报纸（新闻纸）一词 newspaper 自该报始，但《牛津公报》还是份周报。

直到 1702 年，伦敦出版了《英国每日新闻》，按日出版，四开纸，两面印刷，成为现代日报的始祖。

周刊、日报的产生，使得采访、编辑、排版、印刷、发行等环节，需要有一批人分工协作。报纸逐渐成为社会的一个新兴行业——新闻事业。

报纸产生的三个阶段，并无绝对的时间界限，是交叉发展的。但就整个发展过程而言，报纸的发展经历了从无到有，从少到多，从简单到复杂，从模仿到独创的过程，朝着迅速（出版周期越来越短）、广泛（发行范围越来越大）的方向发展。

二、广播（广播电台）：以无线电波（或导线）所传送的声音为媒介的大众传播媒体

广播的诞生凝聚了几代科学家坚忍不拔的努力。1819 年，丹麦科学家奥斯博士发现了电与磁的关系；1831 年，英国科学家法拉第确定了电磁感应定律；1864 年，英国科学家马克斯威尔发现了无线电波，并测定无线电波的速度和光速一样,每秒 30 万公里,而德国科学家赫兹用实验方法证明马克斯威尔理论,发现了产生、发射、接收无线电波的方法。赫兹的研究报告《电磁波及其反应》在 1888 年发表。过了 7 年即 1895 年,意大利人马可尼和俄国科学家波波夫同时发明无线电报。

1899 年 3 月 28 日,意大利人马可尼成功地将一份电报自英国跨越英吉利海峡拍发至法国;1901 年又完成了横越大西洋电报的发射。至此,无线电报得到了正式的确认,并迅速发展,但那个时期,无线电报主要用于航海通信。

无线电通信问世以后,科学家德法雷斯、匹兹堡大学教授范斯顿先后发明了电子三极管和外差式线路,使微弱的电信号放大传到远方,并使声音传真度大为提高。1906 年的圣诞节,范斯顿在他设于马萨诸塞州的实验电台首次作实验性广播,将谈话、歌唱及音乐等声音传播出来。从广播工程的技术标准上看,广播从此诞生。自此,美国各地掀起无线电热,无线电爱好者纷纷安装私人电台。这些电台都以播放音乐为主。可以说,广播电台最早是娱乐工具。

1920 年 8 月 31 日,美国底特律 8MK 实验电台广播了一条关于密歇根州州长的新闻,这条新闻被认为是最早的广播新闻。

1920 年 10 月 27 日,美国商务部向匹兹堡的 KDKA 电台颁发营业执照,根据美国商务部记载,这是具有合法经营权的第一家电台。11 月 2 日晚上 8 点,KDKA 电台开始播音,第一条新闻就是总统选举的结果:共和党候选人哈定击败了民主党人考克斯而正式当选总统。KDKA 电台的播音标志广播事业正式诞生,掀开世界新闻事业新的一页。

自此,世界各主要国家纷纷建立广播电台。1922 年初,英国下院批准设立英国广播公司,简称 BBC;法国在 1921 年由邮电部经手建立第一座广播电台,1922 年成立国家广播电台;1922 年 5 月,苏联的莫斯科无线电台开始试播,11 月 7 日改名为共产党国际广播电台正式播音;1924 年 3 月 2 日本出现第一家私营的东京广播电台,1925 年,三家电台合并成立日本广播协会(又译为日本放送协会),简称 NHK。

1923 年初,美国记者奥斯顿利用华商资本在上海外滩开设“中国无线电公司”,呼号为 ECO,1 月 24 日正式播音,播送音乐和新闻,被认为是中国第一家广播电台。1928 年 8 月 1 日,国民党政府在南京开办的“中央广播电台”开始播音。1940 年 12 月 30 日,延安的新华广播电台开始播音,呼号为 XNCR,发射功率约 300 瓦,这是中国共产党所创办的第一个广播电台,因此 1940 年 12 月 30 日也成为中国人民广播事业创建纪念日。

三、电视：以无线电波(或导线)所传送的声音和图像为媒介的大众传播媒体

电视是 20 世纪人类最伟大的发明之一,同样经历了几代科学家不屈不挠的努力。1873 年,英国工程师约瑟夫·梅发表了硒的光电效应报告。他当时无法预计这个发现有什么意义,但电视就是在硒和硒的光电效应的科学基础上发明的。1884 年,德国科学家保罗·尼普柯运用硒的光电效应发明了电视扫描盘,即电视机荧光屏的雏形。

20 世纪 20 年代,各国科学家从各个方面对电视技术进行攻关突破。1926 年,英国科学家贝尔德综合各项技术,完成了电视画面的完整组合及播送,于 1 月 26 日在伦敦作公开示范表演。1928 年,贝尔德将电视画面由伦敦发射到格拉斯和纽约,证明电视画面可以由无线电波作长距离的传送和接收,1930 年,英国广播公司和贝尔德合作,试验成功了有声的电视图像及其传送。

1936 年 11 月 2 日,英国广播公司在伦敦亚历山大宫建立了世界上第一个公众电视发射台,定期播出电视节目。此后,各国都开展电视的实验播出。第二次世界大战的爆发,使电视的研究、发展暂时中断。

"二战"结束后,电视业迅速发展,尤其是五六十年代,彩色电视的崛起震动了世界。

美国无线电公司于 1940 年首先试制成功彩色电视,经过改进,于 1946 年宣布"点描法彩色电视技术标准",1953 年美国政府宣布采用此标准,通称 NTSC 制。1954 年,美国全国广播公司(NBC)首先正式播送彩色电视节目。到 1966 年,美国彩电已超过一千万台。

此后,世界各国的电视业以空前速度、规模发展。苏联于 1939 年开始实验性播出电视节目,1967 年正式播放彩电节目;日本的电视始于 1953 年,1960 年播出彩电节目;法国于 1938 年开办电视节目,1967 年播出彩电节目;德国于 1935 年开始播放电视节目,1967 年开办彩电节目。

目前,世界上流行的彩电制式有三种,即美国的 NTSC 制,德国的 PAL 制,法国的 SECAM 制。采用 NTSC 制的,除美国外,还有加拿大、日本、菲律宾、韩国和中国的台湾地区等;采用 PAL 制的,除德国外,还有中国、澳大利亚、比利时、英国、丹麦、西班牙、瑞典、巴西、中国的香港地区等;采用 SECAM 制的,除法国外,还有前苏联各国、保加利亚、匈牙利、捷克、伊朗、伊拉克等。

中国在 1958 年 5 月 1 日成立北京电视台,不久改名为中央电视台,正式开

始播出电视节目。1973年开办彩色电视节目。

报纸、广播、电视随着生产力尤其是科学技术的发展而发展。生产力能提供什么样的物质手段,人类就能根据新闻所具有的特点来运用这些手段。从报纸到广播再到电视,从印刷文字到声音再到声画合一,传媒朝着更迅速、更广泛、更逼真的方向发展着。

更快、更广、更真,这是新闻的品格,也是传媒发展的最基本要求。

第四节 近代中文报纸产生的特殊性

几十年来,在探讨报纸起源时,有不少人提出:中国的报纸起源于古代社会的"邸报",认为它是世界上最早的报纸。

为了弄清这一问题,我们得对邸报作一下介绍。

一、邸报的称呼和内容

邸报,在古代各种有关记载中有不同称呼。有的以发布机关或发布地点来称呼,称邸报为"邸抄""朝报""进奏院状报"等,意为来自邸或进奏院,或来自内阁、朝廷的报告。有的以它的形状称呼,把邸报称为"条报""条陈""除目""报状""状",意为一条一条的呈报。到明末以后,才在汇集这类报告的小册子封面上加上"京报"两字,作为统一的称呼。现存的清朝京报,长29厘米、宽13厘米,一般每期40页,黄封面,木板印刷。

有的书中说邸报始于汉,但迄今没有发现明确的记载,也无实物佐证。现在有明确记载的邸报起自唐朝开元后期(740年前后一段时期)。唐朝的邸吏,由各地藩镇自己委派,不需要经过朝廷批准,邸吏只对各地方官负责。邸报并不由朝廷统一发布,而由邸吏自己选择,只拣与各地方长官有关的、需引起地方长官注意的材料送报。这样送往各镇的邸报内容并不相同。邸报也没有固定的发布日期,有则报之,无则不报,多则多报,少则少报。到宋朝以后,情况有了改变。邸吏,宋时改称进奏官,改由中央统一委派,当时的邸报"每日门下后省编写,请给事判报,方行下都进奏院,报行天下"①。宋以后,邸报的阅读范围扩大,州、县一级官吏皆可阅读,同一内容的邸报要大量复制,手抄不能应付,开始出现印刷邸报。明朝后期,由政府准许的报房统一印刷京报,其内容来源是宫廷发布的皇帝

---

① [宋]赵升:《朝野类要》。

谕旨、大臣奏疏以及各省驻京办事处转呈的各地奏折。明清两朝,京报的范围进一步扩大,可零售,也可长期订阅,而且基本上日出一份。报房不是官方机构,政府对京报内容不负责任(如捏造谕旨、奏折,按律问罪),因此,京报不是政府的正式文件。

邸报的内容,历朝稍有不同,但基本内容是:(1) 皇帝的圣谕;(2) 朝廷公布的法令;(3) 大臣的奏折。

邸报基本上没有自己采写的新闻和言论,这是邸报和近代报纸的根本区别,或者可以说,邸报不是报(纸)。近代报是以自己采集并向社会发布新闻为职业的;而邸报仅仅转抄政府所发布的材料,报房也仅仅是印刷工场,相当于现代的印刷厂。因此,不能把邸吏和现代的新闻记者并论,因为前者并不采访新闻。

二、近代中文报纸的产生

近代中文报纸是从西方资本主义国家移植过来的。16—18 世纪,当西欧各国先后进入资本主义社会时,中国正是明末清初,虽然已有资本主义的萌芽,但极其微弱,对整个社会的影响极小,整个社会处于自给自足的自然经济之中。从历史发展总趋势来看,封建社会已走下坡路,但其势力依然是强大的。从中国当时的政治、经济条件来看,还不可能产生新闻报纸。

第一批近代中文报纸是在 19 世纪初由英国传教士创办的。主要有:

《察世俗每月统纪传》,1815—1821 年,在马六甲出版,运到广东散发。

《特选撮要每月统纪传》,1833—1838 年,在广东、新加坡出版。

《东西洋考每月统纪传》,1833—1837 年,在广东出版。

19 世纪初,英国已成为世界霸主,为了推销商品而到处寻找市场。打开闭关自守的中华帝国的大门,是英国对外侵略的一个重要目标。传教士是侵略中国的开路先锋。利用报刊来传教,被看做是打开中国大门的重要手段。一位传教士曾供称:在中国这样一个地域广阔、人口众多的国家里,一个能使传教迅速奏效的办法,就是出版书报。

外国传教士办的第一批近代中文报纸以传教为主,也有一些自己编写的新闻和言论。它面向社会,公开发行,不像邸报基本上在一定范围内发行。以现在的眼光看,这类中文报纸上的新闻、言论不但数量极少,写法也十分幼稚。但这批传教士所办的报刊,已经突破了中国封建性邸报的那种模式,属于近代化报刊的范畴了。

鸦片战争后,资本主义列强用大炮轰开了中国大门,在沿海的通商口岸出现了一批外商办的中文报纸，逐步取代宗教报刊，成为外国人在华报刊的主干。

从维新运动开始，中国资产阶级登上了政治舞台，中国人开始自办中文报纸。到 20 世纪初，资产阶级改良派、革命派以及一些资本家创办了或从外国人手中接办了一大批报纸。中国人自办报纸成为中文报刊的主干。

复习思考题

1. 报纸为什么是资本主义商品经济的产物？
2. 阐述报纸、广播、电视的定义。

第七章

当代世界传媒业

16—18 世纪是新闻业产生和初步发展的阶段,这是个缓慢、艰难的过程。进入 19 世纪后,新闻业加速发展,从 20 世纪起,新闻业进入黄金发展期。

第一节　当代世界传媒业概况

从全球范围看,报纸、广播、电视三大媒体,在 20 世纪各领风骚数十年。在 20 世纪初的头 20 年,报业迅猛发展,在 30 年代达到鼎盛。广播在 20 年代起步,30 年代发展,40 年代伴随第二次世界大战而达到鼎盛。电视在 40 年代重新起步,50 年代、60 年代发展,80 年代达到鼎盛。而号称第四媒体的互联网在 80 年代起步,90 年代发展,进入 21 世纪开始加速,至今方兴未艾。

从当今全球的态势来看,传媒产业进入平稳发展期,产业规模的年增长率在 5% 上下浮动,占全球 GDP 比重约为 2.4%。2013 年全球日报总发行量为 5.34 亿份,报业总收入为 1 630 亿美元,其中发行收入为 780 亿美元,广告收入为 850 亿美元;全球电视收入为 2 540 亿美元,同比增长 3.1%,其中广告收入为 1 030 亿美元,从 2009 年到 2013 年,全球电视收入年平均复合增长率为 5.2%;2013 年全球广播产业收入为 285 亿美元,同比增长 2.7%,连续第 4 年保持增长。①

当然,不同媒体表现不尽相同,从总体上看:

电视业:2014 年底全球数字电视渗透率已经达到 67.7%,付费电视用户超过 9.244 亿户。近几年虽然受到互联网的冲击,电视作为传媒业龙头老大的地

---

① 参见 *World Press Trends*（2014）《广电蓝皮书（2015）》。

位仍难以撼动,它是广告收入最高、观众人数最多、接触时间最长、社会影响力最大的一类媒体。当前付费电视收入已经成为推动全球电视持续增长的主要动力,高清电视、3D电视、超高清电视等新技术推陈出新,不断提高电视观众的收视体验,但未来前景还有待市场检验(见图7-1)。

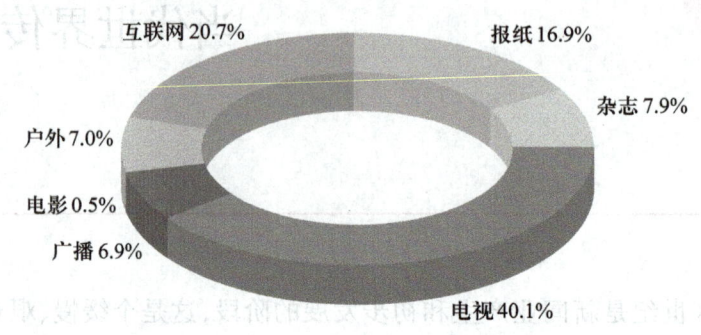

互联网20.7%　报纸16.9%　杂志7.9%　户外7.0%　电影0.5%　广播6.9%　电视40.1%

图7-1　2013年全球媒体广告费用构成[①]

报业:与全球电视业相比,报业形势并不乐观,印刷报纸的读者正在不断流失,新闻受众正加速转向互联网或是更加便捷的移动平台。2013年全球25亿读者还在阅读印刷报纸,约占成年人的49%;8亿读者阅读数字报纸,约占互联网用户的46%。报纸的发行量在过去5年内已累计下降了2%,与之形成对比的是,全球报纸数字发行收入在2013年达到17亿美元,较2012年上涨60%,过去5年累计增长2 000%。印刷报纸发行的增长主要依靠亚洲、拉丁美洲不断壮大的中产阶层,而在报业市场成熟的地区,如北美、澳大利亚,报纸发行量的长期结构性衰退还将继续。

报业广告衰退也十分显著。2013年,全球报业广告较2012年下降6%,过去5年内累计下降13%。这一颓势延续到2014年,带来全球报业商业模式的深刻变化——报纸发行收入超过广告收入,读者成为出版商最大收入来源。另一方面,数字广告收入在2013年达到85亿美元,同比上涨11%,5年内累计上涨47%。需要指出的是,尽管印刷报纸面临读者流失、广告下滑的不利局面,但在未来数年内,印刷报纸仍是报业的主要收入来源,如2013年93.7%的报业收入来源于印刷报纸(见图7-2)。

---

① 资料来源:世界报业联合会编:《世界报业趋势》(2014)。

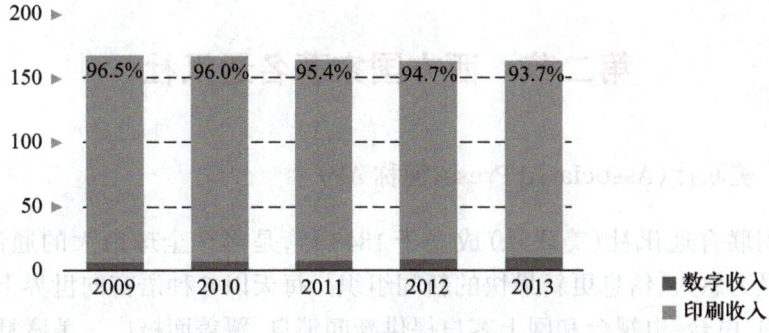

图 7-2 2009—2013 年全球报业数字收入和印刷收入(10 亿美元)①

　　广播(电台)：全球广播在经历 20 世纪七八十年代的低迷以后,90 年代开始复苏,进入新世纪,广播重新呈现繁荣。其原因是私家车拥有量越来越大,开车的人、坐车的人都喜欢在车上听广播。适应收听环境的变迁,广播电台大幅调整频率。首先从"广播"变成"窄播"即小众化,广播各频率有明确的对象;其次是调整内容构成,形成音乐、交通和天气、新闻广播三大主板块;最后是新技术采用,当今西方各国都率先实行广播数字化,使广播发生革命性变化,在旅途中收听广播,不再出现随着车子移动,信号忽有忽无、忽强忽弱现象,音质也大幅提升。由此广播再一次赢得了大批听众,也赢得了大量广告。目前英国和德国的数字广播电台比例均达到 31%,亚洲国家中仅有韩国和中国能够提供数字广播服务,数字广播电台的比例分别为 14% 和 2%。

　　从传媒业的地区发展情况来看,以中国、印度、巴西为代表的发展中国家的传媒业增长势头迅猛,在发展速度上已经超过发达国家。但从总体上看,南北传媒产业依然严重失衡,传媒超级大国垄断资源的格局基本未变。美国仍然是全球最大的媒体市场,全球排名前 10 位的媒体公司均为美国公司。在当今世界,西方各通讯社发布全球 96% 的新闻,美国、欧盟、日本控制着全球 90% 的信息资源。在全球 300 强的新闻企业中,144 家在美国,80 家在欧盟,49 家在日本。正如墨西哥《全球化》月刊所指出的:"北方国家主导的单一思想模式带来一种单一世界的概念,这种单一世界中只有一种可行的经济体系。在这种世界中,南方国家的现实遭到扭曲,西方社会的价值观得到全面普及。"②

---

① 世界报业联合会编:《世界报业趋势》(2014)。
② 《参考消息》2004 年 11 月 26 日。

第二节　西方国家著名通讯社

一、美联社（Associated Press，简称 AP）

美国联合通讯社（美联社）成立于 1848 年，是当今全球最大的通讯社，也是历史最为悠久、信息更新最快的新闻组织。每天以 6 种语言向世界上数以万计的日报、电台、电视台和网上客户提供新闻消息，覆盖面极广。美联社宣称它的使命是准确、客观、平衡地报道，向媒体提供最高质量、最可靠的全球性新闻消息。

美联社属于合作性非营利组织，在美国本土采用会员制，会员缴交会费并发送新闻稿至总社，总社则免费提供各地新闻资讯给会员。而国外报纸、电台、电视台若要获得新闻则须缴费订购。它拥有 3 700 名雇员，在全球拥有 242 家分社。美联社的经营内容主要包括：文字新闻、图片、图表、音像和录影。其数字式图片网络、24 小时连续更新网上新闻服务、高端电视新闻服务和全美最大的无线电网络均属于世界先进水平。美联社最大的服务特色是拥有一个商业数字式图片档案库，里面储存了超过 1 000 万份图像资料，同时提供广告业务。

先进的设备让美联社的日访客户量超过 10 亿。半个多世纪以来，美联社拥有了一批固定的服务客户，其中包括：1 700 家美国日报、周报、非英语报纸以及学院报纸；5 000 家电视台广播系统；1 000 家网络；330 家国际广播，服务内容包括全球广播新闻服务、电视新闻（APTN）、SNTV 和体育转播；8 500 个国际订户接受美联社新闻和图片服务；121 个国家接受由美联社提供的数字化服务。

美联社的新闻编辑部门设有总编室、国际部、对外部、经济新闻部、体育新闻部、图片新闻部、特稿部和广播新闻部。1994 年增设电视部（APTN），其工作中心在伦敦，通过亚洲、拉丁美洲、北美和全球服务 4 条专线，向全世界电视订户提供声像新闻。美联社的收入主要包括其出售的新闻产品（新闻、图片、音像、网络）、网络商店（主要提供网上图书销售）和广告业务（电子广告送货业务）等。作为一家老牌的新闻组织，美联社也是获得普利策新闻奖最多的通讯社——48 个普利策新闻奖（其中包括 29 项普利策新闻图片奖）。

下面简要介绍几个美联社的特色服务：

1. 美联社电视新闻（Associated Press Television News，简称 APTN）

美联社电视新闻是全球最大的电视通讯社，主要提供国际新闻电视资料。

在全世界拥有 80 个分社,通过网络和全球定位卫星向世界提供电视新闻、体育和娱乐内容。在全球,有 500 家电视和广播电台向 APTN 定制门户宽频网络服务。旗下的主要产品包括:新闻、娱乐、资讯、体育、直播报道、图书馆查询等。

APTN 还特别在中东地区设立"中东服务站",向中东地区提供国际新闻和广播服务。

2. ENPS 平台

ENPS 的前身是 AP NewsDesk,于 1989 年开发。设计 AP NewsDesk 的主要意图是用最简单的命令得到最快最新最及时的新闻报道、体育赛事转播和最新天气预报,从而帮助媒体削减成本,提高效率。1993 年,美联社引进了 AP NewsCenter,这是第二个专门用于微软视窗的新闻计算机系统,拥有一切电视、广播所需要的生产工具,如 script 文字输入、计划输入、时间展示、简易接口等。该系统还拥有一个强有力的搜索引擎,可以处理接踵而来的新闻资料和突发情况通知,并配有字符发射器。

ENPS 是 AP 的新一代软件,于 1997 年正式发布,并在短期内迅速成为电视播放的首要软件。美联社广播技术小组负责对 ENPS 的开发,并分别在华盛顿特区、伦敦设立了分区。ENPS 的功能十分强大,包括节目增减、scripting 语言、联络、传输、归档、第三方设备控制、导出、全文搜寻等,支持多种语言。

最新的 ENPS 业务包括媒介对象服务器(MOS)协议、音像资料服务器、桌面音像浏览器和编辑字符发射器以及其他新闻生产设备的通信等。ENPS 电传应用可以迅速使用电子传输,直接从 ENPS 接口导入输出,方便快捷。在今天,全球有 48 个国家超过 500 家广播电台、电视台使用 ENPS 系统制作、处理和播放新闻。

二、路透社(Reuters)

1850 年 10 月,德国人保罗·朱利叶斯·路透在德国亚琛创立了一家私人通讯社——路透社,1851 年他将路透社迁址到伦敦。到 1865 年,这家私人通讯社已经扩展成为一家大公司。至今,路透社客观、公正、快速的新闻报道被世界各地报刊广为采用。

路透社的新闻涵盖全球的一般性新闻及政治、经济、金融、体育等新闻,由遍布 75 个国家的 1 200 位通讯记者、摄影记者、摄影师合作提供。其消息大致有特急快讯、快讯和普通电讯三种。这三种电讯的时效性按顺序递减,篇幅按顺序递增。特急快讯主要针对商业用户,快讯主要适用于政府机关及电子媒介订户,普通电讯则主要服务于其他新闻媒介订户。新闻稿以国际新闻为主,包括一般新闻和经济新闻两大类,采用英、法、德、西、日等 10 多种文字播发。路透社的国际新闻紧密配合英国政府的外交活动。路透社的经济新闻举世闻名,在路透社的总收入中,85% 来自出售的经济新闻,15% 来自国内的收入。经济新闻主要是商情报告,为英国和西方大企业服务。路透社每天 24 小时通过电子计算机控制,以电视、传真等形式向世界各地的银行、经纪人和工商企业提供经济、金融情报。

在广播、报纸和杂志方面,路透社提供电视新闻以及 24 小时的新闻稿、新闻图片和电视录像带。路透社属下的国际电视新闻社数量位居全球之冠。每天经由 80 多个国家的 650 个广播机构传播信息,约有 5 000 万个家庭可以接收到。这些都是通过维氏新闻社(Visnews)运作的,1992 年路透社将其全部兼并,改为"路透社电视"(Reuters TV),一跃成为世界最大的电视新闻供应商,在全球拥有38 家分支机构。

路透社的订户遍及世界 160 余个国家和地区,媒介直接订户 3 000 多家(其中报纸 1 000 家,电台 700 家,通讯社 130 家,图片社 440 家,新闻订户 900 家),间接订户 1 万家(间接订户是指由直接订户转发的媒介)。[①] 路透社 1997 年的收入达 47 亿美元,但其中 90% 并非来自向媒体提供新闻,而是来自向遍布世界的20 多万个公司信息终端提供 24 小时信息服务。路透社有以下几种特色服务:

1. 信息产品

路透社的最大优势产品是"2000 系列",包括所有的金融市场行情,如外汇、货币、债券、证券、期货商品和能源等。使用者可以根据自己的需要,读取并显示个别的报价行情和其他的商品信息。附加的应用软件,能实时连接电子表格,提供分析的工具。

同时,路透社也在尽力发展配合行政执行的信息产品,如"欧洲共同体报道"提供了全面详细的"欧共体"发展细节。这些产品包括新闻和信息行情的主要内容,以及传输该项产品所需的计算机设备和信息管理系统等。路透社的金融客户亦可选择全世界任何一个市场的专题分析服务。这些信息服务都是经由电子通信设备传送到"路透金融终端机"上的。

2. 数据和数据库

路透社的信息来源十分广泛,包括遍布全球的记者和 3 000 多个金融市场信息提供者,他们会直接把信息传送至路透社。路透社为数可观的实时报价行

---

① ［美］威廉·哈森:《世界新闻多棱镜》,新华出版社 2000 年版,第 64 页。

情,源自位于纽约、伦敦、东京、基辅、内罗毕和上海等地的 180 多个交易所。除了新设立的或小规模的交易所有可能以人工输入数据外,其他交易所均以每秒钟数百万份信息的速度将数据输入路透社的系统,所有的新闻和数据就会分配、整合到信息网络上。这是一个高速的通信网络,将世界各地路透社客户的计算机联结到路透社的资料中心。

路透社建有历史数据库,所有路透社的实时信息服务和其他数据来源都尽收其中。路透社数据库可加强实时信息的服务,其中对历史数据的需求不断增加(有时仅是数分钟前的数据),以供绘图或制作电子表格类的应用软件。这些亦可利用拨按方式提供。路透社的历史文字数据库,可供查阅的内容包括所有路透社的新闻,以及 500 多家媒介出版机构的文章。

3. 计算机设备

"路透金融终端机"在 1990 年被指定为传送路透社资讯的标准设备。它所提供的信息、图表、分析应用程序和交易设备的范围日益扩大,并使用标准软件,包括最新版的微软窗口。

路透社提供交易室采用的多人共享信息系统或其他类似的应用程序,以数字或视讯形式组合信息。这些都使用业界标准的软硬件,也可以和客户本身的计算机系统及应用程序整合。

另一受欢迎的产品是 Prism,这是全球安装最多的视讯转换系统。Datafeeds 是以数字方式将路透社的新闻和数据传送到分析应用程序上,如"交易室系统结构 2000"等,也可传送到客户自己的计算机系统和网络上。此外还包括 Selectfeed,一个可传送 IDN 上所有新闻和数据的数码系统。

4. 交易系统

路透社公司的第一项交易服务产品"屏幕外汇交易系统"于 1981 年推出,是第一个该类型的国际性交易系统,主要供国际外汇市场使用。

1989 年起,路透社分两个阶段推出最新的外汇交易服务产品"交易 2000"。该工作站以个人计算机为基础,利用人工智能和先进的软件,增强使用者的交易能力。"交易 2000"在第二阶段时加入了计算机化撮合功能,在交易银行间买卖价格相同时自动完成交易。

在其他交易系统方面,路透社还提供国际的证券电子实时交易网络 INSTINETTM。此网络由路透社子公司 Instinct Corporation 提供,可输入股票订单、议价和执行交易。同时,路透社和芝加哥商务交易所、芝加哥期货交易所以及其他交易所共同开发了 GLOBEX,是商品市场的自动撮合交易产品。

GLOBEX 是为公开喊价市场及正常交易时段以外的交易而设,可完成市场交易和客户订单的执行。

三、法新社(Agence France-Press,简称 AFP)

法新社是与美联社、路透社齐名的西方三大通讯社之一,也是世界上历史最悠久的新闻机构,前身为哈瓦斯社。1835 年,被称为"新闻之父"的法国银行家夏尔·哈瓦斯(Charles Havas,1783—1858)以自己的姓氏创建并命名了全世界第一家通讯社,并率先将 Agence 这个单词用于"通讯社"。

法新社的总部设在巴黎,在世界各地拥有 2 000 多个职员,在 165 个国家和地区拥有分社、记者或兼职报道员。法新社的新闻采写按照活动领域分为 5 个报道区:以巴黎为中心的 52 个分社(其中包括在欧洲的 36 个和在非洲的 16 个),负责欧洲和非洲的报道;以华盛顿为中心的 9 个分社负责北美的报道;以蒙得维的亚为中心的 15 个分社负责拉美地区的报道;以中国香港为中心的 25 个分社负责亚太地区的报道;以尼科西亚为中心的 9 个分社负责中东地区的报道。它们分别以各自所在区域的主要语种采编当地新闻,为当地客户服务,同时供给总社,并转发总社的新闻。到 20 世纪末,法新社的国内订户为 2 750 家(650 家报纸杂志、400 家电台、200 家电视台、1 500 家机关和公司用户),国外订户 10 500 家(通过 100 家通讯社向 7 600 家报纸、2 500 家电台、400 家电视台供稿),并提供法语、英语、德语、西班牙语、葡萄牙语和阿拉伯语语言支持。

法新社的业务相比路透社来说纯粹得多,在新闻产品方面主要包括消息、图片、音像制品、印刷品和动态图表。同时法新社也开始尝试向客户提供电子信息服务(Image Forum,平台)和多媒体产品的销售。法新社的收入来源除了报刊和企业用户之外,主要依靠政府机构订费。这主要是由于法新社的财政情况长期不佳,所以政府机构订费实际上是政府的变相津贴。

第三节　西方国家著名报纸

一、《纽约时报》(The New York Times)

虽然报纸并非在美国诞生,但报纸的现代化之路却是在美利坚的土地上走出了坚实的第一步,其标志即是 1833 年《纽约时报》的创办以及随后展开的轰轰烈烈的"便士报"运动。《纽约时报》是美国影响最大的三家报纸之一(另外两家为《华盛顿邮报》和《华尔街日报》)。其最初的名字是《纽约每日时报》(*The New York Daily Times*),有时也被戏称为"灰色女士"(The Gray Lady)或简称为"时报"(*The Times*)。

《纽约时报》的创始人是亨利·J. 雷蒙德和乔治·琼斯。他们的初衷是发行一份比较严肃的报纸,来打破当时在纽约盛行的"黄色新闻"。1833年,《纽约时报》创刊,由"纽约时报公司"在纽约市出版,按当时售价属"一便士报纸"。该报为了适应纽约当时50万居民需要新的、便宜的报纸而创办,创立伊始就强调准确而详尽地报道国际国内重要消息。1896年,阿道夫·奥克斯将《纽约时报》收为己有,在他的领导下《纽约时报》获得了国际性的认可和声誉。1897年他提出了《纽约时报》的格言:"刊登一切适宜刊登的新闻。"这个格言被公认为是对"黄色新闻界"的挑战。在主编C. 范安达的努力下,《纽约时报》更注意登载毋庸置疑的新闻,增出星期日杂志版,取消小说,减低报纸的日摊售价,从3美分降至1美分。在报道1912年4月美国邮船"泰坦尼克号"沉没事件后,其声誉大增。20世纪60年代,该报在排印、版面和其他技术方面作了许多改革。今天《纽约时报》的拥有者是"纽约时报公司"(New York Times Co., NYT),但奥克斯的后代在这个公司内依然保持重要的地位。

《纽约时报》自创刊以来,经历了两次世界大战、经济大萧条、罢工以及多次的家族危机,不仅历经百年长盛不衰,而且以其客观严谨的报道态度、庄重凝练的大家风范,赢得了20世纪人类历史的"档案记录报"的美誉。1995年,"纽约时报公司"建立了自己的报纸网站,提供《纽约时报》的在线阅读。1999年经过网络方面业务的全面整合,成立了独立核算的"数字《纽约时报》"(New York Times Digital)。该报于2008年成立了自己的社交网站Times People,致力于搜集用户信息并实现其广告和集团业务的收益。2011年3月28日,《纽约时报》正式对网站内容收费,至2011年下半年,《纽约时报》网站和付费用户已达到32.4万户。近年来,该报通过与移动客户端合作来扩展多元化传播渠道,推送高质量内容。《纽约时报》在发展壮大的过程中也有丑闻:2003年该报承认它的一个记者杰森·布莱尔多年在其新闻报道中做假;2005年7月6日,《纽约时报》记者茱蒂丝·米勒因拒绝透露消息来源遭法院判刑入狱。

《纽约时报》的受众群主要是中产阶层、国会议员、政府官员和高级知识分子等高端读者。社论常反映美国国务院的观点,报道政府的重要文件和重要人物的言论较为详细。

在经营内容方面,纽约时报公司最核心的产业当然是报业。报业也是迄今为止为其带来最大荣誉的产业,旗下最主要的报纸有 3 家:《纽约时报》《国际先驱论坛报》和《波士顿邮报》。2002 年,时报公司投资 1 亿美元买下探索频道(Discovery Channel)50% 的股份,开办探索时报频道(The Discovery Times Channel),以纪录片为经营特色,生产至少价值 4 000 万美元的电视节目,目前该频道已经有 2 500 万订户。2003 年,美国哈里斯互动公司(Harris Interactive Inc)一项调查研究显示:探索时报频道在美国各知名媒体中居于第六位,第一名是探索频道。旗下的有线频道"新英格兰体育电视网"在美国东北地区有着 370 万家庭用户的斐然业绩。纽约时报公司拥有两家纽约广播电台,同时还拥有"新英格兰体育"风险投资公司,包括波士顿红短袜棒球队。

《纽约时报》作为一份全球性报纸,以其全国战略吸引了很多全国性的广告。因为目前该报大多数版面全国共享,所以广告商购买后就变成了全国性广告。《纽约时报》也尽量扩大全国性广告的范围,因为这种广告不仅可以提升时报的影响,最重要的是比纽约市内的广告费贵。2012 年,时报发行量在 160 万份左右,在美国位列第三。《纽约时报》2014 年第三季度营收 3.647 亿美元,比2013 年同期增长 0.8%,但依然有 900 万美元的亏损。[①]

二、《华尔街日报》(*The Wall Street Journal*)

《华尔街日报》素来被称为美国实业界政治经济日报。1882 年,一位名叫查尔斯·道的经济金融记者与同僚爱德华·琼斯、查尔斯·博格斯特莱斯成立道·琼斯公司,收集并定期向股票经纪人发售有关行情的消息。由于生意兴隆,1889 年《华尔街日报》在美国纽约正式创刊,为道·琼斯公司拥有。该报从1889 年 7 月 8 日起登载道·琼斯公司发布的经济消息和股票指数,延续至今未中断过。

该报以刊登财政、金融和贸易新闻为主,但是重大国际动态无一遗漏,并有自己的评论。它不直接采用通讯社的消息,在世界各大城市驻有自己的记者。1976 年,开始利用人造卫星传播稿件。《华尔街日报》每周出版 5 期,一般是 40余页,分 3 个部分:要闻、市场消息、金融与投资。该报网站于 1996 年起就对个人用户收取年费。2002 年,《华尔街日报》推出中文网络版。2012 年,发行量

---

① 《纽约时报公司第三季度净亏损 1 250 万美元》,腾讯财经。

在 230 万份左右。在美国国内设 18 个点,在欧洲和亚洲分别设 5 个点发行,是美国发行量最大的报纸。至 2013 年,《华尔街日报》拥有 170 万印刷版读者、110 万网络版订户、15 万 iPad 订户及 4 万 kindle 订户。

说到《华尔街日报》,就不得不提及其控股公司——道·琼斯公司和道·琼斯通讯社(Dow Jones & Co.and Dow Jones Newswires)。道·琼斯公司是一家集商业新闻和信息服务为一体的跨国媒体集团,有着 100 多年的历史。

道·琼斯在全球报刊出版业的知名品牌包括:《华尔街日报》、《亚洲华尔街日报》(The Asian Wall Street Journal, AWSJ)、《远东经济评论》(Far Eastern Economic Review, FEER),以及美国专业财经杂志 Barron's 和 Smart Money 在内的 9 种著名媒体。电子出版包括道·琼斯通讯社、道·琼斯路透商业信息查询系统、《华尔街日报》网络版(WSJ.com)和"道·琼斯财经门户网站" 4 个网站平台;其中《华尔街日报》网络版拥有 64 万收费用户。广播电视有著名的 CNBC 全球财经新闻频道(NBC 和道·琼斯合作),还有负责中文业务的"道·琼斯中国"机构。

道·琼斯通讯社在 55 个国家的 90 个分社有 800 名专业记者。作为全球最权威的实时财经信息和评论的独立提供商,其新闻出现在全球 34.8 万台终端机上。道·琼斯提供多语种新闻,包括中文、日语、荷兰语、法语、德语、西班牙语和印尼语。道·琼斯在全球 60 个国家有 7 500 名员工,为全球 65 个国家多达 346 000 名专业财经机构客户每日提供超过 7 000 条经济、金融及影响市场走势的新闻信息。此外全球更有 4 000 000 名用户通过互联网获取道·琼斯的电子新闻信息,内容涵盖外汇、债券、股票、能源及商品期货五大金融领域。2007 年,新闻集团以 56 亿美元收购道·琼斯公司。

《华尔街日报》的主要报道内容为财经类信息,主要的发行对象是美国的中高收入阶层,以中产阶级、金融行业的人士居多,其读者一般是公司和机构的具有决策权的高级管理人员,公司和机构订户超过 50 万,占其总发行量的 1/4。在性别上,《华尔街日报》的阅读对象主要是男性,并号称"全美写作质量最高的报纸"。[①]

三、《华盛顿邮报》(The Washington Times)

《华盛顿邮报》是美国首都第一大日报,也是美国最有影响的大报之一。1877 年由斯蒂尔森·哈钦斯创办。1880 年,《华盛顿邮报》成为华盛顿特区首

---

① [美]布隆代尔:《〈华尔街日报〉是如何讲故事的》,华夏出版社 2006 年版,第 1 页。

家每日出版的报纸。1905 年,《辛辛那提探询者报》的拥有者购买了《华盛顿邮报》的多数股份。1933 年《华盛顿邮报》因经营不善宣告破产,公开拍卖,后为犹太金融家尤金·迈耶收购。迈耶稳妥而独立的编辑方针,逐渐确立了该报的声誉。该报以消息灵通、材料可靠、文笔犀利和夹叙夹议的报道而闻名。赫伯特·L.布洛克(人们称作"赫布洛克")的漫画为社论栏增添光彩,1942 年和 1954 年布洛克两次获得普利策奖。

1946 年,迈耶选中其女婿菲利普·格雷厄姆作为《华盛顿邮报》的接班人。格雷厄姆使该报的业务蒸蒸日上。1954 年《华盛顿邮报》购买了它在华盛顿特区的主要竞争者《时代先锋报》而成为华盛顿特区唯一的日报。1961 年吞并了《新闻周刊》。1963 年格雷厄姆去世后,由其夫人凯瑟琳担起办报重任,使该报声誉日隆,并以重金网罗了很多新闻界的精英。1970 年它已享有国际声望。20世纪 80 年代以来每日发行量达 79 万份,星期日可达 114 万份。

《华盛顿邮报》由"华盛顿邮报公司"控股,该公司还拥有其他一些媒介或非媒介的企业,包括《新闻周刊》《特伦顿时报》和 6 家广播电台以及一个通讯社,在美国 500 家大公司中占有一席。2013 年 8 月 6 日,亚马逊公司创始人杰夫·贝索斯以 2.5 亿美元收购《华盛顿邮报》。另据报道,该报在 2013 年日发行量约47 万份,比 2003 年减少了 41%。

《华盛顿邮报》是美国华盛顿哥伦比亚特区最大、历史最悠久的报纸。20 世纪 70 年代初通过揭露"水门事件"和迫使理查德·尼克松总统辞职获得了国际威望。许多人认为它是继《纽约时报》后美国最有声望的报纸。由于《华盛顿邮报》位于美国首都,因此尤其擅长报道美国国内政治动态,而《纽约时报》则在报道国际事务上更加有威望。但也有人指责《华盛顿邮报》过分关心政治而忽略了对其他方面的报道。

四、《今日美国》(*U.S.A Today*)

《今日美国》创刊于 1982 年 9 月 15 日,是美国最年轻的主流大报,属于美国最大的报业集团甘尼特报系(Gannett Co.,GCI)。其总部设在弗吉尼亚州阿林顿,是美国发行量最大的报纸之一。该报分为国内版和国际版。1985 年 10 月该报在新加坡设立了印刷点,出版向亚太地区发行的《今日美国》国际版。1986年 5 月在瑞士的卢塞恩设立了印刷点,出版向欧洲和中东发行的该报国际版。1988 年 4 月,在香港又开设了第三个印刷点。

《今日美国》的最大特色在于它是一份真正意义上的全国性报纸,这在 20

世纪 80 年代以前的美国是一个空白。人们都认为,全国性报纸在美国没有市场。甘尼特董事会主席艾伦·纽哈斯将《今日美国》定位为一张"全国性的报纸"。纽哈斯在《记者手册》中这样要求记者:"叙事简单,强调新闻,少说背景",不以获得普利策奖项为荣,而以把文章写得精练为骄傲;不以影响政府决策为追求,而以图表、照片的简单组合和清晰呈现为终极目标。

作为一份年轻的报纸,《今日美国》一直处于大胆改革的前沿。比如,该报率先使用彩色印刷,异常慷慨地使用图片,苛刻而吝啬地对待文字新闻,报纸放在售报机里就像一幅静止的电视画面。有人形象地将《今日美国》称为"麦当劳报纸""快餐新闻"。报纸风格对市场有吸引力,跟市场定位相符,保证了《今日美国》的发行量。

《今日美国》的宗旨是适应美国人日益加快的生活节奏,改变报纸的陈旧面貌,力求使其近似于电视新闻,版面生动、明快,消息简短,具有吸引力。所以该报特别注意报纸的版面设计,采用彩色版面,图文并茂,消息集中,同时比较重视体育报道。有些新闻如体育比赛、天气预报等,力争配上图表,使读者读起来既节省时间,又一目了然。该报的文章大多短小精悍,文字简洁,信息量大,报道面宽,贴近生活。

《今日美国》的成功还依赖于其庞大的发行网络。该报售报机遍布美国 50个州高速公路的每个加油站,总数达 14 万个;另外,在大小城市的售报亭、旅馆、机场,都可以买到。该报采用最先进的通信、印刷技术,版面排定后,通过卫星传送到各个印刷点,黑白版 3 分钟处理 1 页,彩色版 15 分钟处理 1 页。《今日美国》的发行渠道也多种多样,主要有街头零售、家庭投递、邮局订阅和非传统渠道等方式。第一种是街头零售。通过零售卖出去的《今日美国》占总发行量的68.4%。该报最多时拥有 14 万台售报机,如今大约还有 4 万多台,原因是零售摊点大大增加。第二种是家庭投递。美国绝大多数报纸的家庭投递率非常高,唯有《今日美国》等少数报纸是个例外。据统计,目前通过家庭投递的《今日美国》只占总发行量的 13.4%。第三种是邮局订阅。美国报纸基本都是自办发行,邮寄报纸仅限于没有分印点的外地,《今日美国》也不例外。该报每天大约有 12万份报纸需要通过邮局寄送,邮局订阅只占总发行量的 5%。第四种是非传统渠道。这部分占总发行量的 13.2%。《今日美国》在不断开拓传统发行渠道的同时,又盯上了遍布全美的宾馆饭店和航空公司。在美国报界,《今日美国》率先与宾馆饭店、航空公司、餐馆等公司客户展开合作。《今日美国》定期送报给这些宾馆饭店,宾馆饭店再将这些报纸免费提供给下榻的客人。

在创刊当年,《今日美国》的日发行量就达到 36 万份,1987 年发行量猛蹿到 158 万份,1997 年突破 200 万份大关,达到 223 万份。2000 年,该报确定走互联网发展之路。近年来,美国各大报纸发行量都有所下降,《今日美国》却是一个例外,它的发行量至今依然保持强劲的增长势头。根据美国报刊发行量稽核局提供的统计数字,《今日美国》2012 年平日刊发行量为 180 万份,位居美国报纸发行量第二位。

五、《泰晤士报》(*The Times*)

《泰晤士报》是英国历史悠久、最有权威的报纸,现由鲁珀特·默多克的新闻集团控股,由泰晤士报业公司出版,社址在英国伦敦。长期以来,《泰晤士报》一直被认为是英国的第一主流大报,被誉为"英国社会的忠实记录者"。

《泰晤士报》诞生于 1785 年,创始人是约翰·沃尔特。诞生之初报纸的名称是《世界记事日报》(*The Daily Universal Register*)。1788 年 1 月 1 日,正式改为现名。约翰·沃尔特同时也是《泰晤士报》的第一位总编。他于 1803 年辞职,将发行人和总编之职传给了他的儿子小约翰·沃尔特。约翰·沃尔特曾经因为诽谤罪而入狱 16 个月。然而正是在约翰·沃尔特执掌时期,《泰晤士报》最先将新闻视角延伸至英国之外的其他欧洲国家,尤其是法国。这为《泰晤士报》在政界和金融界赢得了很高的声誉。

19 世纪早期,《泰晤士报》经过三任总编辑约翰·斯托达特、托马斯·巴恩斯和约翰·撒迪厄斯的励精图治,其影响力再次得到增强,尤其是在英国政治和伦敦事务领域。这是《泰晤士报》的黄金时代,对当时英国和世界事务的影响可谓举世无双。当时美国总统林肯曾说,除密西西比河之外,他不知道有什么东西拥有像《泰晤士报》那样强大的力量。[①]

《泰晤士报》是第一张拥有驻外记者的报纸,也是第一张派驻战地记者的报纸。W.H. 罗素曾经被《泰晤士报》派驻到克里米亚战场,他所撰写的一系列战地报道使这个名不见经传的记者声名大噪。

1847 年,约翰·沃尔特第三接任他的父亲成为报纸的发行人。尽管沃尔特家族在政治上越来越保守,《泰晤士报》的言论却始终保持着独立。1880 年,北岩爵士取得了该报的所有权,加以革新,使之重有起色。1922 年,约翰·雅各·阿斯特从北岩爵士手中收购了《泰晤士报》。20 世纪 30 年代是《泰晤士报》发展

---

① [英]马丁·沃克:《报纸的力量》,新华出版社 1987 年版,第 54 页。

史上极不光彩的一段时期,因为该报秉承"绥靖政策",公然纵容法西斯德国的侵略活动。其时,《泰晤士报》的主编乔治·杰弗里·道森和英国首相张伯伦结成政治同盟,公然支持英国政府的对外政策。

发生于 1979 年的一起劳工纠纷使得《泰晤士报》停刊将近一年。直到 1981年,鲁珀特·默多克以 1 200 万英镑收购了该报。默多克的新闻集团是世界闻名的新闻集团。它从报纸起家,成为拥有包括福克斯电影公司、英国 BSKYB、香港卫视等诸多世界知名媒体的大型跨媒体集团。默多克在收购《泰晤士报》后,曾一再强调自己不会干涉报纸的编辑方针,不降低其历史积淀的品质和风格,但《泰晤士报》仍然发生了一些变化。比如在编辑风格上,图片新闻更多,社会新闻的比例在加大;在政治倾向上,出现了亲美国政府的趋势。

《泰晤士报》一直秉承"独立地客观地报道事实"、"报道发展中的历史"的宗旨,但纵观其 200 多年的历史,可见该报的政治倾向基本上是保守的,在历次重大国内及国际事务上支持英国政府的观点。《泰晤士报》消息灵通,报道严肃,内容详尽,重视国内国际重大事件的报道,对重要文件刊登详尽。它也重视言论,社论版一边刊登社论,一边刊登读者评论。该报每天 40 版左右,分两大部分,一是国内外新闻、评论、文化、书评,一是商业、金融、体育、广播电视和娱乐。在报道和写作上,《泰晤士报》既能够大体上保持独立观点,力求细致准确,又敢于创新。因此,该报在执行温和社论政策的同时,仍以英国"幕后统治集团"的喉舌而闻名于世。

2003 年 11 月,《泰晤士报》为了适应"小报化"对于市场的冲击,再次进行了版面改革。在伦敦地区首先尝试大开张报纸与小开张报纸同时发行,一举获得成功。小报版推出后的第一个月该报的发行量是 63.6 万份,比上月增长2.29%,到了 2004 年 4 月,发行量升至 65.5 万份。

《泰晤士报》的主要读者来自政界、工商金融界和知识界。目前的赢利来源主要有三种:报纸销售、电子信息服务(商务邮箱、信息检索、图书馆)和网上商店(主要商品有图书、房产和鲜花礼物快递)。2011 年,英国官方公布的数据显示,《泰晤士报》日均发行量为 44.9 万份。

六、《世界报》(*Le Monde*)

"二战"结束前夕,法国总统戴高乐感到需要有一个独立的新闻及公众讨论平台。在这样的思想指导下,1944 年 12 月 19 日,伯夫 - 梅里和一批独立报人共 30 人创办了一份报纸,这就是《世界报》——目前法国国内外发行量最大的日报之一。

伯夫－梅里为这份新报纸确定了四大原则：国际视野、保持质量、维护独立、信守承诺。其中，"维护独立"是核心。该报的办报思想和风格为："在公共生活的一切领域，它忠实于事实，对事实负责"，"它不为任何权力服务——无论是私人权力还是公共权力；它力求成为一份独立于经济、政治、意识形态权力的报纸。"初建时，其报业集团是一个由 9 名成员组成的有限责任公司，成员无权转让他们的股份。1951 年编辑协会加入有限责任公司。

《世界报》是一份下午上市的晚报，当天新闻当天见报，但并不是以报道市民生活为主的普通意义上的晚报，它以版面内容严肃著称，拒绝一切花哨的东西，整份报纸就是一片灰蒙蒙的文字，照片、插图甚至广告都被拒之门外。它不仅报道法国的政治、经济、社会问题，而且广泛深入地报道国际新闻，很快成为政府官员每日必读的、具有国际影响的报纸。

《世界报》经历多次改版，主要是版式的变化。根据市场调查确定改版的主要方向：从严肃转向活泼，从单色转向彩色，从沉闷转向生动，从表面转向深入，使报纸更加贴近读者。2005 年 11 月 7 日，《世界报》的最新版推出。这次改版最引人注意的变化是头版开始使用大照片。改版后的《世界报》一反传统，在照片使用上大胆、泼辣，尤其是彩色图片，并把字体加大 13%，文章数量减少，图片数量增加。

改版后的《世界报》内容分为时事要闻、新闻解读、与读者的约会三个部分，简单概括就是：新闻、评论和生活。

《世界报》网络版创办于 1998 年，2000 年增扩内容，其中最受欢迎的是它的资料库，存有近 4 年《世界报》刊登过的 70 万篇文章。2002 年 4 月 15 日，《世界报》网站设立付费版，部分内容只有付费才能阅读。根据 Google 搜索引擎统计显示，在全球文字媒体的网络版中，《世界报》网络版的点击率居第九位；在英语之外的文字媒体中，它的点击率居第一位；在法国文字媒体的网站中更是独占鳌头。网络版的读者主要是 35 岁以下的青年。他们过去并不读《世界报》，许多人看过网络版后对这份报纸产生兴趣，进而购买或订阅，网络版就成为通向文字版《世界报》的桥梁，为提高《世界报》的发行量作出了贡献。另据相关统计，截至 2012 年 11 月，通过手机应用访问《世界报》的读者达 2 000 万人次。

《世界报》的读者主要是知识分子，其发行范围并不局限于法国，欧洲、北美以及大多数非洲国家都有它的订户。2002 年，其发行量曾经接近 60 万份；但在 2005 年，《世界报》的发行量遭遇了"滑铁卢"，只有 32.4 万份。

七、《图片报》(*Bild*)

德国《图片报》(*Bild*)1952 年 7 月 24 日创刊于汉堡,当时模仿的是英国的《每日镜报》。《图片报》的总部设在汉堡,在全国各大城市都设有分部和印刷点。该报是德国最大的报业集团施普林格集团旗下发行量最大的一家街头售报纸,是德国也是欧洲发行量最大的报纸,在每年世界日报发行量的排名中,它在第 3~6 名之间徘徊。最近 20 多年来,其发行量保持在四五百万份左右,最高发行量为 540 万份(1983—1993 年);目前的发行量大约为 470 万份,发行量处在新一轮的上升期。《图片报》是德国唯一的高发行量日报,位居第二位的日报《西德意志报》,发行量仅为 100 万份。

1967 年,施普林格集团为该报确立了四项原则:坚决支持德国的统一和自由,调解犹太人和德国人的关系,反对任何形式的政治激进主义,拥护自由的市场经济原则。显然,它当时在政治上是保守的。1971 年以后报纸改变方针,不再突出政治,而强调亲民、客观等,把以下三点作为工作原则:不要挑起公众错误的情绪,认真对待人民的问题,建立头脑中的秩序。前任总编乌多·罗贝尔希望把《图片报》办成一份严肃的报纸,因为该报已经拥有了广泛的知名度,"没有哪家报纸比《图片报》更多地在新闻节目中被引用"。2001 年起,该报总编由凯·迪克曼担任。

《图片报》属于综合性日报,每星期一至星期六出版,每期通常有 10 多个版面,主要刊登轰动性的社会新闻、趣味新闻、体育消息以及知识性报道。报纸文章大多简短、标题突出、新闻性强、信息量大。图片约占报纸版面的一半,均为彩色,版面以红、白、蓝的强烈对比色调为主。

该报读者约有 1 170 万人,占德国 14 岁以上居民的四分之一左右,读者群覆盖社会各阶层,尤以中等文化层次的职员和工人为主,在接受过大学教育的人以及大学生中只有 8.1% 的人阅读这份报纸。该报男性读者占 53%,收入中等,有一份兼职,北方人多于南方人。《图片报》的售价目前是每份 0.5 欧元,80% 采取街头零售的方式销售。从 2013 年 6 月 11 日开始,《图片报》网络版启动付费系统,每天有 80% 的文章免费,但有 15~20 篇文章需要付费才能阅读。这种模式被称为"图片报 +"(Bild Plus)。一年后,《图片报》已拥有 25 万网络订阅用户。[1]

---

[1] 柴野:《德国〈图片报〉的网络生存秘笈》,《光明日报》2016 年 1 月 7 日。

第四节　西方国家著名电视台

一、美国全国广播公司（National Broadcasting Company，简称 NBC）

美国三大商业广播电视公司之一，原为美国无线电公司（RCA）子公司。公司总部设在纽约。主要机构有：电视网部、广播网部、自营电视台部和新闻部。1985 年，美国全国广播公司被通用电气公司（General Electric）以 62 亿美元收购，并把直接经营的 8 座广播电台全部出售。公司在纽约、洛杉矶、芝加哥、华盛顿、克利夫兰、丹佛和迈阿密 7 座城市设有直属电视台，并在全国有附属电视台 208 座。2007 年，NBC 与新闻集团合作创办了 HuLu 视频网站，随着迪斯尼公司的加入，该网站迅速占领了美国市场。2011 年，联邦通信委员会批准康卡斯特公司（Comcast）收购 NBC。

NBC 在全美的家庭覆盖率达到了 34%，每年广告收入达到 20 亿美元。NBC 每年要播出 5 000 小时左右的节目，传输到 200 多家电视台，这些附属电视台在当地拥有电视机的家庭中的覆盖率达到 99%。NBC 以制作新闻、体育、娱乐节目及电视剧为主，其中《老友记》《仁心仁术》等为中国观众所熟悉。

1. NBC 环球公司（NBC Universal）

2004 年 5 月 12 日，NBC 和维旺迪环球娱乐公司（VUE）正式成立 NBC 环球公司。通用电气拥有 NBC 环球 80% 的股份，其余 20% 属于维旺迪环球公司。在强大的通用集团里，NBC 环球公司的资产是集团 6 个资产中最小的一部分。例如，通用电气 2005 年的收入达 1 700 亿美元，而 NBC 环球公司的 2005 年销售收入为 150 亿美元，不足整个集团的 10%。

合并后的 NBC 环球公司由于缺少高收视率节目的支撑，在 2005 年的业绩曾出现明显下滑，NBC 环球失去了把持近 20 年的周四晚收视率冠军宝座，在 18~49 岁观众收视选择中也从第一位滑落到了第四位。为了应付这种局面，NBC 环球采取了成本缩减和更为严格的财务管理。此外，NBC 环球不惜以 6 亿美元的天价购下了美国橄榄球联赛 2006—2012 年的电视转播权，力图在曾经一度放弃开发的体育类节目上重整旗鼓，促进收视率的提高。这些措施有了明显的成效，NBC 环球 2005 年总收入为 149 亿美元。

2. MSNBC

NBC 环球又从微软公司手中买入有线电视频道 MSNBC 的控股股权。根据协议,NBC 在 MSNBC 公司的股份增加至 82%,并购买了两年内微软公司所保持的 18% 股份的期权。MSNBC.com 是一个典型的报纸、电视和网络的结合体,一个综合性的 24 小时新闻频道以及在线新闻服务供应商,这种结合主要体现在新媒体(微软)与传统媒体(《华盛顿邮报》和全国广播公司)在新闻内容上的分享。《华盛顿邮报》只提供有限的稿件刊登在 MSNBC.com 网页上,其结果是,这吸引了 MSNBC 的 670 万读者到《华盛顿邮报》网站上浏览。《华盛顿邮报》的记者还经常出现在 MSNBC 和 NBC 的有线电视节目里。作为回报,消费者可以通过《华盛顿邮报》的网站看到 NBC 的音像资料和新闻。在未来,NBC 和《华盛顿邮报》可能联手采访、制作新闻节目,特别是在重大独家新闻方面可能会携手。《华盛顿邮报》允许 MSNBC.com 在它的网页上刊登该报采写的突发新闻,以换取 NBC 的电视节目。

据市场调研机构尼尔森(Nielsen)公司称,与其他广播和有线新闻机构相比,MSNBC 公司是全球最大的互联网新闻网站之一,它的读者每月平均达到 2 400 万,但是近年来其收视率已跌至全美第三位,远远落后于有线新闻电视台 CNN 和福克斯新闻频道。

二、美国广播公司(American Broadcasting Company,简称 ABC)

美国广播公司是美国三大商业广播电视公司之一。1941 年春,联邦通信委员会决定,全国广播公司不得同时拥有红色广播网和蓝色广播网。1943 年 10 月,爱德华·诺布尔以 800 万美元买下蓝色广播网(拥有 116 座附属广播电台),1945 年 6 月 15 日正式使用美国广播公司的名称。1953 年 2 月该公司被联合派拉蒙剧院公司(United Paramount Theaters)以 2 500 万美元买下,组成美国广播—派拉蒙剧院公司(American Broadcasting Paramount Theaters,Inc.),由原联合派拉蒙剧院公司董事长伦纳德·戈登森(Leonard Goldenson)出任新公司的董事长。1965 年 4 月,改称美国广播公司。1985 年 3 月,大都会通信公司以 35 亿美元将其收购。迪斯尼于 1996 年花 190 亿美元巨资收购了美国广播公司电视网。公司经营的电视台分别设在纽约、芝加哥、底特律、洛杉矶、休斯敦、费城、费雷斯诺和旧金山,并有 220 座附属电视台。公司还经营调幅和调频广播电台,并有多座附属广播电台。ABC 的著名新闻节目有《ABC 今晚世界新闻》《晚间报道》《早安,美国》等。

迪斯尼于 1996 年收购 ABC 之初,美国广播公司是一家在 18~49 岁的观众中占有优势的盈利的广播公司,收视率排名第二。第二年开始,情况急转直下,

ABC 的业绩非常不理想。到 2000 年,其观众数量已减少了 32%。之后美国广播公司的收视率一直处在下滑亏损状态。据一家市场研究机构估计,2002 年美国广播公司的亏损额高达 4 亿美元。美林公司分析师曾预测,2003 年该公司亏损额继续扩大到 5.4 亿美元。根据尼尔森市场调查公司于 2004 年 4 月的统计数据,ABC 电视台平均每晚的收视人数为 740 万人,比美国收视率冠军哥伦比亚广播公司 CBS 的收视人数少 580 万。这一度使得前任总裁艾斯纳在 2003 年度发出了"我真不该收购 ABC"的声音。

为了提高收视率和安抚投资者,迪斯尼对下属的美国广播公司电视网,也就是 ABC 电视台的管理层进行改组。迪斯尼的改组举措主要是让 ABC 电视台现任董事长布朗辞职。迪斯尼集团有线电视部门总裁斯文尼拟接管 ABC 电视台,并且把集团的重点放在改善主题公园和美国广播公司的业绩上。2005 年,ABC 电视收视率占全美家庭的 30.13%,电视收视率和广播收听率均排列第二位。凭借两部热门电视剧《疯狂主妇》和《迷失》的开播,那段时间,美国广播公司的事业有了起色,不仅创下了骄人的收视率,更获得了多项大奖的肯定。

三、哥伦比亚广播公司（Columbia Broadcasting System,简称 CBS）

哥伦比亚广播公司是美国三大商业广播电视公司之一,经费来自广告广播收入。它于 1927 年 2 月 18 日创办,原为 16 家广播电台组成的独立广播电台联盟,后与哥伦比亚唱机唱片公司联合组成哥伦比亚唱机广播公司,通过 16 家附属广播电台向全国广播,成为第二个全国性广播网。不久,哥伦比亚唱机唱片公司退出,公司改用现名,总部设在纽约。哥伦比亚广播公司是一个多元化的信息传播企业,主要机构有:广播部、电视网、自营电视台部和新闻部。此外还经营音乐唱片、乐器、玩具、电化教育资料、戏剧影片、家用电脑软件、图书杂志出版等业务。其电视新闻节目颇具特色,如《晚间新闻》《CBS 报道》《60 分钟》《48 小时》《早晨》《面对全国》等都是美国名牌电视节目。CBS 的新闻节目之所以备受青睐,是因为它的风格和特征是由其最具影响力的、最经常与观众见面的记者或主持人来决定的。CBS 几十年来涌现出爱德华·默罗、沃尔特·克朗凯特、丹·拉瑟等诸多富有个性的主持人。公司在纽约、芝加哥、洛杉矶、费城、圣路易斯等城市拥有 7 家直属电视台,并在全国有附属电视台 200 座。公司还经营调频广播电台,并有多座附属广播电台。1995 年,该公司被美国西屋电气公司以 54 亿美元买下。1999 年 10 月,全球五大传媒集团之一的维亚康姆公司又以 397 亿美元的代价收购了哥伦比亚广播公司。

2005 年,该公司电视收视率占全美家庭的 31.53%,排名第一位。广播收听率也排在各广播机构的首位。2008 年,CBS 收购全球著名互联网公司 CNET Networks,此举使 CBS 成为全球十大互联网公司之一。

四、福克斯电视(FOX)

1986 年 10 月在美国新创办的商业电视网,1987 年 4 月开始播出广播网联播节目。公司由原澳大利亚籍的报业家鲁珀特·默多克在 1986 年购得的 6 家电视台组成,并且联合 105 家独立电视台形成广播网。节目早先以电影和娱乐节目为主,1990 年开始经营新闻性节目,并向有线电视业发展。现已开办了福克斯新闻频道(Fox News),通过有线系统传播。

福克斯电视网旗下已拥有 35 家电视台,分布于美国 40% 的区域。2001 年"9·11"事件为 Fox News 竞争 CNN 提供了历史契机,它以 34.8% 的高收视率跃居全美电视新闻频道榜首。从 2002 年起,Fox News 不但在收视率上,而且在全天的收视户方面都超过了 CNN。2004 年 12 月至 2005 年 6 月尼尔森的黄金时段节目调查数据显示,Fox News 享有有线新闻网 51% 的观众,CNN 观众占有比率为有线新闻网的 26%。Fox News 目前已是美国第一大新闻频道。[①]

有线电视频道主要盈利来源于广告费和收视费。收视费是由有线系统根据自己的订户数量付给有线频道的,CNN 是每个订户 39 美分,Fox News 则是 23 美分。主要原因是 2005 年以前,Fox News 的局部市场必须依靠时代华纳有线系统。但 Fox News 提高收视费指日可待,一是 2004 年底新闻集团购买了直接卫星电视(DirecTV),Fox News 拥有了独立的有线传输系统;二是 Fox News 长期客户的收视费合同 2006 年到期。[②]

Fox News 注重在观众定位上贴近普通大众,在形式上更趋于娱乐化和口语化,脱口秀是其主打节目。Fox News 注重对观众关注的新闻事实加入观点和评价,叙述并表明怎么看待这些事件,即"广播谈话"模式。栏目设置基本以滚动新闻栏目为线,以深度访谈、辩论类栏目为点,以杂志类栏目为面,对观众关注的新闻事实加上适当的评价以引导观众,帮助观众更好地理解新闻。[③]

---

① 殷俊、代静:《CNN 与 Fox News 竞争分析》,载《国际新闻界》2006 年第 1 期。
② 殷俊、代静:《CNN 与 Fox News 竞争分析》,载《国际新闻界》2006 年第 1 期。
③ 刘琼:《从福克斯新闻频道看中国新闻频道的发展》。

Fox News 制播的新闻更偏向于传达见解,定位为"公平、平衡"(fair and balanced),观点鲜明,把爱国精神凌驾于新闻原则之上。"我们不仅是记者,我们更是美国人!"这个口号表明 Fox News 处理新闻时具有明确的倾向性。

五、有线电视新闻网(Cable News Network,简称 CNN)

CNN 总部设在亚特兰大,1980 年,CNN 创办第一个新闻频道并向美洲国家播送电视新闻,1982 年,CNN 又成立了第二个新闻频道(Headline News)。随后进军欧洲、亚洲,一步步地走向世界。1986 年现场报道了美国航天飞机"挑战者"号失事的实况,1989 年广泛报道了苏联和东欧的政局动荡,1991 年海湾战争中迅速、及时、详尽地报道了多国部队在伊拉克的"沙漠风暴"行动,从此奠定了作为世界性新闻电视网的地位,为国际社会所瞩目。CNN 旗下的新闻业务共有 10项:CNN(新闻频道)、CNN Headline News(简明新闻频道)、CNN International(国际频道)、CNN fn(金融新闻频道)、CNN SI(Sports Illustrated,体育新闻频道)、CNN en Espanol(西班牙语频道)、CNN Airport Network(空港新闻网)、CNN Radio(广播新闻)、CNN Radio Noticias(广播简报)、CNN Interactive(互联网络)。

作为美国有线电视新闻网鼻祖的 CNN,长期以来是有线新闻网中的一枝独秀。面对福克斯的竞争,CNN 对新闻理念和节目策略作了认真的反思,在回归中坚持新闻理念并创新报道风格:一方面,回归传统的新闻主义路线,加大对硬新闻的报道力度。拥有 11 个国内分支机构,28 个国外分支机构的 CNN,在国际新闻采集方面具有不可比拟的优势,增加国际新闻报道的比重无疑扬了 CNN之长。另一方面,CNN 采用"现场报道 + 有声磁带 + 采访片段"的新报道模式,对新闻报道进行精心编辑,挖掘新闻的深度和广度。CNN 较有影响的栏目有《今日世界》《CNN 世界报道》《新闻教室》《东西方会见》等。在观众构成方面,CNN 更能吸引那些偶尔需要收看新闻的轻度观众,其累积观众人数,即暴露出某一特定信息(如电视节目、广告片)的观众人数或总人口百分比领先于 Fox News。根据尼尔森数据,2004 年,CNN 的累积观众有 3 040 万,Fox News 只有2 370 万。CNN 推广了"一揽子广告"的销售策略,即将广告同时放在其子机构上播出,包括受众具有相似性和共通性的简明新闻频道和 CNN 国际频道。[①]

CNN 在互联网的发展上具有很强的优势。早在 1992 年,CNN 就率先建立了 CNN Mobile(CNN 移动),通过移动设备向世界各地提供新闻信息服务。到

---

① 殷俊、代静:《CNN 与 Fox News 竞争分析》,载《国际新闻界》2006 年第 1 期。

了 2002 年,CNN 在 24 个国家提供该向服务的客户已经超过 9 000 万人。①CNN 每周提供的信息量为 2 500 万网页,全球的 30 个记者站每天为网站提供 50 页到 100 页的新内容;高度重视国际新闻报道,CNN 的《世界》新闻栏目细分为欧洲、非洲、亚太地区、拉美和中东地区 5 个分支栏目。根据国际网站排名机构 ALEXA 的数据,CNN 网站的全球日点击量在千万以上。② 如此高的点击率实现了有效的跨平台广告,传统的广告销售从高速发展的在线广告市场中分得一杯羹,实现传统与在线的双赢,进而形成集聚优势。③

六、英国广播公司(British Broadcasting Corporation,简称 BBC)

成立于 1922 年的英国广播公司,是世界最早的公共广播机构。BBC 一直被视为公营广播电视事业的典型。BBC 不播广告,它主要依赖政府的拨款和收视许可费支撑运作。BBC 是国营公司,又是相对独立的"特殊法人"。其所有权属于议会,在紧急情况下政府有权控制广播,内政部对节目有否决权。但在节目编排、经营上,BBC 可以保持独立,不受干预。而历届政府很少敢冒天下之大不韪,出面干预 BBC 的节目。

BBC 有两套全国性综合节目频道即 BBC1——以新闻节目为主,BBC2——以教育、电视剧、艺术节目为主。此外还有 BBC News 24——全新闻频道。BBC 把客观、公正作为新闻报道的总方针,非常重视新闻报道的可靠性,力求真实,并由此成为实力人物每天必看的电视节目。BBC 堪称当今世界上机构最庞大、覆盖面最广、影响最大的新闻机构。

2004 年年初,BBC 前董事会主席戴维斯(Gavyn Davis)和总裁戴克(Greg Dyke)因为"赫顿调查报告"与政府在伊拉克报道问题上的争执而相继辞职,BBC 经历了有史以来最大的危机。2004 年 3 月,马克·汤普森(Mark Thompson)继任总裁一职,并在就职时表示,BBC 需要在未来几年内进行史无前例的巨大变革。一年后,人们终于看到了 BBC 史无前例的巨大变革——2005 年 3 月 2 日,英国文化大臣乔威尔正式公布了政府改革 BBC 公共广播的"绿皮书"。

英国政府发布的全称为"BBC 皇家管理宪章分析——一个独立于政府的强大的 BBC"的"绿皮书"全文近 12 万字,由三大部分 20 个问题组成,它详细地对 BBC 的运营做出了规划。其中的几个关键提案是:

---

① 杜海清:《新闻巨擘 CNN 的市场制胜术》,《上海译报》2002 年 5 月 23 日。
② 刘笑盈:《国际电视的开创者——美国有线新闻网(CNN)》,《对外传播》2009 年第 7 期。
③ 殷俊:《CNN 经营方略》,原载《中国广播电视》,《新闻与传播》全文转载,2005 年第 10 期。

(1)"绿皮书"宣布取消历时 78 年的董事会制度,取而代之的是两个政府挟制下的管理机构,即监督管理 BBC 的工作将分别由 BBC 托管和一个执行委员会替代。BBC 现任董事会主席迈克尔·格雷德将成为 BBC 托管的第一任主席,领导托管委员会,负责监管 BBC 的发展战略、政府投资和公共利益。BBC 信托将代表电视执照费缴纳者的利益,并负责保证 BBC 的独立。议会通过这个方案后,任命 BBC 现任总裁马克·汤普森来领导执行委员会,负责 BBC 的日常运营。

(2) BBC 继续执行"皇家管理宪章"。BBC 是 1927 年首次得到所谓"皇家管理宪章"的,它规定了 BBC 节目制作以及运营的范畴。之后,每隔 10 年,BBC 管理层需要向有关广电管理部门述职,以便赢得新的"皇家管理宪章"。"绿皮书"规定 BBC 将继续保留皇家宪章及宪章所赋予的"电视执照费"。目前皇家宪章将延续至 2016 年年底,相应地,BBC 赖以生存的"电视执照费"也将得以继续保留。

(3) 继续收取电视执照费。"绿皮书"还阐明,BBC 赖以生存的电视执照费将不会改变。目前,BBC 向每户拥有电视机的英国人收取约每年 121 英镑"电视执照费"。任何拥有可以接收到电视信号的电视机的家庭,必须依法交纳"电视执照费"。

(4) 不得商业化。BBC 全国性和地方性广播电视机构因为属于公共广电机构,不得承揽广告,均依靠向全国电视收看家庭收取"电视执照费"运营。以 2013—2014 年度为例,BBC 获得的电视执照费为 34 亿英镑。

2005 年 3 月 21 日,英国广播公司宣布,由于遭遇公司有史以来"最艰难的时期",计划裁员 3 780 人,以节约资金、提高运作效率和节目质量。裁员计划预计可为公司每年节约 3.55 亿英镑的费用。目前,BBC 在全球拥有 27 000 多名员工。2007 年 12 月 25 日,BBC 发布了 iplayer 播放器,第一次从技术上融合了广播、电视、网站、移动终端等传播渠道。BBC 的网站 BBC Oline 是英国访问量最大的本土内容提供网站。

七、日本广播协会(Nippon Hoso Kyokai,简称 NHK)

日本最大的电视公司 NHK 是具有半官方性质的公营广播电视机构,日本《广播法》所规定的实行自主经营的"特殊法人",不以盈利为目的,其宗旨在于提高国民的文化水准。NHK 不播广告,其经费来源全靠电视执照费,它拥有日本全国最大的广播电视系统。台长由政府提名、议会批准,视听费由政府的邮政省代收,这就决定 NHK 天然地倾向政府。

NHK 是日本最具影响力的电视台,它包括全国 68 个放送局、支局和众多的中转局。目前,NHK 共有 4 个电视频道和 3 个无线电频道,节目内容涵盖新闻、教育、文化、家庭娱乐和体育等。职员 14 000 人,全年预算 3 500 亿日元。NHK 通过与用户签订收视契约来收取视听费,目前有 3 600 万左右的订户,卫星用户达到 817 万户。NHK2015 年年报显示全年总收入 6 868 亿日元,总支出 6 580 亿日元。

目前,NHK 已开始在软银集团网络发送服务"TVBANK"的实验中试行提供"X 计划"等纪录片。今后它将通过其节目制作销售子公司——NHK 娱乐公司提供节目。NHK 在互联网领域的主要平台是 NHK World。该网站有 18 种语言可供选择,向用户提供最新的节目,并提供在线观看和下载服务。此外,NHK World 还提供手机版服务。

八、法国新频道(Canal+)

Canal+ 于 1995 年成立,2003 年该付费电视频道已经拥有了近 450 万个订户,成为法国最大的付费电视运营商。2002 年危机时期 Canal+ 曾流失了大约 7 万订户,但同时也新签了 40 万新用户。而 Canal+ 集团的分支 Canal Satellite 在去年更是新增了 20 万新用户,使目前的订户总数达到了 200 万。Canal+ 于 2005 年 7 月宣布将对订户提供维旺迪的 SFR 移动电视服务,可以选择的频道多达 20 个。

Canal+ 集团为维旺迪公司所有。2003 年维旺迪把 Canal+ 集团的分支 Canal+ Technologies 卖给汤姆逊,其股份从 89% 减少到 3.19%,从而得到 1.9 亿欧元的现金。Canal+ Technologies 还有 3 个小股东,分别是日本索尼公司、西班牙 Sogecable 公司和美国 SUN 公司。总部设在瑞士的 Kudelski。集团出资 2.4 亿英镑购买汤姆逊旗下的 Canal+ Technologies MediaGuard 业务,MediaGuard 资产连同其大约 200 名员工都被转到 Kudelski 集团所属的一家法国实体麾下。2004 年 Canal+ 宣布与法国电信在有线部门进行合并,双方各占 20% 的股份,Liberty Media 被视为最有可能加入的第三方。

九、德国卢森堡广播电视台(RTL)

RTL 是德国最大的私营电视台,由 1984 年诞生的卢森堡广播电视台—德国台逐渐发展起来。RTL 的有线传送节目收视区域覆盖德国、奥地利和瑞士,而卫星节目则在整个欧洲拥有众多的观众。此台全天 24 小时播送书目,内容和格调相当受欢迎。RTL 电视台的总部坐落在有"德国媒体城"之称的科隆市。RTL 电视台主要依靠广告收入,它的实际广告播出时间一般占整个节目的 15%~20%。

经过近 20 年的竞争和发展,RTL 电视台注重开源,找准市场切入口,有步骤地强化宣传,抓准节目设计,广结客户。现在它不仅在法国、英国等 10 多个欧盟国家设有分台,而且已涉足唱片、出版、体育等领域,赢得了难以估量的声势和财源。在德国媒体纷纷出现赤字、广告收入锐减 14%、营运额下降 30% 的情况下,RTL 电视台在 2003 年赢利 15.5 亿欧元,与其下属的 RTL 二台、超级 RTL 及 VOX 一起成就了德国媒体的"赢利神话"。

德国 RTL 电视台如此成功,得益于它有一套有效的经营模式。20 世纪 80 年代,RTL 电视台首创"合纵连横拓市场"的经营模式。90 年代,在欧洲其他国家创办各个分台;1999 年史无前例地创立了 RTL 在线公司,开展电子商务业务。进入 21 世纪,又制定了"多媒体战略",重组了集团,把电子商务纳入"直接集团"。RTL 电视台在全球率先设立了首席创意官,其主要工作就是在部门间相互"授粉",每年颁发协作奖。

RTL 在各国、各地区设有分部。总部向各分部提供新闻、体育、大型娱乐、影视剧等"基本"节目,分部则再加进自己制作的地方新闻和地区性节目,然后向本地区传送整个 RTL 电视台的节目。各分部自然也无偿地向总部提供自己制作的地方性节目,以通过综合处理尽可能地为其他地区所用。这样就使 RTL 电视台以有限的投资,针对性地覆盖整个德国乃至许多欧洲国家。就连德国电视一台也开始模仿这种方式开展其经营活动。[①]

第五节　西方国家著名媒体集团

西方媒体的集中化在 20 世纪 90 年代前期已初露端倪,而《1996 年电信法》一出笼,先是在美国,后来在欧洲掀起一股集中化的狂飙。在集中化的过程中,主要的方式有两种,一是纵向兼并、联合,产生纵向一体化公司,这发生在跨行业;二是横向兼并、联合,产生规模化大公司,这发生在同类媒体、跨媒体的兼并、联合上。几乎所有巨型媒体公司既进行纵向集中,又进行横向集中,从而迅速壮大。据西方学者描述,经过几十年大规模集中化,西方强国产生了世界媒体的巨

---

① 《欧洲电视老大——德国 RTL 电视台的经营之道》,《广播电视信息》。

无霸,其中有 6 家属第一集团的媒体大集团。①

一、时代华纳(Time Warner Inc.)

时代华纳总部设在美国纽约,是世界最大的传媒集团之一,旗下有 CNN、TNT 等电视台,多家著名的杂志、报纸、出版社以及网站,在音乐、电影和有线电视等方面也具有强大的竞争力。1985 年成立的 AOL(美国在线)在两公司合并前是世界最大的 ISP(互联网接入服务提供商)公司,拥有超过 2 200 万用户。1999 年 AOL 买下软件公司 Netscape 震惊业界,它还拥有网上最流行的聊天软件 ICQ 和虚拟社区数字城市(digital city)。2000 年 1 月,美国在线公司以 1 500 亿美元收购了全球最大娱乐公司——时代华纳,组成美国在线—时代华纳公司,这一兼并震撼全球,成为一时佳话。但是,并购后的新集团并没有实现预期的效果。美国在线部分的业绩不断下滑,最终拖累了整个集团的发展。2003 年 10 月,美国在线—时代华纳正式发布公告,称公司将正式更名为时代华纳,从而将原来名称中的 AOL 彻底去掉。公司在纽约股票交易所的股票代号也将同步更新为"TWX"。此前,美国在线—时代华纳在纽约股市(NYSE)的交易代号为"AOL"。"这次更名所代表的意思是很明确的,一个传统的传媒巨头的互联网梦想结束了,自然要把这次失败的一些标志性的符号抹去,就像人们掸走衣服上的灰尘一样。"一位华尔街的分析师这样总结。②

尽管经历了下滑阶段,美国时代华纳公司仍然是名副其实的媒体巨人,拥有一系列影响力巨大的品牌,如 CNN、HBO、《时代》、特纳广播系统和华纳兄弟电影公司等。在有线电视、网络、出版、电影等业务的拉动下,2005 年时代华纳的销售收入为 437 亿美元,较之 2004 年的销售收入 420 亿美元已经有所增长,雇员总数为 85 000 人左右。此外,尽管有关时代华纳抛售 AOL 的讨论甚嚣尘上,但时代华纳 CEO 理查德·帕森斯(Richard Parsons)表示,AOL 部门今后将给整个时代华纳带来巨大增长机会,因而肯定不会放弃 AOL。

1. 旗下公司

(1) 美国在线(CompuServe、数字城市、地图查找、AOL Movietone、ICQ、AOL Instant Messenger、AIM Triton、Spinner 流行音乐和 Winamp 下载等)。

(2) HBO 电影频道,制作的《黑道家族》(The Sopranos)和《欲望都市》(Sex

---

① [美]爱德华·赫尔曼等:《全球媒体》,天津人民出版社 2001 年版,第 79~130 页。
② 《传统传媒巨头梦碎互联网时代,华纳摘掉 AOL 帽子》,《北京青年报》2003 年 10 月 15 日。

and the City)等系列剧集成为美国电视界最受欢迎的剧集。

（3）时代杂志出版公司，包括《时代》《人物》《财富》《体育画报》等。

（4）特纳广播系统（CNN、TNT、the TBS Superstation、特纳经典影片、卡通网络、华娱卫视）。

（5）时代华纳有线网络。

（6）华纳兄弟电影公司，出品《黑客帝国》《完美风暴》《哈利·波特》等。

（7）新线电影公司，出品《指环王》。

2. 市场地位

（1）以网站流量及即时通信规模为标准，AOL 仍为美国三大门户网之一，提供全球最大的网络接入服务，世界上最大的在线即时通信软件 ICQ。

（2）时代杂志出版公司拥有超过 150 份杂志，占美国消费类杂志广告收入的23.1%。

（3）美国最赚钱的付费电视网 HBO 和它的姊妹频道、只播放电影的 Cinemas 的总订户已达 3 500 万，占到美国付费电视频道市场的 90%。

（4）特纳广播系统拥有 9 000 万美国收视用户。

（5）美国第二大有线电视运营商，拥有 14% 市场份额。

（6）拥有世界最大的影视片库。

合并以来，美国在线的业务下滑，影响了时代华纳公司的整体业绩。美国在线业务的下滑主要体现在用户量锐减和广告收入减少两个方面。随着越来越多的用户转向宽带网络，美国在线拨号用户人数继续减少，降幅高达 40.57%。由于目前互联网业务已经占到了时代华纳总收入的 20% 以上，时代华纳也一直担负着严重的损失。

自 2002 年 5 月 16 日时代华纳新 CEO 理查德·帕森斯上任以来，作出了一系列的努力：一方面缩小战线，把旗下的华纳音乐集团以 26 亿美元的价格卖给了一家由前任环球（Universal）集团总裁小艾德加·布隆夫曼（Edgar Bronfman Jr.）领导的投资集团；把图书出版部门以 5.375 亿美元的价格出售给法国媒体集团 Lagardere SCA；把麾下亏损严重的"华娱电视"64.1% 的股份以 680 万美元的价格出售给中国香港巨商李嘉诚所属的网络、出版和广告集团 TOM 公司。另一方面试图解决美国在线的亏损状况，将美国在线从众多子公司中单列出来，作为基础部门之一，充分体现了时代华纳力图重造美国在线的决心。2005 年第二季度，美国在线的广告收入已经比去年同期有所上升。2009 年，美国在线和时代华纳分拆，2014 年，康卡斯特以 450 亿美元并购时代华纳有线。

对于未来,时代华纳的总裁兼运营总监杰弗里表示,时代华纳的增长引擎将可能是有线电视业务部门的"四合唱"——集电话、手机服务、有线电视、宽带连接于一体的综合服务。2012年,《财富》世界500强排行榜中,时代华纳位居第381名。

二、维亚康姆(Viacom)

维亚康姆是仅次于时代华纳和法国维旺迪的世界第三大传媒集团,总部位于纽约,雇员人数约为13.38万。2004年总收入达到225亿美元。2005年6月14日维亚康姆宣布分拆为CBS集团和新的维亚康姆集团:新的CBS集团包括CBS电视网、UPN、CBS电台、维亚康姆户外用品、维亚康姆电视台集团、派拉蒙电视、King World、Simon & Schuster出版公司、Showtime和派拉蒙公园。新的维亚康姆集团包括MTV网络、BET、派拉蒙影片公司、派拉蒙家庭娱乐公司、Famous Music。其中,MTV网络拥有多个广受欢迎的有线频道,比如MTV、VHI、Nickelodeon、Nick at Nite、Comedy Central、CMT等。

1. 市场地位

(1) 世界上最大的24小时黑人电视节目网BET。

(2) MTV是世界上最大的音乐频道,连续6年来被《商业周刊》评为全球最有价值的品牌。MTV拥有167个国家4.4亿收视用户。

(3) 美国最大的户外广告公司。户外广告业务更是遍及全球11个国家。

(4) 拥有美国90个城市和墨西哥、加拿大、英国、爱尔兰及欧洲大陆等地的公共汽车、地铁、火车、电话亭和路牌广告的专营权。

(5) Nickelodeon针对2~14岁群体,是全美所有电视节目中收视率最高的频道,占据儿童节目市场的50%以上。

2. 经营特色

维亚康姆公司的经营方针是"内容为王",成为传媒娱乐内容提供商,较少从事传输载体的经营。在世界各地为维亚康姆MTV工作的员工当中,绝大部分都是当地人才,这些人对本地的文化与市场有较强的认知与适应能力。这对以"内容为王"的媒体来说尤为重要,只有适合当地文化与习俗的节目内容才能很快融入当地市场。

在中国市场,其本土化经营策略除了充分利用中国国内资源与人才外,还努力制作推广反映中国文化及其品位的节目,做到内容本土化。MTV音乐网为打入中国市场,根据中国观众的欣赏口味和中国政府的有关制度和规定更新节目,如《MTV天籁村》《MTV学英语》和《MTV光荣榜》等,取得了很好的效果。

1999 年,维亚康姆开始与中央电视台联合举办一年一度的 CCTV-MTV 音乐盛典。2004 年,其旗下的尼克儿童频道与上海文广新闻传媒集团共同成立合资公司"上海东方尼克电视制作有限公司",为中国观众制作儿童节目。

维亚康姆旗下的 MTV 和尼克儿童频道在美国针对青少年和儿童的电视频道中占有主导地位。为了进一步将儿童节目方面的优势从电视扩展到互联网,维亚康姆与儿童网站尼奥宠物达成收购协议。维亚康姆旗下的 MTV 开通了"MTV 直播",这一宽带服务使 MTV 通过个人电脑这一途径,获得更多的受众。

长期以来,包括 MTV、Nickelodeon 少儿频道和 Paramount studios 等在内的业务单元已经呈现快速发展的势头,而 CBS 与无限广播公司等业务却发展缓慢,拥有 185 个站点和绝大部分市场占有率的无限广播业务的业绩三年来一直平平。业务发展的不均衡导致投资者对维亚康姆强烈不满,其股价自 2004 年 4 月以来一直停留在 40 美元以下(而在 1999 年曾经达到 90 美元),2005 年第四财季亏损额更是高达 184.4 亿美元,合每股亏损 10.99 美元。

为了解决亏损状况,维亚康姆进行拆分,以使投资者能够根据多样的投资需求来作出合适的选择。按照董事会决策层的判断,以 MTV 等有线网络为主体的新维亚康姆公司应该可以吸引寻求快速增值的短期投资商,而以广播电视网为主体的新哥伦比亚公司,将凭借其稳定可观的最终利润吸引到长线投资者的关注。然而兼并、联合、重组,走集团化道路,一度是西方传媒集团发展壮大的法宝,维亚康姆的拆分势必将大大削弱两个公司之间的协同效应。对维亚康姆来说,目前拆分或许是上上策,除了可以解决继承人的问题,还有利于取悦华尔街。但是拆分对其各项业务的展开和发展究竟是利是弊,现在还难下定论。[①]

维亚康姆旗下的派拉蒙公司于 2005 年 12 月 11 日花费 10 亿美元巨资并购梦工厂,也接过了梦工厂将近 6 亿美元的债务。

三、新闻集团(News Corporation)

新闻集团总部位于美国纽约,雇员总数达到 3 万多人,在亚洲地区超过 1 800 人。总资产为 550 亿美元,2005 年年收入 240 亿美元。

1. 旗下公司

(1) 广播卫星电视

---

① 程亚婷:《全球媒体五虎将——你们的公司还能赚钱吗?》,《环球企业家》。

美国:直播电视集团(The DirecTV Group,Inc.)。

英国:英国天空广播公司(BSkyB)。

澳大利亚:FOXTEL。

意大利:意大利天空电视台(Sky Italia)。

(2) 报纸

美国:《纽约邮报》《华尔街日报》。

英国:《泰晤士报》《星期日泰晤士报》《太阳报》《世界新闻报》。

澳大利亚:《澳大利亚人报》《每日电讯报》等超过100家全国/地区性报纸。

(3) 杂志

《电视指南》杂志。

(4) 出版

哈珀·柯林斯出版社。

(5) 电视

美国:福克斯广播公司、福克斯电视台(旗下35家电视台分布于美国40%的区域)。

欧洲:巴尔干新闻集团。

拉美:Cine Canal 和 Telecine。

澳大利亚/新西兰:Premium Movie Partnership。

亚洲:星空传媒集团(旗下包括星空卫视、Channel [V] 音乐台、卫视体育台、卫视国际电影台、卫视新闻频道以及国家地理频道等)

(6) 电影

20世纪福克斯影业公司。

(7) 有线网络节目制作

美国:福克斯新闻频道、福克斯有线电视网。

澳大利亚:福克斯体育(澳大利亚)。

(8) 技术

NDS 有限公司。

2005年7月,收购Intermix媒体公司,开拓互联网新闻博客和社区网络市场。

2005年9月,收购网络视频游戏公司IGN Entertainment。

2. 市场地位

(1) 全美最大的卫星电视运营商DirecTV,占有12%市场份额。

(2) 全球最强大的体育电视。

（3）持有亚洲、欧洲、拉丁美洲和澳大利亚的有线、无线、卫星电视频道的股份。

（4）拥有美国、英国、澳大利亚、新西兰、斐济等国的 175 种报纸和 20 多种杂志。

（5）新闻集团可以用 8 种语言，通过 40 多个频道向亚洲 53 个国家提供娱乐和信息节目。

3. 经营特色

面临技术变革的挑战和机会，新闻集团认为，得以实现其全球化战略的技术是卫星电视。新闻集团于 1991 年购买了英国 BSkyB，进入卫星电视领域；1993 年 7 月，购买了亚洲的 STAR。Sky Global 成立于 2001 年，综合了新闻集团主要的国际卫星电视及相关资产。Sky Global 是全球化和跨媒体的结合点，也是新闻集团致力于完全融合的互动多媒体内容和发布平台的重要一步。此后，新闻集团又收购了 DirecTV，DirecTV 作为全球最大的卫星数字电视服务提供商，使得新闻集团的全球卫星电视版图进一步完整。

全球化是新闻集团区别于其他媒体的战略之一。与其他媒体相比，新闻集团在海外市场的经营本土化程度较高。新闻集团往往拥有当地市场中的独立品牌，而其他公司则更多地与母公司相连。比如在亚洲市场，隶属于新闻集团的 STAR 已经被视为一个亚洲公司。① 默多克对中国市场情有独钟，新闻集团在中国市场上的业务不断扩大。

4. 赢利模式

（1）改造亏损企业。默多克对亏损企业的改造有一套独特的模式，即默多克内容 + 默多克的管理 = 印钞机。

所谓默多克内容就是：含有性、运动和刺激的内容。这是默多克多年职业生涯总结的赢利模式。默多克认为，媒体应以内容为主。

以《太阳报》为例。在新闻集团买下《太阳报》之后，默多克立即对《太阳报》进行了一番默多克式的包装，他要求每一期《太阳报》的头版一定要送给他过目。在默多克的管理下，《太阳报》装上了默多克内容。女性裸照与生动活泼的言论充斥《太阳报》的版面。为了加速《太阳报》的赢利，默多克不但裁员节流，还将《太阳报》由大开张改成了小开张。仅用了 4 年时间，《太阳报》的销售量就从不到 100 万份猛增到 300 万份。

---

① 王英霞：《新闻集团：跨媒体的全球战略》，《中国经济时报》2006 年 6 月 26 日。

（2）利用银行贷款，低价收购经营不善的媒体，然后售出赢利。

（3）资源共享，节约成本。新闻集团旗下的媒体遍及世界，所以默多克将新闻集团的内容资源在世界范围内充分利用。这样一来，默多克企业就大大节约了成本。默多克常常将新闻集团内各个子公司拥有的精彩内容统一调配，将新闻集团内的优秀稿件"供应"到世界各地的子公司。

（4）投资政治人物，收取巨额回报。典型的事例就是默多克对英国"铁娘子"撒切尔夫人的支持。1982年，英国与阿根廷为争夺马尔维纳斯群岛发生了冲突。英国首相撒切尔夫人在1982年5月发动了战争，以武力解决问题。默多克新闻集团旗下的媒体极力支持撒切尔夫人的行动，不遗余力地打击"铁娘子"撒切尔夫人的政敌。战争结束之后，撒切尔夫人投桃报李，尽管多方人士控告默多克垄断了英国三分之一的报业，但是撒切尔夫人置若罔闻，听任默多克继续吞并英国的传媒。①

四、迪斯尼（Walt Disney Co.）

迪斯尼总部设在美国加利福尼亚州伯班克市，主要业务包括娱乐节目制作、主题公园、传媒网络等。

1. 旗下公司

（1）电视网 ABC、ESPN 及 ABC 广播网，迪斯尼频道。

（2）沃特·迪斯尼电影公司，出品《狮子王》《花木兰》等。

（3）Touchstone 电影公司，出品《珍珠港》。

（4）Miramax 电影公司，出品《莎翁情史》。

（5）Buena Vista 集团，出品音乐剧《狮子王》《美女与野兽》。

（6）Hyperion Books 出版公司，出版迪斯尼儿童图书。

（7）杂志出版：Discovery、Talk。

（8）网络集团：ABC.com、ABCNews.com、Oscar.com、Disney.com、Family.com、ESPN.com、Soccemet.com（60%）、NFL.com、NBA.com、NASCAR.com、Toysmart.com（部分所有权）、Go Network。其他：Mr.Showbiz、Disney's Daily Blast、Skillgames、Wall of Sound。

（9）主题公园和度假村：迪斯尼王国（Disney land）、巴黎迪斯尼乐园、迪斯尼度假村、迪斯尼度假俱乐部、神奇王国（Magic Kingdom）、东京迪斯尼乐园（部分

---

① 陶丹：《默多克新闻集团的经营管理特色》，《中国记者》2003年第2期。

拥有)迪斯尼世界、迪斯尼动物王国等约 13 个主题公园和度假村。

(10) 体育:阿纳海姆神奇鸭队(全美曲棍球联赛)。

(11) 零售业:迪斯尼商店。

(12) 金融投资:Sid R.Bass 石油和天然气生产(部分股份)。

2. 市场地位

(1) 世界最大的主题公园经营公司。

(2) ESPN 国际频道(ESPN International)每天用 21 种语言向 140 多个国家和地区的 1.19 亿用户播放各类体育节目。

(3) 全球最大的动画片制作商、供片商。

3. 经营情况

随着有线电视和卫星频道从美国广播公司(ABC)抢走越来越多的观众,其生存空间已愈发狭窄。自 1997 年后,迪斯尼业绩步步下滑,2001 年第四季利润曾暴跌 82%,其麾下 ABC 广播新闻网广告量锐减、主题公园游览人数暴跌。"9·11"事件后,ABC 有线新闻网持续数天的免费新闻播发和收视率的不断下降使广告收入大幅下滑。位于佛罗里达州的迪斯尼乐园收入也因人们纷纷取消出游计划而遭受严重影响。这对迪斯尼是双重打击。2002 年的利润与 1997 年相比下降了三分之一。迪斯尼进行了两次重组,但仍未能从根本上扭转局面。迪斯尼公司于 2005 年 3 月 13 日宣布,总裁兼首席运营官罗伯特·伊格尔将接替迈克尔·埃斯纳担任首席执行官。伊格尔的第一个任务就是摆脱对埃斯纳的批评,把重点放在改善主题公园和美国广播公司的业绩上。随着香港迪斯尼乐园开幕,消费品业务从香港转移到上海,迪斯尼在中国地区的业务也有所发展。2015 年 5 月 20 日,上海陆家嘴迪斯尼旗舰店正式营业;2016 年 6 月 16 日,上海迪斯尼园区开放。

五、贝塔斯曼集团(Bertelsmann AG)

德国贝塔斯曼集团创建于 1835 年,现已发展成为全球性的传媒集团。总部设在德国尼特斯洛,是全球最大的图书出版商、音乐出版商和音乐分销商。旗下掌控的公司集团有卢森堡广电(RTL)集团、蓝登书屋、古纳亚尔、BMG、欧唯特集团和直接集团。贝塔斯曼集团是一个非上市公司,贝塔斯曼基金会、Groupe Bruxelles Lambert 和摩恩家族为其大股东。3 家股东控制公司股本:贝塔斯曼基金会(57.6%)、摩恩家族(17.3%)和 Groupe Bruxelles Lambert(25.1%,其中 0.1% 没有投票权)。贝塔斯曼基金会和摩恩家族所持投票权由贝塔斯曼管理公司（BVG）行使。因此，BVG 掌握了贝塔斯曼集团 75% 的投票权，而 Groupe Bruxelles Lambert 则掌握了 25% 的投票权。

1. 旗下公司

卢森堡广电集团公司（RTL），贝塔斯曼集团持有 90% 股份。

（1）蓝登书屋

蓝登书屋每年推出大约 9 000 种出版物，在世界图书出版市场上雄居榜首。蓝登书屋的品牌象征着最优秀的品质和最广泛的阅读体验。遍布 16 个国家 100 多个出版社的编辑力量提供种类多样的丰富内容。

市场地位：蓝登书屋是世界最大的通俗读物出版商。

员工人数：5 383（截至 2004 年 12 月 31 日）。

收入状况：18 亿欧元（2004 财年）。

（2）古纳亚尔

古纳亚尔在新闻领域独占鳌头，其超过 125 种报纸杂志分布世界 10 个国家，并在德国和美国拥有印刷工厂，还有专业网站。古纳亚尔名下拥有杂志王国经典的 "GEO"、"Capital"、"Schoner Wohnen" 和 "Eltern" 品牌。在德国以外地区，古纳亚尔同样获得了不菲的成绩：一半的法国人阅读由古纳亚尔子公司 Prisma Presse 出版的 19 种杂志中的至少一种；而在波兰，古纳亚尔则是广告市场的领头羊；古纳亚尔在德国发行 5 份报纸，其中《德国金融时报》（Financial Times Deutschland）是 21 世纪新出版的第一份报纸，成为影响德国舆论的重要媒体之一。此外，广告销量也在稳步上升。Sachsische Zeitung（SZ）是德国首屈一指的地方性报纸，获得了很高的利润。

市场地位：国际印刷和出版公司古纳亚尔是欧洲杂志出版业的领跑者之一。

员工人数：11 671（截至 2004 年 12 月 31 日）。

收入状况：24 亿欧元（2004 财年）。

股东：贝塔斯曼集团（74.9%）和亚尔家族（the Jahr family）（25.1%）。

（3）BMG

BMG 部门包括 Sony BMG 音乐娱乐合资公司和 BMG 音乐发行公司。富有传奇色彩的唱片公司，如 Arista，Columbia Records，Epic Records，Ricordi，Funhouse，Jive，J Records 和 RCA Records，都纳入了 Sony BMG 旗下。BMG 音乐发行公司是全球最大和最成功的音乐发行商之一，与其签约的词曲作家也是名声显赫。贝塔斯曼持有 Sony BMG 50% 的股份；而 BMG 音乐发行公司则是贝塔斯曼全资控股的子公司。股东是贝塔斯曼(50%)、索尼美国公司(50%)。

(4) 欧唯特集团

作为世界最大的服务供应商之一,欧唯特集团提供多样化的全套服务——从传统的印刷到现代服务,如呼叫中心、财务清算以及移动服务。欧唯特旗下的印刷公司在欧洲市场处于领先地位:位于居特斯洛的 Mohn Media Mohndruck GmbH 运用平版印刷,位于纽伦堡的 Maul–Belser 媒体集团使用凹版印刷。在美国,平版平装书制造公司每天的生产量超过 100 万本。此外,顶尖的全新欧唯特印刷厂也在意大利的特雷维利奥和英国的利物浦大兴土木。于 2004 年 9 月启动的欧唯特、古纳亚尔和 Axel Springer 集团之间的凹版印刷合资公司也将为这些公司在欧洲的印刷业中争得一席之地。

市场地位:欧唯特集团是全球最大的传媒服务公司之一。

员工人数:33 813(截至 2004 年 12 月 31 日)。

收入状况:38 亿欧元(2004 财年)。

(5) 直接集团(Direct Group)

将传媒产品送到人们手中,无论客户身在何方或需要何种产品。从传统的精装本或平装本到 DVD 应有尽有,旗下俱乐部和在线商店提供各种品类的高质量产品,吸引了来自 22 个国家的 3 200 万会员。

市场地位:直接集团俱乐部在全球范围内拥有 3 200 万会员,是全部地区性市场的领军人物。

员工人数:12 116(截至 2004 年 12 月 31 日)。

收入状况:22 亿欧元(2004 财年)。

2. 经营特色

贝塔斯曼集团能获得今日的辉煌,至少有两大原因。一是“贝塔斯曼模式”。1947 年,海因里希·摩恩的儿子——年仅 26 岁的第五代接班人莱恩哈德·摩恩重组出版公司。他为积累资本,在公司内部实行“利润分享”的新举措,公司将赢利分给员工,员工再将这笔资金投入公司以求发展。他倡导的“分权管理,权责分明,自由创新,遵守公司规章制度”的理念被誉为“贝塔斯曼模式”,并一直沿用至今。“贝塔斯曼模式”使贝塔斯曼公司从一个中等规模的印刷和出版企业,逐步发展成为立体、多元的传媒公司。

另一个重要的原因是,贝塔斯曼能够敏锐地捕捉具有战略意义的发展机遇,及时采取具有前瞻性和战略性的对策,比如进行一系列大收购。1977 年公司收购哥德曼出版公司,在后来的 20 年里,它成为德国最大的图书出版社。1984

年贝塔斯曼参股 40% 进入第一家德国电视台 RTL,并迅速发展成为欧洲广告收入最好的电视频道。1995 年贝塔斯曼进入多媒体时代,与美国在线合作,成立了欧洲在线 AOL,并收购了德国多媒体的领头羊皮克斯尔帕克公司。贝塔斯曼还收购了美国最大的图书公司——蓝登书屋,控制了 50% 以上的英文出版物市场。2002 年集团又确定了新的发展战略,将多媒体产业和娱乐业,包括电影、电视、广播电台和音乐作为今后发展的重点,让科技与经济、产业和文化更好地结合。①

1995 年,贝塔斯曼进入中国,至 2008 年,拥有中国最大的图书俱乐部,年营收达 1.5 亿元人民币。但是当年 6 月 13 日,贝塔斯曼因经营不善关闭了分布在中国的 38 家连锁书店。

六、维旺迪环球集团(Vivendi Universal)

维旺迪环球集团的总部设在法国巴黎,是世界第一大环境服务集团,是仅次于时代华纳的第二大网络集团。维旺迪环球集团原来以经营水处理闻名世界,20 世纪 80 年代开始涉足媒体,首先把新频道收归旗下。当新频道纯利润每年以 30% 的速度增长时,激发起维旺迪高层全力挺进媒体的决心。从 1996 年起,维旺迪总共花了 875 亿美元收购各种媒体。包括:远征好莱坞,以 340 亿美元收购环球电影、环球音乐;108 亿美元收购美国 USA 的电视网;以 110 亿美元收购法国一家有线电视台公司。这样,维旺迪拥有了世界第二大影视片库,欧洲最大的付费电视、数字电视公司,以及欧洲最大的电影公司,在美国拥有 8 200 万有线电视用户。

1. 旗下公司

维旺迪环球集团主要经营 6 个行业:电视业、音乐、出版业、电信业、互联网和环保业。

维旺迪环球公司的影视部分由两大集团组成:环球电影制片公司和法国 Canal+ 有线电视网。维旺迪环球音乐公司拥有 85 万版权产品,业务覆盖全球 63 个国家,占据着全球音乐市场的 22.5%。维旺迪环球出版公司的前身是法国哈瓦斯出版集团,2001 年并购了美国霍顿·米夫林出版社(Houghton Mifflin)。出版公司的业务包括文学、参考书、教育以及教育软件、游戏等。公司在法国、美国、西班牙、巴西和阿根廷等国家都拥有著名的出版社。维旺迪互联网集团在欧洲

① 尤红梅:《贝塔斯曼:森严的德国古堡》,《视野》2006 年第 9 期。

8 国提供互联网接入门户网站服务。

维旺迪环球通信公司拥有法国两家主要的移动通信运营商：Cegetel 和 SFR，在欧洲、地中海沿岸和非洲提供固话和移动通信业务。维旺迪环保公司在 100 个国家拥有业务，目前维旺迪环球持有环保公司 63% 的股份。

2. 市场地位

（1）拥有欧洲最大的电影公司和美国第二大电影公司，世界第二大影视片库；控制着 80% 的法国电影制作；2000 年全球票房收入 10 亿美元。

（2）Canal+ 有线电视网是欧洲最大的付费电视和数字电视运营商，拥有欧洲 11 个国家的 1 550 万用户。

（3）世界最大的爵士乐和古典音乐唱片发行商，大约占据全球古典音乐市场的 40%。

（4）全球最大的教育软件生产商、最大的在线游戏提供商和第二大电脑游戏开发商。

（5）世界第三大图书出版商，第二大教育图书出版商。

（6）欧洲和美国的第二大互联网内容提供商（ICP）。

（7）世界最大的环境服务公司。

3. 经营情况

维旺迪环球公司几乎一夜成名，也几乎一夜跌落。迅猛的发展使其资金周转不灵，众多的公司一时难以消化，导致利润下降，回收成本遥遥无期，债务高达 290 亿美元，股票价格直线下跌。维旺迪的总裁梅西埃最终也被解职。

新总裁雷恩·福尔图上任后致力于减轻公司庞大的债务负担。2003 年维旺迪将旗下的美国娱乐资产以 140 亿美元出售给通用旗下的美国国家广播公司 NBC。维旺迪环球集团称今后将专注于从事电话及法国的收费电视业务。另外，公司将继续拥有世界上最大的唱片公司环球音乐集团的股份。2007 年 12 月 2 日，维旺迪游戏部门与视频游戏开发商动视公司合并，成立动视暴雪公司（Activision Blizzard）。2012 年，维旺迪在《财富》世界 500 强中排名第 257 位。

第六节　世界著名网站

根据美国科技博客 Business Insider 2013 年的统计，全球最大的 20 个网站，排在首位的是 Facebook.com，拥有 8.367 亿的独立访问者。排在第二位的是网络搜索引擎 Google.com,拥有 7.828 亿的访问量。位居三至十位的分别是 YouTube.com（7.219 亿）、Yahoo.com（4.699 亿）、Wikipedia.org（4.696 亿）、Live.com（3.841 亿）、QQ.com（2.841 亿）、Microsoft.com（2.717 亿）、Baidu.com（2.687 亿）、MSN.com（2.541 亿）。[1]

一、Facebook（脸谱网）

Facebook 是一个创办于美国的社交网络服务网站,于 2004 年 2 月 4 日上线。

该网站由马克·扎克伯格与他的哈佛大学室友们所创立,其名称的灵感来自美国高中提供给学生的包含照片和联系数据的通讯录(或称花名册)昵称"facebook"。截至 2012 年 5 月,Facebook 拥有约 9 亿用户,是全球第一大社交网站。

Facebook 的会员最初只限于哈佛学生加入,后来逐渐扩展到在波士顿区域的其他学生也能使用,包括一些常春藤名校、麻省理工学院、纽约大学、斯坦福大学等。接着逐渐支持让其他大学和高中学生加入,并最终开放给任何 13 岁以上的人使用。

在 Facebook 上,用户可以建立个人专页,添加其他用户作为朋友并交换信息,包括自动更新及即时通知对方专页。此外,用户可以加入各种群组,例如工作场所、学校、学院等。除了文字消息之外,用户可发送图片、视频、贴图及音频消息给其他用户,还可以通过集成的地图功能分享用户所在的位置。2012 年 5 月 18 日,Facebook 在美国纳斯达克证券交易所上市。2013 年 2 月,美国科技博客网 Business Insider 的数据显示,Facebook 以 8.367 亿独立访问者名列全球最大网站榜首。

二、Google（谷歌）

Google Inc. 创建于 1998 年 9 月,创始人为拉里·佩奇和谢尔盖·布林。他们开发的 Google 搜索引擎屡获殊荣,是一个用来在互联网上搜索信息的简单快捷的工具。Google 是万维网上最大的搜索引擎,使用用户能够搜索到超过 80 亿个网址。Google 坚持不懈地对其搜索功能进行革新,始终保持着在搜索领域的领先地位。它提供了简单易用的免费服务,用户可以在瞬间返回相关的搜索结果。在访问 Google 主页时,可以使用多种语言查找信息,查看新闻标题,搜索超过 10 亿幅的图片,并能够细读全球最大的 Usenet 消息存档,其中提供的帖子超过 10 亿个,时间可以追溯到 1981 年。

---

[1] 《全球最大 20 家网站排名:中国 5 家网站上榜》,腾讯科技。

"Google"是一个数学名词,表示一个 1 后面跟着 100 个零。这个词汇是由美国数学家爱德华·卡斯纳的外甥米尔顿·西洛塔创造的,随后通过卡斯纳和詹姆斯·纽曼合著的《数学和想象》一书广为流传。Google 使用这一术语体现了公司整合网上海量信息的远大目标。

搜索的网页:80 亿。

图片:10 亿。

Usenet 信息:10 亿。

Google 界面的可用语言:100 多种。

Google 搜索结果所采用的语言:35 种。

国际域名:100 多个。

员工:全球 3 000 多人。

Nielsen/NetRatings 公司 2004 年 12 月 14 日公布的调查报告显示,全球搜索引擎巨头 Google 继续主宰美国在线搜索市场。根据这份调查报告的统计数字,2005 年 10 月,Google 在美国在线搜索市场所占比重达到 48%,意味着当月美国共有 24 亿人次使用这个搜索引擎。此外,Google 曾创 5 个月内美国用户访问量增幅高达 21.8% 的纪录,比搜索行业的平均增幅高出 6.8 个百分点。Nielsen/NetRatings 公司战略分析部门负责人肯·卡赛尔指出,美国整个在线搜索市场处于扩张状态,Google 凭借强劲的增长势头继续占据主导地位。

三、YouTube

YouTube 是世界上最大的视频网站,成立于 2005 年 2 月,由乍得·贺利(Chad Hurley)、陈士骏、贾德·卡林姆(Jawed Karim)创办。2006 年 11 月,Google 公司以 16.5 亿美元收购 YouTube。2007 年 10 月 17 日至 18 日,YouTube 分别开放了台湾和香港两地的华文网站。根据市场调查公司 ComScore 所公布的统计数据,YouTube 在美国的市场占有率约 43%,且到 2010 年 5 月止有超过 140 亿的视频浏览次数。2011 年 3 月 9 日凌晨,YouTube 宣布已经收购在线视频内容提供商 Next Newnetworks。花旗银行分析师认为,以 2012 年整年计算,Google 可能从 YouTube 获得 24 亿美元的净收入。YouTube 作为当前行业内在线视频服务提供商,其系统每天要处理上千万个视频片段,为全球成千上万的用户提供高水平的视频上传、分发、展示、翻译、浏览服务,不少网友通过自拍短片分享个人珍藏和心得,或从事商业买卖行为。2014 年,韩国说唱歌手"鸟叔"(朴载相)的热门歌曲《江南 Style》视频点击量超过了 2 147 483 647 次,打破了 YouTube 网站计数器的理论上限。2015年2月，中央电视台首次把春节联欢晚会推送到YouTube等境外网站。

四、Yahoo!（雅虎）

雅虎公司总部位于美国加利福尼亚州的桑尼维尔市，业务覆盖欧洲、亚洲、拉丁美洲、澳大利亚、加拿大和美国，在全球共有25个网站，18种语言版本。Yahoo的两位创始人大卫·费罗（David Filo）和杨致远（Jerry Yang）是美国斯坦福大学电机工程系的博士生，于1994年4月建立了自己的网络指南信息库，并逐渐将兴趣发展成了事业。

雅虎公司是全球领先的互联网通信、商务和媒体企业，在全部互联网搜索应用中所占份额高达36%左右，每月为全球近2.5亿用户提供多品牌的综合网络服务。作为互联网上的第一家提供在线导航服务的公司，雅虎在访问量、广告、家庭和商业用户领域均属领先者。

雅虎为全球网络用户提供广泛的交流和通信服务，包括雅虎电邮、雅虎通、雅虎日历、雅虎聊天、雅虎贺卡等。作为全球最大的消费者在线交易服务供应商，雅虎提供了雅虎购物、雅虎财经和雅虎旅游等商务服务。雅虎同时还涵盖大众流行领域的精彩内容和媒体服务，其中包括雅虎体育、雅虎音乐、雅虎电影、雅虎新闻和雅虎游戏等。

2013年8月31日，中国雅虎宣布停止，2014年9月28日，雅虎宣布关闭搜索引擎Yahoo Directory以及Yahoo Education、视频分享Qwiki等服务。2014年，该公司移动营收突破12亿美元，移动端月用户访问量约5.75亿。雅虎由此成为全球第三大移动广告公司。2016年7月25日，威瑞森公司（Verizon）官方确认以48亿美元收购雅虎。

复习思考题

1. 阐述当代世界传媒业概况。
2. 阐述世界三大通讯社概况。
3. 简要介绍世界著名报纸、电视台的基本情况。
4. 简要介绍世界著名网站的基本情况。

第八章

当代中国传媒业

第一节　中国传媒业概况

一、总体格局

改革开放以来,经过 38 年的新闻改革和发展,中国传媒业取得了长足的进步,成绩斐然。当今的中国传媒业可以这样来概括:中国是世界上的传媒大国,但还不是传媒强国。这表现在以下几个方面。

1. 1981 年、1991 年、2001 年中国传媒业的广告总收入分别为 1.18 亿元、35 亿元、794 亿元人民币,年平均增速远远高于 GDP 增速。2013 年,中国传播业总收入达到 12 689 亿元人民币,超过日本,首次位居世界第二位,但仍与第一位的美国(32 656 亿元人民币)差距很大。从人均收入来看,美国传播业人均收入为 10 334 美元,中国仅高于尼日利亚和印度,为 935 美元,不及俄罗斯和巴西。①

2. 中国的传媒业已在世界占有一席之地。2012 年,我国有 23 家日报入围世界报业协会发布的"世界日报发行量 100 强"排行榜,并已经连续 10 年成为世界日报发行第一大国。但中国的传媒业在全球的影响力却很小,没有一个得到全球公认的像《纽约时报》《泰晤士报》及 BBC 那样的品牌,中国主流媒体集团的体量、影响力和传播力距离建设世界一流水平的新型传媒集团的目标还有一定差距,还未形成可以和世界超级媒体抗衡的核心实力。

---

① 参见《全球传媒蓝皮书:全球传媒发展报告(2015)》,社会科学文献出版社 2015 年版,第 2~3 页。

3. 中国传媒业数量十分庞大,其中报纸达 1 912 种,广播电视台 2 214 座,均占世界第一。但大多数都是小媒体,规模小,收益少。中国人口庞大,国家经济平稳发展,中国传媒业拥有世界公认的最具潜力、最具发展前景的市场,但真正将市场潜力转化为媒体实力,还有漫长的路要走。

另外,中国传媒业东强西弱,发展极不平衡。这一格局一时难以改变。

二、我国报业市场概况

1. 全国报业市场规模现状

新中国成立以来,我国报业一直在不断发展完善,这种发展不只是数字上的简单变化,也伴随着报纸结构的不断调整。

1978 年,我国只有报纸 186 种,80 年代掀起了办报纸的浪潮。据统计显示,1980 年至 1985 年 3 月,全国共创办报纸 1 008 家。这种迅猛增长的态势一直延续到 1996 年,当时全国公开出版的报纸总数达 2 163 种。[①] 从 1996 年开始,我国报业进入调整期,报纸数量逐渐回落。

随着互联网等新兴媒体的快速崛起,自 2013 年起,中国传统报刊发展进入了改革开放以来最为艰难的一个时期。2013 年底,《新闻晚报》率先宣布停刊,成为上海报业集团成立后首张休刊的报纸。紧接着,创刊于 2004 年的《竞报》宣布休刊。据统计,2010—2014 年,全国出版报纸的种类逐年小幅下降,从 1 939 种缩减到 1 912 种。

从行政级别上看,2014 年全国中央级报纸有 221 种,占报纸总品种的 11.56%;省级报纸有 792 种,占报纸总品种的 41.42%;地市级报纸 880 种,占报纸总品种的 46.03%;县级报纸有 19 种,占报纸总品种的 0.99%,全国报业呈纺锤形分布(见图 8-1)。按报纸类型分,2014 年全国综合类报纸(如各级党报、晚报都市报)823 种,占报纸总品种的 43.04%,专业报纸(如财经、IT 类报纸)有 1 089 种,占报纸总数的 56.96%。[②]

我国的新闻事业从一开始就建立了以党报为核心的多品种、多层次媒介并存的格局。党报在数量上占有绝对优势,实现了对中央、省、地市的全面均衡覆盖。党报承担着意识形态宣传任务,代表着主流文化的发展方向。晚报都市类报纸以市民为主要受众,主要提供贴近生活的新闻,强调贴近性、实用性和服务

---

① 参见胡春磊:《全国报业概况》,《中国报业年鉴(2004)年》,中华工商联合出版社 2005 年版,第 44 页。

② 参见《2014 年全国新闻出版业基本情况》,《中国新闻出版广电报》2015 年 9 月 2 日。

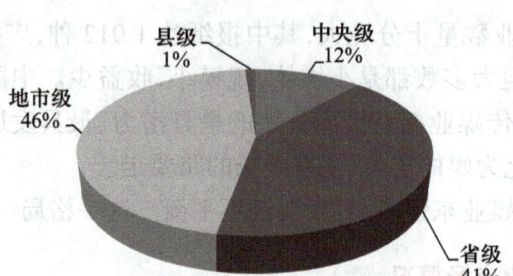

图 8-1　2014 年我国报纸行政级别比例图

性;地域分布与经济、文化发展水平密切相关,受居民生活理念和消费结构的影响较大。全国性行业报纸主要集中在中央,企业报的分布直接反映了中央和地方特大型、大型国有骨干企业的布局现状。

2. 报业集团化概况

1996 年的报刊治理工作,也是报业集团化的开始。自广州日报报业集团作为试点由新闻出版署批准于 1996 年成立以来,截至 2013 年,我国共建立了 118 家出版传媒集团,其中图书出版集团 32 家、报刊出版集团 47 家、发行集团 27 家、印刷集团 12 家。报业集团化的发展有利于集中优势力量,合理配置各种资源,增强我国媒体的竞争力,更好地面对入世后国外媒体的挑战。党的十七大以来,文化体制改革更加深入,2009 年 4 月,国家新闻出版总署印发《关于进一步推进新闻出版体制改革指导意见》(简称《意见》)。《意见》指出,要推进联合重组,鼓励和支持各级有条件的新闻出版单位整合资源,组建出版传媒集团,加快培育出版传媒骨干企业和战略投资者。随后我国传媒集团化进程大大加快,2013 年共组建包括 6 家报业集团在内的 30 家传媒集团,传媒集团发展显示出了独特性、地域性和综合性的特点。2013 年 10 月 28 日,由解放日报报业集团和文汇新民联合报业集团整合重组的上海报业集团正式成立。该集团总资产规模达 208.71 亿元,净资产为 7 626 亿元,成为中国最大的报刊集团。①

3. 我国报业经营概况

1979 年 1 月 28 日,上海《解放日报》率先刊登商业广告;同日,上海电视台也播出了中国电视史上第一条商业广告。广告是新闻媒体与市场接壤的第一块沃土。1979 年 11 月,中共中央宣传部发出《关于报刊、广播、电视台刊播外国商品广告的通知》,肯定了广告在媒体中的作用。

---

① 《中国新闻年鉴(2014)》,第 273~275 页。

随着市场经济体制在我国的确立,广告经历了一个高速发展的阶段:1991年到 2002 年间,全国报业广告以每年平均 32% 的速度激增。进入 21 世纪后,报纸广告的增速逐渐下降,2005 年报业广告收入增长率首次低于 GDP 的增长率。2008 年在北京奥运会的推动下,报业广告较上一年大幅提升 18.6%,并在随后的 2009—2011 年保持平稳增长。2012 年报纸广告首次下降 7.5%,成为当年唯一出现负增长的媒体,此后报纸广告降幅逐年扩大,2014 年降幅由上年的 8.1% 急剧扩大到 18.3%,广告占版面积比上年下降了 20.8%。2010—2012 年,报纸广告占版面积累计下降了 33.9%(见图 8-2)。

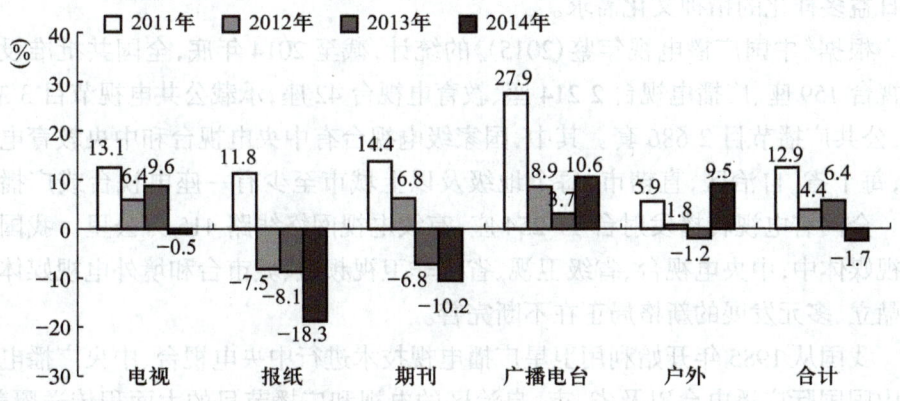

图 8-2 2011—2014 年传统媒体广告增长趋势 [①]

20 世纪 70 年代以后,我国原有的邮发合一体制逐渐显现出其弊端。1985 年,河南《洛阳日报》开启了报纸自办发行之路。自办发行有助于缩短报纸投递时间,改善报纸服务质量,并加强报社和读者之间的联系。据统计,1998 年全国实行"自办发行"的报社已接近 800 家,占报社总数的三分之一左右。目前,我国报纸已逐渐形成邮局发行和自办发行相结合的多渠道发行格局,以上门征订、报摊零售、银行网点销售等多种形式拓宽营销渠道,这也成为报纸产业化道路上的一大创新。我国一线城市的报纸平均铺摊率都在 90% 以上,并占据着城市主干道,是城市居民接触报纸的重要渠道。目前我国报纸的发行主要依靠订阅,虽然公费订阅量有所减少,但仍是报纸发行的主力,零售率不到 30%,这与西方国家报纸 45%~65% 的零售率相比还有不小的差距。

---

① 数据来源:央视 CTR 媒介智讯。

三、我国广播电视业发展概况

1. 广播电视业规模现状

改革开放之初,我国仅有电台 100 座、电视台 32 座,节目形式、内容均比较单一。自 1983 年国家鼓励中央、省、地、县四级办台之后,我国的电视台数量一度扩张到 3 000 多座。这种盲目的扩张,不但造成了资源的浪费,也带来了电视节目质量的下降、内容严重重复等问题。近年来广播电视经历了结构性调整,频率和频道由综合性纷纷向专业化转变,确立了更准确的核心受众,满足了人民群众日益多样化的精神文化需求。

根据《中国广播电视年鉴(2015)》的统计,截至 2014 年底,全国共批准设立电视台 159 座、广播电视台 2 214 座、教育电视台 42 座,承载公共电视节目 3 329 套,公共广播节目 2 686 套。其中,国家级电视台有中央电视台和中央教育电视台,每个省、自治区、直辖市,每个地级及以上城市至少有一座电视台或广播电台。全国有电视转播发射台 11 254 座,有线电视网络线路 415 万公里。我国的电视媒体中,中央电视台、省级卫视、省级非卫视频道、城市台和境外电视媒体五足鼎立、多元发展的新格局正在不断完善。

我国从 1985 年开始利用卫星广播电视技术进行中央电视台、中央广播电台和中国国际广播电台以及省、市、自治区的电视和广播节目的大面积传送覆盖,先是以模拟信号方式传送,1997 年又转为数字信号方式传送。1998 年提出了全国"村村通"广播电视的任务,通过卫星广播手段,把我国中央和省级的广播电视覆盖率扩大到"村",实现卫星广播电视技术从节目传送到全面覆盖的目标。"十二五"期间,"村村通"工程统筹有线、无线、卫星三种方式,已经完成 81 万个"盲村"建设任务,实现规划任务的 98%。

截至 2014 年,全国广播节目综合人口覆盖率为 98.0%,农村广播节目人口覆盖率为 97.3%;电视节目综合人口覆盖率为 98.6%,农村电视节目人口覆盖率为 98.1%。2014 年全国有线广播电视用户达 2.35 亿户,受 IPTV、互联网电视等业务的快速发展及用户分流的影响,少数地区的有线电视用户出现不同程度的减少。全国数字电视用户达到 1.91 亿户,增幅达 11.56%,延续了较快的增长速度,数字电视用户占有线电视用户比重已达到 81.61%。付费数字电视用户 4 505.41 万户,占数字电视用户的 23.54%,所占比例较 2013 年增加了 3.12%。①

---

① 参见国家统计局 2014 年度数据,《广播电视事业发展情况》《广播电视技术情况》。

2. 广播电视业经营状况

据国家统计局信息显示,2014 年全国广播电视总收入达到 4 226.27 亿元（人民币,后同）,比 2013 年增加了 491.39 亿元,同比增长 13.16%。从收入分级构成情况来看,中央级广电机构总收入为 679.51 亿元,占 16.08% 的份额;省级广电机构总收入为 2 618.36 亿元,占 61.95% 的份额;地市级广电机构总收入为 556.24 亿元,占 13.16% 的份额;县级广电机构总收入为 372.16 亿元,占 8.81% 的份额（见图 8-3）。

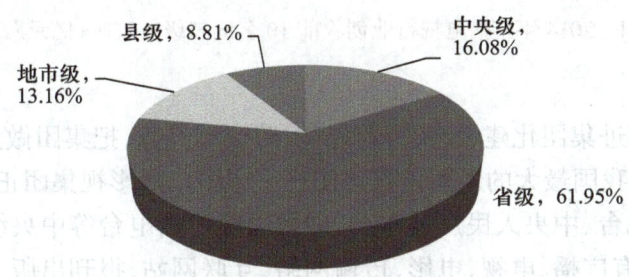

图 8-3　2014 年全国广播电视收入分级构成

2014 年全国广播电视实际创收 3 635.51 亿元,比 2013 年增加了 392.74 亿元,增幅为 12.11%。创收收入位列前三位的分别是北京市 404.22 亿元、浙江省 380.20 亿元和上海市 359.81 亿元。全国广播电视广告收入为 1 464.49 亿元,占创收收入的 40.28%,其中电视广告收入为 1 116.19 亿元,排名前三位的省市分别是湖南、江苏和北京;广播广告收入 159.94 亿元,排名前三位的省份依次为浙江、江苏和广东。2014 年全国有线电视基本收视费收入为 457.39 亿元,同比增长 4.46%;付费数字电视收入 66.51 亿元,同比增长 13.50%（见图 8-4）。

3. 广电集团化发展概况

继 1996 年我国开始报业集团化道路,我国的广播电视业也于 1999 年开始了集团化发展。1999 年 6 月 9 日全国第一家广电集团——无锡广播电视集团成立。2000 年 11 月 27 日,我国第一家省级广播电视集团——湖南广播影视集团宣布成立,这是广播电视集团化改革真正开始的标志,被业界视为我国广播电视台的"体制创新"。2001 年 8 月,中办、国办发布的《关于转发中央宣传部、国家广电总局、新闻出版总署〈关于深化新闻出版广播影视业改革的若干意见〉的通知》,对组建广电集团的指导思想、原则、体制、融资等作了全面规定,第一次明

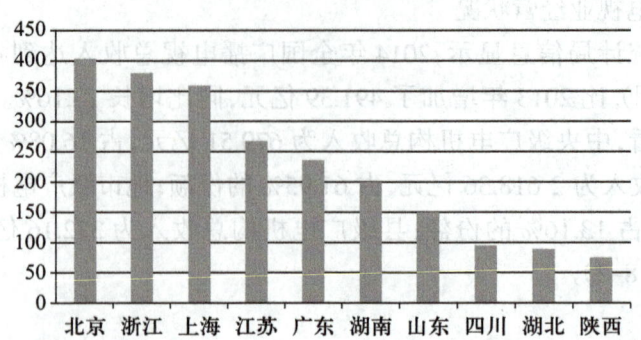

图 8-4　2014 年广播电视行业创收前 10 名的省级行政区（亿元人民币）

确要求积极推进集团化建设,实行跨媒体、跨区域经营,把集团做大做强。2001年 12 月 6 日,我国最大的新闻传媒集团——中国广播影视集团正式成立,它涵盖了中央电视台、中央人民广播电台、中国国际广播电台等中央级广播电视资源,是一个拥有广播、电视、电影、传输网络、互联网站、报刊出版、影视艺术、科技开发、广告经营、物业管理等多方面业务的"巨无霸"。2014 年 3 月 31 日,由原上海文化广播影视集团和上海广播电视台、上海东方传媒集团有限公司整合而成的上海广播电视台、上海文化广播影视集团有限公司(英文统称 Shanghai Media Group,简称"SMG")正式成立,是中国目前产业门类最多、产业规模最大的省(市)级广电媒体及综合文化产业集团,也是我国传媒机构打造国际化媒体集团的积极尝试。

4. 数字电视"三步走"

进入 21 世纪以来,我国的广播电视技术面临着一个重大变革,即必须全面推进由模拟广播电视向数字广播电视的过渡。中国广播电视数字化主要实施"三步走"发展战略:2003 年全面推进有线数字电视;2005 年开展数字卫星直播业务,开始地面数字电视试验,有线数字电视用户达到 3 000 万;2008 年利用北京奥运会转播之机,全面推广地面数字电视和高清晰电视。在完成这三个发展阶段后,中国的数字广播电视可以通过有线、卫星、无线三种方式实现对全国的覆盖。中国有线电视向数字化过渡,按照东部、中部和西部三个区域推进,分 2005 年、2008 年、2010 年和 2015 年四个阶段全面实现有线电视数字化。到 2015 年,中国停止模拟电视播出。

第二节 当代中国著名报纸

一、党报类

1.《人民日报》:最具权威性的中共中央机关报

《人民日报》是中国共产党中央委员会机关报。1948 年 6 月 15 日,由《晋察冀日报》和晋冀鲁豫《人民日报》合并而成的中共华北局机关报《人民日报》在河北省平山县里庄创刊。1949 年 3 月 15 日,人民日报社迁入北京;同年 8 月 1 日,《人民日报》转为中国共产党中央委员会机关报。经过 50 多年的发展,《人民日报》的事业逐步壮大。1985 年,创办了《人民日报海外版》。1995 年和 1997 年,分别创办了《人民日报华东新闻》和《人民日报华南新闻》。此外,还陆续创办了《市场报》《讽刺与幽默》《环球时报》《证券时报》《健康时报》《京华时报》《中国汽车报》《国际金融报》《江南时报》以及《新闻战线》《大地》《时代潮》《人民论坛》《人民文摘》等报刊。

为适应社会主义现代化建设事业发展的需要,《人民日报》的版面不断调整,现在已由初创时的 4 个版增加到周一至周五每日出对开 24 版,1 至 6 版为要闻版,7 版为理论版,8 版在广告版与视点版之间变动。9 至 15 版为国内新闻板块,16 版为特刊或广告版,17 至 20 版为专刊,21 至 23 版为国际新闻板块,24 版为副刊。周六和周日每日出对开 12 版。周刊版开辟了《经济周刊》《民主政治周刊》《假日周刊》等丰富多彩的专版。评论和理论宣传是人民日报的重点和优势,除社论、评论外,还形成了《人民论坛》《思想纵横》《今日谈》《金台随感》《国际论坛》等一批名牌栏目。

《人民日报》的新闻信息采集渠道遍布国内外。目前,在国内设有 38 个记者站,国外设有 32 个记者站。报纸发行全国及世界 100 多个国家和地区,发行量由初创时的几千份增加到现在的 300 万份,在全国各个印点所在城市全部实现了早报早投。1992 年,《人民日报》率先在我国报业建成了卫星版面数字传输系统,采用了先进的 VSAT 卫星通信技术,全国 33 个承印点同步接收《人民日报》,同步印刷,同步发行。目前,《人民日报》VSAT 卫星通信网已拥有包括中国香港、东京在内的 110 个以上的卫星地面站。

1997 年 1 月 1 日,《人民日报》网络版正式进入互联网。2000 年 8 月 21 日,"《人民日报》网络版"更名为"人民网",成为我国最大的综合性中文新闻网站之一:日更新量超过 3 500 条,建立了 200 亿汉字的资料库,设有时政、国际、观点、经济、教育、社会、IT、环保、军事、娱乐、体育、生活、图片等 31 个频道,近 50 种新闻分类,共 200 余个栏目,2 000 多个新闻专题,涵盖了社会生活的各方面。其中"强国论坛"是最著名的中文论坛。此外,还有英文、日文、法文、西班牙文、阿拉伯文、俄文等 6 个语言版本,在日本、中国教育网和科技网设有镜像站点,合作媒体超过 500 家。2013 年,《人民日报》发行量达 280 万份。近年来,该报陆续开通了官方微博、微信、客户端等新媒体。

2.《解放日报》:中共上海市委机关报

《解放日报》原是延安时期的中共中央机关报。1949 年 4 月 24 日,党中央将该报名交给上海,作为中共中央华东局机关报和中共上海市委机关报,于 1949 年 5 月 28 日正式创刊。《解放日报》现为中共上海市委机关报。

改革开放以来,《解放日报》坚持准确、及时、有效的宣传方针,为上海的改革开放、经济建设和精神文明建设提供强有力的舆论支持,力求增强吸引力、影响力和引导力,逐渐成为人们了解上海政治、经济、社会发展等最新状况的第一选择。

《解放日报》是大型综合性日报,彩色印刷,每期对开 16 版,日发行量 45 万份左右。在北京、无锡、苏州、泰州、崇明等地设有分印点,同时发行日本、美国等 20 多个国家和地区。2005 年广告收入 2 亿元,居全国省级党报之首。该报及时、准确地报道上海和全国的政治、经济、社会、体育、文化、国际以及热点追踪等新闻,刊发有分量的新闻分析和评述,配有《朝花》《百姓健身》《新论》《读者心声》《文博》《解放画刊》等副刊,每周一至周日轮流刊出《网络周刊》《财富周刊》《汽车周刊》《住宅消费周刊》《周末周刊》《证券周刊》《新企业周刊》等系列周刊,以适应不同读者群的需要。

2000 年 10 月 9 日,解放日报报业集团成立,它是以《解放日报》为主报的一个综合媒体集团。下设《解放日报》《新闻晨报》《申江服务导报》等十余份报刊,以及一家出版社和上海沪剧院。

经中共上海市政府批准,2013 年 10 月 28 日,由解放日报报业集团和文汇新民联合报业集团整合重组的上海报业集团正式成立。该集团拥有十一家报纸、四家期刊、一家出版社和一家文艺院团。报业集团旗下的《解放日报》《文汇报》《新民晚报》恢复报社法人建制,实行党委领导下的总编辑责任制。

3.《南方日报》:锐意进取的省委机关报

创刊于 1949 年 10 月 23 日的《南方日报》是中共广东省委机关报,是南方日报报业集团的主报。2005 年的发行量为 80 万份,是国内省级党报中发行量最大的。

《南方日报》锐意改革,在继承优良传统的基础上不断创新,形成了鲜明的特色:坚持权威性、指导性与可读性的统一,政策宣传、经济宣传、时事评论、舆论监督是其重要功能,典型报道、深度报道、批评报道是其"拳头产品"。作为省委机关报,《南方日报》大力宣传党的路线、方针、政策,宣传政府关于国计民生的重大举措,宣传党和政府各个时期的中心工作,宣传社会主义精神文明,监督各级干部不折不扣落实党的方针政策,追求最权威、最真实、最有效。它特别重视经济报道,经济领域的深度报道被各级领导视为驾驭经济工作的思想库。作为大众传媒,它及时、准确地报道省内外、国内外各类新闻,提供大量有用信息,其内容贴近社会、贴近读者、贴近生活。在新的历史时期,《南方日报》已成为南粤报坛一棵参天大树,在正确引导舆论方面起到"龙头"作用。

1993 年 1 月 1 日起,《南方日报》扩大为每天出对开 8 版,同年 4 月再扩大为对开 12 版,成为全国首家天天出彩印版的综合性大报。1998 年元旦起,《南方日报》在广州市、珠江三角洲和全国发行的报纸,逢周一至周五出对开 16 个版(其余地区仍出 12 个版),并且第一版天天出彩报,每天至少有 4 个版彩色印刷。报纸发行全省、全国各地以及 40 多个国家和地区。发行量自 1987 年以来,已连续 18 年居全国各省、市、自治区党委机关报首位。自 2002 年以来,《南方日报》进行 7 次改版,现在日均 28 版,受到读者的赞同和认可。2013 年,每期发行量超过 85 万份。

成立于 1998 年 5 月 18 日的南方日报报业集团,是全国首家由省级党委机关报组建的报业集团。集团于 2005 年 7 月 18 日更名为南方报业传媒集团,展示了南方报业从"报办集团"到"集团办报"的转变。集团以《南方日报》为主报,拥有七报四刊一网一社:旗下《南方日报》《南方都市报》《南方周末》《新京报》(与光明日报共同投资主办)和《21 世纪经济报道》年广告收入均超过 1 亿,在我国报业集团化的改革中具有先锋意义。2015 年,世界品牌实验室发布的"中国 500 最具价值品牌"排行榜显示,《南方日报》《南方都市报》《南方周末》的品牌价值分别达到 180.75 亿元、178.56 亿元和 122.65 亿元。

二、晚报都市类报

1.《北京晚报》:具有鲜明京派文化特色的老牌晚报

《北京晚报》创刊于 1958 年 3 月,是由北京市委主管、北京日报报业集团主办的综合性晚报,"文革"期间停刊,1997 年春节复刊。《北京晚报》以贴近民生、服务生活为特点,稳稳立足于开发程度高、逐渐走向饱和的北京报业市场,成为首都家庭首选报,拥有相当稳定的读者群。在其零售量中,绝大多数属于固定零售,即几乎每天都购买。① 这些足以印证《北京晚报》具有相当高的信誉度和公信力。

为了解决报纸老龄化问题,《北京晚报》从 1998 年开始了卓有成效的改革,强化报纸"首都主流媒体"的地位。报纸提出"关注世界的关注,关注中国的关注,关注读者的关注",加大了国内外重大事件的报道力度;提出"晚报不晚报",加强时效性;报纸划分为要闻版、北京新闻版、中国新闻版、世界新闻版、文化新闻版、体育新闻版、周刊版、副刊版等,为读者提供丰富的新闻盛宴。

数据显示,《北京晚报》日均发行量稳定在 115 万份左右,2003 年 4 月 3 日发行量更是突破了 150 万份,创下北京报业市场发行量新纪录。《北京晚报》发行主要以北京为主,外埠为辅。在北京地区,晚报平均每期阅读率高达 53.5%(央视市场研究股份有限公司 CNRS 数据)。在北京地区发行的综合性都市报中,《北京晚报》的首选率和主动读者人数均居第一。从 2004 年起,《北京晚报》推出了手机报、开心网主页、"北京晚报人"博客、《北京晚报》微博等。

长期以来,《北京晚报》年广告经营收入位居全国前列,经营规模居北京报业之首。2013 年,该报发行量为 120 万份。

2.《扬子晚报》:中国日发行量最大的晚报

《扬子晚报》由中共江苏省委机关报《新华日报》主办,创刊于 1986 年元旦,日发行量稳定在 200 万份左右,成为中国日发行量最大的晚报。

《扬子晚报》以"宣传政策、反映生活、倡导文明、传播知识"为办报宗旨,以报纸质量带动报纸发行量的上升,以扩大发行量带动广告收入的增长,逐步形成了信息密集、服务到位、导向正确、格调高雅、可读性强的特色和优势。1998 年 6月,扬子晚报网开通。

《扬子晚报》的发展与其自身的创新意识分不开,2004 年 9 月 28 日,《扬子晚报》首创了"一报两投"的模式,即向订户在早晨和下午分两次投递报纸;在零售点实行"一报两拿",读者可以向摊点索取"一报两拿服务卡",凭卡每天两次到该摊点取报。与此同时,报纸在内容上也进行了较大的调整和扩充,一天分两次滚动报道新闻。这一举措在全国晚报都市报中开了先河,收到了较好的效果。

---

① 参见胡春磊:《全国报业概况》,《中国报业年鉴(2004 年)》,中华工商联合出版社 2005 年版,第57 页。

同时它的自办发行及省会与地市渗透结合的发行模式也为都市报的发行提供了经验。2013年,《扬子晚报》发行量为220万份。

3.《新民晚报》:海派文化的见证

《新民晚报》前身为上海《新民报》晚刊,创刊于1929年,现为中共上海市委直接领导的、面向广大市民的综合性报纸,具有80多年办报历史,是我国出版时间最长的晚报。

《新民晚报》以"宣传政策,传播知识,移风易俗,丰富生活"为编辑方针,以"短些、短些、再短些""广些、广些、再广些""软些、软些、再软些"为办报风格,力求"飞入寻常百姓家"。目前《新民晚报》有要闻、经济新闻、教科卫新闻、文化新闻、体育新闻、国内新闻、港澳台新闻、国际新闻等20个新闻版;有新民视点、新民环球、新民体育、新民证券、新民求职、新民时尚、新民写真、新民汽车、新民康健园、新民网络、新民楼市等50多个专刊;每天编辑出版的副刊《夜光杯》,成为海派文化的标志。《新民晚报》以内容上的可亲性、可近性、可信性、可读性,成为海派文化的见证。

1996年,《新民晚报》在美国设立记者站,创办美国版,成为中国大陆第一家跨出国门的晚报,后又扩大了晚报在北美地区、港澳地区的发行。2002年,《新民晚报》又与星岛报业集团合作,推出《新民晚报》澳洲专版,扩大了晚报在大洋洲地区的影响。2013年,上海报业集团成立,《新民晚报》恢复报社法人建制,当年发行量为120万份。

4.《成都商报》:间接控股,借壳上市

《成都商报》创刊于1994年1月1日,是一家由成都日报报业集团主管并主办的综合性日报。虽然《华西都市报》作为我国第一家都市报出现在成都,但《成都商报》很快后来者居上,成为西部地区发行量和影响力最大的媒体。2004年《成都商报》入围国家新闻出版总署评出的"中国都市类报纸最具竞争力20强";同期《成都商报》作为四川地区唯一入选的媒体,以14亿元的品牌价值入选世界品牌研究室评估的"中国500最具价值品牌"。《成都商报》年广告收入逾5亿元,是我国西部地区唯一一家连续数年进入全国报业广告收入前十强的报纸。

《成都商报》的重要性还在于该报开创了我国报纸间接上市的先例。1999年由《成都商报》绝对控股的子公司成都博瑞投资有限责任公司,购买四川电器27.65%的股份,直接控股上市公司四川电器。《成都商报》因此间接控股四川电器。四川电器由此被誉为中国"报业第一股"。2000年3月,四川电器正式更名为成都博瑞传播股份有限公司,股票简称也改为"博瑞传播"。公司逐步介入传播业,涉足广告、印务、出版发行、信息网络、电子商务等领域。《成都商报》成功"借壳上市",成为我国媒体与资本市场联姻的经典案例。

2010年,《成都商报》广告收入首超10亿元,在全国单张报纸中名列第二。2011年,其广告收入达到12亿元。2013年,该报发行量达112万份。2014年1月,《成都商报》开通新闻客户端iPhone版。

5.《北京青年报》:"北青传媒"内地媒体香港上市第一股

《北京青年报》创刊于1949年3月,经历了三落四起。1981年第三次复刊至今,《北京青年报》作为共青团北京市委的机关报,已发展成为一份以青年视角反映时代、面向社会最活跃人群的综合性日报,每日出版A、B、C、D、E、F六大叠,日发行量60余万份,订阅量北京第一,广告收入连续多年位居全国前列。

北京青年报社目前拥有"十报一刊一网",除《北京青年报》外,还有《信息产业报》《法制晚报》《北京科技报》《BEIJING TODAY》(《今日北京》英文周报)《中学时事报》《中学生科学报》《北京少年报》《第一财经日报》《北京青年周刊》以及北青网(ynet.com)。

北京青年报社于1996年创办了小红帽报刊发行服务有限责任公司,走上了自办发行的道路。该报的发行量由10万份逐年上升至60万份,而"小红帽"也成为北京最有实力的发行队伍。此外,北京青年报社还拥有北青传媒股份有限公司、北京青年报现代物流有限公司、北京儿童艺术剧院股份有限公司、北京中国网球公开赛体育推广有限公司、北京歌华阳光广告有限公司、北京今日阳光广告有限责任公司等多家企业,形成了自身完善的报刊发行和物流配送网络以及新型的报业产业链条。

进入新世纪以来,北京青年报社抓住文化体制改革的契机,横向形成系列报刊群,纵向形成上下游产业链,推进跨媒体、跨地区、跨行业发展,通过资本运作和内部市场化,建立了一个以《北京青年报》为核心产品的现代传媒集团。2000年,《北京青年报》广告收入在北京报业市场排名第一。2004年12月22日,由北京青年报社控股的北青传媒股份有限公司在香港H股挂牌上市,成为中国内地首家在境外上市的主流媒体。

6.《南方都市报》:一张真正的新闻纸

《南方都市报》创刊于1997年元旦,是南方日报报业集团主办的城市类综合日报,平均每天出版88个版以上。截至2004年,《南方都市报》日均发行量超过150万份,是在广东省内发行量最大的综合类日报。《南方都市报》以广州和深圳为前沿阵地,在两地的发行量占总发行的 70% 以上,并逐步全面覆盖珠三角地区,成为该地区最有影响力和竞争力的一家媒体。

《南方都市报》的口号是"办中国最好的报纸"。它坚持"新闻为矛"的战略,大胆接触和报道现实问题,敏锐捕捉社会焦点,引导社会舆论。在《南方都市报》上可以看到对那些有代表性的、却容易被忽视的笑颜与泪水的思索,感受到报纸强烈的人文主义色彩和对特定人群的关注,它所发表的一批具有很强社会警示意义的报道,取得了很大的社会效益。《南方都市报》因此被誉为"一张真正的新闻纸",并日益发展为一份充满正义感、彰显新闻从业者使命感的主流报纸。

《南方都市报》的副刊,从一开始就追求专版化及贴近性,并强调读者参与,充分发挥了"专刊为盾"的作用,形成了稳定、庞大的读者群,推出了许多雅俗共赏、新颖别致、极具口碑的精品。2013 年,该报发行量为 160 万份,在中国报业市场排名第 8 位。

7.《南方周末》:精英人群关注的严肃大报

1984 年 2 月 11 日,《南方周末》问世。

作为省委机关报主办的系列报,从创办之初,《南方周末》就自觉承担起"作为党报的补充"的使命。它将自身准确定位在"启蒙"上——做沟通知识分子和大众的桥梁,对读者进行科学与民主的启蒙,这一定位契合了改革开放的需要。新闻以独家为主,时评以纵深见长,形成了"反映社会、服务改革、贴近生活、激浊扬清"的独特风格。《南方周末》以知识分子为核心读者群,以"深入成就深度"的理念赢得了众多社会精英的关注,成功打造了一份立足广东覆盖全国的高品位精英报纸。

《南方周末》30 余年来的发展,已逐渐形成独特的品牌——这是一份记录13 亿人口的大国转型历程的严肃大报;这是一份以追求新闻人物职业光荣而上下求索的严肃大报;这是一份以中国知识分子千年不移的先忧后乐情怀为内在动力的严肃大报。[①]2013 年,该报发行量 140 万份。

三、生活服务类

1.《精品购物指南》:中国第一份真正市场意义的生活服务类报纸

1993 年 1 月 8 日,《精品购物指南》创刊,作为全国第一份真正市场意义的

---

① 参见范以锦著:《南方报业战略:解密中国一流报业传媒集团》,南方日报出版社 2005 年版,第 69 页。

生活服务类周报,为中国报业市场开创了一种全新的时尚媒体形态。该报完全自主发行,是我国第一份彩色印刷的时尚生活服务类报纸,被业内人士誉为"中国时尚生活服务类报纸的第一品牌",是北京目前最为成功的生活服务类报纸。《精品购物指南》根据自身定位提出了"1+X"的媒体组合定位模式:一份《精品购物指南》+任意都市类日报,凸显了《精品购物指南》的重要性。

《精品购物指南》每周二、五出版,走时尚、实用、前卫的路线,坚持以独特的视角,倡导积极、健康、高品位的生活方式。据中国人民大学舆论调查研究所的调查显示,在北京地区的非日报类报纸中,《精品购物指南》成为居民接触率第一的报纸,既是广大消费者的生活参谋,又是各类工商企业宣传自己的最佳媒体。1997年,《精品购物指南》推出电子版,标志着该报向网络化迈进。

《精品购物指南》于2003年3月18日进行改版,每周出版两刊,周一出版《精品购物指南·风格周刊》,周四出版《精品购物指南·生活周刊》。2005年11月,为满足都市主流人群的"趋优消费"需求,《精品购物指南》推出《品位·新奢侈主义系列专刊》,引领"新奢侈主义"的独特生活态度,再次引起了广泛的社会关注。2011年,该报实施全媒体战略,推进集团报网互动的整合营销平台建设。2013年,该报被国家新闻出版总局评为"全国百强报纸"。2014年,《精品购物指南》全面改版,推出全新周一刊《Monday》。

2.《申江服务导报》:沪上生活资讯的首选

《申江服务导报》创刊于1998年1月1日,是一份由解放日报报业集团主办的、融新闻性与服务性于一体的综合性周报。《申江服务导报》以上海写字楼的白领为主要读者群,又吸引了不少学生的关注,获得超过40万份的发行量,成为沪上生活资讯服务的领头羊。2007年5月,《申江服务导报》整体注入上市公司"新华传媒",成为其传媒板块的一个重要组成部分。近几年,该报不断尝试转型,线上线下拓展,向着"城市生活服务运营商"方向前进。

《申江服务导报》在选题上,注重年轻读者的需求和兴趣,不断发掘与他们的兴奋点契合的新的热点。"让报纸不仅可以看,还可以用",是《申江服务导报》的一大特色。报纸为读者提供全方位生活资讯服务,在第一时间发布流行、时尚信息,读者可以拿着报纸"按图索骥",去看展览、听音乐会、休闲、购物、求医,在年轻读者中深具亲和力和影响力。《申江服务导报》发行总量中的90%以上集中在上海,密集的投放为广告投放提供了更可靠的目标受众群,成为广告商的重要选择,目前该报的年广告收入已过亿元。

第三节　当代中国著名电视台

一、中央电视台：电视传媒的领路人

中央电视台是国家电视台，其前身为北京电视台，1958 年 5 月 1 日试播，同年 9 月 2 日正式播出，1978 年 5 月 1 日改为中央电视台，1973 年开始采用 PLA-D 制式播出彩色电视节目。英文简称 CCTV。

中央电视台开办有 15 套节目，分别为综合频道、财经频道、综艺频道、中文国际频道、体育频道、电影频道、军事农业频道、电视剧频道、纪录频道、科教频道、戏曲频道、社会与法频道、新闻频道、少儿频道、音乐频道。全台固定栏目 300 多个，使用中、英文向国内外播出，每天节目播出时间已达 200 多小时，其中自制节目量约占总播出量的 66.4%。中央电视台的国内收视平均覆盖率达到 90.3%，观众超过 10 亿人。其中中文国际频道和英语频道通过卫星传送基本实现全球覆盖。

中央电视台立足中国，面向世界，同全国各级地方电视台和文化机构建立并保持着良好的合作关系，与世界 134 个国家和地区的 208 个媒介机构建立了业务关系，并通过设在全球的 14 个驻外记者站及时报道世界各地的重大新闻事件，成为当今中国第一大电视台和具有一定国际影响的传播机构。

从 1999 年开始，中央电视台大力推进以"频道专业化、栏目个性化、节目精品化"为核心内容的改革，电视传播的方式、手段和效果都发生了显著的变化。2000 年开始，央视分批试点进行频道制改革。2005 年初，央视提出了"频道品牌化"的发展战略，这是中央电视台在频道专业化布局基本完成、节目品质全面提升之后所启动的新一轮改革。

作为频道制改革试点的央视第二套财经频道，在改革之后已取得了有目共睹的成绩。改革的结果，使频道品牌得到了升值。频道收视规模扩大，财经频道 2005 年第一季度人均接触分钟数创历史新高，与 2004 年同比净增长 0.54%；频道目标收视群体提升显著，频道收视忠诚度稳步提升。①

目前，央视在国内设有 31 个记者站，海外记者站有 70 个，以及两个海外分

① 参见《央视三次大改革　频道专业化向频道品牌化转变》，《瞭望东方周刊》2005 年 12 月 1 日，第 61 页。

台,并拥有网络媒体——中国网络电视台(CNTV)。2012年之后,央视新闻中心官方微博、官方微信以及手机客户端"央视新闻"相继上线,这三大平台在2013年的用户总数已突破5 000万。

二、湖南电视台:电视湘军异军突起

2005年的电视业,因为《超级女声》和《大长今》的出现而被人们记住。拥有4亿观众的"超女"成为我国最具轰动效应的节目,成为电视娱乐的里程碑;首播剧《大长今》掀起了韩流的新浪潮,各地电视台竞相播放。湖南卫视在2005年的影响力,使人们不得不对这个省级卫视刮目相看。事实上,自1997年1月1日,湖南电视台一套节目正式通过亚洲2号卫星传送,呼号"湖南卫视"之后,就确立了电视湘军的强势品牌,成为最早冲出地方局限的省级卫视,并被誉为"湖南电视现象"。截至目前,湖南卫视入户率达76.8%,在国内所有省会城市实现完全入户,中心城市入户率位居省级卫视第一。

1995年起,湖南经济电视台启动改革。经过半年精心策划,经济台迅速成为全省收视率最高的栏目,第一年就实现创收3 000万,第三年创收1个亿,湖南经济电视台还拍摄了《还珠格格》《苍天有泪》等著名剧集,提高了自身在全国的影响力。以经济电视台的改革为蓝本,娱乐频道、生活频道等一系列新频道陆续诞生。根据2005年央视索福瑞资料显示,1月到9月间,全国卫星频道收视率,湖南卫视排名第4,紧跟央视综合频道、综艺频道和电视剧频道。

1999年3月,湖南广电集团旗下的"电广传媒"在深交所上市,被誉为"中国传媒第一股"。

2003年,湖南卫视进入频道运营和品牌高速发展的黄金时代。2004年,湖南卫视推出"快乐中国"的频道核心理念,并对栏目进行重新编排,强化频道特色。2006年,湖南卫视广告创收突破10亿元,创收能力稳居省级卫视第一。2010年6月,湖南广播电视台暨芒果传媒有限公司挂牌成立。

第四节　当代中国两大通讯社

一、新华通讯社

与美联社、路透社、法新社并称为"世界四大通讯社"的新华通讯社,简称新华社,作为我国两家综合性通讯社之一,它以国家通讯社的形象成为我国最大的

新闻信息采集和发布中心。

　　新华社的前身是红色中华通讯社,1931 年 11 月 7 日在江西瑞金成立,是中国共产党领导下成立最早的新闻机构。1934 年 10 月,红色中华通讯社随中央红军长征。1937 年 1 月,为适应革命斗争形势的需要,根据中央的决定,在延安更名为新华通讯社。成立 80 多年来,随着党和国家事业的发展,新华社的职能得到了加强和拓展。新时期新华社的职能主要有四项:一是党和人民的耳目喉舌,二是国家通讯社,三是消息总汇,四是世界性通讯社。通过传统报道、新型技术报道和社办报刊三种形式,互为补充,形成合力,在正确引导国内舆论、积极影响国际舆论方面发挥了重要作用。

　　新华社现有工作人员 13 000 多人。总社设有 11 个管理职能部门、10 个采编职能部门、20 个直属企事业单位。在全国除台湾省以外的各省、自治区、直辖市以及香港特别行政区、澳门特别行政区设有 33 个分社,在全国 20 个大中城市设有支社或记者站,在中国人民解放军、中国人民武装警察部队也设有分支机构。自 1948 年在布拉格建立了第一个国外分社以来,新华社相继在近百个国家和地区建立了总分社、分社、支社、编辑部,先后建有亚太总分社、中东总分社、拉美总分社、非洲总分社、巴黎法语地区总分社(2004 年撤销)、欧洲总分社,并在一些国家和地区聘用了一定数量的外籍报道员。新华社现有驻外人员 500 余名,其中 300 多人为记者、编辑等采编人员。

　　新华社每天通过专线以公开报道(包括通稿、专线稿、专稿)和参考报道的形式分别向中央、省市、地县、晚报、专业报和电台、电视台播发各类新闻信息稿件,并用中、英、法、西、俄、阿、葡 7 种文字 24 小时不间断地向世界各地提供各类新闻信息,总字数为 400 多万字。新华社在海内外建立起一个庞大的新闻信息用户网络,并与近百个国家的通讯社或新闻机构签订了新闻交换合作协议。

　　新华社编辑出版了 20 多种报刊,包括《新华每日电讯》(日报)、《新华社外文电讯稿》(英、法、西、阿、俄)、《参考消息》(日报)、《经济参考报》(日报)、《中国证券报》(日报)、《上海证券报》(日报)、《瞭望》(周刊)、《半月谈》(半月刊)、《环球》(半月刊)、《中国记者》(月刊)、《摄影世界》(月刊)、《证券投资》(周二刊)、《农村大世界》(月刊)、《中国图片》(季刊)、《中国年鉴》(中、英文版)等。其中《参考消息》是全国发行量最大的日报,《半月谈》是全国发行量最大的杂志。新华社所属的新华出版社每年出版以新闻和时事政治为主的各类图书 400 余种。

二、中国新闻社

中国新闻社,简称中新社,是我国另一家综合性通讯社。作为国家通讯社,对外从事舆论工作,是我国最大的专业对外传播机构。

1952 年 9 月 14 日,新华社对外部、国际部和进步人士范长江、胡愈创办的国际新闻社合力在北京发起建立了中国新闻社,代表国家向海外传播中国的声音。经过 60 多年的建设与发展,中新社的主体新闻业务涵盖新闻、图片、专稿、特稿、电视、电影、杂志、网络、出版社等;在内地 27 个省市、自治区派驻了分支机构 50 多个,在中国港澳地区以及美国、法国、日本、加拿大、澳大利亚、泰国、马来西亚等国家和地区派驻了多个分社,并已成功在中国台湾驻点。中新社以中文、英文、日文等多种语言,通过卫星、互联网、光缆等技术传播手段,向全球 500 多家新闻媒体和 7 个大型通讯社传送。联合国教科文组织曾对全世界 174 家通讯社作出 5 个级别的统计,美联社、路透社、法新社等几家被列为 A 级,中国新闻社被列为 B 级。

作为综合性的国家通讯社,中新社通过多样化的新闻服务领域和传播手段,在世界华文传媒中确立了广泛的影响。中新社每天向数百家港澳台和世界各地华文媒体及各国新闻机构提供新闻电讯,并在总社和香港设有电子网络媒体;每月向港澳台和海外华文报刊提供 30 万字的专电特稿;每天播发传真图片 30 余张,中国新闻图片网每天更新大量新闻图片;根据华文报刊的各自要求,每年提供数千个图文版面;在境内出版《新闻周刊》和《华声视点》(月刊),在香港出版《中华文摘》(月刊)、《中国经济周刊》、《时代传媒》(月刊)等刊物,题材范围广,风格特色适合华侨、华人和港澳台同胞的阅读习惯和欣赏口味。同时中新社也是推动、促进两岸新闻交流的重要新闻机构。

复习思考题

1. 简述当代中国传媒业概况。
2. 简述当代中国著名报纸、电视台基本情况。

第九章

新闻传媒业发展的基本规律

第一节　政治、经济制度决定新闻体制

新闻体制指的是一个国家的基本新闻制度和新闻政策,包括政府对传媒业的规制、新闻自由和新闻控制、传媒业的运作机制。

从目前世界各国的情况看,新闻体制因各国国情不同而五花八门,但大致有三种:

1. 以中国为代表的社会主义制度国家的新闻体制

(1) 新闻媒体作为关系国计民生的部门,一般都属国家所有,不容许出现私人垄断,更不容许敌对分子办新闻媒介。

(2) 新闻媒体以有利于国家利益、人民利益为最高宗旨。新闻媒体追求讲究经济效益,但社会效益始终是它的第一个追求目标。

(3) "党管媒体"是新闻媒体运行的基本原则。具体地说,新闻媒体主要领导的任命权、重大问题的决策权、重要资源的配置权、重大报道的终审权都由党的领导机关掌控。

2. 以美国为代表的西方发达国家的新闻体制

(1) 它们都号称实行新闻自由制度,报刊出版无需任何审批,新闻报道无需事先审查(战时例外);任何公民都可申请电视频道、电台频率。但在西方各国,没有雄厚的资本,创办报刊、申请电视台执照,都不过是句空话。从这个意义上讲,所谓新闻自由,实则是资本自由。

(2) 传媒业只对法律负责,一般政党都不办新闻媒体,除了对外传播机构,

政府无权直接干涉媒体的运行。当然,这绝不意味着政党、政府不从事宣传,而是借助各种媒体进行巧妙、灵活的宣传。

(3)公共媒体尤其公共广播电视在西方各国占有一定的比例,但私营媒体在西方各国占有明显的优势地位。前述的世界级六大超级传媒集团都是私营媒体。传媒业的私人占有和传媒业与生俱来的公共性之间矛盾十分尖锐。

3. 除中国之外的其他发展中国家的新闻体制

(1)一般发展中国家都是新闻媒体多种所有制并存的格局,而且除少数国家外,多数国家随着政府更迭,不同政府实行不同的新闻政策,新闻媒体的所有制也处于不断变动之中。

(2)新闻媒体大多数有一定的政府或政党背景。

(3)发展中国家由于经济相对落后,国家发展成为最优先的目标。所以,新闻媒体一般都会把支持国家发展尤其把支持国家经济发展作为优先考虑的目标。

不同的新闻体制是由不同的政治、经济制度所决定,新闻体制本身也是一个国家政治、经济制度的组成部分。所以,只要一个国家的政治、经济制度不变,那么其新闻体制的基本内涵不会改变,至多做些微调而已。同理,当一个国家的政治、经济制度发生转变以后,其新闻体制或迟或早也将发生改变。中国曾经长期实行计划经济制度,改革开放以后,尤其从 20 世纪 90 年代起,中国从计划经济转向社会主义市场经济。经济制度的改变,促使中国传媒业的运行模式发生改变,即从过去单一的社会效益取向转向社会效益和市场效益双重取向。

第二节 生产力水平决定新闻传媒业的发展水平

在前面曾讲过,印刷报纸最早产生于意大利的威尼斯,因为当时威尼斯是欧洲经济、贸易的中心。但 16 世纪以后,随着地理大发现,威尼斯远离新的运输航道,经济逐渐衰退,而处于有利地理位置的比利时、荷兰、西班牙崛起,成为经济强国,这一地区随之成为世界新闻业最发达的地区。17 世纪以后,英国又取而代之,成为世界上首屈一指的经济大国,世界的新闻业中心也转移到英国。到 19 世纪后期,美国的经济实力赶上英国,美国的新闻业迅速发展,其规模也很快超过英国。

从当前世界各国的情况来看,新闻传媒业比较发达的国家和地区,也都是经济比较发达的国家和地区。而经济比较落后的国家,新闻业相对也比较落后,目前全世界尚有 50 个国家或地区没有日报,绝大多数是经济比较落后的第三世界国家。

这说明,世界各地区的新闻传媒业总是如影随形地跟随着经济实力的兴衰而兴衰,生产力水平和新闻传媒业的发展水平有着直接的因果关系。这是因为:

1. 随着生产力水平的提高,整个社会的经济活动规模越来越大,分工日益精细,人们对政治、经济、军事、文化等各方面的信息需要日益迫切。这就大大刺激了新闻传媒业的发展。

2. 随着生产力水平的提高,整个社会受教育面扩大,文化水平不断提高,这必然使受众群越来越大。

3. 随着生产力水平的提高,广告越来越多,新闻传媒业日益成为国民经济中获利丰厚的企业,这就刺激了投资和扩大再生产。

4. 同时,随着经济、科技的发展,社会为新闻传媒业的发展提供日益先进的物质手段。近几十年来,科学技术加速运用到新闻传媒业,新闻手段日益现代化。

新闻传媒业随生产力水平的发展而发展,生产力水平的高低直接影响新闻传媒业的发展速度和规模大小,这是新闻传媒业发展的一条客观规律。因此,当我们构想新闻传媒业的发展和改革时,必须从生产力的实际水平出发,脱离生产力的实际水平去构想新闻传媒业的发展,那只能是一种空想。

第三节 传播工具的物理性能决定
传播工具的特点

在大众传播工具的发展过程中,广播的产生曾使人担心报纸存在的价值,电视的产生又使人担心广播的生存,如广播、电视发展较早的美国,就在新闻界出现过这种心理。《美国新闻史》一书写道:电台的产生使报纸产生恐惧,只十来年工夫,电台广告收入已和报纸不相上下,威胁着报纸的生存。电视产生以后,当时许多观察家说,电视宣告了电台的死亡。[①] 但事实证明这种担心是多余的。

报纸、广播、电视能够同时存在,同时发展,因为它们各有自己的特点,不能相互取代。而这种特点是由三种传播工具的物理性能——各自所采用的媒介所

---

① [美]埃德温·埃默里、迈克尔·埃默里:《美国新闻史》,新华出版社 1982 年版,第 533 页。

决定的。

一、报纸的特点

报纸以印刷文字作为媒介。这决定了报纸的长处:(1) 记录性好,便于读者反复阅读,深入研究,并作为资料长期保存。(2) 选择性强,便于读者自由安排时间、自由挑选内容来读。(3) 材料运用自如,不受空间、时间的限制,纵横数万里,上下数千年,从宏观到微观,从现象的描绘到本质的揭示,从人的外表到人的内心活动,都可以跃然纸上。但和广播、电视相比,报纸工作程序多而繁杂,故而新闻时效差;阅读报纸受文化水平限制,群众基础不及电视、广播广泛;文字远不及声音、图像那样真切、逼真,有感染力。

二、广播的特点

广播以无线电波所传送的声音为媒介。这决定了广播的长处:(1) 传播迅速,时效性强。电波传播速度为每秒钟 30 万公里,这使广播可以对正在发生的新闻事件做同步报道。广播电台如果作现场报道的话,在世界任何国家、任何地区都可以同时收听到新闻现场的情况。(2) 渗透性好。在传播过程中,电波不受空间和交通条件的限制,传播的范围大,可以"无限发行"。(3) 对象广泛、群众性强。收听广播不受文化水平的限制,从大学教授到文盲,都可以听广播。(4) 感染力强。广播的语言和音响生动活泼,具有文字无法代替的感染力。但以声音为媒介的广播也有其天生的不足:一瞬即过,受众难以进行仔细的研究和推敲,难以一边收听一边思考,听众的注意力只能被迫跟随广播;听众必须按照电台安排的节目顺序收听,不能自由选择。

三、电视的特点

电视以无线电波所传送的图像和声音为媒介。这决定了电视具有广播所具有的一切优点,而且还有独特的长处:(1) 强烈的现场感。电视把视觉形象和音响、解说结合在一起,把新闻事件的现场直接展现在受众眼前,受众所看到、听到的,都是正在发生的事情(过去正在发生、现在正在发生),受众如同亲临现场。(2) 亲切感。观看电视,大都是在家中,面对小屏幕,观众感到自己仿佛在和电视上的人物作面对面的交流,仿佛自己也参与新闻事件,从而产生一种亲近感,这是报纸、电台都难以达到的境地。(3) 简洁明了。和现实生活的丰富多彩相比,语言毕竟是贫乏的。许多复杂的场景,精彩的镜头,千言万语有时也难以言尽。电视却把受众"带"到了现场,短短的一两分钟的画面,受众就明白了、理解了。但电视也有它先天的不足,除了有广播所存在的缺陷外,还有其自身的不足之处:电视的视觉性同时带来局限性,长于报道外在的、看得见的动态新闻,而对复杂的题材作深度报道比较困难;电视新闻的采访、制作有较高的物质技术要求,还受发射距离和收看设备的限制。

报纸、广播、电视的不同特点,向新闻工作者提出了如何扬长避短、发挥各自优势以吸引受众的问题。从当前世界许多国家以及我国的新闻事业发展趋势看,报纸应从自身特点出发,下工夫发掘新闻事件的内在本质,揭示新闻事件的社会意义、影响和发展趋势,加强综合分析报道、深度报道,加强评论,多设专栏。广播也应从自身特点出发,力争新闻的短、快、新,加强现场录音报道。电视则应加强现场新闻报道,加强主持人节目的制作。

毋庸置疑,报纸、广播、电视为争取受众(包括读者、观众、听众)必然存在着竞争,这在任何社会都是无法控制的。每一种大众传播工具,每一家新闻媒体为了在竞争中不被淘汰,就需要扬长避短,尽量发挥自己的优势,这是新闻传媒业发展的又一条不以人们的意志为转移的客观规律。因此,当我们构想新闻传媒业的发展和改革时,必须从传播工具的自身特点出发。

在当今世界上,除了上述几种新闻传播工具外,还有一条特殊的新闻流通渠道:通讯社。通讯社并不直接向社会大众发布新闻,它仅仅向各新闻单位提供新闻稿或称新闻原坯,经各新闻单位采用才公之于世。通讯社是在报纸增加到一定数量时才出现的。报纸不但需要报道本地新闻,还要报道全国、全世界的重大新闻事件。在早期,报纸少,各报只好自己独自采访新闻。但任何一家报纸的人力资金都有限,不可能派出大批记者分赴世界各地,并且一报一个巨大的通讯网,势必会造成人力、财力的巨大浪费。所以,当报纸发展到一定数量时,对全国、全世界的重大新闻事件有了共同需要,新闻稿有了一定的销路,就诞生了通讯社。通讯社向各报社发新闻稿,收取一定的报酬,成为有利可图的企业。报社对报道全国、全世界的重大事件有了可靠的新闻来源,节省了人力和财力。从这一点来说,通讯社是适应各种报纸的共同需要而产生的,用来补充各报通讯网之不足。当广播、电视产生以后,通讯社又为广播台、电视台提供新闻稿。但通讯社只能满足各新闻单位的共同需要,各新闻单位的特殊需要还要靠自己去采访。世界上第一个通讯社哈瓦斯社创办于 1835 年,那是西欧各国报纸迅猛发展时期,由法国人哈瓦斯创办,即法新社的前身。开始是复写的手抄新闻,后改为油印,从邮局递送到各报社,1840 年用信鸽在各国首都传送重大新闻,1848 年起用电报。1850 年,德国人路透创办了通讯社,后迁往英国,这就是著名的路透社。美国在 1848 年由六家报纸为联合采访欧洲船只带来的新闻,成立一个通讯社,史称港口新闻社,即美联社前身。以后,许多国家都纷纷建立通讯社。据联合国教科文组织近年统计,全世界国家级通讯社有 178 家。

第四节　受众的需要促使媒体多样化

从报纸产生到现在,已有几百年历史。报纸的发展经历了从少到多,由简到繁的过程。在早期,报纸的读者群小,读者的类型比较单纯,报纸的销路差,类型简单,一般是商业行情报和综合性报纸两种。随着读者群不断增大,读者的类型日益复杂,读者的需要越来越多样。任何一种类型的报纸,要想满足如此众多复杂的受众需要,显然是力不从心了。为此,报纸不断地进行分工,各自侧重于一个方面,满足某一部分受众的某一部分需要。于是,报纸的类型越来越多。

不同的研究目的对报纸有不同的分类方法,下面介绍五种分类。

一、以办报方针分类

1. 政治性报纸。它们以追求政治利益为目的,多由政党、政治团体、国家机关来主持,用以宣传一个政党、政府的政治主张、纲领、政策。报纸新闻以政治、经济、军事等硬新闻为主,并且非常重视言论,如中国的《人民日报》、日本的《赤旗报》、意大利的《团结报》等。

2. 商业性报纸。以追求利润为主要目的。为此报纸竭力扩大销路以争取广告客户,提高广告收费标准。为了追求销路和利润,报纸的内容一味地迎合读者,读者要什么就提供什么,有时连报纸上的政治观点也竭力迎合读者,摇摆不定。商业性报纸一般不重视言论,有些以消息量多、迅速而吸引读者,有些以凶杀、色情、奇闻趣事等新闻刺激读者。旧中国著名的《申报》《新闻报》(1938 年以前)都是商业性报纸,英国发行量最大的《太阳报》、美国的《纽约每日新闻》皆是商业性报纸。

3. 政治性的企业报(政企合一型)。既追求利润又追求政治利益,经济上作为信息产业独立经营,政治上有既定目标。目前,西方有影响的大报多属这种类型,像英国的《泰晤士报》,美国的《纽约时报》《华盛顿邮报》,法国的《费加罗报》,日本的《朝日新闻》《读卖新闻》等。旧中国著名的《大公报》是中国第一张政企合一型报纸。

二、以报纸内容分类

在我国,以报纸内容分,可以把报纸分为两类:

1. 综合性报纸。面向整个社会,包括各行各业、各个阶层、各个年龄层次的读者,刊登政治、经济、军事、文化、社会等各方面新闻,像我国的《人民日报》《文汇报》《羊城晚报》等。综合性报纸向读者提供世界、本国或本地区的综合新闻。

2. 专业性报纸。集中地反映一个行业、一个系统或某一阶层、某一年龄层次的读者所需要的新闻,像我国的《体育报》《健康报》《中国教育报》《中国法制报》《少年报》等。

在西方,以报纸的内容分,也把报纸分为两大类:

1. 严肃的高级报纸。以刊登政治、外交、经济、军事等硬新闻为主,内容严肃,格调较高,一般不刊登黄色新闻和黄色广告。它们以政府官员、高级知识分子、社会名流为主要读者对象。

2. 大众化的通俗报纸。以刊登社会新闻、文化娱乐、知识介绍为主要内容,这类报纸往往有许多黄色新闻。它们以社会下层群众为主要读者对象。

在当今中国,报纸分野也渐趋明朗,即以各级党报为代表的严肃的高层次的报纸,和以晚报、都市报为代表的大众化通俗报纸。

三、以发行范围分类

1. 全球性报纸。面向全世界发行,并在世界各国具有一定的影响。像英国的《泰晤士报》,美国的《纽约时报》《华盛顿邮报》等,已成为世界上不少政治家、外交家每天必读的报纸。这类报纸主要刊登世界各国的重大新闻事件。

2. 全国性报纸。面向全国发行,像我国的《人民日报》《经济日报》《光明日报》。这类报纸主要刊登世界和全国性的新闻。

3. 地方性报纸。在本国以一个区域为主要读者对象,像我国的省(市)、地(市)报。这类报纸以刊登本地新闻为主。

四、以出版时间分类

1. 日报。每天出版一次,一般在上午发售。这类报纸人们大多在工作时间阅读,大多数日报以刊登硬新闻为主,要求迅速及时地报道国内外或本地的重大新闻,为人们在工作中决策提供依据。

2. 晚报。每天下午发售,供人们在晚饭前后阅读。这类报纸比起日报来有更多的趣味性,以便人们工作一天后调节一下身心。

3. 周报(包括周二、周三报)。每周发行一次或二至三次。周报介于报纸和杂志之间,既有报纸的特点又有杂志性内容。由于出版周期的限制,周报在新闻时效上无法和日报竞争,往往在报道深度上下功夫。

按上述四种分类法,每一张报纸同时有四种成分,彼此之间并不矛盾。这就产生了各种各样不同类型的报纸,从而使报纸各具特点,丰富多彩,满足了读者多种多样的需要。

媒体由少到多,由简单到复杂的发展,除了受到社会生产力水平和社会制度的制约外,还遵循它的自身规律。不断地适应受众的需要,这是媒体发展过程中一条起决定性作用的客观规律。媒体的多样化,归根到底是为了适应各种各样受众的需要以及受众多种多样的需要;媒体的任何改革,归根到底是由媒体和受众之间的矛盾运动引起的,是受众的需要这一客观存在作用于媒体意识的结果。

第五节　反映现实生活的需要决定新闻体裁的多样化

在新闻媒体发展过程中,新闻的体裁和新闻的写作方法也同样经历了由少到多、由简单到复杂的过程。

在报纸刚产生时,新闻的品种比较单一,以船期、行情为主,还有少量政治、军事新闻。随着社会的进步,受众迫切要求全面了解现实世界的变动情况,新闻媒体不断开拓自己的报道面,新闻的内容越来越丰富,体裁也越来越多样。

和早期报纸上的新闻内容比较单调相一致,早期报纸上的新闻体裁也比较简单,而且是从模仿文学手法开始的,因为当世界上第一批报纸产生的时候,不可能有一套现成的新闻文体与之相适应。在新闻文体的产生和发展过程中,中国和外国都经历了同一条道路:从简单到复杂,从模仿到独立。在初创时期,报纸都用当时流行的、为人们所熟悉的文学体裁来写新闻、写言论。

英国报纸刚开始基本上用当时英国流行的散文来写新闻,把叙述、抒情、议论混合在一起,讲究辞藻,文字优雅冗长。

法国报纸搬用法国宫廷文学的写作方法,新闻写得庄重典雅,辞章华丽。

美国报纸则受英国文学的影响,许多新闻工作者刻意模仿英国著名作家约瑟夫·安迪生(1672—1719)和理查德·斯梯尔(1672—1729)的文笔,把新闻写得像小说、散文一样。

外国传教士办的最早的一批中文报纸,刻意模仿中国古典文学的各种文体,新闻的写法五花八门,有的用汉赋形式写新闻,有的以讲故事的方式写新闻,有像古典小说那样的新闻。到19世纪70年代以后,一批中国旧式文人开始主持报纸文字,运用中国古典文学中的笔记文、游记、纪传等手法来写新闻,用古代的"史论""策论""政论""八股文"等方法来写作报纸的言论。可以说,中国古代的记叙文中有多少表现手法,新闻就有多少种写作格式;古代议论文中有多少种形式,言论就有多少种写法。中国近代报纸早期的新闻写作总的特点是:先远后近,先人后事,先因后果。言论写作总的特点是:先一般后个别,先议论后摆事实,先立观点后找例子。这和现代新闻、言论的表现手法很不相同甚至相反,而正符合中国古代记叙文、议论文的一般特点。

报纸上文体单一,新闻和言论不分,消息和通讯不分,这也是中外报纸在初创时期文体的共同特点。

报纸是一种新颖的新闻传播工具,它要迅速地、多方面地、准确地反映现实的变动,并且面向广大公众。随着读者群不断扩大,社会变动日趋加快,现实生活日趋复杂,古典文学的体裁尽管丰富多彩,但已无法胜任迅速反映现实、准确传递信息的要求。报纸的文体遵循报纸传播新闻和解释评述新闻的特殊要求不断地进行变革,一面吸取古典文学的营养,一面逐渐突破旧文学的樊篱,最后形成了适应报纸需要的独立的新闻文体,逐渐形成一套大致的写作要求。

新闻——要求准确、具体、简洁、直截了当,让读者迅速地、一目了然地获取信息。

评论——从人们共同关心的社会现象或重大新闻事件出发,加以分析,简洁明快地指明事件发生的原因、性质、影响,并阐明自己的观点,表明自己的立场、态度。

这样的写作要求,就把新闻文体从古典文学中解放出来,把新闻文体和文学、历史、学术论文等区别开来,成为独立的有自身特点的一种文体。

报纸文字体裁的品种也由单一变成多样。人们不能离开历史去创造历史,总是在原有历史的基础上去创造新的历史。各国报纸文体总的特点是一致的,但由于它们所继承的各民族的文学传统不同、民族特点不同、国情不同,报纸文体的品种也有所不同。

一、报纸的新闻文体

目前,世界各国的报纸基本上由四大块内容构成:新闻、言论、副刊(专版)、广告。

我国报纸的文字体裁,经过长期的新闻实践,尤其是新民主主义革命时期和新中国成立以来党领导下的革命的进步报纸的新闻实践,逐渐形成具有中国特色的新闻和评论的表现形式,而且随着社会生活的发展而不断丰富和发展。

我国目前尚在流行的报纸文字体裁主要有:

1. 新闻,分为消息和通讯两种。

(1) 消息。迅速、准确、简要地报道一个新闻事件。

(2) 通讯。详细地报道一个新闻事件的来龙去脉,一个新闻人物的所作所为,以补消息之不足。

2. 言论。

(1) 社论或本报评论员文章。代表本报编辑部对国内外重大事件或社会问题加以分析,并阐述本报的立场、态度和观点。

(2) 短评(或称时评)。配合报上发表的新闻,简明扼要地分析其发生的原因、影响、事件的性质。

(3) 编后语、编者按。三言两语,或借题发挥,或一针见血地点明事件的要害,或对新闻作补充性的说明。

3. 杂交品种。杂交品种是指新闻、言论、文学、历史有机地结合而产生出来的一批边缘文体。主要有 5 种:

(1) 新闻特写——新闻和文学的杂交。就像电影中的特写镜头,抓住新闻事件中一个富有特征的片断,或一位新闻人物活动的片断,采用文学笔法加以细致的描绘,使读者身临其境,如见其人,从而获得具体的印象。亲切、具体、形象,是新闻特写的长处。

(2) 新闻述评——新闻和评论的杂交,夹叙夹议。它把一个新闻事件的起因,以及在一段时间内的发展情况加以综述,在综述过程中加以分析、评论,预示其发展趋势、对社会产生的影响和后果。记者来信、采访札记也属于新闻述评。

(3) 调查报告——新闻、历史、评论的杂交。它围绕一个新近发生的事件或人们关心的某方面的问题,全面地、系统地、精确地报告其发展的历史和现状,并力图揭示其本质或问题的症结。

(4) 报告文学——新闻、文学、评论的杂交,是一种文艺性的真实报道。用文学笔法来描述新闻事件或新闻人物,使读者从具体的生活图画中获得对现实的深刻认识。

(5) 杂文——文艺性的评论,是文学和评论的杂交。

　　上述这些文体,是当前我国报纸和其他新闻传播工具反映现实的主要手段。这些手段当然不会是凝固不变的,随着时代的发展,有些可能会被淘汰,也会有新的文体出现。

　　西方各国报纸的新闻文体和中国有些不同。以美国为例,他们报纸上的言论比较单一,就是社论和读者来信两种。新闻的表现形式分成4个层次:

　　1. 纯新闻(Straight News Report),又称客观性报道,迅速地报道在短时间内发生了什么,向读者提供一个有价值的纯粹事实。一般用倒金字塔结构来写。

　　2. 解释性报道(Interpretative Report),又称新闻分析。它集中回答新闻事件中的"为什么",即围绕一个读者有疑问、社会有争论的事件或社会问题,通过大量的背景材料,来揭示事件或问题发生的原因,比较隐蔽地表达记者的观点或倾向。

　　3. 调查性报道(Investigative Report),有些称"揭丑报道"。它用大量的事实揭露一件丑闻或秘密交易,鲜明地表达作者的观点或倾向。

　　4. 特稿(Feature)。上述三种手段都是向读者提供有关的信息,特稿却是捕捉读者的爱好。它抓住新闻事件的特征、细节,用优雅的、幽默的笔调加以详细的描述。

二、广播的新闻文体

　　目前,世界各国的广播电台的节目由五大块内容构成:新闻报道、文艺节目、服务性节目、教育性节目和广告。

　　在新闻报道中,中国各广播电台采用的方式主要有:

　　消息报道——这是中央广播电台和各地方广播电台的新闻联播节目的主要方式。

　　现场直播新闻——和新闻事件同步的报道。

　　人物访谈——和新闻人物对话,多采取一问一答的方法。

三、电视的新闻文体

　　目前,世界各国的电视节目也由五大块构成:新闻报道、综艺节目、社教节目、电视剧和广告。

　　其中,电视新闻的主要样式有:

　　消息报道——由播音员(节目主持人)播报,同时出现画面,也有少数没有画面的口播新闻。

现场新闻直播——与重大新闻、重要比赛同步播出。

纪录片——类似报纸上的通讯，对某一新闻事件、人物作全景报道。

新闻述评（新闻透视）——中央电视台的《焦点访谈》《新闻调查》是此类节目的代表作。它不但客观地描绘新闻事件，也追索此类新闻产生的原因，阐述其影响，探索解决问题的途径。

新闻特写——它抓住新闻事件典型的瞬间，调动电视表现的各种技法，从各种角度、侧面把细节呈现在观众面前，并对此进行分析、评论。

新闻体裁由简到繁的发展，也有其自身发展规律。除了受到本民族的文化传统和欣赏习惯的制约外，它总是遵循大众新闻传播工具的特点，沿着更真实、更迅速、更深刻地反映现实变动的方向发展；沿着便于受众阅读（收听、收看）、更吸引受众的方向发展。以最省的精力让受众获取最多的信息，以最容易接受的方式使受众受到最大的影响，这是新闻媒体发展的一条客观规律。

第六节　新闻教育适应新闻业而产生、发展

世界各国的新闻教育都是很晚才开始的，其原因是多方面的。新闻业的初创时期，从业人员不多，无需教育部门成批培养。新闻传播又是一门新兴的事业，凡事总是先有术后有学，要探索其中的规律，形成一门系统的学科，尚待时间。另外，新闻工作的实践性强，又和文学、历史、哲学等学科有相通之处，新闻从业人员可以从其他学科中转过来。这样，在相当长一段时间内，新闻人才不是学校培养，而是通过师傅带徒弟的办法把经验一代代传下去，从实践中学习新闻工作的基本技能技巧。

随着新闻媒体的发展，新闻专业人才的需求量越来越大；同时，社会日趋现代化，新闻报道手段日益多样化，向新闻专业人员提出更高的要求。采用师傅带徒弟的办法，无论是数量和质量都不能适应现实需要。这就必须兴办专门学校来大量训练。美国著名报人普利策1904年给哥伦比亚大学捐赠200万美元创办新闻学院，并发表文章说：

> 现在培养律师、医生、牧师、陆海军军官、工程师、建筑师与艺术家，已有专门学校，但没有一所学校是培训新闻记者的。所有其他专门职业，都已从这些专门训练中得到益处，而不将新闻业包括在这些专门职业之内，在

我看来是毫无理由的。[①]

普利策当《世界报》老板近30年，深感新闻人才的培养和教育的迫切性。这也反映了当时报业主们的共同要求。

新闻教育在开始时，采取在其他系科开专业课、选修课的办法。1878年，美国密苏里大学在英文系开办新闻专业课；1893年，宾夕法尼亚大学商学院开了5门新闻选修课。到20世纪初，各国才纷纷开办新闻系、新闻学院。

美国：1908年，密苏里大学开办新闻学院；1912年，哥伦比亚大学开办新闻学院。

英国：1919年成立伦敦新闻函授学院；同年，伦敦大学开办新闻系。

法国：1924年成立里昂大学高级新闻学院。

中国的新闻教育始于1918年，当时北京大学成立新闻研究会，旨在"输灌新闻知识、培养新闻人才"。蔡元培为会长，聘徐宝璜、邵飘萍为教师，学员包括毛泽东在内共55人。1920年，上海圣约翰大学开办新闻系。复旦大学于1924年在中文系设立新闻学科，1929年成立新闻系。总的来说，解放以前，我国的新闻教育规模比较小，有的院校新闻系时停时办，很不稳定。教材基本上搬用英、美的，教学偏重于训练学生的文字水平。

新中国成立以后，党和人民政府一方面创办了一些新闻院、系，例如1949年7月在上海成立华东新闻学院（由中共中央华东局宣传部领导），1949年10月在北京成立北京新闻学院（直属中央人民政府新闻总署领导），培养人民新闻工作干部，并改造被接管的旧新闻单位的从业人员；另一方面，对旧的新闻校、系加以改造，初步改革新闻系的教学内容。在1952年我国高等学校的院系调整中，将新闻校、系、专业合并，集中力量办好几个新闻系，并开始正规的新闻教育。1954年，中央政治局通过的《中共中央关于改进报纸工作的决议》中专门就培养和训练新闻干部问题作了具体规定：在中央高级党校（即当时的马列学院）设立新闻班，负责训练省（市）一级报纸的领导干部；扩大大学新闻系的招生名额，以造就更多的新闻人才。60多年来，我国的新闻教育几经曲折，尤其是在十年动乱中遭到很大摧残，但总的来说，仍然为国家造就了一大批新闻人才，他们当中许多人已成为各新闻单位的领导、业务骨干。

经过多年摸索，我国新闻教学取得可贵经验，教学计划、教材都相对稳定下

[①] 引自美国英文版《约瑟夫·普利策和新闻事业》，美国U&C出版社1966年版。

来,确定了学生全面发展和专业训练相结合的原则,在培养学生扎实的基础知识(包括马列主义的基本理论,党的方针、政策,语言文学知识)和广博的各学科知识的前提下,着重训练学生分析问题、解决实际问题的能力,采、写、编的实际操作能力,努力使学生既能适应实际工作的需要,又能勇于开创新局面。从 1978 年开始,我国招收第一批新闻学研究生,以后每年都招收一批。这对于加强师资队伍、充实科研力量、培养高级新闻记者具有重要作用。

党的十一届三中全会以后,我国新闻事业迅猛发展。为适应新形势的需要,各地高等学校兴办了一批新闻系、新闻专业,新闻教育呈现出一派兴旺发达的景象。新闻研究机构也纷纷成立,取得不少成果。但总的来说,我国新闻教育还不能适应新闻媒体发展的需要,有待改进和加强。

复习思考题

1. 简述新闻传媒业发展的基本规律。
2. 为什么说生产力水平对传媒业发展具有决定性作用?
3. 简述报纸、广播、电视的不同特点。

第十章

新闻媒体的性质

第一节 新闻媒体的共性、特性、个性

性质是事物的根本属性,是一事物区别于其他事物的显著特征。新闻业的性质是在与其他事物的比较中展现,并在不同层次上展示出来的。为了叙述方便,这里所说的新闻媒体的共性特指整个新闻业比较其他事物的基本特点;新闻媒体的特性,特指一类新闻媒体比较另一类新闻媒体的基本特点;新闻媒体的个性是一家新闻媒介比较其他家新闻媒介的基本特点。

一、新闻媒体的共性(新闻媒介的一般性质)

新闻媒体的共性指的是包括各个时代、各个国家、各个阶级、各种类型的所有新闻媒介的共同特点。这些共同特点有:

首先,新闻媒体作为精神产品的生产机构和立法、司法、行政机构一样,同属上层建筑,在社会上具有强大的影响力。但它仅仅是舆论机构,没有立法、司法、行政那样的强制性和指挥权。

其次,新闻媒体作为以传播新闻为主要内容的机构,和其他传播意识形态的机构、载体的区别在于:

(1)新闻媒体是反映现实变动的,这使它区别于一切历史作品和教科书。

(2)新闻媒体是用真实的事实反映现实变动的,这使它区别于电影、戏剧、小说、诗歌等文学作品。

(3)新闻媒体是迅速及时地(甚至与事实发生的同时)反映现实变动的,这

使它区别于书籍、杂志和文学艺术。

（4）新闻媒体传播的新闻是面向社会大众的非定向传播，这使它区别于书信、内部简报、军事情报的定向传播。

所以说，新闻媒体的共性是：真实地、及时地反映世界新近变动的大众传播工具。

总的来说，新闻是报纸、广播、电视的报道主体，没有新闻，根本称不上新闻媒体。因此，我们也可以说，新闻媒体是以采集和公开向社会提供新闻为主的传播机构。

二、新闻媒体的特性

在日常的新闻工作和新闻学研究中，人们谈论更多的是某一家新闻媒体的特性。

新闻媒体的特性是分层次展现的，或者说在不同的场合、不同的情况下有不同的描述。新闻媒体的特性主要有：

1. 从所有制方面来看

民营——除极个别独资外，绝大多数新闻媒体是以公开或内部股份制方式创办。

公营——由社会公众共同拥有的新闻媒体。

国营——由国家直接控制或国家控股的新闻媒体。

2. 与政府或执政党关系来看

独立的新闻媒体——政治上标榜客观中立，只以国家（民族）、公众利益作为是非标准，如 1926 年新记《大公报》曾声称"不党、不私、不卖、不盲"，在经济上完全依靠自己，不接受任何方面津贴。

官方新闻媒体——代表政府（或执政党）立场，宣传政府的施政纲领。一般来说，它们往往依靠政府（或政党）的财政津贴来维持日常运作。世界各国几乎所有的对外广播都是官方的新闻媒介，尽管它们运作方式可能不同。

半官方新闻媒体——名义上是独立运作的，但在重大政治问题、重要时刻上往往代表政府发言，替政府宣传，同时，政府又可以不承担这些宣传的责任。半官方新闻媒介往往从政府那里得到许多优惠，比如获得政府独家新闻发布权、采访优先权、刊登政府发布的广告等。

3. 从阶级性方面看

无产阶级新闻媒体——这意味着它们代表无产阶级和广大人民群众的

利益。

资产阶级新闻媒体——这意味着它们代表资产阶级尤其是垄断资本家的利益。

4. 从办报方针上看

商业性——以追求利润为主要目的新闻媒体,但这并不排斥它们同样具有政治倾向性。

政治性——以追求政治目标为主要目的的新闻媒体。

政企合一型——既追求政治目标,也同样追求商业利润。

5. 从媒体的内容上看

严肃的高级报纸(电台、电视台)——以刊登硬新闻和评论为主。

大众化的通俗报纸(电台、电视台)——以刊登娱乐、服务新闻为主。

三、新闻媒体的个性

新闻媒体的个性是它们在内容选择、编排方式、行文风格上的与众不同之处。

以英国 BBC 和美国四大电视台比较,其个性风格一目了然。BBC 的新闻严肃,比较客观、公正、可靠。而美国四大电视台的新闻争分夺秒,编排灵活,但主观倾向性外露,炒作痕迹显而易见。美国三家无线电视 ABC(美国广播公司)、NBC(全国广播公司)、CBS(哥伦比亚广播公司)的个性也很鲜明,ABC 的国际新闻报道周详而深刻,NBC 始终以硬新闻报道见长,CBS 则在选举(尤其总统竞选、国会选举)报道中独树一帜。

在中国,受读者欢迎的媒介都有鲜明的个性。例如传统的三大晚报《北京晚报》《新民晚报》《羊城晚报》,历经几十年而发展势头旺盛,就在于它们鲜明的报风牢牢吸引着读者。其中,《北京晚报》具有京派文化的典雅、庄重、厚实的风格,《新民晚报》具有海派文化的实用、精致、活泼的风格,《羊城晚报》很好地体现了岭南文化的开拓创新。

第二节　新闻媒体的双重属性

作为精神产品的生产者,新闻媒体既属于上层建筑范畴,又属于信息(娱乐)产业。这在西方发达国家已是一个常识。但在中国,对此认识还是近 10 年的事情。

　　长期以来,我们把新闻媒体的属性定位在上层建筑,认为新闻媒体是上层建筑的一个组成部分,并确认中国共产党领导的新闻媒体是党和人民的喉舌,即党的宣传工具。这一认识从我们党的报刊一开始创办就确定下来。1921年8月在上海出版的《劳动周刊》在发刊词中宣布:"我们的周刊不是营业的性质,是专门本着中国劳动组合部的宗旨,为劳动者说话,并鼓吹劳动组合主义。"不搞经营、专事宣传,这是我们党的新闻媒体半个多世纪的基本运行模式。其间,1949年12月,新闻总署曾召开全国报纸经理会议,决定报纸实行企业化经营,但没过几年就停止执行。1978年,财政部批准《人民日报》等首都报纸试行企业管理,但实际上也没有真正推行。一直到党的十四大召开,确立我国要建立社会主义市场经济以后,新闻界逐渐达成一个共识:在社会主义市场经济条件下,新闻媒体不但是一支强大的精神上、道义上的力量,而且还是一支强大的经济力量。新闻媒体不但要促进社会主义市场经济的发育,而且本身就是社会主义市场经济不可或缺的有机组成。进而形成新闻媒体具有双重性的新认识,即新闻媒体具有形而上的上层建筑属性和形而下的信息产业属性。

　　"事业性质,企业管理"是上述双重属性在当前我国新闻媒体中的外在表现形式。这意味着,新闻媒体的性质是党和政府的喉舌,它不能像一般企业那样可以自由出入市场,可以自定方针,而必须服从党和政府领导。但在管理上采取企业方法,新闻媒介是独立法人,在经济上必须自主经营、自负盈亏、依法纳税。或者说,新闻媒介在政治上必须恪守党性原则,经济上按社会主义市场经济的规律运行。

　　确立新闻媒介的双重属性,"事业性质,企业管理",极大地解放了新闻媒介的生产力,给新闻媒介带来许多积极的变化。

　　新闻媒介形成了积极竞争的态势。竞争的直接目标是争取更多的受众——报纸要扩大发行量,电台要提高收听率,电视台要提高收视率。为了吸引受众,就要不断下功夫改进版面、改进节目,使宣传、新闻报道更加生动活泼,广播电视节目更加丰富多彩,促使新闻媒介更加注意塑造自己鲜明的个性特点。

　　新闻媒体更加注重人才的培养和设备更新。竞争,归根到底是人才的竞争,也是设备的竞争。为了更真实、更迅速、更深刻、更生动地反映现实,制作受众喜闻乐见的节目,新闻单位需要方方面面的人才,需要不断更新设备。从1993年以来,中国各大报社实现了办公自动化,电台、电视台的设备基本达到或接近国际水平。

　　新闻媒体更加注重受众的反馈。媒介竞争态势的形成标志着中国新闻媒体从过去的以传者为中心向以受者为中心过渡,新闻媒介比以前更加重视受众的需要,媒介内容向贴近生活、贴近受众倾斜。重视媒介的受众定位,不断进行受众调查。新闻媒介栏目不断变化,热点追踪不断转移,其中心轴就是受众需要。

新闻媒体更加重视自身管理,重视投入产出的效益,开源节流,发展壮大。新闻媒介在做好宣传党的方针政策的同时,放开手脚搞活经营,使得国家利税收入增加,新闻媒体实力壮大,新闻从业人员收入增长。

总之,对新闻媒体双重属性的认识给中国新闻媒体带来重大转机,重大变化。

当然,新的转变也带来新情况、新问题,有些新闻媒体为争取受众,传播一些低级庸俗的格调低下的节目;有些新闻媒体搞有偿新闻,甚至将整个新闻版面标价出售给企业。在竞争中,如何保持自身的品位,是我国新闻媒介需要解决的问题。

第三节　新闻媒体产品的商品性

报纸是商品,这是从经济学角度来认识的。报纸通过市场流通到达广大读者手中,读者花钱来买(订阅)报。从这个意义上说报纸毫无疑问是一种商品,这是经济学上的一个常识。

从新闻业发展史来看,把报纸当作商品,按照商业原则来办报,是新闻业的一个巨大进步。作为近代报纸直接起源的威尼斯小报,既是适应商业活动的需要而产生,其本身也是一种新的商品。美国报业从 18 世纪 80 年代到 19 世纪 30 年代,号称"政党报刊时期",办报完全靠政党津贴,报纸卖多卖少,并不考虑,内容从造谣到相互攻讦,无所不用其极,成为美国新闻史上最丢丑的年代。1833 年以《纽约太阳报》出版为标志,开始"便士报"运动。"便士报"完全按商业原则来办报,为了推销报纸,处处考虑读者的爱好,对新闻业务作了一系列改革,产生了一批面向大众、文字生动、报道面广、售价低廉的报纸,这不但宣告美国的政党报刊的灭亡,而且推动了世界各国报纸的改革。以中国情况为例,1872 年创刊的《申报》是第一份按商品原则来办的中文报纸,它对中国报纸发展起到巨大的作用,掀开了中国新闻史新的一页。

回顾历史,借鉴历史的经验教训,这是历史唯物主义者应有的态度。

在整个社会主义时期,报纸也是一种商品。报纸的这一属性是不以人们意志为转移的客观存在。

对报纸商品性的疑问来自报纸行销方式具有的特殊性。对物质商品来说，它的市场价格必然要高于成本价。但"报纸大概是世界上唯一以低于成本价出售的商品"。确实，世界上大多数报纸的卖价抵不上成本，甚至一张报纸比同样大的白纸还便宜。比如，按 90 年代初的价格计算，一份 80 版的《洛杉矶时报》成本加合理利润应该卖到 1.50 美元，而实际售价只有 25 美分。中国沿海的一些大报，报纸零售价只能收回成本的 50% 左右。然而，报社赢利的秘密在于它有两次买卖：一次是发行收入，另一次是广告收入。广告当然按量按质论价，这和任何商品一样。按量就是广告的尺寸即广告占有的版面大小；按质一是版面位置的显要性，二是报纸的发行量。归根到底是读者的多寡以及阅读率的高低：报纸发行量大，读者多，广告价格也就高；版面位置越显著，阅读率高，价格也就高。

说报纸是商品，大多数人还能接受，因为报纸从报社到读者手中，毕竟还有买卖过程。而广播电视节目也是商品，对此很多人难以理解，因为除少数付费电视频道（加密电视频道）外，受众收听、收看广播电视节目从来是免费的。其实，电台电视台行销手段和报纸差不多，所不同的是电台电视台只有一次买卖即出售一定的时段给广告客户。电台电视台播出各种节目，吸引受众来收听收看，在节目中插播广告，让受众有意或无意、自觉或被迫地在收听收看节目同时也收听收看广告。

电台电视台的广告同样按量按质论价。按量指广告占有时段的长短，按质就是视受众的多寡而定。黄金时段（电视台一般在晚上 7：00—10：00）、王牌节目的收费比较高，就因为受众多。

新闻媒体以广告费来维持自身运转和发展壮大自己，同时，广告也是沟通生产者、消费者之间的桥梁，这就是广告赖以生存的社会原因。

认识到报纸和广播电视节目也是一种商品，对我国新闻工作者有着积极意义。

1. 经常考虑读者的需要。马克思说过："商品首先是一个外界的对象，一个靠自己的属性来满足人的某种需要的物。"[①] 新闻媒介如果不能满足人们的某种需要，受众就不愿去买它、看它，受众不愿去买、去看，一切意图都会落空。

2. 报纸既然是商品，那必然可以自由买卖，报纸的销售就会越出行政的区域，报业间必然存在竞争，迫使新闻工作者不断改进工作。

---

① 《马克思恩格斯全集》第 23 卷，人民出版社 1972 年版，第 47 页。

3. 报纸既然是商品,那就必然有价值规律发生作用。这就要求加强对报纸生产的经营管理,提高质量,降低成本。

但是,我们必须强调,从新闻史上看,以商业原则指导办报,既对报纸有促进作用,也会带来消极因素。这种消极因素就是为了扩大报纸的销售量,单纯地迎合读者,生产出色情、暴力等内容,我国报纸不允许出现这种新闻。在我们社会主义制度下,指导新闻工作的,或者说对新闻工作起决定性作用的,不是一般的商品生产规律,而是党性原则。因此,我们必须在服从党性原则的前提下来考虑报纸的发行量(电台的收听率、电视台的收视率)问题,决不能完全让价值规律支配我们的新闻工作,决不能为了扩大发行、多获利润而不择手段。

第四节　中国新闻传媒业的基本性质和特点

中国的新闻媒体除少数由各民主党派所办的报纸外,绝大多数是由共产党领导的。这样,中国新闻媒体的基本性质是:新闻媒体既是党和政府的耳目喉舌,也是人民的耳目喉舌。

这一基本特性决定了我国新闻媒体的宗旨、格局、宏观管理模式和运行模式,形成了具有中国特色的社会主义新闻体系。

1. 中国新闻媒体的最高宗旨是:在党的基本路线指导下,始终把社会效益放在第一位,全心全意服务于人民群众,促进现代化建设。

2. 自觉地接受共产党领导,无条件地宣传党的方针政策、国家的法律法令。

3. 新闻媒体实行"全党办报、群众办报"的工作路线。新闻媒介要努力宣传党、国家的方针政策、法律法令,满足群众的需要;同时,党组织和人民群众要支持新闻媒介。

4. 新闻媒体是以党报为核心的多品种、多层次媒介并存的格局。党报对宣传党的方针政策、国家法律法令以及传播信息具有举足轻重的影响。

5. 新闻媒体属于国有资产。至少到目前为止,中国还没有私营的新闻媒介和集体股份制的新闻媒介。

6. 新闻媒体基本上实行"事业性质,企业管理"的运行方式。在宣传报道上严格按党性原则进行;而在经营上,各新闻媒介是独立法人,自主经营,自负盈亏,依法纳税。

党的新闻业的基本性质早在党的第一份机关报《向导》周刊正式出版时就

确定下来了。在 1942 年延安整风期间则形成了目前新闻体制的理论基础和雏形,经过新中国成立以后的实践,尤其 1978 年党的十一届三中全会以后的改革开放,才基本确立了具有中国特色的社会主义的新闻体系。

复习思考题

1. 什么是新闻媒体的双重属性?
2. 简述新闻媒体的商品性对新闻媒体的积极意义和消极影响。

第十一章

新闻媒体的功能与效果

第一节　新闻媒体的一般功能

任何事物的特性和作用总是联系在一起的,事物有什么样的特性就决定了该事物能发挥什么样的作用。新闻媒体的根本特性决定了新闻媒体对社会所能发挥的作用。

一、沟通情况,提供信息

人们接触新闻媒体,第一个目的是为获得有用的信息,了解客观世界的变动。原因已在第一章说过。任何一种新闻媒介,如果不提供人们需要的信息,或者没有足够的信息量,而是充塞着老话、套话、空话、大话,那就不可能受到人们的欢迎。从这一点上来说,新闻媒体是依赖"沟通情况,提供信息"而生存的。不给社会提供有用的信息,新闻媒体就没有存在的理由。

新闻媒体发挥沟通情况、提供信息的作用,不但通过刊登大量的新闻,而且还通过评论和广告。

评论为什么有沟通情况、提供信息的作用? 这是因为:第一,评论有时会夹带从未透露过的新闻;第二,有些评论传达政党或政府的新观点、新精神;第三,评论的措辞、语调显示出一个政党或政府对某个事件的态度变化。1947 年 6 月,国民党军队在战场上节节败退,国统区人民掀起反抗浪潮,国民党政府焦头烂额,急求美国援助。《大公报》发表了《政府要坚定信心》的社论(6 月 25 日),接二连三批评"政府惊惶失措""措置张皇""政府如此焦急"。这篇社论原本是

替国民党政府献策,但透出了国民党集团行将崩溃的征兆。新华社时评《家臣失态》(1947 年 7 月 5 日)就指出:

> 　　这次大公报竟把如此秘密的锦囊妙计写成社论,公开发表,这证明不仅仅蒋介石已经惊惶失措,就连蒋介石的老练的家臣大公报,自己也已经惊惶而至于失措,犯了泄露秘密的大错误,以至露出了自己的狐狸尾巴。①

二、进行宣传,整合社会

新闻媒体的宣传功能是多方面的,而且在现代社会能产生巨大的影响力。

它要阐明国家发展的目标和社会理想,力图把整个民族的力量凝聚在一起,实现共同目标和理想。

它要不断分析政治、经济形势,解释国家的重大方针政策,引导舆论导向,保证政令畅通,把人民群众的注意力集中到国家的发展上。

它要惩恶扬善、扶正祛邪,维护主流的价值系统,保证正常的社会秩序。

它要沟通、协调不同民族、不同种族、不同地区、不同职业以及不同群体之间的关系,缓解社会冲突,消除矛盾,在社会规范的原则基础上齐心协力。

当然,新闻媒体强大的宣传作用是通过反映、影响、引导社会舆论来实施的。新闻媒体的宣传通过社会舆论获取力量,又通过宣传来形成新的社会舆论,从而影响、控制人们的思想和行为。

三、实施舆论监督

没有监督的权力必然是腐败的权力,这是政治学上的规律。监督是多种多样的,包括行政监督、司法监督、党的纪律监督等,新闻媒介的舆论监督同样必不可少。

在一些西方国家,新闻媒介自称是除立法、司法、行政之外的第四势力,它对立法、司法,尤其对行政当局实行舆论监督。但这种监督有其政治、经济背景。它们以公众代言人自居,却往往代表一个大集团的利益向政府叫板。中国的新闻媒体既然是党和人民的耳目喉舌,那么,它们理应代表国家和人民的利益来实施舆论监督。

---

① 复旦大学新闻系编:《中国报刊评论文选》,上海人民出版社 1960 年版。

舆论监督的范围是广泛的。它监督法律条文的制定和政府重大决策的民主化、科学化，使其符合法定的程序；监督国家法令和政府纲领的执行、实施；监督国家所有公务员遵纪守法、勤政廉政；监督市场运行的公开、公正、公平。同时，它也监督社会的正常秩序，扶正祛邪，惩恶扬善。当然，不同国家由于国情不同，舆论监督的重点也是不同的。

四、传播知识，提供娱乐

新闻媒体不是教科书，它们所传播的知识，主要是和人们当前的生活、生产、工作有密切关系的，以及科学技术上的新发现、新创造，社会科学的新探索、新观点、新材料，从而使人们不断了解人类社会文化的发展。在我国，自从实施改革开放的总方针以来，人们越来越认识到，知识是国家、企业、家庭致富的金钥匙，因此对新闻媒介所传播的知识越来越重视。"北京市读者、听众、观众调查"以及"浙江省读者、听众、观众调查""经济宣传的专题调查"等都显示出，各新闻媒体的知识性内容是受众，尤其是农村受众、青年最欢迎的内容之一。知识的传播，主要由新闻报道和一些专栏来承担。

新闻媒体还传播许多奇闻趣事、各地风土人情、文娱节目等趣味性内容，让人们在紧张工作之余得到高尚情趣的享受，培养、提高人们的品位和欣赏水平，满足人们正当的好奇心理，开发人们发明创造的才能。近几年来，随着生活水平的提高，人们对业余生活有了更高的追求，新闻媒介提供娱乐的质和量也不断提高，吸引了越来越多的受众。各种受众调查表明：电视台的娱乐节目（像电视剧）、电台的音乐节目、报纸的趣味性专栏及专版，在受众所喜欢的节目、栏目中均名列前茅。

五、新闻媒体功能的局限

任何一种新闻传播工具都可以发挥上述四种作用。这是由新闻媒体的特性所决定的。但新闻媒体的特性也决定了任何一种新闻传播工具的作用有其局限性。

新闻媒体可以起阶级斗争工具的作用，揭露敌人，打击敌人，但不能代替枪炮大刀从物质上去摧毁敌人。我们不能低估宣传的作用，但也不能认为宣传可以"无敌不克、无坚不摧"。批判的武器毕竟不能代替武器的批判。

新闻媒体可以揭露谴责各种不法行为，但不能代替法院去判决。

新闻媒体可以批评各种错误行为，但不能代替党政部门去处分任何人。

新闻媒体可以指导人们的思想、行动,但不能代替行政业务部门去指挥、命令任何人。

新闻媒体可以介绍各种知识,但这种知识介绍仅限于当前人们迫切需要的或新发现的知识,并没有系统性、阶段性,因此不能代替教科书和学校教育(我国目前的广播、电视大学是利用广播和电视传授系统的科学知识,不属于新闻媒体的范畴)。

第二节　新闻媒体的正效应与负效应

"电视统治一切"[①],美国著名作家西奥多·怀特用这句话来概括电视对社会的巨大影响力。这虽然是极而言之,有所夸大,但新闻媒介对各国的政治、经济、文化,对人们的日常生活的巨大影响力,谁也无法否认。

人们往往给予新闻媒体太多的赞美,很少会去考虑新闻媒体的消极影响,而文化水平越低的人,越会接受这种消极影响。从社会的实际效果来看,新闻媒体的正负两方面的影响是那么矛盾,那么错综复杂地交织在一起。

一、新闻媒体把整个世界呈现在人们眼前,但新闻失实、信息污染干扰误导受众

报纸、广播、电视、互联网已成为人们观察世界的窗口,新闻媒体的传播超越时间和空间,把地球上每日每时发生的重大事件迅速地传遍世界各地;它把世界各国特有的政治、经济、文化艺术、风土人情形象逼真地显示在人们面前。可以说,我们对当今世界的了解,绝大多数来自于新闻媒体,个人的亲身经历或人们口口相传是极其有限的。正因为人们对新闻媒体的极度依赖、信赖,往往容易轻信新闻媒体,甚至上当受骗。《新闻记者》(1993 年第 9 期)曾刊登《"长城"大骗局:新闻如何走入误区?》一文写道:

> 沈太福及其北京长城机电科技产业公司非法集资、侵吞集资款的大骗局的揭露,引起了人们极大的震惊。当这个骗局得手之际,沈太福曾经不无得意地宣称:"从中央到地方,主要的电台、电视台及报纸和通讯社,没宣传、介绍过长城集团的恐怕不多了。"这句话虽然明显夸大了,但终究告诉

---

① [美]西奥多·怀特:《美国的自我探索》,中国对外翻译出版社 1984 年版。

我们，沈太福之所以能够在短短半年内在全国 17 个城市骗得 10 亿元巨款，某些新闻媒介的误导确实起到了推波助澜的作用。

这种误导付出惨痛的代价，许多企业、个人把几十万、几百万血汗钱投到长城公司账户，到头来连一半也没有收回。除了长城公司，全国各地发生的特大金融诈骗案，都多多少少与新闻媒介的误导有关。

二、新闻媒体联结了世界，却淡漠了人际关系

新闻媒体把个人和世界联系起来，增强了各国、各地区人民的彼此了解和交流。人们常说：广播电视把偌大的地球变成了一个小小的"世界电视村"。

但是，在这个"世界电视村"里，构成社会的细胞——每个家庭之间却变得封闭起来，变得"鸡犬之声相闻，民之老死不相往来"。美国、日本近年来的调查表明，每人每天用于看电视、听广播的时间平均在 6 小时以上，我国城市居民每天看电视的时间也已达 108 分钟，平均每天每人拥有的闲暇时间为 183 分钟，占59.02%。这意味着，有许多人下班回家后就足不出户，关起门来不是看电视，就是看报刊。过去走门串户、聊天谈心的时间现已被广播电视夺去了。人与人之间的亲身交往被人与机之间的交流取代，人际交往日益淡漠。

而在家庭内部，广播电视有时也会成为拆散家庭的分离器。不少发达国家往往一个家庭有几台电视机，各人看各人喜爱的节目。即使是一家人聚在一起看电视，大家也都全神贯注于电视荧屏，许多人把电视机比作"傻瓜盒子"——在它面前，人人都像傻瓜。家庭成员之间的感情交流被人与电视的交流取代，这有可能导致家庭成员间的感情淡漠。每四年一次的世界杯足球赛期间，西欧许多国家出现了被称作"足球寡妇"的家庭主妇。因为她们的丈夫或去现场看比赛，或回家成夜守着电视机看比赛，而且脾气也变得特别暴躁。有些家庭主妇无法忍受，干脆离婚了事。有人哀叹电视"团结世界，拆散家庭"。

三、丰富了知识，却降低了思考能力

新闻媒体确实是知识的"百宝箱"，人们从中了解到许多古今中外、天上地下的知识，大大丰富了人们的见闻。但除了正规的电视教学课程外，广播电视所传播的知识毕竟是零碎而不系统，肤浅而缺乏深刻的。一个电视迷的脑子里充塞着许多杂乱无章的零星知识，他们可能无所不晓，却一无所长。

相比而言，读报纸还给人们留下思考的时间，人们可以边读边思考。但现在，

人们听广播、看电视的兴趣往往胜过读报纸。听广播、看电视的特点就是受众的注意力必须始终追随节目,而且也往往全神贯注于节目,而不能像读报那样边读边思考、消化、分辨。一个人每天有五六个小时被广播电视"牵着鼻子走",根本无法独立思考,这必然使受众,尤其是青少年的思维能力降低,学业成绩大受影响。美国的许多研究报告都指出,今天这一代伴随电视长大的年轻人,在读、写和想象力方面,不如过去的一代人,因为电视取代了他们童年时代的传统的成长方式。

电视以其形象、逼真、保真性能好赢得了很高的可信度,这就使受众轻易地相信它们所传播的内容都是真实可靠的。而且,人们一旦坐在电视机前,绝大多数人都是为了求得轻松,调节身心,他们一时似乎成了"思想懒汉",懒得去分辨真伪,判别是非。这就是说,电视控制了人们的思想,这就可能使受众的思想趋于简单化。

在西方国家,一些传播学者对于广播电视使人们的智能下降表示深深的忧虑。哈里·沃特斯在《大众传播工具文化》一书中写道:"孩子们全神贯注地坐在电视机前消耗了时间,他们不得不放弃有益的读书及户外活动,甚至简单的独立思考。"美国有些知识分子家庭,为防止孩子的智力下降,干脆不买电视机。在中国,电视对孩子的智力发展究竟有益还是有害的争论也已经开始。

四、改变了人们的时空观,却诱发了个人无限的欲望

在古代社会,人们习惯在同一空间作不同时间的比较,即纵向的历史对比,或称回忆对比;而新闻媒介打开了人们的视野,人们可以在同一时间作不同空间的比较,即现实的横向比较,从而从安于现状到不满现状,最后改革现状。这是新闻媒介导致人们思维方式的改变。思维方式的改变,给人类社会带来积极的变化。它促使人们不再墨守成规,不能再走历史老路,"祖述尧舜,宪章文武",不再死抱老祖宗的成法不变,而不得不立志改革,锐意进取。它使得人们不敢故步自封、夜郎自大;不甘心安于现状、知足常乐,而赋予人们改变现状的紧迫感,从而加快了社会前进的节奏。报纸、广播、电视成为推进世界前进的一个动力源。

但是,新闻媒体带给人们的不安于现状的强烈愿望,既可以变成改革现状、造福社会的力量,也可以诱发个人不切实际的求名、求利、求享乐的欲望。美国一位政府官员在《我们对电视做些什么?》一文中写道:"很多人认识到——也许是不自觉的,但肯定无疑地都带着绝大憎恶心情——电视本身就是一种毒品,它不断地向那些精神空虚、生活苍白的人施以实现自己抱负的诱惑,但很少能办到。"而这种诱惑使一些人铤而走险,或者由于个人欲望得不到满足而发出喋喋

不休的牢骚,成为社会不安定的潜在威胁。

五、促进了人类文明的发展,却污染了社会空气

新闻媒体源源不断地向人们输送政治、经济、文化信息,加强了国内外的联系,促进了国际交流,这大大加快了社会民主化的进程,加强了经济的横向联系。新闻媒介对于社会进步和繁荣的贡献是显而易见的。

同样显而易见的是,新闻媒体尤其是广播电视的不少节目污染了社会空气,这在西方社会表现得尤为明显。美国、法国、日本等国科研人员的大量调查都证明,广播电视中的黄色新闻和色情片、凶杀片泛滥成灾,直接导致了犯罪率的上升。美国科学家作了统计:一个美国人在他 15 岁时,已经看过 13 400 次有杀人镜头的电视节目。1973 年 9 月 30 日晚上,美国 ABC 广播电视网在"星期日夜场电影"节目里,放映了一部名叫《警察》的影片,其中描述一群青少年将汽油浇在街头流浪汉身上,然后点火将他烧死。两天以后,在波士顿,6 名男青年如法炮制,将一位汽车女驾驶员拖到空荡的停车场,逼她往她自己身上浇汽油,然后把她点着,使她变成一柱火炬,而他们扬长而去。这起电视和暴力相联系的恶性事件,震惊了美国。美国医学会前会长理查德·帕尔默指责说:"电视对那些造成空气污染的工业部门的社会责任问题很敏感,经常提出质问。依我看,电视……造成的社会空气污染问题更加严重。"

类似的情况在中国也不同程度地出现了,尤其是在青少年中。前几年,一些人模仿电视剧《上海滩》中的流氓头子许文强,戴上"文强帽",身着"文强装",在街上寻衅闹事。有些少女学日本电视剧《血疑》中的幸子,在中学时期就沉醉于恋爱之中。有的甚至模仿偷盗、吸毒,走上犯罪道路。

新闻媒体的巨大功能带给社会的实际影响是有利也有弊。如何兴利除弊,关键在于人们怎样运用它。美国传播学者威尔伯·施拉姆(又译韦尔伯·斯拉姆)说过一句名言:"电视是 20 世纪最伟大的发明,但人类是否能享受到它的好处,主要取决于我们运用它的智慧是否能与发明它的智慧并驾齐驱。"当然,这个"运用",既是指新闻媒介的传者,也包括新闻媒介的受众;这是家庭、个人的问题,更是一个巨大的社会问题。

第三节　新闻媒体的功能定位

新闻媒体的功能定位和受众定位是筹划、组建新闻媒体两项最主要的工

作。它决定一家新闻媒体的内容选择、报纸（电台、电视台）的风格，也在相当程度上决定着它的成败。

我们在本章第一节论述新闻媒体具有四大功能，这是新闻媒体客观存在的；而新闻媒体的功能定位则是该新闻媒体的实际主持人主观决定的。当然，这种主观决定能否成功，则另当别论。

媒体的决策者当然有权决定一家新闻媒体全面发挥四大功能，目前世界上有些媒体也确实这样做。但是，由于新闻媒体间的激烈竞争，当前整个新闻界的趋势是从实际出发，选择其中的几项作为媒体的主要功能。这样，就出现了相当多的排列组合，呈现出丰富多彩的媒体世界。

纵观世界各国的媒体，试图发挥全部四大功能的或只取其中一项功能的媒体是极少的，基本上是选取其中二三项功能为主，兼顾其他功能，力图稳定基本受众，再争取其他的潜在受众。基本的排列组合有以下几种：

1. 信息＋宣传＋营利型的新闻媒体。这就是前面提到过的政企合一型新闻媒体。中国各级党委机关报都是这个类型的，它们既是信息的主渠道，也是宣传的主阵地，同时还是中国新闻媒体的赢利大户。

2. 信息＋营利型的新闻媒体。这类新闻媒体所传播的信息虽然也会有倾向性，但政治倾向性比政企合一型媒介要淡或隐蔽，基本上不直接发表自己的见解，主要供人们思考和决策所用。这类新闻媒体数量很大，而且还有许多亚类。

（1）提供各种各样全面的信息。比如中国的《参考消息》、解放日报社主办的《报刊文摘》等。而世界上最出名的还数美国有线台（CNN）的全新闻频道，每天 24 小时不间断地播出美国和世界的重大新闻。

（2）以提供某一类或几类信息为主。有些以提供经济信息为主。例如中国的《经济参考》以提供宏观经济信息为主，《中国证券报》以股市行情为主。有些以提供消费市场信息为主，我们称之为服务性新闻。世界许多国家的有线台都有一个商品买卖频道，就是以提供消费市场动态为主。有些以提供天气预报、交通状况的信息为主。在美国几乎所有大中城市都有这样的电台。因为美国是"车轮上的国家"，几乎人人以车代步，天气、交通对驾车人特别重要。中国的大城市也有交通信息台。

3. 消闲＋服务＋营利型的新闻媒体。这类新闻媒体基本上都是大众化通俗报纸以及一批电台、电视台。世界上绝大多数的晚报、都市报都是这种类型。它们也刊登国内国际的重大新闻，但大多数的内容是娱乐性、趣味性、服务性新闻以及大量消闲性副刊。

中国和世界其他许多国家还有一批文艺、音乐电台,专门提供文艺新闻、播放文艺节目。近些年,美国的电台很兴旺。其中听众最多、赢利也最大的就是音乐台,因为美国人大多数都是边开车边听音乐,因此这些电台吸引了大量的广告。

4. 知识＋营利型的新闻媒体。这种媒体数量极少,中国大多数的科技报属于这一类。

5. 纯宣传型的新闻媒体。世界各国的对外广播电台都属于这一类。

新闻媒体的功能定位极其重要,又非常复杂。媒体如何定位,涉及内外诸多因素。从新闻媒体内部讲,主要是新闻媒体主办者所制定的方针以及从业人员的素质。从外部讲,主要是一个区域内媒介构成和受众的状况。比如,南方报业集团主办的《南方周末》原来以提供消闲内容为主,1996 年以后,它从维护消费者利益出发,发挥舆论监督功能,成为畅销全国、深受读者欢迎的报纸。上海的《解放日报》是上海市委机关报,在审视上海报业市场以后,于 1996 年初创办了《申江服务导报》,它是以服务、消闲为主的都市型报纸,恰好填补了上海报业市场的空白,深受上海市民尤其年轻一代读者喜爱。所以,一家新闻媒体功能的确立或改变,必须经过调查研究和严密论证。

第四节　新闻媒体的传播效果

新闻媒体的传播效果指的是新闻媒介所传播的信息对受众的思想、态度和行为所产生的实际影响。

传播效果的测定是最复杂、最艰难的一项工作。几乎人人都承认,大众传播媒介对受众具有相当的影响,但这种影响究竟有多大,却是很难准确计算的。因为影响受众思想、态度和行为的因素实在太多,而且,对受众影响的测定可以是多种层面:是现时还是长期的,是个体的还是整个群体、整个社会的。

到目前为止,中国对传播效果的研究还很薄弱,研究的个案很少,整体研究也比较弱。西方国家尤其是美国,对传播效果的研究始于 20 世纪 40 年代初期,积累了相当多的个案并据此提出传播效果的理论模式,可供我们作研究参考。西方学者对新闻媒介传播效果的研究经历过三个时期,即强效果——弱效果——适度效果。

第一阶段:早期的强效果理论(1940 年以前)。

20 世纪二三十年代的效果研究中,人们认为新闻媒介具有横扫一切、难以抵御的传播威力,而受众则处于被动挨打、不堪一击的地位。新闻媒介的宣传就是"魔弹",而受众只是应声而倒的"靶子"。这就是所谓的"魔弹论"或曰"靶子论"。

这一理论的问世根源于两次世界大战前后的宣传战和围绕它进行的大量宣传研究。可以说,"魔弹论"正是这种宣传战和宣传研究的理论化表现。1914 年爆发的第一次世界大战,不仅是人类有史以来的一场全球性战争,而且也是一场规模空前的宣传大战。当时,交战各方调动一切新闻媒介开展宣传活动,德国的报纸上充满了"反抗残酷行为"的种种故事;而德国人则被协约国的新闻媒介描绘成人面兽心,呼吁整个世界都来反对德国,以保护人类文明成果。20 世纪 30 年代,随着法西斯主义的崛起和新的战争威胁的加剧,战争中的宣传问题再次成为研究的热点,在当时那种大难将临的历史氛围中,成千上万的民众如痴如醉地聆听希特勒的演讲、歇斯底里地向纳粹党欢呼致意,这使得人们不由自主地夸大了宣传的效力,把许多问题都归结为新闻媒介的影响,甚至连加拿大著名的传播学者麦克卢汉也相信:没有广播,便没有希特勒。正是因为战时宣传和围绕它而进行的宣传研究,"魔弹论"才得以广泛流传开来。

第二阶段:中期的弱效果理论(20 世纪 40—60 年代)。

20 世纪 40 年代末开始,心理学和社会学的研究有了新的发展,产生了新的理论,这些新的发展和理论不可避免地影响了对新闻媒介效果的研究。

个人差异成为当时心理学研究的焦点。研究表明,个人在需求、态度、价值观、智力等方面的差异对个人行为的形成起着关键的作用;同时,社会类型及其行为则成为社会学家关注的中心。他们所关心的是社会结构的本质和变化,以及在社会结构中处于不同地位的各种类型的人——种族集团、社会阶级、城乡大众及其年龄差异、性别差异——的不同行为特点及其成因。

对个人差异和社会类型的关注对新闻媒介的效果研究产生了极大的影响。早期的"魔弹论"逐渐被抛弃,代之而起的是在 40 年代产生的有限效果论。这一理论认为新闻媒介所产生的效果是有限的,甚至是微弱的。一些关键性的研究实例也为这一理论提供了有力的支持。第二次世界大战爆发后,耶鲁大学心理学家霍夫兰受命利用《战争前奏》《纳粹的进攻》等纪录影片对新入伍的士兵进行宣传效果的研究,结果表明,影片在传递信息、让士兵获知事实方面有效,在士兵改变对盟国的态度方面收效甚微;在鼓舞士气、加深对敌仇恨方面几乎完全无效。

约瑟夫·克拉珀在 1960 年出版的《大众传播效果》一书中对有限效果模式作了很好的说明:

首先,大众传播本来并不是对传播对象产生效果的一种必要和充分的因素,而是通过中介因素的影响来起作用。

其次,这些因素向来只赋予大众传播以辅助的代理者的作用,而不是唯一的因素。

克拉珀的这种理论被人们视为"最小效果论"或"无效果论"。

第三阶段:适度效果理论(从 20 世纪 70 年代开始)。

无论是"魔弹论",还是有限效果论,对媒介效果的认识都表现出以下几个特点:(1) 效果主要是发送人预期的效果;(2) 它们是短期的,或者说即时的和暂时的;(3) 它们必然与个体的态度、信息或行为的改变有关;(4) 它们相对而言又是非间接的。事实上,"效果"这一概念本身就暗示了一种过于简单化的倾向。

进入 20 世纪 70 年代以后,西方传播学者们开始修正传统的观点,探讨新闻媒介与整个社会历史变革之间的关系以及与资本主义社会制度的关系,着重研究媒介长期的、无计划的、间接的以及对集体产生的影响。

首先崛起于英国的批判学派对西方传统的传播学研究特别是美国的主流学派提出了强有力的挑战。关于新闻媒介的效果研究,他们提出了这样的观点:第一,应重视广大受众的利益需求,因为他们具有选择、分析、判断信息的能力;第二,效果研究必须和社会各种因素联系起来。传播学者们开始认识到:"大众传播不仅对个人而且对整个社会或文化都有影响;它可以影响到一个团体的共同信仰和价值观,影响它对英雄与恶棍的选择,影响它的公共政策与技术。特别是媒介持续不断的信息传播,能对社会变革产生真正深刻的影响。"[1]

新闻媒介的效果研究经历了三个时期。在每一个时期,不同学科背景的学者从不同的角度对新闻媒介的实际效果进行调查,或对新闻媒介的一些重要案例进行分析,从而提出了不同的理论模式。目前,西方新闻界对新闻媒介效果的研究有心理学、社会学、社会心理学三个角度。

一、从心理学角度提出的理论

1. 魔弹论

这是早期关于新闻媒体效果研究中影响深广的代表性理论,这一理论受心理学中机械的"刺激—反应"论(S—R)的影响,认为新闻媒介发送的信息一经"命中目标",就必须产生传播者所预期的效果。

---

[1] 〔美〕梅尔文·L·德弗勒、埃弗雷特·E. 丹尼斯:《大众传播通论》,华夏出版社 1989 年版,第 117 页。

2. 选择性理论

1960 年,哥伦比亚学派的主要成员约瑟夫·克拉珀出版的《大众传播效果》认为,新闻媒介向受众传播信息的过程并非注射式的和直接的,而是必须经过中介因素,其效果只能是有限的。

选择性理论的主要观点是:受众心理倾向性势必带来受众对传播者和传播信息的选择。首先是有选择地接触,即受众习惯接触与他的现有观点、兴趣和态度相一致的大众传播内容,并有意无意地避免接触与其观念相左的信息。其次是选择性理解,即受众总是依据自己的价值观念及思维方式对所接触的信息做出独特的个人解释,使其与原有的认知相互协调而不是相互冲突。第三是选择性记忆,即受众在接触和理解信息的两个过程完成后,往往只是记住自己所赞同的内容,而忘却不赞同的内容。

3. 使用与满足模式

这是以"受众"为中心,以受众利用媒介的动机和目的是否满足来衡量媒介效果的理论。它与从传播者的角度研究理论的效果完全不同。

研究者对受众使用媒介的动机和目的的类型进行了各种各样的概括和论述。日本学者的归纳较有典型性:

(1) 解闷消愁

① 逃避日常生活的种种制约。

② 逃避劳苦和烦恼。

③ 解放情绪。

(2) 人际关系

① 同节目中的人物结成假设的社会关系。

② 获得有利于日常社会关系的效用。

(3) 确认自我

① 寻找确定自己位置的坐标。

② 学习应付现实问题的方法。

③ 强化价值。

(4) 监视环境

二、从社会学角度提出的理论

1. 二级传播理论

二级传播理论是美国著名的传播学者拉扎斯菲尔德及其同事于 1940 年在

美国俄亥俄州的伊里县进行总统竞选宣传调查时取得的意外收获。调查的目的是确定大众传播媒介——当时主要是无线电广播和报纸——对选举具有重大影响。然而，被调查的人当中只有少数人说他们曾经受到媒介的影响，真正影响投票的则是个人之间面对面的接触和劝说。循此深入，研究人员发现，那些接触传播媒介较多、热衷选举、关心政治问题的人能够在人际交流中对周围选民的态度产生这样或那样的影响。这些人被称为"舆论领袖"。研究人员由此第一次提出了"二级传播"的假设：概念往往先从无线电广播和报刊流向舆论界的领导人，然后再从这些人流向人口中不那么活跃的部分。这种由"大众传媒→舆论领袖→受众"构成的传播过程称为"二级传播"。

二级传播理论的关键是舆论领袖。他们上通媒介，下连公众，其传播更具针对性、灵活性，更易为受众接受。研究人员由此揭示了人际传播在大众传播中的重要作用。这是人们认识大众传播过程、探索传播规律的一大进步。

2. 含义论

含义论把行为当作内心理解的产物，也就是说，个人行为是个人对我们文化具有共同解释的符号、形象或事件的意义理解的产物。

含义论倡导者认为有三种"世界真实"，第一个是客观世界真实，第二个是媒介通过连续不断报道而呈现的世界真实，第三个是受众内心存在的世界真实。受众的行为是从其内心对世界的理解出发的。而受众内心存在的世界真实一方面来自对客观世界的亲身感受，另一方面则深深受到媒介的影响。不少研究者认为，在现代社会中，大众传播媒介在社会人员集体确定对社会现实的解释中发挥了主要作用，即媒介对现实的描绘在含义的确定、延伸、替换和稳定这四个方面发挥了主导效应。

3. 模式示范论

这种理论认为，大众传播能够描述模式化的行为。受众与媒介内容的接触，为自己提供了一种学习的对象，可以从中学得一系列行为方式，这些行为方式在一定程度上可以成为人们处理反复出现的问题的永久性方式的一部分。也就是说，媒介内容对受众的行为具有模式化的示范效果。

三、从社会心理学角度提出的理论

1. 议题设置理论

议题设置是指新闻媒介选择并突出报道某些内容，从而使这些内容引起公众的注意和重视。

议题设置理论的主要观点有三个:

(1) 在当代社会,大众传播媒介参与了"社会现实的构建",影响了人们头脑中对社会现实的构想。

(2) 大众传播媒介从每日每时所发生的客观事实中挑选出极少数加以广泛传播,从而影响到受众对社会事务轻重缓急的考虑。

(3) 事件在大众传媒中出现的频率,是受众赖以判断该事件重要性的主要依据。

2. 创新扩散理论

该理论主要研究大众传播对新技术、新观念推广所发挥的作用。

1973 年,美国传播学家罗杰斯和休梅克在《创新的传播》一书中对"创新扩散"理论的研究进行了总结,提出了四个阶段:

知晓:个体意识到创新的存在,并对创新的功能有所了解。

劝服:个体对创新形成一种赞成或反对的态度。

决策:个体从事于对采纳或拒绝创新作出选择的行动。

证实:个体谋求加强他已作出的创新决策。

西方学者一般认为,大众传播在"知晓""劝服"两个阶段可以发挥相当的影响力;而对"决策""证实"的影响力很小。所以,为了推广新技术、新观念,必须把大众传媒和亲身劝服结合起来。

上述的理论模式,都是在一定数量的实证研究基础上得出的,都有其成立的合理性,但都必须在一定的时间、地点、条件下才会显示出它们的实际效应。即使是被西方学者所否定的"魔弹论",在当今世界的某些国家或地区、在某些时间内仍然在发挥效应。

第五节 我国新闻媒体的作用和任务

"党和人民的喉舌"这一特性决定了我国的新闻事业有着特殊的作用和任务。从 1922 年《向导》创刊到现在,党领导下的新闻事业的作用和任务有些是始终如一的,例如,向人民群众传播马克思主义,宣传党的路线、方针、政策,揭露敌人,团结人民等等。有些作用和任务是随着党的工作总方针、总任务的改变而变动,或有所侧重。

1978 年底召开的党的十一届三中全会确定了全党的工作重点转移到支持四个现代化建设上来。把我们国家建设成为具有现代农业、现代工业、现代科学技术、现代国防的高度文明、高度民主的社会主义强国,这是今后我们党和全国人民长期奋斗的目标。为实现这一目标而奋斗同样是我国新闻媒体长期的总任务。

当前以及今后相当长的时期内,我国新闻媒介的基本任务就是以人为本,致力于和谐社会的建设,以科学的理论武装人,以正确的舆论引导人,以高尚的精神塑造人,以优秀的作品鼓舞人。具体来说,有以下几项:

1. 向人民群众宣传马克思主义、毛泽东思想、邓小平理论。

2. 宣传党的路线、方针、政策,宣传国家的法律、法令,保证政令畅通。

3. 监督党和国家的各级工作人员,帮助他们纠正官僚主义、特殊化,揭露种种腐败行为,促进党的各级组织和国家政权机关的建设。

4. 成为党和人民群众联系的桥梁。一方面,把党和政府的工作情况通过新闻媒介向人民作汇报,把党的路线、方针、政策和国家法律、法令通过新闻媒介传达给人民;另一方面,把人民的意见、要求、愿望通过新闻媒介反映给党和政府,从而密切党、政府和人民群众的联系,使党、政府和人民同心同德、齐心协力。

5. 提供各方面的信息。让干部、群众及时了解国内外的政治、经济、文化情况,帮助他们了解全局,开阔眼界,更好地判断问题,并提出意见和建议,真正当家做主,从而促进社会主义民主和法制的建设。

6. 传播知识,做好服务工作。满足各阶层人民对科学技术、文化艺术、体育卫生、家庭生活等多方面的兴趣和爱好,丰富人民的生活。

7. 做好对外报道和国际宣传。使各国人民能及时听到社会主义中国的声音,了解中国的情况,理解中国的各项政策和对国际问题的立场,增进国际交流,增进中国人民和世界各国人民的友谊,从而创造有利于我国现代化建设的环境。

在和谐社会的建设中,在不同的时期,根据具体情况,我国新闻机构的具体作用和具体任务会有所侧重,这些要由党的有关领导部门和各个新闻机构作出具体规定。

复习思考题

1. 新闻媒体的基本功能是什么?
2. 新闻媒体具有什么样的正负效应?

第十二章

新闻媒体的受众

如前所述,新闻媒体的功能定位和受众定位是媒介经营策划的两大支点。如果说前面所讲的功能定位更多的是着眼于媒介性质,由媒体主持人(即主办者)自身的主观愿望确定,带有更多的以"传者为中心"的主观色彩的话,那么,受众作为一个客观性的存在,作为传播活动的起始点与最终归宿,更多地表现为一种实实在在的、不以任何主观意志为转移的客观性的制约。它与功能定位,相辅相成,共同决定着媒体传播的内容、风格和整体面貌,并最终决定着媒介传播的成败得失。

重视受众、研究受众、了解受众的兴趣和需要,已经成为今天所有媒介从业人员的共识和必需。

第一节　受众是新闻媒体的积极参与者

受众是个特定的传播学意义上的概念,它由原始的演讲的听众、戏剧的观众一词演化而来。在大众传播领域里,受众指的是大众传播媒介信息的接受者,其中主要是指三大新闻媒介即报纸的读者、广播的听众和电视的观众。

在相当长的一段时期内,人们把新闻媒体的运作仅仅看成是其主持人(主办者)和记者编辑的劳作而已,对受众的作用认识不足。最具代表性的理论就是 20 世纪 30 年代盛行的"魔弹论"——把受众看做是被动的接受者,只是无条件地接受传媒提供的任何信息和宣传。与此相对应,传者(主持人和记者编辑)是整个新闻传播过程的中心,即"传者中心论"。但是,随着大众传媒的多样化和媒介竞争的日趋激烈,同时也伴随着传播学研究的深入,人们发现事实与最初的想法不同,甚至可以说截然相反。受众并不是消极被动的接受者,相反,他们是积极的参与者,甚至可以说,是整个新闻传播活动最活跃的决定性因素。在新闻传播活动的各个环节,受众都在或明或暗、或强或弱地起着各种制约作用。

受众对于新闻媒体整个运作的参与,并不是说他们都到媒介内部来当记者编辑,而是以各种形式的反馈向记者编辑,向媒介的决策者发出他们的"指令"。这些指令有多种形式和途径,例如,新闻媒介对于内容和形式向受众作调查过程中受众明确表达的态度,受众在有关座谈会上公开表达的意见,受众平时的来信来电等。但是,受众对新闻媒介最经常、最权威的评价就是对各种各样媒介的接触程度即报纸的发行量、电台节目的收听率、电视节目的收视率。发行量、收听率、收视率是新闻媒体的生命线。而这条生命线就掌握在受众手里。

那么,受众对于新闻媒体有哪些决定性的影响呢? 主要表现在三个方面:

1. 决定着新闻媒体内容的取舍。从表面上看,新闻媒介内容的取舍是由媒介的负责人,由记者编辑决定。但从长远看,从整体上看,新闻媒介内容的最后取舍权属于受众。任何信息的发布必须从满足受众实际需要出发,任何宣传同样必须从受众所能接受的实际程度出发,否则就真的成了对牛弹琴。

2. 决定着新闻媒体的风格定位。我们曾在前文讲过,北京、上海、广州三家晚报各有鲜明的风格。这种风格的定位看似报人长年累月探索、实践的结晶,而实际上是报人从三个不同地域读者的心理定势和阅读习惯的实际出发的经验总结。读者的文化底蕴决定了报纸的风格。

3. 决定着新闻媒体变革的方向和进程。不停的变革是新闻媒介的一个特点,无论报纸的版面安排、专栏设置还是电台、电视台的栏目更换,可以说,一年一个样,三年大变样。变革的依据何在? 归根到底在于新闻媒介不断追逐受众的新需求。是受众迫使新闻媒介按照受众的需要不断进行变革。

从中外新闻史上看,重视受众是一切新闻媒介兴旺发达的起点。重视受众的新闻媒介不一定是非常成功的媒介,因为新闻媒介的成功还有其他因素,但不重视受众的新闻媒介绝对不会是兴旺发达的媒介。

毋庸讳言,中国的新闻媒体在相当长一段时间内是以传者为中心的,媒介生产什么,就要求受众接受什么。1956 年当代中国著名的新闻学教授王中提出"读者需要论",此后长期被当作资产阶级观点加以批判,直到党的十一届三中全会以后才平反。但对受众的真正重视和尊重,是在党的十四大召开以后,当新闻媒介真正走向市场、参与市场竞争以后,新闻媒介的从业人员才懂得,受众是新闻媒体的"衣食父母",是新闻媒体真正的"上帝"。中国的新闻媒介从这时候开始了从以传者为中心逐步向以受者为中心的过渡。伴随着这一过渡,新闻媒介更加重视对受众的调查,真心实意地倾听受众各种形式的反馈。

第二节 受众的特点

意识到了受众对于新闻媒体工作的重要性,作为新闻传媒的从业人员就有必要更深入细致地了解、认识受众的特性以及受众的不同信息需求特点。

新闻媒介与其他传播方式(如人际传播、组织传播等)相比较,它的受众表现出某些独有的特征。

1. 广泛性。这是指受众成员组合和地域分布上的广泛性。新闻媒体是面向全社会开放的。从广义上讲,所有的社会成员都是新闻媒体现实或潜在的受众群,无论种族、性别、年龄、职业,这时他们只有一个共同的身份——新闻媒介的受众。新闻传播的广泛也使受众超越了地域的间隔,在相同或相近的时间里,聚合而为传媒信息的接受者。当年全球有数亿电视观众在屏幕前同时目睹了"挑战者"号爆炸的悲壮瞬间;而今,全世界不同国别的观众又同样通过新闻报道关注中东局势动荡、紧张的战争风云;从2014年巴西世界杯足球赛开赛的一刻起,全世界球迷都聚集在电视机前守候着心中的圣典。新闻传播的高度开放性和由之而来的受众的广泛性是其他传媒难以比拟的。

2. 混杂性。也正因为新闻媒体受众成员广泛地分布在全社会的各个角落,就相应造就了受众群体成员的混杂性特征。他们在同为传媒受众这一点上是同一的,但他们彼此之间又同时存在着许多明显的个体差异,如身份、地位的悬殊,贫富的差别,文化教育程度、价值观念的不同等,可谓千差万别。这种差异必然造成他们各自的兴趣爱好和信息需求的不同。这既给新闻媒介满足受众需要带来了相当的难度,但同时也为新闻传媒发展的多样性奠定了受众基础。

3. 隐蔽性。尽管分散的受众成员有时也采用各种形式直接或间接参与新闻媒体工作,如参与节目,来信、来电反映意见和要求,或参与、接受媒体组织的受众调查等,但在总体上,受众对于新闻媒介来说是不见面的,是一种笼统的、隐蔽的存在。新闻媒介执行的是宽泛的大众传播,媒介与分散的受众成员很难进行直接的双向交流,媒体也很难确知具体的受众的个体特征,只能依赖经常性的大范围的受众调查,通过受众反馈把握受众总体特性和其相关要求。

随着历史的发展,特别是伴随社会的变化和时代的进步,在不同历史时期,受众也呈现出不同的特性和相应的信息需求特征。

以我国受众来说,改革开放三十多年来,特别是进入 20 世纪 90 年代以来,无论是受众群体自身还是相关的信息需求都出现了许多新的趋势和特点。

中国当代的社会改革是围绕着体制转轨和社会转型同步展开的,即从计划经济体制向社会主义市场经济体制转轨,从旧有的、封闭落后的农业社会向现代开放的工业社会转型,在此总体变迁的框架之下,引发了当代中国受众群体和群体信息需求变化,主要有:

1. 在急剧的社会变动和开放的社会联系面前,受众表现出旺盛的信息需求,求新、求变之心表现得尤为强烈。计划经济体制下,社会封闭、稳定,受众与外界联系少,外界变动对其切身利益影响也不大,这使得整个受众群体信息需求不旺。但随着向开放的市场经济体制过渡,整个社会处于较剧烈的变动期,每天甚至每时每刻都可能涌现出新的事物、新的现象。同时,开放社会中,受众与外界的联络和交往越来越频繁,社会变革的深入和社会交往的增加,使外界环境变化与受众自身利益的联系日益紧密。这就带动、引发了受众强烈的信息需求,使之急欲求新逐变,希望及时、准确了解外界最新变动。有调查表明,对国际新闻感兴趣的受众,80 年代集中在知识分子阶层,到 90 年代已延伸扩大至很多农村受众,这也从一个侧面证明社会开放度增加,带动受众信息需求面的扩大,受众对新闻媒介的接触频率也在同时大幅度上升。[①] 今天的中国受众,求知欲更强,敏感度更高,眼界更开阔,这给新闻媒介的发展带来了良好的机遇。

2. 市场经济条件下决策主体增加,带来受众对硬性的决策参考性信息的需求增加。计划经济体制,一切都由国家包办,政府握有唯一的决策权,是唯一的决策者,企业、公众当然也就缺乏旺盛的决策信息要求。但随着向市场经济体制转轨,决策权相应分散,政府、企业、家庭成了相对独立的决策主体,拥有各自的决策权,也就产生了对相应的决策参考信息的需求:政府需要了解社会变动和政策施行的反馈信息,以及时调整宏观决策;分散的千百万个家庭需要了解国家的经济形势和与百姓相关的方针政策,以确定自己家庭余钱的投资去向;至于企业,作为自负盈亏的独立法人和市场主体,决策对错,生死攸关,更是迫切需要确知市场行情和外界(国际、国内、本地)重大政治、经济、社会、文化等方面的最新变动和变动的影响、意义,以便作出正确的经营决策。这说明,市场经济条件下,

---

① 参见廖圣清:《中国受众与新闻媒介——从 15 年来受众调查看获取新闻主渠道和对传媒总体评价的变迁》,《新闻大学》1997 年夏季号。

决策主体呈现出多元化的特点,决策重要性增加。相应地,受众对于对决策富有参考价值的硬新闻和指导性信息需求转旺。进入 90 年代,有调查表明,受众对国内政治、经济新闻的兴趣相对于 10 年前显著增加,有超过 90% 以上的读者对国内重大人事变动表示了兴趣,全国有 68.5% 的读者对市场信息感兴趣等。[①]这对新闻媒介是一个重要的启示:在市场经济确立的过程中,新闻媒介在提供硬性的决策参考信息方面,大有可为。

3. 受众群体分化趋势明显,新增群体涌现,造成受众信息需求的多元与分化。当代中国变革反映到社会结构上,一方面,在旧有的社会群体内部裂变产生新的阶层,如在传统的农民群体里,已分化出农业人口、农民工人、农民企业家、农村基层行政管理人员、乡镇企业经营管理者等许多个阶层;另一方面,在传统社会群体外部,随着改革深入,又产生出许多新兴的阶层,如私营企业主、民营企业家、外资企业雇员等,整个社会群体包括媒介受众群体出现了多元和分化的趋向。这也引发、带动了受众兴趣和信息需求的多样化。不同群体间的共同兴趣点减少,兴趣和信息要求分化,同时在各自不同的方向上,出于各自不同的利益要求,表现出不同的但却是强烈的信息欲求。媒介要及时、充分满足多元群体的多样化需求,自身也必须相应实行分流发展,从笼统追求"共赏"走向细致地满足"分赏"。

受众是新闻传播的积极参与者,受众又是流动和富于变化的,媒介必须及时追踪、了解他们的最新动态和发展趋向,才能不断适应、满足受众需求。也只有赢得受众,媒介才能占有市场,求生存、图发展。

第三节　受众的细分

新闻媒体要做到深入了解受众、准确定位,仅仅把握它的总体特征是远远不够的,还必须对受众群体做更细致的分类研究。

受众,在大众传播中是个集合性的群体,数量众多,成员广泛,而其分类方式,从不同角度出发,也是多种多样的,主要有:

1. 按照接触的媒介类别,可简单地划分为报纸读者、广播听众、电视观众,不过这三类受众并非截然分开的,而是彼此交叉的,同一个受众个体,可以既是报纸读者,同时又是听众、观众。

---

① 参见廖圣清:《中国受众与新闻媒介——从 15 年来受众调查看获取新闻主渠道和对传媒总体评价的变迁》,《新闻大学》1997 年夏季号。

2. 按照人口统计学原理,受众群体内部可以按照性别、年龄、职业、地域、教育水平等再划分成不同的次属群体。不同次属群体有其相似特性,在受众总体的共同兴趣和共同信息需求之外,会形成特殊的兴趣和特殊信息需求。比如,20世纪90年代以来的数次调查表明,男性受众对新闻类节目的兴趣明显高于女性受众,女性受众则明显偏爱文娱类内容;在不同年龄段的受众群中,青年人敏感,适应性强,求知欲旺盛,渴望了解外界变化,在调查中显示出热衷于新闻和知识类节目等。①

3. 按照接触新闻媒体的频率,可分为稳定受众和不稳定受众。凡是比较习惯地、固定地接触和使用一定媒介的受众,称为稳定受众;反之,没有固定习惯,只是偶尔接触媒介的称为不稳定受众。对任何一家新闻媒介来说,稳定受众群数量的多少是衡量媒介传播内容效果好坏的重要指标之一。因此,不断争取扩大稳定受众群是所有新闻媒介恒定不变的努力目标。

4. 按照受众不同的信息需求,可分为一般受众和特殊受众。一般受众是指剔除年龄、性别、教育程度、职业、地域等方面的特性差异和兴趣区别,对于新闻媒介的各种传播内容抱有一致的共同需求,这些受众兴趣广泛,信息需求旺盛,但目的不是十分明确,信息需求的指向性比较模糊。特殊受众与之相反,是基于年龄、性别、职业等方面的差异形成不同的兴趣,对某类或某几类信息产生兴趣和相应信息需求。这类受众兴趣比较专一,对媒介的接触目的明确,信息需求指向鲜明。

当然,一般受众与特殊受众也是相对而言的,不仅是受众总体有一般与特殊之分,有时在同一受众群体内部也有一般与特殊之别,如青年人在受众总体中是特殊受众群体,但在青年群体内部又可分为大学生、中学生、青工等更小的特殊群体,这时青年人群体相对而言成为一般受众。

以往媒介在作受众研究和定位时,鉴于受众群体的广泛和媒介扩大受众面的需要,往往注意从一般受众出发,在最大范围内追求最大限度地满足全体受众共同兴趣。但随着现代社会的转变,受众群体的分化和多元趋势越来越明显,群体间兴趣差异和信息需求区别日益显著,共同兴趣点的内涵减少,这给媒介争取一般受众带来困难。为适应受众群体这种日渐分流的趋向,新闻媒介也在逐渐调整自己的受众观念,更多地顾及、考虑特殊受众的特殊信息需求,实现分流、分层次发展,由笼统地追求"雅俗共赏"走向更现实的"分赏"之路,在不同方向上

---

① 参见陈崇山等主编:《媒介·人·现代化》,中国社会科学出版社1997年版,第66~79页。

争取各自的受众。

5. 按照接触新闻媒介的确定性分为现实受众与潜在受众。凡是已经确实接触使用新闻媒介的受众,称为现实受众。凡是具备正常的媒介接触能力,但还没有接触、使用媒介的受众称为潜在受众,即其具备成为媒介受众的可能性。新闻媒介是开放的大众传媒,从理论上说,全社会的成员都可成为其受众,即任何媒介的受众群都有潜在的、可不断扩大的可能性,这是媒介得以不断拓展受众面的基础。

6. 按照新闻媒介明确的传播对象,可分为核心受众和边缘受众。新闻媒介在总体上对全社会开放,全社会成员均可作为其争取的受众对象。但实际上,各个单独的媒体和媒体上设置的各类栏目,都有着不同的传播内容和个性风格,这些内容和风格是针对并满足某些相对比较固定、明确的传播对象,这部分受众就是媒体和媒体特定栏目的核心受众。它是媒体需要稳定和竭力争取的最重要的对象,也是媒体的生命线。媒体的内容选择、栏目设置、风格定位等都较多地以核心受众需求为出发点进行筹划、设计和编排。所以说,新闻媒介各自的传播内容和风格特色的确立,争取了各自的核心受众,而核心受众的兴趣爱好、信息欲求反过来又在不断强化着媒体自身的传播个性。核心受众的确立,在目前受众群体分化与多元的大潮面前,对于新闻媒介显得非常迫切和重要。要实行媒体分流、分向、分层次发展,必须首先有明确的核心受众观念,改变以往模糊的笼统的受众观。媒介整体和媒介设定的栏目,都要强调传播特色和鲜明的个性风格,在针对并稳定核心受众基础上,再争取拓展受众面。

核心受众群体之外的受众称为边缘受众。他们虽然不是媒体及其栏目确定的传播对象,但由于某种特殊原因,也有可能对这类传播内容抱有一定兴趣,例如中央电视台开办《半边天》节目是针对妇女而设,但有关收视调查表明,不少男性观众也时常收看这一节目,原因是节目中很多涉及家庭伦理、家庭生活的内容也同样吸引了他们;美国系列动画片《猫和老鼠》是针对少年儿童的,但片中搞笑的情节和丰富、奇特的想象也吸引了很多成年人。这时候,这些"额外"的受众无形当中拓展了节目的受众面,但这必须首先是在稳定核心受众、满足他们要求的前提之下。

受众群体的细致划分方式还有很多,这不仅说明了受众组合情况的多样性和复杂性,更重要的是为媒介的受众定位提供了一个详细的参考体系。只有在细致研究、认真区分基础上,媒介受众定位才有可能做到准确、鲜明,符合媒体发展的实际需要。

第四节 新闻媒体的受众定位

对于任何性质的新闻媒介,受众的接触与选择,都是其一切功能目标实现的首要前提。无论从哪方面讲,受众对于媒介的成败与生存都是至关重要的制约因素之一。占有市场,赢得受众,这是媒体的必然选择。而占有市场、赢得受众的第一步就是栏目的受众定位,即确定媒体整体和所设栏目的明确的传播对象,解决向谁传播的问题。

在新闻媒体产生之初及其后很长一段时间,新闻媒体执行的是严格意义上的"大众"传播,笼统地把社会上的全体大众都作为自己的传播对象,受众定位问题并没有得到足够的重视。在我国,类似情况也较明显。在新中国成立以后相当长时间里,媒介构成比较单一,从中央到地方,基本上是一报二台格局(一家党报、一家广播电台、一家电视台),媒体品种数量少,受众数量庞大。这时期媒介更多考虑如何扩大宣传报道面,拓宽媒体受众覆盖范围,传播对象广泛但模糊,很少认真思考具体、明晰的受众定位,或者说,那时受众定位还没有作为一件大事摆上媒介决策者的议程。但是,此后情况逐渐发生了很大的变化,随着社会的发展和传媒业的日臻发达,新闻媒体的品种和数量急剧增多。如此庞大的媒介群落和毕竟有限的社会受众群不对称,再加上越来越多的新闻媒介正式步入市场,媒介受众市场的严重分割已是必然。与此同时,就像我们在前面一直强调的那样,随着向现代社会转型,受众群体分化与多元趋势越来越显著,群体细分势必带来相关兴趣和信息需求分化,群体与群体间共同兴趣的内涵越来越小,彼此信息需求的分野越来越明显。媒介的发达多样与受众以及受众兴趣的日渐分化多元相随同步,意味着以往不重视受众细分与定位的做法不可能延续下去。新闻媒介不得不做出一个重大的转向:由"大众"走向"分众",由共赏走向分赏;在分化的受众群中,确立自己的受众市场,也就是明确自己的具体受众定位。同时,受众定位对于新闻媒介不再是一个无足轻重的话题,而已经成为决定媒介成败得失的决定性因素之一了。

总体上,新闻媒体的受众定位主要包括一家媒体的整体受众定位和媒体的各个分设栏目、频道等方面的特定受众定位两部分内容。如中央电视台作为唯一一家全国性综合电视台,整体受众定位是全国电视观众,但其各个频道和频道各个分设栏目均有各自的受众群:如中央一套、二套节目以国内外重大时事新闻、深度报道、经济信息等严肃的硬性节目为主,主要用于指导工作、提供决策参考信息、开阔视野。受众定位主要针对文化层次相对较高的知识分子,握有一定社会决策权的各级领导干部,急需经济决策参考的企事业经营管理者和求知欲旺盛的青年学生等。而专门的体育频道则面向全国的体育爱好者,军事频道以部队官兵和军事爱好者为主要对象,《经济半小时》《中国财经报道》等经济类专栏节目则向各地企业经营管理者提供国内外重大的经济信息参考,《致富经》栏目则面向广大的农村电视观众,为其提供服务等等。其他省市无线综合台和有线电视频道的情况也与中央台大体类似,只是受众限于本省市。电子传媒是这样,报纸及其专版、专栏也需要细致定位,如上海的《解放日报》作为党报,整体主要面向各级干部、广大党员、知识分子等,但具体版面、栏目受众定位也有细致区分,如头版要闻版和其他新闻版面主要提供重大时事消息和政策参考,面向各级领导;电脑专版则针对广大电脑用户和电脑爱好者;汽车专版针对都市汽车爱好者;股市行情、财经信息则又面向广大股民及企事业经营者等。这是在核心受众基础上,以专版、专栏方式满足特殊受众要求,以进一步拓展媒体受众面。对这些媒体来说,无论是媒介整体受众定位还是分设栏目、版面、频道受众定位,都具体而明晰,彼此之间的界限也是很清楚的。

　　当然,媒体清晰、准确的受众定位并不是凭空想象、随意为之,而是有着认真、细致的筹划、设计过程,而最关键的步骤就是在正确的定位原则指导下确定核心受众群。

　　不论是媒体整体还是其分设栏目、频道,受众定位的总体指导原则都是同一的,即宽窄适度,范围适中。我们已经说过,在分群化的现代社会中,媒介必须走分众传播之路,但分到什么程度需要认真斟酌、仔细权衡。范围过宽、过大,等于不分;一味追求扩大受众面,笼而统之地去争取所有受众,去满足所有受众的共同兴趣,也是行不通的。这种状况在我国目前媒介中相当普遍地存在着。媒介受众定位过于宽泛,片面追求增加受众数量,不同程度地出现晚报日报化、小报大报化、专业报纸社会化、地方报纸全国化、专业电台综合化等倾向,只要出现一种广受欢迎的节目、栏目形式,许多媒介就群起仿效、一哄而起。这种种做法的结果是媒介内容大量雷同、题材撞车现象层出不穷,或一味求软,媒体品位出现低俗化倾向。这说明在当前形势下,受众定位过宽是不可行的。但如果反其道,走到另一个极端,即受众定位过窄也不行,曲过高,和者必过寡。媒介产品是精神产品,也是商品,它毕竟也是现代大众文化的一个有机构成部分,太过阳春白雪,就失去了媒介产品的特性。从经济角度考虑,定位过窄,报纸发行量太少,广播、电视节目的收视率、收听率太低,受众过少,广告商自然不愿投放广告,广告上不去,媒介收入下降,在媒介走向市场的今天,这对媒介的生存是莫大威胁。因此,定位过程中一定要注意"度"的把握,这个宽窄适中的度,就是确定适当的核心受众群,以核心受众群为中心,再力图扩大至边缘受众群,争取把潜在受众不断变为现实受众。

在核心受众群确定以后,边缘受众、潜在受众等范围也就比较明确了。在核心受众确立过程中,主要要考虑以下四个方面的要素:

1. 受众区域定位。新闻媒体虽然是高度开放的大众传媒,以现代传播技术的发达程度,媒体信息产品可以在全球范围内自由流通,使受众在全球范围内实现信息共享。但就各个单独的媒介而言,其传播范围一般总是特定的、有限的,因此媒介需要确定一定区域内的受众作为主要传播对象,以后根据特定地域内核心受众的兴趣偏好和信息需求指导自己的内容选择和风格定位。如前面所列举的京、沪、粤三地报纸不同个性,很大程度上就是由其地域受众需要决定的。首先在稳定区域性核心受众前提下,再试图扩大受众地域范围,这对地方性的新闻媒体显得尤为重要。如上海的《解放日报》,主要以上海读者为核心受众,在优先满足上海读者信息需要前提下,再利用上海独特的地区优势,特别是它作为亚洲、全国和华东地区的经济中心,对外联系广泛,该报根据各地读者关注上海、希望了解上海的心理,逐步以上海为中心,向周围地区(尤其是和上海联系紧密的江浙等华东六省)乃至全国辐射,扩大边缘读者群,争取扩大潜在读者面。南京的《扬子晚报》主要面向南京读者,以南京为中心,逐步覆盖江苏全省,同时利用沪宁之间地域接近的优势,开设上海地区的新闻专版,沟通两地读者,也慢慢向上海地区渗透,但其核心受众始终定位在南京地区,这是该报受众的根基所在。《人民日报》总体面向全国各级领导干部,但该报华东版定位面向华东六省一市,风格个性更接近南方风范。各个媒介的具体做法不尽相同,但都是以一定地域内的受众为核心受众。一旦确定某区域受众为核心受众,就主要以他们的需求作为媒体筹划、设计的出发点之一。

2. 受众职业和身份定位。对于媒体或栏目主持人,除了要明确核心受众的区域范围之外,还必须要明确其职业和社会身份。同一个地区的受众,身份不同,职业不同,社会地位不同,甚至同一个受众在不同时间、不同场合处于不同的社会角色,其需求都会有很大的差别,比如领导干部、企业家和普通工人之间,大学生和农民工之间,知识分子与农民之间,甚至一名领导干部,在他处在工作岗位作为领导和他回到家中作为普通市民时,相应的需要都会有相当大的差异。不同的媒介要注意将不同职业和身份的受众作为其核心受众。例如我国目前大量涌现的晚报、都市报,就明确以全体市民为核心受众,无论受众中还有多少差别,即使是省长、市长、大学教授,在晚报、都市报面前,他们都有一个共同的身份:市民。以市民为核心受众,以为市民服务为办报宗旨,是这些报纸的显著定位特点。既然是面向市民,市民最关心的是身边生活,因此报纸内容尽可能突出服务性、生活类的软性内容,市民阅读晚报、都市报主要为了业余休闲,因此报纸尽可能突出娱乐性,体现消闲的情调,风格温馨,富于人情味,编排形式灵活而富于变化,都市气息浓厚。

在另一个层次上,我国的各级党报则不同。它们以指导工作、宣传、解释大政方针为主要功能,这就需要以各级企事业单位领导干部和中高级知识分子为核心受众。这些人是社会的决策层和思想库,社会地位重要,社会影响力大。出于工作需要、兴趣爱好,他们比一般人更关心党和国家的重大方针政策和国内外形势变化,有了解这些信息的迫切要求,与党报决策指导功能相契合,最适宜作为党报首选的核心读者。为了适应这部分读者,党报在内容上就须突出硬性的政治、经济新闻和评论,突出政策性信息,风格严谨,格调高雅,体现严肃的大报之风,满足核心读者需要。同时考虑到我国一些特殊情况,如新兴私营企业主阶层,一方面出于市场竞争和企业经营决策需要,对决策参考信息需求量很大,另一方面自身文化程度不高,对信息的消化过滤能力差,因此党报在提供指导信息时就尤其要注意对信息的分析、综合、归纳、整理工作,着重阐释重大政治、经济变动和方针政策的意义、影响,供企业主们参考,指导决策,争取逐步把他们从党报边缘受众纳入核心受众群中,使之从党报潜在受众逐渐变为党报的现实受众,扩大党报覆盖面,增强党报影响力。

电子媒体与报纸一样,在受众定位时受众职业和身份也是必须事先考虑的要素。如20世纪90年代,受电视和报纸双重夹击,很多电台收听率下滑,但北京广播电台的收听率却直线上升,成功关键就在于卡准了受众身份。北京地区大专院校集中,学生人数多,学生学习压力重,生活紧张,渴望放松,他们处于青春期,求知欲旺盛,信息需求量大,但没有时间大量阅读报纸,而看电视或受家长限制,或受学校学生宿舍的条件限制,唯独收音机携带、收听方便,受个体支配,不易受外界干扰,对学习影响也较少,这样广播成为很多学生钟爱的媒体。北京广播电台看准这个趋势,转向以学生为核心受众群,内容多为受学生欢迎的新闻类和音乐类节目,信息量大,娱乐性强,适应了学生求知和休闲的双重需要,风格上尽量突出时代感,迎合了青年学生热衷新潮事物的心理。北京广播电台由此一举成功,吸引了大量学生收听,广告收入直线上升,超过亿元,为同行所羡慕。

再如各地陆续开办的交通广播电台,也正是看准了现代人对外交往、联络频繁、大量时间要在交通工具上度过,同时私家车日趋增多,渐成规模,因此以"旅途中的人"为核心受众,满足人们在旅途中的信息需要,交通台的节目信息量大,流动感强,娱乐性、休闲性内容较多且均通俗易懂,风格清新明快,轻松愉悦,可以缓解人们在旅途中的疲劳,舒缓人们疲惫的神经,结果一样广受欢迎。

3. 受众的年龄定位。人在不同的年龄阶段,处于不同的环境和地位,有不同的理解力,就会有不同的需求偏好。媒介在受众定位时,一定要顾及年龄因素。如大型综合性日报,以硬新闻和指导性信息为主,一般应以中年人为核心受众。因为需要这类信息的多为决策层领导、企业经营管理人员、中高级知识分子等,其年龄段多集中于 35 岁以上,这部分人有较丰富的社会阅历,又掌握着相当的社会决策权,文化程度也比较高。考虑到这些特点,报纸内容要突出深度,重在意义阐释,原因、影响的深入解析等,多刊登重大的政治、经济、文化方面的硬新闻,适合决策者、知识者的信息偏好,满足其决策参考需要。

即使同一个年龄段的受众,身份、职业不同,信息欲求差异也会很大,因此需要同时将身份和职业要素综合考虑,如上海《青年报》主要面向大学生,其子报《学生导报》主要面向中学生,子刊《生活周刊》则主要面向文化程度不高的青年工人。这就是在总体以青年人为核心受众基础上,顾及青年群体内部分化和信息需求的不同,进一步细化受众定位。

4. 受众文化教育程度定位。受众的文化教育水平也决定了其对媒介传播内容的偏好和理解力。媒介在受众定位时,一定要将其作为一个重要参考系数。一般讲,大型综合性日报内容严肃而有深度,应以受过大专以上教育的受众为主,也正是这部分读者可能对重大决策参考信息关注度较高,理解力较好,与大报优势亦相契合。晚报、都市报面向广大市民,要顾及市民间巨大的文化教育水平差异,起点不宜过高,以定位在小学、初中水平为宜,内容通俗易懂,形象性强,浅显而明快。电子媒介也类似,像新闻调查、新闻观察等深度报道和综合性新闻评论节目,可以定位在文化水平较高的受众层(如大专以上),突出内容的纵深感和厚重感,体现出一定深度;而生活类节目则与晚报类似,文化水平起点可低一些,贴近生活实际,简明易理解。总之,不同媒介、不同栏目有不同功能和特性,要仔细研究受众大致文化水平、受教育程度和相应的理解力、信息欲求等,以此确定不同的内容和风格个性。

影响媒体核心受众定位的要素还有不少,如性别、民族等,但最重要的就是区域、身份和职业、年龄、文化教育程度、收入和社会地位这几方面,它们是任何时候、任何媒体受众定位所必须考虑的决定性要素。

复习思考题

1. 受众对新闻媒体具有什么样的决定性影响？
2. 新闻媒体该如何确定受众定位？

第十三章

互联网与传播革命

第一节　人类社会的四次传播革命

人类社会绵延至今,经历了四次意义重大的传播革命:

第一次传播革命是文字的发明和使用。人类文明第一次突破时间、空间的限制,"通之于万里,推之于百年",并保证了信息在传播中不被扭曲、变形、重组和丢失,从而使祖先们积累的实践经验得以传承,由此引导人类由"野蛮时代"迈向"文明时代"。

第二次传播革命是印刷术的发明。印刷术的发明和推广不仅给中国,也给欧洲乃至整个世界文明带来了曙光。曾经只在上流社会流转的竹简、帛书等复杂的书写媒介,开始走进寻常百姓家,知识的垄断被打破;宗教教义以小册子的形式得以大量复制、自由传播,在当时的欧洲直接引发了宗教改革和启蒙运动;报纸、杂志、书籍等大众媒介迅速普及,大众传播时代的来临,加速了封建主义的没落和资本主义的诞生。

第三次传播革命是电报的发明。电报的发明主要解决了长距离即时点对点的传播,使得大规模贸易、大兵团作战成为可能,并由此引发了政治、经济、军事等各个领域的巨大变革。而后以广播、电视为代表的一系列模拟电子传播技术与媒介相继出现,挣脱了印刷传播时代必不可少的物质传播束缚,使得人类信息传播的速度空前迅疾,范围空前广泛,内容空前丰富,复制扩散和保存信息的能力空前增强。人类社会进入电子时代。

而第四次传播革命,亦即互联网相关技术的推广与使用及由此带来的新媒体勃兴。相比于前三次传播革命,这次传播革命不仅在传播载体、传播介质上更加先进,实现了数字、语言、文字、声音、图画、影像等多种传播方式的统一数字化处理;更以其交互性传播模式,使得传者与受众之间的传统关系发生巨大转变,传播权力面临深层次的结构调整。

互联网正在重塑我们的世界。从全球游戏规则到各国治理、统治的方式,从科技创新到知识经济,从市场行为到每个人的生活方式,从社会思潮到民主法制建设,都因互联网而改变。有学者统计,一个新的传播媒体普及到 5 000 万用户,收音机用了 38 年,电视用了 13 年,互联网用了 4 年,微博只用了 14 个月。这一次的传播革命,已不仅仅是公众个人的媒介使用抑或是推进文明扩散的问题,这是一场个人与国家、"自媒体"与"大众媒体"关系的重新定义。它催生了一个全新的传播环境,既包括传播媒介、传播结构、传播方式的转变,也伴随着传播效果、传播理念和传播文化的跃迁。兴起于 20 世纪 80 年代的互联网和在 21 世纪第一个十年中蓬勃发展的以手机为代表的新媒体极大地改变了社会信息传播的基本格局,将人类文明推向更高级阶段的同时,带来了整个社会权力结构的转变,也为国家治理提出紧迫的新课题。

第二节　互联网是一场新的传播革命

从文字到印刷到电信是人类处理信息技术的革命,而以互联网为代表的第四次传播革命标志着人类社会正式进入信息时代。

互联网是一组相互连接的节点,每个节点都具有自由、平等的内在品质,正像 1993 年《纽约客》杂志上对于坐在电脑桌前的两条狗的描绘:在互联网上,没有人知道你是一条狗。[①] 正是凭借互联网的先进技术,每个节点即每个网民都可以超越地理的阻碍在全球建立联系,可以超越社会身份的限制在全社会建立联系。正如《数字化生存》的作者尼古拉斯·尼葛洛庞蒂斯所言:"一个巨大的变化就是它已经是一个联系的世界。这种联系不仅是每一件事与每一件其他事件联系起来,也是移动的联系,而不是静止联系,不是游离的行为。因此,这种联系才是巨大的变化。"在全球、全社会建立联系,正是互联网革命性意义所在。

这种联系,可以是点对点的(个人对个人)、点对面的(社会大众或一群人),

---

① ［英］安德鲁·查德威克:《互联网政治学》,华夏出版社 2010 年版,第 33 页。

也可以是面对点的、面对面的，也就是说，互联网所建构的联系包括人际传播、组织传播、大众传播。

这种联系，可以是纯粹的社交性质的，比如同乡、同学、同事间的情感交往、生活体验；可以是政治上的联系，如各种政治观点的交流、交锋；可以是经济上的，比如商业买卖关系；可以是科技交流、学术探讨。

这种联系，可以是经常性的，有相对稳定的关系，比如微信朋友圈，属于强联系；也可以是偶然性的，属于弱联系。

这种联系，可以是官对民、民对官的，也可以是官对官、民对民的，可以是一个人对一个机构或团体，也可以是一个机构或团体对个别人。

这种联系，可以是匿名的，也可以是实名的。

这种联系，每个人都可以以不同身份展开，例如同学、同乡、同事，官员、学者、普通居民，顾客、病人、志愿者等等。各种身份产生、建立各种各样的联系，每个人都处在由各种关系所编织的网络中。

社会就是人与人之间的交往。正如马克思所说："人的本质是人的真正的社会联系。"[①] 网络上人与人之间如此广泛的交往、交流，就构成了一个新的世界、新的社会，我们把它称作虚拟世界、网络世界或网络空间。人类社会从诞生至今，经历了各种社会形态，但不论在什么形态的社会里，人类都生活在以物质、能量为基础的现实世界之中。而现在，互联网给人类创造了一个全新的虚拟世界。

网络世界与现实世界有许多不同之处。

网络世界，也即网络空间，这个空间无限大，每个人都可以无拘无束、无时无刻地在网络空间里漫游，和各色各样人交往，但网络空间的具体位置在哪里，谁也说不清。所以，网络空间是没有空间的空间。

在网络世界里，我们和无数人交往，按照不同职业、年龄、兴趣、价值追求或其他种种原因，形成一个又一个社交圈，这是一个个网络组织，但这些网络组织基本上仅仅是语言上的交流，可以自由地来来往往，进进出出，没有什么严格的纪律、章程。这样的网络组织是没有组织的组织。

在网络世界里，人们的交往无时无刻，随时随地，这是一个没有时间的世界。

现在，占全球人口50%的网民天天生活在现实世界和网络世界的双重世界中，两个世界相互融合，又相互排斥、相互冲突，这就构成了人类从未经历过的一种新景观。

---

① 《马克思恩格斯全集》第42卷，人民出版社1979年版，第24页。

第三节　互联网改变世界

伴随着互联网的发展,整个世界发生了广泛的、深刻的、深远的变化。新的国际关系、社会关系、生产关系已经形成,新的生活方式、新的工作方式、新的思维方式已经产生,正如美国社会学家曼纽尔·卡斯特所言:"网络是构成新信息时代功能的基础,是社会变化、发展的根本动力。"①

互联网带来的变化是一种颠覆性的创新,政治、经济、社会、文化都在经历巨变,有些变化在全球是共同的,有些则因国别的不同而不同。

从中国实际情况来看,互联网正推动中国社会的一系列变革。

一、互联网建构了党和政府全新的执政环境

随着市场经济的发展,中国已形成了以多元利益为基础的多元社会,互联网又极大地强化了社会的多元化趋向。

一方面,过去大众传媒即报纸、广播、电视都以同一版本向整个社会传播信息,传播着基本相同的价值观。在这种传播格局下,公众对于国家、社会的基本问题,比如国家发展目标、发展道路,基本方针政策等容易达成社会共识。而现在,人们从互联网上获取私人定制的信息,形成信息蚕茧,从而使每个人的刻板成见固化,甚至产生极端主义、仇恨和暴力。"新科技特别是网络社会增强人们听到自己回音的能力,让自己与他人隔绝。虚拟社群由此产生。在信息交换过程中,某些事实或观点广为流传,只因很多人愿意相信它。"②

另一方面,许多思想、观点或各色各样的亚文化,过去只在私底下窃窃私语、自生自灭,很少有公开表达、公开展示的平台和机会,所以很难在社会上流传、流行。而互联网给了他们公开表达、公开展示的平台,从而使处于分离状态的各个原子在网上聚合在一起,形成一定的力量,造成一定的声势。多元利益、多元文化、多元意见、多元观点越发凸显、越发强势,社会呈现碎片化倾向,达成社会共识就越发困难。

但是,任何政府都必须使政令畅达,也只有在社会共识的前提下才能让政策主张贯彻下去,这样一来,政府的一元意志和社会多元诉求之间的矛盾就凸显

---

① ［美］曼纽尔·卡斯特:《网络社会的崛起》,社会科学文献出版社 2001 年版,第 570 页。
② ［美］凯斯·桑斯坦:《网络共和国》,上海人民出版社 2003 年版。

出来,这就构成了我国党和政府全新的执政环境。

这种全新的执政环境,给党和政府带来的最大挑战是:政府的任何政策举措都必须在不同声音、不同意见,甚至在公开反对、公共责难之中接受检验,只有这样才能获取公众的认可,或者被修改或者被否决。可以说,过去政府说一不二,现在网民说三道四,过去政府官员吆五喝六,现在公众七嘴八舌。众声喧哗宣告互联网时代的来临。例如,2016年初,证券监督委员会为防止股市的暴跌引入西方国家通用的熔断机制,但从一开始就遭到许多专家和大批股民的反对,不到两周就不得不被宣布暂停。

在这样的执政环境下,党和政府更加重视民意,重视舆论和舆论引导。在这样的执政环境下,党和政府更加重视掌握话语权,更加重视掌握传播的主导权。

二、形成新的社会权力结构和新的社会行动方式

新的社会权力结构指的是在互联网上崛起的一批网络意见领袖,他们的权力并不是法律所赋予的,而是由追随他们的粉丝群所赋予,所以他们并不行使法律意义上处置人、财、物的决策权。忠实粉丝群赋予网络意见领袖一呼百应的强大的社会动员能力。而最让意见领袖大显身手的领域是网络舆论,意见领袖在引发、引导、引爆网络舆论中发挥着不可或缺的影响力,在有些事件中,甚至发挥着关键性作用。这些作用主要体现在:

1. 设置议程。意见领袖从数以亿计上传的帖子中筛选出一两个议题"顶"起来,吸引粉丝的关注、讨论,没有意见领袖的"顶"起来,这些议题就会被淹没在数以亿计的帖子中,瞬间消失,而一旦被"顶"起来,网络舆情就可以瞬间爆发。

2. 发表评论。阐述对某个事件的意义、影响,公开表达对某个事件的态度,以此来统一粉丝内部的态度,形成一致意见,争取一致的行动。

3. 公开动员。号召粉丝采取行动予以支持或反对,从而造成一定声势。

网络意见领袖的出现并非偶然,而是互联网去中心化—再中心化的必然结果。去中心化—再中心化是第四次传播革命的一个基本特征。去中心化是指互联网技术在本质上是以人为中心的,网络每一个节点即每一个网民都是平等的,具有天然的反中心、反权威的倾向。但网民对互联网上海量信息的筛选、分析、判断已超出了他们的能力,这就需要寻找一个他们可以信赖的委托人来帮助他们处理,这就必然产生新一轮的中心建构。网民所寻找的信息处理委托人,就是新意见领袖。

这批新意见领袖可以分为大 V、中 V、小 V。大 V 一般指粉丝人数在百万以上,中 V 指数十万,小 V 指几万粉丝。截至 2015 年 12 月,以拥有 2 万粉丝群以上的新意见领袖计算:拥有千万以上的 4 人;100 万~1 000 万的 28 人,占总数不到 15%;10 万~100 万之间的有 120 人,占总数 57.7%。

这些意见领袖由三类人构成:一是社会名人,例如著名演员、商界名流、著名学者、记者等,他们拥有巨量社会资本,在网上拥有一大批追随者。二是知识精英,他们利用专业知识来解读社会性事件,让人心服口服,值得人们敬重,于是有了一批粉丝。三是草根人群,他们因在某个时候、某个事件上发挥至关重要的作用而引人瞩目,由此拥有一批追随者。

网络上的意见领袖是流动的、偶然的,今天是领袖明天可能就不是。因为意见领袖是以一定数量的网民认可为前提,这种"认可"就是维系意见领袖的关键所在。一旦网民不再认可,这个意见领袖就销声匿迹了。去中心化—再中心化的过程告诉我们:谁是意见领袖是不固定的,但网络的意见领袖是必然存在的。

这就涉及一个重大社会问题:如何处理政府和网络社会权力结构的关系。在坚持党的领导的前提下,如何正确认识网络意见领袖存在的必然性,如何引导、发挥网络意见领袖在建设和谐社会中的正能量,这是互联网所带来的全新的课题。

三、互联网 +:一场新的产业革命

互联网使"世界正在进入以信息产业为主导的新经济发展时期",[①] 这成为一种全新的经济发展模式。这种新的经济发展模式有不同提法,有人称为后工业革命,有人称为第四次工业革命,中国称之为互联网 +。这是 2015 年 3 月召开的第十二届全国人大三次会议上,李克强总理在政府工作报告中正式提出的。

什么是互联网 +,至今学界、业界还没有统一的定义,但国内一致认可的是,互联网 + 是互联网与传统产业的深度融合。互联网 + 就是以互联网为平台,实现规划、设计、生产、流通、销售全过程的融合,从而培育经济新业态,极大提升产业结构的效率。

有学者把互联网 + 归纳为"一个中心、两个转变、三个融合、四项技术"。[②]

一个中心:以用户为中心,按需设计,按需生产,按需配送,高度重视个性化定制。

两个转变:思维方式转变,企业组织转变。思维方式转变是指用互联网思维

---

① 习近平:《让工程技术造福人类,创造未来——在 2014 年国际工程大会上的主旨演讲》,《人民日报》2014 年 6 月 3 日。

② 参见欧阳日辉:《从"+ 互联网"到"互联网 +"》,《学术前沿》2015 年第 5 期。

来思考、规划产业和企业,互联网＋的本质是连接,互联网思维就是基于关系与连接的思维,传统的工业思维只关注事物本身,而互联网思维关注事物之间的关系。所谓企业组织转变就是形成基于消费需求动态感知的研发、制造、助推创新的产业组织方式。

三个融合:工业化与信息化,互联网与传统产业,金融与实体经济三方面融合。

四项技术:移动互联网、云计算、大数据、物联网四项技术是构成互联网＋的四项基本技术。

正因为互联网＋是以消费者为中心的,而消费者的需求是永远变化、永不满足的,因此必须不断创新;而互联网又是连接世界的,全球化的创新就是在全球展开创新的竞争。而互联网的技术使创新的建设大大加快,一项新技术刚刚问世,另一项更新的技术就开始冒尖,于是,创新,不断创新,永不止步的创新成为互联网＋的原动力,成为互联网＋的本质规定性。

目前中国的产业正从＋互联网向互联网＋过渡。所谓＋互联网就是把互联网仅仅作为整个规划的一个部分,一种手段,比如,原来产品在柜台销售,现在到网上销售,增加了一个销售渠道。中国的目标是再过 10 年,到 2025 年实现互联网＋经济模式。

四、各种思潮流行,各色文化杂陈

人们常说"物以类聚,人以群分",但在现实世界,聚合和集群都是极不容易的,每个人基本上都以原来状态在社会上生存。而互联网从根本上改变了人与人之间的隔离,把原来状态的人联结成一个个志同道合的团体,并公开宣扬他们的主张、意见、诉求。于是,在网络空间里,形形色色的思潮开始流行,各种各样的亚文化开始蔓延。

从目前来看,新自由主义、新左派和民粹主义构成中国网络空间的三大思潮。新自由主义也可称市场原教旨主义,在 20 世纪七八十年代成为西方发达国家的主流理论。它主张自由放任的市场经济,反对国家对市场干预,并力推私有化,认为私有制是自由的最重要保证;在政治领域,主张民主宪政;在全球贸易领域,主张全球化,支持世界贸易组织。"中国的新自由主义思潮,从根本上来说,是试图效法现代西方社会的经济、政治、文化模式,全面改造中国社会,使中国融入所谓世界潮流的意识形态。"[①] 新左派思潮则几乎处处与新自由主义对立。它

---

① 房宁:《影响当代中国的三大社会思潮》,《复旦政治学评论》2008 年 12 月。

关注社会公正、平等,认为私有化、市场经济是造成贫富差距的"万恶之源","从总体上看,新左派思潮具有鲜明的现实批判性。批判市场化,批判现代性和批判经济决定论,诉诸民主,诉诸群众,主张社会均衡发展等等。"[1] "作为一种社会思潮,民粹主义的基本含义是它的极端民主化倾向,即极端强调平民群众的价值和理想,把平民化和大众化作为所有政治运动和政治制度合法化的最终来源,以此来评价社会历史的发展。"[2] 民粹主义经济上主张"均贫富",反对市场化;政治上反对代议制民主和程序民主,要求平民直接参与政治决策过程;文化上倡导道德至上;在思维方法上,制造二元对立,如官与民、警与民、精英与平民、医生与病人、城管与小贩,等等,表现出仇官、仇富、仇精英倾向。

除此以外,网络上新消费主义、文化保守主义、民族主义等也流行一时。

与网络上各种社会思潮相比,网络上的亚文化更是遍地开花,五色杂陈。不同性别、不同年龄、不同职业、不同区域、不同民族都有各具特色的亚文化,而最为普遍的是不同兴趣爱好所构成的亚文化,例如各种"发烧友"组织及其以各种符号为标识的文化。

网络上各种社会思潮、亚文化和我国的主流文化、主流意识形态形成既对立又相辅相成的关系。如果一个国家只允许一种思想、一种文化存在,而排斥其他思想、文化,这个国家就很僵死,不可能出现"百家争鸣,百花齐放"的局面;但如果各种思潮、亚文化十分活跃,主流思想、文化式微,那社会可能会陷入混乱。我们应该力倡主流意识形态、主流文化,同时又允许多种思潮、多样亚文化合法地存在,建设既有统一意志,人人又心情舒畅的和谐的社会。

复习思考题

1. 人类社会经历了哪几次传播革命?
2. 为什么说互联网是一次新的传播革命?

---

①　房宁:《影响当代中国的三大社会思潮》,《复旦政治学评论》2008 年 12 月。
②　俞可平:《现代化进展中的民粹主义》,《战略与管理》1997 年第 1 期。

第十四章

从大众传媒到新媒体

第一节　新媒体持续冲击大众传媒

以手机、电脑、平板电脑(iPad)为三大终端的新媒体在新闻传播方面拥有三大传统媒体——报纸、广播、电视无法企及的优势：海量、即时、互动及全媒体表达。互联网进入 Web2.0 时代以后，其优势越发明显，任何人可以在任何时间、任何地点接收、发送任何信息(包括新闻、言论)。这给传统大众传媒带来持续的而且越来越强烈的冲击，受众持续地、不可逆转地脱离传统媒体，进入新媒体。脱离传统媒体的主要人群是中青年(18~50岁)，这是传统媒体的黄金受众。比起广播、电视，纸质媒体(报纸、杂志、书籍)受到冲击更甚，在不少国家，报纸主要读者群体是 60 岁以上的老年人。

在中国，报纸发行量 2013 年比 2012 年下降了 5.1%，营业收入下降了 8.9%，利润下降了 11.7%；2014 年报纸出版的品种、总印数、总印张及营收、利润全部负增长，营业收入减少了 10.15%，利润下降了 12.81%。[①] 报纸广告收入，2013 年比 2012 年下降了 8.3%，2014 年比 2013 年再下降 18.3%。[②] 电视受到的冲击虽然不如报纸那么严重，但网络视听节目如雨后春笋般遍地开花，夺去大批忠实观众。

截至 2014 年底，全国共有 604 家机构获准开办互联网视听节目服务；全国

---

① 国家新闻出版广电总局：《2014 年新闻出版产业分析报告》。
② 中国广告协会：《中国报纸广告市场 2014 年度报告》。

获批的网络广播电视台 29 家,手机电视集成播控服务平台 6 家,互联网集成平台 7 家,自此,IPTV(交互式网络电视)集成播控总分平台架构基本形成。[①] 人们随时随地可以上网收听广播、收看电视节目,也可以上传自己录制、拍摄的节目,大批中青年离电视机而去,仅 2014 年一年,就有 4 000 万人不再看电视,尤其是城市里的青年人视电视机为"老古董"。电视逐渐沦为老年人专属。

伴随着受众的转移,广告投放也跟着转移,纸质媒体的广告受冲击最大。从 2010 年开始,中国报纸广告收入每年以 5%~8% 的速度下降,报业连连发出"报纸广告跳水式滑落""报业广告崩溃"的惊呼。电视广告虽然还有新增长,但增幅已大幅下滑。与此相反,互联网广告已连续 10 年增长,中国的互联网广告自 2010 年以来,每年以平均 30% 的速度增长。截至 2014 年底,全球广告支出总共 5 450 亿美元,其中互联网广告占 39.4%,电视占 30%,预计到 2017 年,互联网广告将占据 50%。在中国,2015 年互联网广告收入为 200 亿美元,超过 160 亿美元的电视广告收入。[②]

伴随着受众流失、广告下降,许多报纸入不敷出,倒闭、缩编、上线、裁员成为普遍选择。2009 年,美国拥有百年历史的《基督教科学箴言报》停止发行纸媒而改出网络版;2013 年,拥有 80 年历史的美国老牌杂志《新闻周刊》也停刊,推出全球统一数字版并改名为《全球新闻周刊》。在中国,如果除去行政补贴的经费,整个报业已全行业亏损或接近于亏损,随之而来是大批报纸或倒闭、或停刊,只发网络版。

面对如此严峻的局面,"媒体转型"成为传统媒体的共识,"媒体融合"成为传统媒体的共同方向。

第二节 新闻生产:从专业化到社会化

传统媒体的新闻生产就是一群训练有素的专业(职业)新闻工作者(记者、编辑)面向全社会生产、传播信息,或者说是一个机构(报社、广播电视台)面向社会传播信息。办报纸、办广播电视都要经过国家机关的批准,所以,生产新闻的机构是受法律保护的,是垄断性的。传统媒体的版面、播出时间有限,故出于政治的、经济的、社会的、文化的或个人偏好等动机,新闻总是有选择的,传统媒体每一个步骤、每一个环节都设有"把关人",而最后总是由一两个人说了算。

---

① 《2015 年广电蓝皮书》,2015 年 7 月 22 日。
② 实力传播:《2015 年 Q1 全球广告市场预测报告》《2015 年 Q4 全球广告市场预测报告》。

所以，传统媒体总是由一两个人决策，由一群社会精英操作，面向社会大众生产、传播新闻。

而新媒体彻底打破了新闻生产的垄断格局。如前所述，现在，任何人在任何时候、任何地点可以自由地接受、发送任何信息，从而把宪法赋予公民的传播权利（Right）变成了实实在在的传播权力（Power）。于是，新闻生产从少数社会精英的专业化行为变成了泛社会的全民性行为，人类社会进入人人都有"麦克风"的时代。

新闻生产从专业化走向社会化带来新闻生产从理念到模式的巨大变革。

首先，显而易见的是，在重大事件尤其是重大的突发性事件中，在第一现场、第一时间发出新闻的往往不再是记者而是事件的当事人、参与者或现场亲历者。2005年7月6日，伦敦成功申办2012年奥运会，第二天即7月7日发生伦敦地铁爆炸案，伦敦从狂欢一下子陷入混乱，人们不知所措，爆炸现场一片混乱，任何人都无法进入。而一名困在爆炸现场的亲历者亚当·斯泰西通过手机发出第一张现场照片，此时距离爆炸发生仅仅三分钟。BBC网站立刻转发，使其成为来自现场的第一张新闻图片，随即这张照片登上世界各大新闻网站、各报纸、电视台的头条。"7月7日，是人类灾难史上的一个节点，却是新闻史的一个转折点。"[1] 自此以后，震撼世界的一大批突发性新闻，例如2006年泰国政变，2011年日本大地震，2013年波士顿爆炸案，第一时间发出的新闻都来自公众。过去，任何媒体都以第一时间发出第一条重大新闻尤其是突发性新闻作为媒体核心竞争力。现在，传统媒体在和新媒体竞争中已败下阵来，传统媒体之间的"第一时间"的竞争已不复存在，他们不得不开拓新的报道模式，比如深度追踪报道、深度解读报道等。

其次，由于各种原因而被竭力掩盖的许多事件、许多真相被新媒体揭开，其中最著名的就是"德拉吉报道"，即率先报道美国总统克林顿与白宫实习生莱温斯基的性丑闻案而轰动全球。最先获取这一丑闻的是《新闻周刊》记者，但杂志主编却以还需加工为由砍掉了这篇报道。在中国，2007年的山西"黑煤窑"案，窑主非法雇佣40名8岁到13岁小孩开采煤窑。此事在网络论坛上披露出来后，由河南电视台深入采访，公开报道，震惊了全国及中央领导。

再次，一系列新的新闻生产模式逐步成形。当前主要流行的有：

UGC（User-Generated Content，用户生成内容）。受众在互联网上发布文字、

---

[1] 《互联网时代》，北京联合出版公司2015年版，第126页。

图片、影像等,传递资讯和观点,相关媒介组织通过各种网络媒体(例如博客、微博、Facebook、Twitter 等)抓取相关信息,编辑成完整新闻加以报道。例如一家美国网站 Inside Climate News 利用业余摄影爱好者上传的图片、博客撰写文章揭露加拿大沥青管道泄漏事件,并由此获得美国 2013 年普利策"国家报道奖",评委们认为他们"严谨地"报道了国家原油管道的制度缺陷。

众包新闻(Crowdsourcing)。最著名的莫过于维基百科,突发事件一旦发生,一两小时内维基百科依据网民上传的信息编辑出一条最初的新闻,然后不断跟进、不断更新、不断编辑,一两天内可能有成百上千次编辑,更新速度远胜任何新闻媒体。

迭代新闻(Iterative Journalism)。指新闻报道一层一层向纵深挺进,由浅入深,最终揭示事件真相,探究事件起因。一般分成快讯、初稿、报道、背景、分析、互动和定制 7 个阶段。

上述新闻生产模式是专业新闻工作者和公众采取不同方式相互协作的过程,使新闻报道从静态走向动态,即从一次成形到不断补充、完善,逐步成形。

近几年来,还有一个特别令人关注的新现象:自媒体的快速崛起。什么是自媒体,目前还没有统一定义,自媒体与一般博客、微博、微信不同,它是经营者独立生产原创内容的媒体,其经营者越来越多地成为专职从业者,他们将自媒体投入商业运作,带来一定收入。自媒体的经营者中有相当数量来自大众传媒的记者、编辑。

自媒体就是自我作主,包括一个人作主或一个运作团队,不再有大众传媒那样的把关人。为了吸引公众,自媒体必须要有鲜明的个人风格,这包括内容的选择和表达风格。因此,绝大多数自媒体都只在一两个专业领域深耕,比如股市、汇率、财经、军事、国际、时尚等,既发布相关新闻,也发表有独特个人见解的评论、博文。自媒体作者一天有数条新闻、评论上线,不断更新。从收入来说,自媒体大多数靠广告,有少数一些自媒体凭借兴旺人气发展会员,实行会员制收费。可以说,目前相当一批自媒体已成为专业的新闻工作者,只不过是民间的。

第三节　新闻接收:从受众到用户

如前所述,受众是大众媒体即报纸、广播、电视的读者、听众、观众的统称。无论是"消极受众"(只接受不作反馈的)还是"积极受众"(积极反馈),在大众媒体面前,基本上只能被动接受,"你播我看,你写我读",受众的权利就是选择看或不看，看多或看少。

到了新媒体时代，受众变成了用户，媒体与受众的关系发生了巨变。这种变化主要表现在：

一、受众从消费者变成既是消费者也是生产者

除了生产新闻，公众通过新媒体还生产知识、娱乐，新媒体极大地展示了公众的才华，喷发出巨大的创作热情，真正成了"大众创业，万众创新"的平台。

部分网民创作平台[①]

内容类型	用户生成内容的类型描述	发布平台	实例
文字	原创型文字作品，或是在已有作品的基础上进行二次创作，或是针对某一作品展开的讨论	博客，或一些专属网站	Fanfiction.net 榕树下
图像	由用户拍摄并上传，可公开获得（部分公开）的数字图像资料，或是在已有作品的基础上进行二次创作的图像内容	图片博客、SNS，或一些专属网站	Flickr 图客网
音频	由用户录制、编辑并上传，可公开获取（部分公开）的数字音频资源	播客、P2P，或一些专属网站	Audiomash-ups、豆瓣网
视频	由用户录制或编辑并上传，可公开获取（部分公开）的数字视频资源，包括原创型内容、剪辑混搭型内容等	播客、P2P、流媒体，或一些专属网站	Youtube 优酷网
聚合	聚合性的内容资源，如新闻内容的聚合，社会化标签的聚合，大众评论的聚合，或是超链接的聚合	RSS、博客，或一些专属网站	digg.com 点评网
文件	文件资源共享型网站，文件的格式各异，主题多样	博客、P2P，或一些专属网站	scribd.com slideshare.net
教育	由学校、研究机构或相关正规组织开发的针对教育的内容资源，用以学习交流	专属网站	H2O Wikipedia

二、信息接收：从统一发布到私人定制

三大传统媒体报纸、广播、电视虽然介质不同，但有一点是共同的：所有内

[①] 参见赵宇翔、朱庆华：《Web2.0 环境下影响用户生成内容的主要动因研究》，《中国图书馆学报》2009 年第 9 期。

容都统一发布,无论在全国、全球任何一个地方,看到的《人民日报》、央视节目都是同一版本,受众只能选择看或不看,看多或看少。新媒体给用户带来了不同体验:他们不再被动地接收,而是主动寻求,寻求自己感兴趣、适合自己的内容,为自己量身定制信息,各取所需。由此,新媒体真正实现了小众化、个性化。

在互联网上,每个人的私人定制途径主要有三种:

1. 绑定适合自己或喜欢的网站、网页、专栏、论坛、自媒体等。包括新闻类、评论类、娱乐类、知识类等内容。这类内容基本上都是专业类而不是综合性,是和各自职业、兴趣相关的一两个领域。

2. 搜索引擎。搜索引擎是用户主动获取信息的重要工具,其使用率自 2010 年后保持在 80% 左右。随着云计算的发展,互联网用户将获得更好的信息搜索体验,按需定制信息,体验高质量、个性化的搜索功能。

3. 协同过滤。相较于搜索引擎,协同过滤的优势在于可以为用户提供个性化的信息,或者为信息添加上用户所需的针对性信息。比如我国的豆瓣网,它不提供图书分类,而是依据用户添加的标签而形成内在逻辑关系,不仅可以为用户提供合适的信息,还可以帮助用户搜索和发现新的兴趣爱好。

三、从受众反馈到用户体验

用户体验就是"人们对于正在使用或期望使用的产品、系统或服务的认知、印象和回应。"[①]过去受众对于报纸、电台、电视台的反馈都是被动的且延缓的,而用户体验与反馈的不同就在于新媒体传播的交互性,媒体与用户形成即时的、充分的双向交流。媒体可以根据用户的点击量即时获知新闻的受关注程度,并对用户关注的热点新闻进行跟踪报道;在网上可以组织较大规模的民意调查,以较低成本在短时间内掌握用户对新闻事件的态度或对媒体的看法、要求;网络媒体可以通过多种途径使用户能够迅速、自由、充分地与媒体交换意见,提供新闻线索或投稿。由于反馈和互动得到加强,网络传播可以根据用户的要求及时调整传播策略,获得最佳的传播效果。

从受众到用户,当我们在赞美新媒体带给公众巨大自由,极大满足公众的个人需要的同时,我们也不得不思考新媒体带来的新挑战。用户可以自由地在网络上发声,可以上传图片、视频,这当中就可能有自编的或误传的谣言,可能有

---

① 转引自郑胜利、张敏:《用户体验——信息服务研究的新视角》,《图书与情报》2008 年第 4 期。

瞎子摸象式的偏见,可能会侵犯个人隐私。

而另一个还未引发人们重视的挑战是:互联网把世界联成一体,但让社会支离破碎。过去的报纸、广播、电视等主流媒体基本上都是综合性媒体,各类信息全面兼顾,便于公众了解全局。它们都以统一版本向外发布,各类信息、言论都体现出基本相同的价值观,在许多重大问题上易于达成社会共识。从受众到用户,公众的信息需求私人定制,他们只定制符合自己价值观的新闻,形成志同道合的小团队,这就在网上编织了一个个"信息蚕茧",他们拒绝听取一切与自身观点不符的信息、意见,而且越来越固执己见,甚至走向极端化。这样一来,"信息蚕茧"之间不再有沟通,整个社会就碎片化了,在一些基本问题上很难达成社会共识,这是在互联网时代我们必须面对的问题。

第四节 新闻机构:从单一媒体到融合媒体

西方学者对"媒体融合"进行了多元视角的研究。美国新闻学会媒介研究中心主任安德鲁·纳齐森(Andrew Nachison)将"融合媒体"定义为"印刷的、音频的、视频的、互动性数字媒体组织之间的战略的、操作的、文化的联盟"。[①]美国西北大学教授李奇·高登(Rich Gordon)根据不同的传播语境,拓展了"媒体融合"的具体形态,将其分为所有权融合、策略性融合、结构性融合、信息采集融合、新闻表达融合。戴默(Lori Demo)等学者进一步提出了"融合连续统一体"这一新概念,并界定了"融合新闻"的几种模式。[②]

我国学者蔡雯将媒体融合定义为"在以数字技术、网络技术和信息技术为核心的科学技术的推动下,各产业在经济利益和社会需求的鼓舞下通过合作、并购和整合等手段,实现不同媒介形态的内容融合、渠道融合和终端融合的过程"[③]此后,国内的研究渐渐由介绍西方经验、强调重要性等理论层面,向分析业界案例、探索未来发展方向等实践层面深入。

目前国内外对"媒体融合"并无统一的定义,大体可以从广义和狭义两个角度来理解。从狭义上讲,"媒体融合"指不同的媒介形态融合在一起,形成一种新的媒介形态;而广义的"媒体融合"则包含一切媒介及其相关要素的结合、汇

---

① 参见蔡雯:《新闻传播的变化融合了什么?》,《中国记者》2005 年第 9 期。

② 参见蔡雯:《从"超级记者"到"超级团队"——西方媒体融合新闻的实践和理论》,《中国记者》2007 年第 1 期。

③ 蔡雯:《媒介融合发展与新闻资源开发》,《西南民族大学学报(人文社科版)》2006 年第 7 期。

聚和融合,如媒介形态、传播手段、所有权、组织结构等要素的融合。①

媒体融合是指各种媒体形态的边界逐渐消融,多功能复合型媒体逐渐占据优势的过程和趋势。它不是单纯媒体形态的融合,而是一种全方位、深层次的融合。

考察媒体发展的过程,会发现任何时代"新"的媒体都是融合媒体,且基本上都会将当时已有的传统媒体的功能"一网打尽"。

1. 报纸。从手段上看,报纸融合了文字、图片(画作与照片),实现图文并茂;从内容上看,报纸融合了新闻、评论、广告与文学作品(诗歌、散文、戏剧、小说等)。

2. 广播。从手段上看,广播融合了文字与声音,实现了声情并茂;从内容上看,广播融合了新闻和各类音乐、曲艺作品。

3. 电视。从手段上看,电视融合了活动影像与报纸、广播,实现了声画并茂,是更高层次上的融合媒体;从内容上看,电视融合了新闻、影视作品、综艺等。

与报纸、广播、电视不同,互联网作为一个全新媒体,融合了人类以前所发明使用的一切信息传递的载体和介质,报纸只融合以文字为主的样式,广播只融合声音的样式,电视融合影视的样式,而新媒体把文字、声音、影视、图像等都融合在一起。文字、声音、图像、视频四种形式还可以有多种组合,这就极大丰富了人类传递信息的手段。公众可以自由地生产、传递信息,使得信息呈现丰富多彩,并通过互联网即时、几乎免费地传递出去。丰富多彩的内容,丰富多变的传递样式,快速便捷的传递方式,这就是互联网的媒体融合,引发了人类传播史上一场新的革命。

采用丰富多样的手段来生产新闻,现在称作融合新闻。融合新闻可以运用多种手段全方位呈现重大新闻事件的全过程并深入揭示其成因、性质、意义和影响。

尽管互联网为新闻工件者(包括专业的、业余的)提供了全新的新闻生产手段,但如何真正运用好它,我们还正在学习、探索中,其原因主要有两个:

一是新闻机构的结构问题。中国及世界各国的媒体机构都是单一媒体,报纸、广播、电视都各自独立,而新媒体的运作要求把所有媒体都融合在一起,这需要长时间的整合过程。

二是记者、编辑素养和技能问题。对应报纸、广播、电视各自独立运作,记

---

① 徐沁:《媒介融合论:信息化时代的存续之道》,中国传媒大学出版社 2009 年版。

者、编辑分工明确,有文字记者、摄影记者、广播记者、摄像记者,还有播音员、节目主持人,等等。而新媒体要求记者、编辑是全能的:写、拍、编、播都是一个人完成,采、写、编、评样样都会。这种全能记者需要相当长的时间来培养。

鉴于新闻从业者对新媒体的把控,各大媒体都是从"+互联网"开始实行媒体融合。所谓"+互联网"就是"报网互动""台网互动",即在报纸、电台、电视台正常运行外开设网络版,把报纸、电台、电视台的内容转移到网络上。近几年来,有不少媒体开始让网络版独立运作,除了转载传统媒体的内容外,再增加网络记者自己采编的内容,并出现独立的微博、微信、公众号、客户端、手机报等。虽然其中有不少办得很精彩,有很高的社会知名度,但基本上还是"+互联网"模式。而新闻报道虽然使用多元素、全元素的手段,其基本模式是一条文字新闻+一段视频+一段音频+一些图片,但新闻的核心信息量没有增加,只增加了手段,1+1+1+1=1 这只能称作叠加新闻,而不是融合新闻。

随着对新媒体认识的逐渐深化,中国传媒界开始从"+互联网"走向"互联网+"。所谓"互联网+"就是以互联网为平台来统率文字、视频、音频、图片对信息的表达,各种媒体以不同介质扬长避短,例如报纸就应走"深度"之路,深入调查、呈现事件真相,深度解读、探究事件原因,深刻评论、求解事件本质;电台要走"短、平、快"之路;电视要追求现场的逼真性、事件的全面性以及场面的宏大。而互联网新闻应更多选择"深度数字化",尤其数据新闻能全面展示丰富的互联网手段。也就是说,新闻报道要选择各种资源、各种手段的最佳配置。

媒体各种资源的最佳配置,要以互联网为平台进行统一整合,为此就要改造编辑部,改造生产流水线。目前,中国有近20家媒体率先实行"中央厨房式"的编辑模式。所谓"中央厨房式"模式就是"新旧融合,一次采集,多元生成,多元发布",[1] 也就是记者把采集到的所有数据都放在内部网络平台上,各家媒体依据总编室的调度,依据各自特点和需要生成不同形态的新闻作品来发布。这样可以避免各家媒体到现场一哄而上抢新闻,大大节省了人力成本,同时,各家媒体可以依照各自特点分工协作进行报道。

当然,中央厨房式模式只是一种新尝试,如何发挥新媒体作为融合媒体的优势,还要继续探索下去。

---

① 温建梅:《基于"中央厨房"制的全媒体运作模式探讨》,《中国出版》2011 年12月。

复习思考题

1. 新媒体对大众传媒造成了什么样的影响?
2. 新闻生产从专业化走向社会化的意义何在?
3. 受众与用户有什么不同?

第十五章

新闻学的主导性理论

第一节　自由主义报刊理论

自由主义报刊理论是资本主义国家最早形成的一种新闻理论系统,是西方各国新闻体制的基石和主导性理论,影响巨大。在现代,该理论虽然遇到种种矛盾和挑战,但迄今还被西方各国新闻界奉为圭臬。

一、自由主义报刊理论的产生与发展

关于自由主义报刊理论的发展历程,美国传播学家弗雷德·西伯特作了这样的概述:"16 世纪提供了直接的现实基础,17 世纪见到了哲学原理的发展,18 世纪将这些理论付诸实践。"[①]

这里所说的"直接的现实基础"是 16 世纪资产阶级报刊反对封建专制的斗争。在 15 世纪,近代报刊已在欧洲各国发展起来,但当时报刊主要传播商业信息。进入 16 世纪,报刊开始转向思想传播和政治斗争,引起各国封建王朝的恐惧,纷纷建立严厉的报刊审查制度,以控制、限制报刊。在整个 16 世纪,资产阶级为争取出版自由所进行的斗争此起彼伏,慷慨悲壮。这些斗争虽然取得了一些成果,迫使封建王朝不得不做些让步,但由于没有系统的理论做指导,不可能从根本上动摇封建专制的新闻制度。资产阶级报刊的先驱者为争取报刊自由而斗争并呼唤着新闻理论的创立。

---

① ［美］韦尔伯·施拉姆等:《报刊的四种理论》,新华出版社 1980 年版。

在 17 世纪的欧洲,在为资产阶级革命进行舆论准备的过程中,欧洲早期的思想家们所提出的关于人的理性、人的权利、国家性质和作用等一系列学说,不仅构成了整个西方资产阶级社会政治理论的核心,而且成了西方各国自由主义报刊理论的主要思想来源和基础。其中,英国政治思想家约翰·弥尔顿以及美国政治思想家约翰·洛克,为自由主义报刊理论做出了直接的贡献。

1644 年弥尔顿向英国国会提交一篇演说词,抨击出版检查制度,争取言论自由,后来印成小册子《论出版自由》,这篇演说词对后世产生了深远影响。弥尔顿主张每个人都有将自己的思想诉诸社会的自由权利。他提出,言论出版自由是"一切自由中最重要的自由","这自由是一切伟大智慧的乳母"。他坚决主张让一切思想、主张都公开地表达出来,真理必定会在思想的自由市场上击败谬误。他呼吁"让她(真理)和虚伪交手吧,谁又看见过真理在放胆交手时吃过败仗呢?"因为人是理性的,人的本性决定了人必定会选择真理,自我修正谬误。从弥尔顿的思想出发,发展出自由主义报刊理论的两大基本原则:"意见的自由市场"和"自我修正"。

约翰·洛克从自然权利说出发,第一次从理论上论证了资产阶级天赋人权的原则,即生命、自由、财产是人人与生就有的不可剥夺的权利,而天赋人权应该受到法律的保障。为了保障天赋人权,洛克提出了分权学说,即立法权与执行权分开。他认为,不分权就没有自由。洛克的政治思想学说奠定了西方的社会政治制度,包括报刊制度的理论基础。

孟德斯鸠从三权分立的原则出发,阐述了言论自由对于维护资产阶级政权的重要性。他认为,要防止滥用权力,除了必须以权力约束权力外,还必须看到舆论可以作为一种权力形式而对权力机构实行约束。而发挥舆论力量的前提是必须实行言论自由。他认为,言论自由乃是人的一切自由权利中最重要的权利,没有这一自由,其他自由也就无从谈起了[①]。

从 18 世纪开始,随着资产阶级政权先后建立,新闻业不断发展,西方新闻自由从理论探索转向制度化的实践探索。在这一历史过程中,西方各主要资本主义国家经历了尖锐的矛盾冲突。这一矛盾冲突不再是资产阶级对封建专制的斗争,而主要是发生在资产阶级内部不同派别、不同利益集团的冲突。其原因就在于,新闻自由原则对任何权威所构成的挑战性、批判性以及某些破坏性,会对刚建立的资产阶级政权构成现实的威胁,资产阶级政权对新闻自由原则有一个重

---

① 孟德斯鸠:《论法的精神》上卷,商务印书馆 1936 年版,第 322 页。

新认识、重新建构的艰难过程。

在西方各资本主义国家确立自由主义报刊体制的历史进程中,贡献最大、影响最大的当推杰弗逊。

托马斯·杰弗逊是美国独立宣言的起草人,曾任第三、第四届美国总统(1801—1809)。他是17世纪欧洲思想家们所创立的一般自由主义理论的忠实信奉者和伟大实践者。他不但力争美国宪法第一修正案在国会通过,而且以总统的权力来推进自由主义报刊体制的确立。1787年,在给朋友卡林顿的一封信中,杰弗逊写道:"民意是我国政府存在的基础,所以我们先于一切的目标就是保持这一权利;若由我来决定我们是要一个没有报纸的政府,还是没有政府的报纸,我会毫不迟疑地立即回答:我宁愿要后者。"① 杰弗逊如此重视报纸,重视新闻自由,在于他的坚定信念。他认为,人们只有利用报纸,自由地交流思想,才能认识真理,人们的分歧通过自由讨论而自行澄清。② 只有提供新闻的自由和发表各种言论的自由,人民才能有效地监督政府,政府才能听到人民的意见。③ 而且报纸自由是人民其他一切自由和安全的最大保障,"哪里报刊是自由的,并且每个人都能阅读它们,一切就是安全的。"④

经过长达300余年的艰苦探索和斗争,到18世纪末、19世纪初,西方各主要资本主义国家基本上都以法律确认的形式,使自由主义报刊成为一种制度,成为资本主义政治制度的一个组成部分。这反映了处于上升时期的资产阶级的进步性。正如列宁所说:"出版自由这一口号,从中世纪末到19世纪,在全世界成了伟大的口号。为什么呢?因为它反映了资产阶级的进步性,即反映了资产阶级反对僧侣、国王、封建主和地主的斗争。"⑤

二、自由主义报刊理论的要义

自由主义报刊理论是为了确立、维护和发展新闻自由(这里的新闻自由都是指资产阶级的新闻自由,以下皆同)所作的理论探索,力图以理论的形式来阐述、论证新闻自由的合理性、必然性;而探讨新闻自由和政府、社会、个人的关系则是自由主义报刊理论的主要内涵,并由此确立其基本原则:

---

① 《杰弗逊文选》,商务印书馆1963年版。
② 《杰弗逊文选》,商务印书馆1963年版。
③ 《杰弗逊文选》,商务印书馆1963年版。
④ 《杰弗逊文选》,商务印书馆1963年版。
⑤ 《列宁全集》第32卷,人民出版社1990年版,第492页。

1. 报刊不受政府的干涉

报刊和政府的关系,是自由主义报刊理论中的一个关键性问题。自由主义报刊理论主张,政府不得采取任何措施来干涉、收买或控制报刊。政府的唯一职责是采取措施来保护新闻自由,为新闻媒介的采访、发布新闻提供种种方便。

2. 报刊拥有对政府的监督权

资产阶级的理论先驱们从权力相互制衡的原则出发,认为除了立法、司法、行政三种权力之间具有相互制约的关系外,公众的舆论无疑是约束权力的另一种权力。美国第三任总统托马斯·杰弗逊把新闻自由的实践看做是探索美国民主政治体制如何有效运行的伟大尝试。他反复指出:“人民的意见是各级政府的基础。”“人民是统治者的唯一监督者。”① “要使他们永远关心国事。假如他们一旦不关心公共事务了,那么你和我,以及国会和州议会,法官和州长,都要变成豺狼了。”② 人民有权监督政府,通过什么途径和手段来实现呢？ 杰弗逊认为,最主要最经常的中介就是报刊。这个思想以后就引申为:报刊是行政、立法、司法以外的国家第四势力或第四种权力。

3. “意见自由市场”和“自我修正”理论

让人民群众、各党各派都利用报刊充分地、自由地表达各自的意见。在这些论述中,一个非常集中的问题是人民通过报刊或者报刊本身发表了错误的意见怎么办？ 英国哲学家约翰·斯图伍特·穆勒对此作了全面的阐述。他认为,任何试图利用权威的力量来压制言论的自由表达的做法都是不合理的。他的逻辑证明是:假如被压制的言论是正确的,不仅显而易见地践踏了被压制者的政治权利,而且压制者自身也被剥夺了以错误换取真理的机会;假如被压制者的言论或思想是错误的,这也意味着大家同样失去了让真理同错误在公开的较量中使真理更加显明的机会。因此,压制人们的言论或思想使之不能自由地表达,必然是一种对个人乃至整个人类的智慧力的掠夺。③ 而杰弗逊则断言:“如果严厉地惩罚人民的错误,就会有损于唯一的公众自由的安全保障。”“事实已经证明,当报刊不犯错误时,它就是软弱无力的。”④ 对正确意见与错误意见的辩证阐述,使得“意见自由市场”在理论上站稳了脚跟。

---

① 转引自《托马斯·杰弗逊传》英文版。
② 《杰弗逊文选》,商务印书馆 1963 年版,第 8 页。
③ ［英］穆勒:《论自由》,商务印书馆 1982 年版,第 30 页。
④ 转引自《托马斯·杰弗逊传》英文版。

4. 对事实的信念

从个体主义至上的价值观出发,自由主义报刊理论强调,新闻报道的最终目的不是向公众灌输某种标准的观点,而是客观地反映现实,让人们对外部世界形成独立的见解。"公共报刊向读者提供的最崇高的服务是鼓励他们形成独立的见解。"① 为了使新闻报道满足不同政治立场、不同社会阶层、不同职业的个体需要,自由主义报刊理论把客观地向公众提供事实作为新闻报道的最高标准和新闻从业人员的职业道德标准。所以,自由主义报刊理论崇尚并提倡客观性报道。可以说,客观性报道是自由主义报刊理论在新闻实践中的具体体现。

三、自由主义报刊理论的现实困惑

出版自由、言论自由,这是资产阶级的理论先驱们为反对封建专制主义和宗教蒙昧主义而进行的一场斗争,它是资产阶级处于上升时期政治斗争的需要和经济发展的需要在新闻媒体上的反映。资产阶级在取得政权以后所推行的自由市场经济,其基本前提是信息的自由流动,是各利益集团意见的自由表达,否则,自由市场经济无法运转。自由主义报刊理论因适应了资产阶级在政治上、经济上发展的需要,而在西方各国逐渐成为主导性理论。同时,这一理论也大大推动了新闻媒体的自由发展。从 19 世纪中叶,自由主义报刊理论在制度上确立以后,西方各主要国家的新闻媒体得以迅猛发展,成为各国最具活力、最有生气的新兴产业。

但是,由于阶级的局限性和历史的局限性,自由主义报刊理论从一开始就带有片面性和空想成分。绝对自由化曾使西方新闻界陷于一片混乱。杰弗逊曾带着美好的理想进行新闻自由的伟大实验,却被热衷于党派纷争的报刊弄得濒于绝望。他愤懑地写道:"一个令人感到悲哀的事实是,禁止报刊发行反而比放纵那些荒诞无稽的谎言泛滥使国家的利益受到较小的损害……从来不看报的人要比读报的人消息更灵通。"② 从不择手段的相互攻讦到耸人听闻的煽情新闻泛滥,从漫无边际的谎言到煽动战争狂热,都被自由主义报刊理论召唤出来。进入20 世纪,西方报刊的混乱情况虽然稍有改善,但基本问题依然没有解决。这个基本问题就是:支配着西方报刊的,不是自由主义报刊理论的设计者们所设想的理性至上,而是利润至上、金钱至上。利润至上的原则支配着西方新闻媒介,带

① [美]韦尔伯·施拉姆等:《报刊的四种理论》,新华出版社 1980 年版。
② 转引自《杰弗逊文选》英文版第 8 卷,第 216 页。

来了一系列严重的后果。

1. 资本取代行政（政府）控制了报刊

广告收入是西方报刊主要的经济来源，有些甚至是全部来源。在西方国家，报纸、杂志一般要有60%以上的版面提供给广告，报刊才能维持下去。一批大企业成为报刊广告最稳定的来源，从而也成为报刊的经济支柱，因此这批大企业尤其财团掌握着报刊的生死兴衰。不但广告版面迁就大企业，而且新闻、言论也俯就大企业。一旦得罪大企业，他们随时以撤销广告相威胁。在西方各国，除了极少数实力雄厚的新闻媒介外，没有一家报刊敢得罪大企业。自由主义报刊理论设计者的初衷是希望报刊能摆脱政府的控制，让报刊自由地表达人民的意愿，而在利润支配下的报刊，仅仅大企业的老板们才能自由地表达他们的意愿。

2. 煽情新闻泛滥

报刊要争取广告客户，其前提就是要有一定的销路（发行量），销路越大，广告收费也越高。扩大销路，争取读者，有多种途径。比如，以独到的见解、独具慧眼的独家新闻来吸引读者，这是西方严肃报刊，诸如《纽约时报》《华盛顿邮报》《泰晤士报》等所走的路，但这毕竟要付出艰辛的努力和很高的成本，且曲高和寡，读者群有限。另一条简便的途径就是搞煽情新闻——绘声绘色的色情新闻，血淋淋的暴力新闻，这是西方大多数大众化通俗报纸所走的共同道路。一百多年来，西方报刊的煽情新闻屡禁不止，原因就在于煽情新闻是西方大多数报刊刺激销售的必由之路。

3. 自由竞争被垄断取代，垄断扼杀意见自由市场

进入20世纪，西方各主要资本主义国家由自由竞争走向集中的现象在资本主义报业中也明显地反映出来。例如，到20世纪40年代，美国报业中，十大报业垄断集团控制着60%的报纸和80%的发行量；日本报业被三大报团所垄断，控制着80%的发行量；英国、法国、德国的报业也分别被三四家报团所垄断。对于西方各国的普通老百姓或一大批小资本家来说，创办新的报纸成为难以实现的梦想。于是，出版自由就成了一句空话——不是政府不容许，而是资本不容许。同时，报业的垄断和创办新报的困难，严重威胁了报业的多样化。而众所周知，意见自由市场是以报业多样化为基础的，报业多样化一直是自由主义报刊理论与体制所追求的基本目标。报业多样化的动摇意味着意见自由市场的解体。

上述事实显示出，自由主义报刊理论面临着深刻的危机，这个危机所揭示的是资本主义社会里资本的私人占有和生产社会性的矛盾，在新闻业中则表现

为报刊的拥有者与读者利益、社会利益不可调和的矛盾。

第二节　社会责任论

社会责任论是 20 世纪 40 年代由美国一批学者正式构建,20 世纪 50 年代被西方大多数国家接受,并逐渐取代自由主义报刊理论成为西方大多数国家的主导性理论。尽管它自身有着不可克服的致命缺陷,但西方大多数国家仍把社会责任论作为新闻立法、制定新闻政策和构建新闻工作者道德规范的理论依据。

一、社会责任论的提出

社会责任论提出的经过是很简单的。

1942 年,时代出版公司的创办人亨利·鲁斯提议"对报刊自由的现状和前景进行一项调查分析",并由该公司出资 20 万美元给予经济资助。一年以后,新组建的报刊自由委员会承担起对报刊自由的现状和前景进行调查分析的任务,委员有历史学教授阿瑟·施莱辛格、乔治·舒斯特和联邦储备银行纽约分行主席比尔兹利·鲁梅尔。

很奇怪,在报刊自由委员会的名单上没有一名新闻学教授,这不是一个无意的疏忽。要知道,当时排名全美第一的密歇根大学新闻系就在芝加哥附近。这说明,在美国一批学者的眼中,报刊自由主要不是一个新闻理论问题,而是政治的、经济的、法律的、社会的以及哲学、伦理上的问题。正如该委员会所提交的总报告《一个自由而负责的新闻界》开宗明义所写的:

本委员会打算回答这样一个问题:新闻自由是否处在危险之中? 我们的答案为:是的。委员会之所以得出新闻自由处在危险之中这样的结论,原因有三:

首先,作为一种大众传播工具,新闻界的发展对于人民的重要性大大提高了。同时,作为一种大众传播工具,新闻界的发展大大降低了能通过新闻界表达其意见和观点的人的比例。

其次,能把新闻机构作为大众传播工具使用的少数人,未能提供满足社会需要的服务。

最后,那些新闻机构的指导者不时地从事受到社会谴责的种种活动。

这些活动如果继续下去的话,新闻机构将不可避免地受到管理或控制。①

几百年来,资产阶级的先驱们为实现报刊自由作了不懈的努力和不倦的斗争,从理论探讨、法律保证到制度完善。而到了 20 世纪 40 年代,一批学者却惊呼"新闻自由是危险的",这不能不说是一个时代的转折。然而,这正是提出社会责任论的历史背景。

新闻自由是危险的。这个危险正危及资产阶级的统治,危及资本主义制度。具体表现在:

其一,新闻媒介迅速扩展,组成了一个无孔不入的信息传播网络和体系,成为影响国家稳定和发展方向的准权力中心。正如一名美国学者威廉·里弗斯所说:"几乎每个人都确信,不管是好是坏,大众媒介已成了现代社会的中心。"② 具有如此强大力量的新闻媒介必须纳入有序的轨道,才能维持整个资产阶级的利益。如果听凭几名新闻媒介巨头为所欲为,势必危害整个资产阶级的利益。

其二,自由主义报刊理论的核心是政府不得干预新闻媒介,而新闻媒介却有监督政府的权利。面对新闻媒介不论出于何种动机,不论是真是假的指责、批评甚或无中生有的诽谤,政府只能被动挨打。面对新闻媒介种种胡作非为,政府也无能为力,以致政府官员、普通读者、学者专家不断地呼喊:"媒介监督政府、监督社会,那么,谁来监督媒介?"政府与媒介之间的关系越来越对立。这种对立已危及资产阶级的统治。美国的开国元勋詹姆斯·麦迪逊在为《联邦党人》杂志所写的一篇文章中毫不掩饰地写道:"在组织一个人统治人的政府时……首要的问题是使政府能统治被统治者,其次才是迫使政府约束自己。"③ 这说明,即便资产阶级承认新闻自由的实践,那也必须以新闻自由有助于统治者去统治被统治者为前提。看来,自由主义报刊理论在实践中显然背离了这一前提,它必须被修改。

其三,新闻媒介的所作所为引起社会各界的广泛不满。社会责任论的倡导者将此归纳为七个方面:"第一,报刊行使巨大的权力为自己的目的服务。报刊拥有者特别在政治和经济事务中宣传自己的观点,不惜损害反对的观点。第二,报刊屈从于大商业,并且让广告客户控制其编辑方针和编辑内容。第三,报刊抵抗社会变革。第四,报刊对当前所发生的一切进行报道时,常常更多地将注意力

① [美]新闻自由委员会:《一个自由而负责的新闻界》,中国人民大学出版社 2004 年版,第 1 页。

② Willam E.Lifis, *Responsibillity of Mass Communication*, Grid.Inc., 1975, p.3.

③ 《詹姆斯·麦迪逊传》英文版,第 52 页。

投向肤浅的和煽情性的事情,而不是有意义的事情。第五,报刊已损害了公众的道德。第六,报刊无正当理由地侵犯了个人的隐私。第七,报刊被一个社会经济阶层,或笼统地说'商业阶层'所控制,对于新来者来说难以进入这个行业,所以自由而又开放的思想市场被损害了。"①

上述种种不负责任的表现,损害了信息和思想最大的自由流通,进而危害了以高度发达的市场经济为基础的西方社会的生存和发展,同时,也危及新闻媒介自身的生存和发展。社会各界难以容忍新闻媒介的为所欲为,不断呼吁政府干预新闻媒介。

"新闻自由处在危险中"。这个危险不是来自外界对新闻媒介自由的干预,而是来自新闻媒介对新闻自由的滥用。这就是社会责任论倡导者发出的呼吁。

二、社会责任论的基本观点

在论述社会责任论的基本观点之前,我们必须强调:社会责任论并没有抛弃自由主义报刊理论;社会责任论的基础仍旧是自由主义报刊理论,只不过对自由主义报刊理论作了某些修正、修补,或者说社会责任论是嫁接在自由主义报刊理论树干上的新枝而已。

报刊自由委员会在其总报告《一个自由而负责的新闻界》中要求报刊对全社会负责,对报刊提出五项具体要求,即社会责任论对报刊的基本要求。

1. 新闻报道的真实、全面、理智

"对每日的事件给予真实的、全面的和理智的报道,并将它们置于能显示其意义的特定的前后联系之中。"② 这个要求包含着三项内容:

(1) 新闻必须真实、全面。这个要求看上去简单,但切中当时美国报刊的最大弊病。新闻失实已使公众对报刊失去信任。

(2) 新闻报道必须理智,减少那种耸人听闻的煽情新闻。

(3) 新闻要作出合乎真实的解释,即把每一项重大事件放在特定的社会背景、各种事物的联系中去分析其产生的原因、社会影响和后果。

2. 报刊要成为"交换评论和批评的论坛"③

要求报刊担负起社会成员之间交流思想观点的责任,"社会中的所有重要

① [美]韦尔伯·施拉姆等:《报刊的四种理论》,新华出版社 1980 年版。
② *A Free and Responsible Press*,U and C Press,1947.
③ *A Free and Responsible Press*,U and C Press,1947.

思想观点都应该出现于大众传播机构之中"，[1] 尤其是与报刊相反的观点。报刊可以不赞成他们的观点，但应该给他们公开表达的机会。

3. 报刊要反映社会各个集团的典型画面

社会责任论者认为，在现代社会，公众越来越依赖报刊所提供的情况作出好或坏的判断。这就要求报刊对社会各集团、各种族、各阶层、各区域作出合乎实际的正确描述，彼此了解、理解，避免因误解而引起各集团的冲突，以此确保美国社会的稳定。

4. 报刊要澄清和提出社会的目标和价值观

这是社会责任论者对大众传播媒介提出的全新要求，即大众传播媒介必须承担起教育和宣传的职责。自由主义报刊理论仅仅强调"意见的自由市场"，让各种意见都平等地表达出来，从理性出发，人们自然而然地会拥护真理，抛弃谬误。但事实上，受众或者时常跟着潮流走，醉心于时髦的思潮；或者会固执己见，拒绝服从真理。同时，伴随着各种思潮包括马克思主义的传播，社会责任论者意识到西方社会赖以生存的价值观受到动摇。为此，他们不得不大声疾呼："我们必须承认，大众传播机构是一种教育工具，可能是最有力的教育工具；并且它们必须承担教育者的责任，陈述和澄清为之奋斗的理想。"[2]

5. 报刊要"完全接近每日的(现实)信息"

这是对新闻时间性的要求，保证每个公民能平等地分享信息。

社会责任论者还向政府发出了呼吁。自由主义报刊理论的核心是反对政府对报刊活动的任何干预。但在新的历史条件下，报刊不能真正实行自律，公众对报刊的不负责任又无能为力，社会责任论者只能求助于政府来管束和制约新闻媒介。报刊自由委员会的总报告向政府提出几个方面的要求，主要有：要求制定反垄断法来制止新闻媒介的过度集中，保持大众传播业的竞争。同时，鼓励传播行业的新投资者，以此试图维持思想和意见的自由市场。要求政府采取措施，保证公众及时、全面了解政府的政策以及政策制定的目的。必要时，政府可以创办自己的媒介以保证上情下达，政令畅通，切实保障言论自由。

三、社会责任论的影响及问题

社会责任论在 20 世纪 40 年代中期问世，10 年以后，不仅在美国新闻界得

---

[1]　*A Free and Responsible Press*，U and C Press，1947.

[2]　*A Free and Responsible Press*，U and C Press，1947.

到普遍的认同,而且开始风行西方各国。从实践情况看,某些国家,像日本、德国、加拿大等比美国走得更远。这说明,社会责任论在一定程度上适应了西方社会的变迁,适合西方发达国家的现实需要。

毫无疑问,社会责任论是维护西方资本主义的社会政治制度的。但同时,它从现实出发,在理论上修正了自由主义报刊理论的许多缺陷,比较好地协调了公众、新闻媒介和政府三者之间的关系。它一方面提出公众具有"知的权利",另一方面又一再宣称要保障新闻自由;它一方面揭露和批评了新闻媒介滥用新闻自由的种种弊病,同时却一再保护新闻媒介的私有制;它一方面要求政府出面来约束新闻自由的行为,另一方面又一再提醒政府对这种约束要有限制,并保证新闻媒介对政府的舆论监督。这样,社会责任论照顾了各方面的利益,缓和了三方面的冲突。

社会责任论对美国、对西方其他国家的新闻媒介确实产生了某些积极的影响。具体表现在:

第一,它为公众评价西方的新闻媒介建立了一个价值体系,成为人们批评大众传播媒介的武器,从而对传媒造成巨大的社会舆论压力。

第二,西方各国的新闻媒介先后依据社会责任论建构新闻道德自律,以及同业协会进行自我监督和相互监督,甚至在英国、美国等国家建立了新闻评议会,处理公众对新闻媒介的投诉和新闻媒介违反职业道德的问题。

第三,由于自律以及来自各方面的压力,新闻媒介的煽情新闻在一定程度上得到抑制,至少在新闻界逐步形成一种风气:刊登煽情新闻是不光彩的。

第四,在一定程度上,影响了司法机构的判案标准。在肯定新闻自由的同时,注意保护公民的权利,例如隐私权、知的权利(公民的新闻自由权);也影响了议会、政府对新闻媒介的态度,制定了反垄断法等法律。

第五,社会责任论成为新闻从业人员培训和新闻教育的重要内容,教育了几代西方新闻从业人员。

但是,即使在西方,一些新闻理论工作者对社会责任论的评价并不高。《报刊的四种理论》一书作者就指出:"社会责任理论现在主要地仍然是一种理论,记住这一点是重要的。"它仅仅是理论,还没有付诸实践。《报刊的四种理论》出版到现在,过去了几十年,社会责任论还是写在纸面上的东西,情况并无根本改观,原因在于:社会责任论由于内在致命的矛盾而难以付诸实践。

我们在本章第一节指出:导致自由主义报刊理论衰落的主因在于新闻媒介无限制地追求利润,不是自由主义报刊理论所设想的以理性原则指导办报,而是以利润原则为报刊一切行为的出发点和归宿。而以利润原则来指导办报的根源正是报刊的私人占有。这就形成报刊的所有制私有性和新闻媒介本身的社会性之间不可调和的矛盾。社会责任论者不但未能正视这一矛盾,相反,一再宣称要维护新闻媒介的私人占有。那么,西方新闻媒介本身的基本矛盾就永远存在着。

那么,社会责任论怎么来解决以利润为导向所引发的一系列矛盾呢? 只有两种办法:一是向人的道德、良心呼吁。这实际上是对人的理性发出呼吁,但这就造成了社会责任论理论上的自相矛盾。它一方面以大量事实对传统的新闻自由所赖以立论的抽象的人性论和理性观提出怀疑和指责;另一方面又把克服现实矛盾的方案和建议,寄托在人的道德良知和人的理性觉醒上,希图以道德良知来抑制资本家的追求利润的欲望,这无异于缘木求鱼。二是向政府发出呼吁,要求政府有限制地管束新闻媒介。但这又是一个不可克服、无法实践的矛盾问题。因为社会责任论所要竭力保护的是新闻自由的基本原则,这个基本原则包括不受政府的干涉以及对政府的批评监督权。社会责任论者既要防范政府对新闻媒介的干涉,又来呼吁政府管束新闻媒介,这种自相矛盾的理论无法付诸实践。

所以,社会责任论的提出,只能在一定程度上缓和西方新闻媒介和公众、政府的矛盾,但并不能从根本上消除新闻媒介和社会大众的对立。就以宣扬暴力的电视片为例,几十年来,社会各界以及广大受众对电视中的暴力提出严厉的批评,但暴力片却愈演愈烈。1996 年 3 月,日本最大的民间电视台之一东京电视台(TBS)在日本奥姆真理教事件上的丑闻被揭露,震撼日本新闻界。1989 年 10 月,日本的一名律师坂本揭露奥姆真理教的欺骗性,东京电视台以《奥姆真理教受害者之会》为题拟播出坂本律师的谈话。但此事被奥姆真理教的头目麻原彰晃获知,指派手下人与东京电视台作了一笔交易:让东京电视台独家采访麻原去德国的访问活动。东京电视台立刻取消坂本谈话的播放计划,而坂本律师却遭麻原手下人暗杀。此事直到 1996 年 3 月才被揭露,日本电视界将 3 月 26 日定为整个电视界的耻辱日。但日本许多学者指出,这个事件不是偶然的、孤立的。各家电视台将收视率视为首要课题,靠暴力事件和桃色新闻吸引观众,有时甚至不惜制造假新闻。东京地铁沙林事件发生后,各电视台为了竞争收视率在奥姆真理教问题上大做文章,频频让奥姆真理教人员在电视上露面,不加批判地播放麻原主张,甚至不惜采用花里胡哨的标题和猎奇的图像、音响,以致整个日本电视界不得不呼吁重建电视伦理。这些事件都说明,社会责任论并不能从根本上改变新闻媒介不负责任的状况。

第三节　客观主义理论及其实践

客观主义理论（Objectivism）脱胎于自由主义报刊理论，或者说是自由主义报刊理论的题中之义。但在西方各国的新闻界，客观主义理论是与新闻工作关系更密切、更直接的基本理论之一，它关系新闻从业人员的理念，指导新闻业务的操作。

客观主义理论在美国产生、发展，并影响到西方各国的新闻界。尽管在不同时期、不同国家对客观主义理论的认识有些差异，但迄今仍是西方新闻界流传最广、影响最大、争议最多的基本理论。

一般来说，客观主义理论包含着两个层面的内容：一是指客观性原则，指新闻从业人员的职业道德和工作态度。二是指客观性报道，作为新闻报道的一个基本方法。这两层含义既有区别又有联系。

一、客观主义理论的产生及内涵

客观主义理论深刻反映了当时人们对"事实"的推崇与极端信赖。19世纪30年代的美国，正处于从传统到现代、从乡村到城市、从社区到社会的转型剧变期，人们对周围世界的了解需求日益迫切。"事实"成为人类生存环境中的重要因素。文学的现实主义传统和科学的经验主义思想给记者提供了描述事实的手段，即注重客观叙述与实证分析。客观报道和当时的现实主义文学思想有很大的共通成分。报业作为信息行业，是通过提供信息服务、满足社会对信息的需求来维持生存、获得利润的。报纸提供的商品就是新闻，报纸的用户是社会上形形色色的庞大人群，他们有着迥然不同的社会背景，包括年龄、性别、文化程度、经济状况、社会地位、政治立场、宗教信仰等，报纸要扩大发行量、争取更多的读者就必须提高产品的通用性。不偏不倚、客观中立的报道手法则是最佳手段。任何有主观倾向的新闻报道都可能与某一部分读者发生冲突以致最终失去他们。"政治上的中立就是商业上的赢利。"[①] 换言之，实行客观性法则有利可图。

客观报道手法也是新闻业保护自身的有效方法。新闻记者在抵御别人指责其作品歪曲或曲解时，客观性极为有用。硬新闻大多涉及重大政治、经济、社会问题，极为敏感，报纸稍有不慎就可能触及政治团体及其他社会集团的利益。要

---

① ［美］赫伯特·阿特休尔：《权利的媒介》，华夏出版社1989年版，第153页。

详尽、深入地报道各种重大事件,而又要避免卷入集团纷争,客观报道手法是最佳选择。软新闻对性及犯罪等黄色新闻的过分关注,可能使报纸触犯某些法律,如侵犯名誉权、隐私权、妨碍司法公正等。此时,客观报道又成了最具说服力的挡箭牌。因此,美国新闻界一种颇具代表性的观点认为:"看来被当作新闻报道正式标准的新闻步骤,事实上是新闻工作人员用以保护自己免遭批评而提出职业上力争客观真实的战略方针。一旦他们的专业知识得不到新闻消费者的足够重视,并有可能成为招致激烈抨击的根据时,这种情况尤其如此。"[1]

二、客观主义理论的内涵

客观主义理论主要包括这样的内涵:其一,新闻报道的最终目的是客观地反映现实。新闻报道将客观世界如实地呈现在公众面前,其作用在于将个人与外部世界连接起来,从而有助于个人形成对外部世界的独立判断。正如《纽约时报》的创办人亨利·雷蒙德与《芝加哥论坛报》主编霍勒斯·怀特所说:"一张日报应该按照本来的面目准确地反映这个世界。"[2]"公共报刊向读者提供的最崇高的服务是鼓励他们形成独立的意见。"[3]其二,在新闻报道中将事实和意见分离。新闻报道只提供事实,评论才提供意见,尽量避免报道中的个人偏见。其三,客观地反映现实之所以可能做到,是因为事实和意见是应该而且可以完全分离开的。"客观性的信念是对'事实'的信任,是对'价值'的怀疑。同时又赞同将两者分离。"[4]事实是可以独立地被证实的客观世界,它与任何可能导致认识偏差的主观倾向无关;而价值是对客观世界的主观判断与解释,是个人意愿的倾向性表达。报纸服务公众的手段应该是提供客观事实而不是宣传主观价值。

客观主义理论在理论方面被深入阐释,在实践方面大加推行,对新闻事业产生了巨大、深刻的影响,以至于许许多多的人将其奉为新闻职业的最高道德观念。曾任美联社总经理达25年之久的肯特·库珀宣称客观性法则"作为一种至善至新的道德观念,发展于美国,奉献于世界"[5]。"我们认为所有的男男女女都必须有某种圣杯之物,都必须有为之奋斗的某种事业,都必须有即使不能使之完美无缺,但仍须为之竭尽全力的某种东西。对新闻工作者而言,圣杯应当是客观

① Charles H. Brown, *Informing the People*, Holt Rinehart and Wister, Inc., 1957, p.184.

② Charles F. Wingate, *Views and Interviews on Journalism*, Grid Inc., 1975, p.75.

③ [美]韦尔伯·施拉姆等:《报刊的四种理论》,新华出版社1980年版,第80页。

④ Charles H. Brown, *Informing the People*, Holt Rinehart and Wister, Inc., 1957, p.91.

⑤ [美]赫伯特·阿特休尔:《权利的媒介》,华夏出版社1989年版,第152页。

性法则,如果他缺乏这些东西,其身份就会贬低,结果就可能使其职业遭到灭顶之灾。"①

客观主义理论确立了自身在新闻领域中不可动摇的地位。

三、客观主义理论面临的冲击

客观主义理论在巅峰时期,甚至被认为是新闻领域神圣不可侵犯的神谕,是新闻业赖以生存的法宝之一。但任何有用的理论或法则都不可能是至善至美的,客观主义理论也逐渐暴露出致命的弱点。实际上,缺陷在理论产生之时就存在于其内部,只是由于新生理论处于上升时期及其在实践领域产生了魔术般的效应,以至于一向乐观自信的美国人以为找到了适用于新闻业的终极真理。

仅从理论上分析,我们就可以发现,早期客观主义理论所标榜的纯客观是不可能做到的。在新闻业的运行过程中,主观性无法避免。客观性至少受到两方面因素的干扰。

一方面,新闻业作为一项社会事业参与社会活动,不可避免地与社会上各种利益集团产生各种各样的关系。这诸多集团自然会出于各种目的,采用各种形式,自觉或不自觉地给新闻业施加各种影响。新闻业在现代社会中不可能是随心所欲、为所欲为的。这种由社会施加的影响和控制有时可能是必要的、合理的,有时可能是消极反动,但难以消除或抵抗的。这种影响通常来自政府、金融财团以及社会舆论。

另一方面,新闻从业人员的主观意识:事实和新闻报道并不是一回事。新闻报道实际上是记者、编辑对事实的人为加工。不管新闻从业人员如何要求自己遵守客观、公正的职业准则,或是他们自我标榜自己是毫无个人偏见的,实际上,其主观性总是或多或少,有意识或无意识地存在着。他们的私人情感、个人经历、文化背景及价值观念都将在对事实加工的过程中呈现出来,从而使新闻报道的客观性大打折扣。记者、编辑从来都不可能是被动反映事实的机械摄录机。

理论上存在的缺陷终于在实践中得到印证。客观主义理论受到了挑战。

美国新闻业在第一次世界大战中的经历直接动摇了新闻从业人员对客观主义理论的信赖。

研究者们发现,在第一次世界大战中,在美国由中立国变为参战国的过程中,主观倾向明显的新闻媒介起了至关重要的作用。为了煽动民众情绪、鼓动民

---

① [美]韦尔伯·施拉姆等:《报刊的四种理论》,新华出版社1980年版,第102页。

众投入战争,报刊传播的新闻具有浓厚的宣传意味和主观色彩,甚至不惜制造假新闻。美国的公众信息委员会曾炮制出 6 000 条报刊消息。当时曾产生轰动效应的两则报道事后被证明为捏造,即关于德国人建造工厂焚烧英法战俘以取油脂的报道,以及关于比利时婴儿的手臂被德国人砍掉的报道。

当认识到政府操纵新闻业的可能性的同时,对客观主义原则的信仰也就受到了致命打击,新闻业难以维持自身的独立地位,客观报道也就无从谈起。

第一次世界大战给客观主义理论形成的冲击是非常态的。它揭示出在非常情况下,新闻媒介是如何为他人操纵从而使客观性原则遭到破坏的。而 20 世纪初兴起的一种社会职业——公共关系业则在社会的各个层面旷日持久地构成了对客观性原则的威胁。首先,在某种程度上,公关活动就是利用媒介的宣传活动。内尔森·克劳福德在 1924 年出版的《新闻道德论》一书中估计:每家大报每天收到 15 万字的公共关系材料。其次,社会各种团体都设置公共关系部门利用媒介对外宣传。公关人员成了事实与记者之间的中介。据估计,"1926 年 12 月 19 日的《纽约时报》的 255 条消息中,至少有 147 条来源于公关人员的作品;1926 年 1 月 14 日的《纽约太阳报》的 162 条消息中,至少有 75 条出自公关人员之手。《纽约时报》大约 60% 的报道受到公关代理人的影响。公关业的一位创始人伯内斯称:公关人员不仅是新闻的供应者,更合乎逻辑地说他是新闻的制造者。"[1]著名报人沃尔特·李普曼在其名著《舆论学》中道出了公关业威胁客观性原则及客观报道的原委:"公关人员的发展是一个十分明显的标志,它表明事实在现代生活中不是自然地呈现被人知晓的形式。事实必然被某些人赋予一种形式,由于在每天的日常生活中记者们不能给予事实一种形式,由于几乎没有什么消息不与一定的组织有利害关系,因而利益集团就按自己的需要阐述事实。"[2]公共关系对客观主义理论的威胁在于:在新闻实践的实际操作中,客观报道手法不如以往那样简便有效了,主观倾向时刻可能渗透在报道中而不被人们察觉。由此,客观性原则也受到根本性怀疑。

四、追求和接近客观性原则

客观主义理论已被实践和理论证实存有多种缺陷,但至今新闻领域仍将之奉为不可替代的基本理论及行之有效的职业操作法。这似乎是一个矛盾的结论。

---

① Edward L. Bernays, *Crystallizing Public Opinion*, Horace Liveright, 1923, p.195.
② ［美］李普曼:《舆论学》,华夏出版社 1989 年版,第 218 页。

这是因为新闻工作的特殊性决定了客观性原则和客观报道手法的有效性和广泛适应性,它虽然不是完美无缺、百试不爽的,但舍此别无他法。

现代新闻业对客观主义理论形成了一种相对稳定的态度:"绝对客观性不可能达到,只会引起永无休止、徒劳无益的争吵辩论。……客观性并不意味着指望要达到它,而是对现实反映的一个过程、一种态度、一套思维方法。例如迈克尔·舒登声就将新闻学里的客观性视为信仰体系中确定无疑的那种知识。他还进一步指出,这是一种伦理学——指明人们在道德上作出决定时应当采取何种思考方式。于是,客观性不再被认为是可望而不可即的问题,而是有益的、应该力求达到的,它是把'是'和'应该'融为一体的途径。"①

上述这段话,是当前新闻界对客观主义理论认识的典型表达。当前,新闻界已把客观性原则当作一种理想去追求——绝对客观是不可能的,但可以尽可能地接近它;当作一种职业道德和工作态度——不要以自己的偏见去歪曲事实,不以主观愿望代替事实;当作一种思维方法——尽可能客观地再现事实,而客观性报道则具化为一套操作规范。

第四节　公共新闻学

"公共新闻学"(Public Journalism)又称为"公民新闻学"(Civic Journalism),兴起于 20 世纪 80 年代后期的美国新闻界,尔后波及西方其他国家,但主要的理论和实践展开还是在美国。

在美国,公共新闻学被称为"美国新闻理论的第三次革命"或"第四种新闻理论"。无论是理论还是实践,公共新闻学都还处于探索阶段,争论颇多,前景难测。

一、公共新闻学的兴起和内涵

什么是公共新闻学? 这在公共新闻学的发源地美国新闻学界也是一个众说纷纭的难题。

最早提出"公共新闻"理论的学者是纽约大学新闻学系的罗森(Jay Rosen)教授。他认为,"新闻记者不应该仅仅是报道新闻,新闻记者的工作还应该包含这样一些内容:致力于提高社会公众在获得新闻信息的基础上的行动能力,关注

---

① [美]赫伯特·阿特休尔:《权利的媒介》,华夏出版社 1989 年版,第 148 页。

公众之间对话和交流的质量,帮助人们积极地寻求解决问题的途径,告诉社会公众如何去应对社会问题,而不仅仅是让他们去阅读或观看这些问题。"他还进一步提出,新闻业是健康的公共生活中的重要组成部分,"所有被公共生活包围着的人——记者、学者、政治家、市民、左派、右派、中立者……都应该认识到,如果市场取代了公众而成为现代社会中唯一的舞台,我们将全部沉沦。"[1]

一直致力于倡导公共新闻学的北卡罗来纳大学教授菲利浦·迈耶(Philip Meyer)提出公共新闻学可以从六个方面进行界定:

一是对重新树立公共意识的一种期望。公共意识是一个社会存在的基础,公共意识的消减与报纸读者的减少是有因果关系的,实际上报纸和读者都是社会体系中的一部分,对公共生活的不关心,使得读者不再需要报纸。

二是更长时间的注意力的保持。新闻媒介不能总是从报道一个事件迅速地转向另一个事件,而应该对那些重要的公共问题保持更长时间的关注,直到这些问题的所有方面都为公众了解,并且使他们能够认真地思考和做出决策。

三是深刻地解析引导我们生活的社会系统的愿望。仅仅关注事件本身的报道,不但在时间跨度上是受限制的,而且在内容挖掘上也是肤浅的,不能帮助读者看到事实背后潜在的社会问题的根源。

四是对中间部分的更多关注和少走极端。从概率统计学角度说,绝大多数的人,以及他们的行动,是处于中间部分的,而不是处于两个极端的。但传统的新闻报道往往只关注处于"极端"的反常情况。

五是有关政治争论的报道应重视内容,而不是技巧。如总统大选类的报道,应该更多关注的是这类选举对公众利益和社会发展的影响,而不是竞选活动本身及竞选者的表演。

六是培养公众思考能力的一种愿望。表述自己的观点固然重要,但了解他人的看法也同样重要。新闻媒介应该帮助社会的每一个成员去了解他人,促进人与人之间的相互理解,这是"公共新闻"一个重要的方面[2]。

从这些对公共新闻学内涵描述性的论述中,我们可以看到,公共新闻学赋予了媒体全新的功能。按照公共新闻学的要求,媒体不仅仅提供信息,也不仅仅设置议题,而且还要往前再进一步:引导或发起社区公众来讨论问题,达成共识,解决社区面临的问题。"最为理想的是,这种协商或讨论要以公众判断而告终,问题的解决应建立在广泛参与、明达辩论以及尽可能地达成共识的基

[1] Jay Rosen,*Public Journalism:A case of scholarship*,Change,May 1995,p.42.

[2] Philip Meyer,Public Journalism and the Problem of Objectivity.

础之上。"①

公共新闻学的核心概念是两个关键词：公共利益和民主。媒体必须承认并把维护公众利益置于自己工作的首位，而不是把谋求媒体的自身利益（赢利）放在首位。而且媒体要唤起公众对自身公共利益的关注，积极投身于社区的民主协商中去。

公共新闻学的兴起，源于新闻界对于自身危机的反思。"公共新闻的概念起始于对新闻与民主处于危机中的共识"②。这个危机是指公众对于公共事务和对于媒体的逐渐疏远和冷漠。美国参加总统大选的选民人数逐年下降，在20世纪90年代，参加大选的选民只有"二战"前的50%，而且与自己所在的社区也渐行渐远。并非公民不关心国家利益、自身利益，而在于他们感到纵使关心也于事无补，人微言轻，对政治进程、改革社区生活难有作为。公众对于政治生活和社区生活热情的下降直接导致了他们对于新闻报道兴趣的减弱。读报的人数在逐年下降，据1995年的一份统计，90年代只有45%的美国人每天读报，而在1965年，这一数字是71%③。对于公众对新闻报道的兴趣逐年衰退，传媒业的应对措施并不是改革新闻报道，而是以娱乐化来应对，一浪高过一浪的娱乐浪潮，从新闻娱乐化到脱口秀、真人秀，从情景剧到怪诞剧，怪招迭出，却使公众更加疏远新闻报道。这引起新闻学有识之士的忧虑和反思。公共新闻学的提出就是这种反思的新理论。公共新闻学的倡导者希望通过贴近公民生活、关乎公民切身利益的新闻报道来重新唤起公民参与公共生活、维护自己利益的热情，从而也使媒体尤其是报纸重新赢得公众的信任，重新焕发报纸的活力。从这一点上看，公共新闻学是积极的。

公共新闻学的兴起还得益于新技术即互联网的运用。一个社区的公民可以依据报纸上提供的信息和议题，通过互联网展开网上讨论，在广泛互动中达成共识。从这个意义上说，公共新闻学是植根于互联网的事业。

二、公共新闻学的理论冲击

公共新闻学，有学者称之为美国新闻学的第四种理论模式。前三种模式是：鼓吹模式，传媒业依附于政党或其他政治团体、宗教、社会运动，成为其宣传机构，传达并鼓吹一种政治主张。在西方各国的新闻史上称为"政党报"时期。托

① James Curran, "Mass Media and Democracy Revisited", in *Media and Society*, p.101.

② ［加］罗伯特·哈克特、赵月枝：《维系民主》，清华大学出版社2005年版，第165页。

③ Corrigan, Don H., *The Public Journalism Movement in America*, Praeger Publishers, 1999, p.11.

管人模式,传媒业是公众托管给专业人士经营的一项事业,因此,它必须代表公众的利益,成为公众的"看门狗"。其职责主要就是监测环境,监督政府。传媒业必须及时准确地告知公众信息,进行可靠的和批判性的判断,客观性成为新闻业的专业标准。市场模式,传媒业以赢利为最高目标,并把受众当作消费者,以迎合消费者的需求来吸引受众,最后取悦广告商。

公共新闻学摒弃了鼓吹模式和市场模式,而在托管人模式的基础上向前跨出一大步。公共新闻学要求记者提供准确无误的信息,并要求对信息进行深入详细的解读,使公众能理解这些信息的内涵。但公共新闻学摒弃了托管人模式中记者仅仅是信息的告知者、事件的旁观者和中立者的角色。公共新闻学主张在下面两种情况下发挥能动作用:[①]

第一,对于是否存在积极的大众参与和讨论,或社区是否正视遇到的问题这样的议题,记者不应假装保持中立。对自己的职业至关重要的某些基本价值,如言论自由,记者从不声称要保持中立。公众新闻可以看成是这一价值的延伸。

第二,一旦公众达成共识以后,公共新闻就可以积极倡导对某一问题的政策性解决方案。

公共新闻学在托管人模式基础上向前跨越了一步,动摇了托管人模式的专业标准即客观性原则。传媒业不再是旁观者、中立者,不再独立于任何社会运动之外,而成为社区生活的积极参与者。可以说,这是自新闻主义运动以来,客观性原则再次受到的严重挑战,并引发了美国进而是整个西方新闻学界的辩论。

从公共新闻学的实践中,我们可以看到公共新闻学实践的局限:

(1) 公共新闻学的实践都在美国县一级的小城镇开展,人口一般都在 10 万人以下。像纽约、华盛顿、洛杉矶这样的大城市或州一级行政区域内还没有展开公共新闻学实践的个案。

(2) 与此相一致,公共新闻学的实践都在城镇一级的媒体(而且基本上是报纸)展开,像《纽约时报》《华盛顿邮报》《今日美国》等大报不但不支持,而且成为公共新闻学的最强烈的反对者。因为这些大报的合法性和声望很大程度上归于客观性原则。

(3) 公共新闻学实践的议题基本上环绕着民生问题诸如社区安全、邻里关系、吸毒犯罪、环境保护等,也有地方选举案例。这些问题都直接关系公众切身

---

① ［加］罗伯特·哈克特、赵月枝:《维系民主》,清华大学出版社 2005 年版,第 167 页。

利益,而且也容易达成共识,很少有涉及美国体制性问题。例如美国当前面临的最大问题是反恐,但至今还没有就此问题展开讨论的个案。

毫无疑问,从实践的结果看,美国的公共新闻学运动对于缓解社区矛盾、整合社区资源、协调社区建设具有积极意义。同时,也加强了报纸和公众的沟通,并在一定程度上使报纸赢得了社区公众的信任。公共新闻学的倡导者期望以一种新的理论来唤醒新闻从业人员的社会责任意识,树立崇高的职业理想,从而赋予报纸新的活力,这些在实践中取得了积极效果,必须加以肯定。

但公共新闻学从一开始就陷入了无法解决的两大盲区。

(1) 动摇了客观性原则。新闻媒体与生俱来的基本功能是传播信息,新闻媒体赖以生存的社会基础也是传播信息。信息传播必须真实、及时、准确、可靠,这必须以客观性原则来保证。从这个意义上讲,整个新闻媒体是建立在客观性原则的基础上,动摇客观性原则,就可能导致整个新闻媒体的崩溃。客观性原则作为新闻媒体的生命线,对它的任何非议都势必引起新闻界的强烈反弹。正是这一点,预示着公共新闻学难有大的作为。

(2) 低估了社区共识的复杂性。公共新闻学以维护公众利益为诉求,以社区公众的共识作为解决社区问题的途径,这个意愿无疑是好的。但一个社区,少则数千人,多则数万人,一个社区内因职业、文化程度、种族、年龄、性别、社会地位、收入等而分成不同群体,他们既有共同利益,也有不同的群体利益。有些问题,比如社区安全、邻里关系、犯罪等因为利益一致而容易取得共识,但有些问题,比如社区建设规划、阶级以及种族不平等、妇女流产等问题要取得共识就相当艰难,有些问题则根本不可能取得共识。公共新闻学运动只能避重就轻,设置一些不冒犯群体利益的话题来达成表面上的共识。

三、公共新闻学的实践和困惑

在美国,新闻业界已对公共新闻学做了不少探索性的实践,有不少成功的个案。

1993 年,纽约州的《夏洛特观察者》日报在报道一场当地居民间与种族分裂相关的冲突时,没有着力去抓取那些很有刺激性的冲突场景和故事,而是对这个地区的居民进行了全面细致的调查,包括对冲突双方当事人、目击者、白人家庭、少数民族居民,以及与这个地区相邻地带的居民们进行访问,请他们就事件发表自己的意见。报社为此进行了大规模的专题报道,所有群体的观点都在报纸上得到了客观的反映。在报社的努力下,居民们开始选派代表组成代理机构,专门讨论解决问题的对策,并拿出了一系列具体措施,最终使这场冲突没有进一步激化,社会生活重新回到正常轨道①。

　　1996 年,明尼苏达州的《圣保罗先锋报》开始了名为"更安全的城市"的计划,他们资助资深记者理查德深入圣保罗犯罪率最高的地区之一——弗罗格城进行采访并发表了他的观察报道。理查德写道:"我们并不是待在办公室,通过电话采访我们熟悉的新闻渠道写出这些报道的……除非我们到那里去进行采访,那么类似弗罗格城的地方仅仅是我们驱车回家或者到其他地方采访时挡风玻璃外一闪而过的景象而已。"

　　有些人对公共新闻学表现出由衷的赞赏。美国斯坦福大学新闻传播系教授西奥多·格拉瑟在总结"公共新闻"的目标时提出,"及时地重新树立社会公众对新闻媒介的信赖,重新建立与正在流失中的受众的联系,重新完善新闻报道者的职业理想……"这番话表达了美国新闻界热衷于"公共新闻"的理由和目的。

　　有些人却有些困惑和担忧,正如热衷于公共新闻学的北卡罗来纳大学教授菲利浦·迈耶在一篇论文中谈到,对"公共新闻学"最大的困惑是认为这个理论与新闻报道的客观性原则相矛盾,因为理论的初创者们没有对公共新闻这个概念给出定义,而且在理论框架上也是比较模糊的。

　　而有些人则对公共新闻学表现出不屑。《华盛顿邮报》主编莱纳德·唐尼认为这个被称作"公共新闻"的东西,更多的像是报社发展推广部门要做的事情,而不是记者应该做的事。

　　但不管人们对公共新闻学持何种态度,有一点是达成共识的:美国新闻界对"公共新闻"的实践探索和学术争议,是美国社会发展和大众传媒发展的结果,它表现出美国新闻工作者在新的历史条件下对媒介社会责任的新的思考和努力②。

复习思考题

1. 自由主义报刊理论的要义是什么?
2. 社会责任论有哪些主张?

---

　　① 此个案出自美国《公共新闻的成果》,此处转引自蔡雯:《探索美国的公共新闻及其研究》,中华传媒网,2004 年 3 月 6 日。
　　② 蔡雯:《美国新闻界"公共新闻"之争》,《新闻战线》2000 年 12 月。

第十六章

新闻自由和社会控制

第一节　新闻自由的含义

　　自由主义报刊一词的英文是 freedom of press。这个词在西方国家的不同历史时期有过不同的内涵。在文艺复兴运动期间,freedom of press 仅指言论自由,即文艺复兴运动的先驱们反对教会的思想禁锢,争取自由表达自己的意见。17 世纪初,西欧各国广泛运用印刷术,freedom of press 主要指出版自由;当报刊在西欧各国兴起,freedom of press 又主要指报刊自由;而现在,在原有含义基础上,又强调了信息交流的自由。freedom of press 一词中文有不同译法:"出版自由""言论自由""言论出版自由""报业自由"等,现在一般都译为"新闻自由"。"自由主义报刊理论"是近些年的提法,专指相对社会责任论而言的一种新闻理论,以区别于西方国家作为一种政治制度的新闻自由。

　　什么是新闻自由? 有各种不同的说法,但基本上是大同小异。新闻自由包括:不受批准自由出版报刊,即不必向政府申请营业执照或交付保证金,在政治上、经济上不受限制,人人都拥有出版权;不受任何形式的事先审查,可以发布任何新闻和发表任何意见(当然,事后的追惩在任何国家都存在,即不容许报刊损害国家、社会、个人的权益);不受限制地自由接近新闻源。简要地说,新闻自由就是公民拥有出版权、采访权、表达权。

　　英国著名的政治思想家约翰·弥尔顿在 1646 年出版的《论出版自由》中提出:言论出版自由"是一切自由中最重要的自由","这自由则是一切伟大智慧的乳母"。[①]这一思想,在西方各国被视为新闻自由的圭臬。

在西方各国早期为反抗封建专制统治、争取新闻自由的斗争中,那些资产阶级的思想先驱们以及一大批争取新闻自由的斗士们确实提倡过不受任何限制、不受任何约束的绝对新闻自由;在各国资产阶级取得政权之初,都实践过这种绝对的新闻自由,这就是西方各国的政党报时期。例如在美国,从建国之初到1850年的六七十年间,当时的共和党和联邦党各自操纵报刊,从报刊上相互谩骂到街头大打出手,无所不用其极,"由于报上的谩骂之风,有些历史学家便将这段时期称作'新闻事业的黑暗时代'"[②]。为此而造成的社会混乱迫使西方各国不得不先后采取司法和行政措施来约束新闻界,这也宣示了不受任何限制、约束的绝对新闻自由的幻灭。到了20世纪40年代,美国一批学者从重新诠释自由的含义出发,宣称:"完全的自由和绝对的自由是没有的。""没有限制的自由只是一个幻想。"[③]这批学者认为,自由有两种,一种是"免了……控制或限制的自由",另一种是"具有行动所必须的条件和设备",即"有做……的自由"。前一种自由是消极的自由,这是早期资产阶级为免于封建专制的压制而争取的新闻自由;后一种是积极的自由,即现代社会所需要的自由。这种自由不是完全的或绝对的,而是人类所能达到的自由,即必须从各国特定的政治、经济、社会、文化所能提供的社会环境出发,实现新闻自由;新闻自由必定受到特定的、具体的社会环境的制约和控制。

第二节　新闻自由是伟大的口号

新闻自由(或说言论自由、出版自由)绝不是传媒业的专利,它是新闻体制的一个核心问题,是国家政治制度的一个表征。新闻自由作为公民的一项基本权利,是公民实施其他权利的前提,是公民信仰(思想)自由、信息交流自由、人身自由的前提。法国大革命时期,著名政治活动家米拉波在三级会议上呼吁,让你们法律的第一条永远奉献给出版自由,使它踞于神圣的地位。在所有的自由中,它最不能触犯、最不受限制,假如失了它,其他自由便永远得不到保障。[④]新闻自由是与封建专制、思想禁锢、愚民政策水火不容的。所以,新闻自由是从

---

① [英]弥尔顿:《论出版自由》,商务印书馆1958年版,第44~45页。
② [美]埃默里:《美国新闻史》,新华出版社1982年版,第110页。
③ [美]*A Free and Responsible press*, University of Chicago Press, 1947, p.49.
④ 转引自[美]赫伯特·阿特休尔:《权力的媒介》,华夏出版社1989年版,第17页。

根本上挖掉封建专制制度的基础,为资产阶级建立政权奠定基石。正像法国大革命时期的领袖罗伯斯庇尔指出的:"出版自由是鞭挞专制主义的最可怕的鞭子。"[1] 从 16 世纪到 18 世纪,出版自由成为各阶级尤其是封建阶级和资产阶级争斗的焦点之一,出版自由成为资产阶级推翻封建统治、建立自己政权的核心口号和目标。

纵观世界新闻史,从 16 世纪到 19 世纪,争取出版自由的斗争大致经历了三个时期,由于各国的历史进程不同,时间是交叉的。

第一时期(16 世纪到 18 世纪),封建王朝采取高压政策妄图扼杀出版自由。

1450 年左右德国人谷登堡发明了金属活版印刷机,当时正值文艺复兴运动遍及欧洲,这两者的结合在欧洲引发了一场思想大地震。印刷机的出现,引发了"危险思想"的传播,而传播带来的影响有可能远远超过"危险思想"本身的直接影响,于是问题尖锐了。技术的进步威胁到封建王朝,本能的恐惧使各国王朝先后颁布种种法令,严厉压制出版。这些禁令都不约而同地集中于新兴技术即印刷术上。所以,这场斗争是新思想与旧思想之战,是封建禁锢与出版自由之战,也是王权与新技术之战。

在欧洲各封建王朝扼杀出版社的禁令中,最著名、最具影响力的是英国都铎王朝于 1586 年颁布的星法院法令,它成为上百年来欧洲各国王朝出版的范本。该命令有 9 条,其核心条款是一切印刷商的印刷机必须经"皇家出版公司"批准,不准在伦敦市外任何地方从事印刷,印刷商的学徒不得超过 3 人,等等。

在 16 世纪、17 世纪,法、德、俄等欧洲各国封建王朝都先后实施过类似英国的星法院法令。这些严厉的压制措施对处于萌芽时期的报刊无疑是极大的摧残,使得报刊的发展极其缓慢。在星法院法令颁布以后的近百年历史里,传播新闻仍以不定期出版的新闻书为主,宣传宗教改革、传播启蒙思想则以政论小册子为主,秘密印刷,暗中流传。

第二时期(17 世纪到 18 世纪),资产阶级革命时期。

各国资产阶级革命有先有后,在此时期,敌对双方的宣传需要以及市民对了解错综复杂局面的需要,使得报刊活跃一时,大大推动了报刊的发展。

1640 年,英国资产阶级革命揭开序幕,代表资产阶级的国会派与保皇派都有自己的宣传报刊。敌对双方的报刊都以信使报命名,国会方面有《公民信使报》《不列颠信使报》,保皇派方面有《神圣帝国信使报》《学院信使报》,"国会

---

[1] 中国社会科学院法学研究所:《资本主义国家民权法规及其简析》,法律出版社 1982 年版,第 1 页。

派的信使报与保皇派的信使报之间的斗争是新时代与皇室之间的斗争在新闻战线上的反映"①。这些报刊都曾报道两次内战的战况以及国会、皇室的新闻。但这些报刊发行量小，只有几百份，对英国资产阶级革命影响不大。

对资产阶级革命真正产生过重大影响的是法国资产阶级革命时期(1789—1794)的报刊。这些报刊都是以政论为主的政治报刊，大力鼓吹推翻僧侣和贵族统治的革命，同保皇派展开论战。其中《杜歇老爹报》《铁咀报》《法兰西和布拉班特革命报》《宪法保卫者报》等都名噪一时，在市民中影响巨大。而这当中最具影响的是法国大革命雅各宾派的领导人马拉创办、主持的《人民之友报》(1789—1792)。马拉在《人民之友报》上发表一系列政论，严厉抨击大资产阶级的领袖人物拉斐特、米拉波、伊索背叛革命的种种行为，揭露保皇党流亡者的复辟阴谋，竭力把资产阶级革命推向前进。"《人民之友报》从其出版的第一天起就成了革命民主派的战斗机关报。法国的贫民、平民、农民、小市民，都把马拉看做自己利益的热烈保卫者。马拉揭穿了反革命王党的阴谋和秘密计划，揭破了资产阶级贵族及其领袖的两面性和叛变倾向。"②

第三时期(17 世纪到 19 世纪)，为反对资产阶级政府控制，争取出版自由的斗争。

欧美各国资产阶级革命取得胜利以后，都以不同形式宣布出版自由、言论自由。

英国：1688 年"光荣革命"以后，英国议会控制权力，实现议会君主制，1689年通过《权利法案》，宣布"国王不得干涉人民的言论自由"。

美国：1791 年 12 月，议会通过宪法修正案即 10 条《人权》法案，其中第一条明载："国会不得制定有关下列事项的法律：……剥夺言论自由或出版自由。"

法国：1789 年 8 月制宪会议通过《人权宣言》，第 11 条规定："思想与意见的自由交换，是人类最宝贵的权利。因此，每一个公民享有言论、著作和出版自由。""但在法律限制内，须担负滥用此项自由的责任。"

德国：在魏玛共和国时期的宪法第 118 条规定："每个德国人在一般法律内，都有权通过言论、印刷品、图画及其他方式自由发表自己的意见。"

这些法律条文的确立，无疑是人类历史的巨大进步，标志着资产阶级革命的胜利。但条文毕竟还是纸面上的东西，出版自由的真正实现在欧美各国经历了漫长的道路。在 17—19 世纪资产阶级初级时期，有过封建王朝的复辟，有过资产阶

① ［英］库尔特·斯塔特汉：《英国的报刊》，英国 1937 年版，第 20~21 页。
② ［苏］曼佛列德：《18 世纪末叶的法国资产阶级革命》，生活·读书·新知三联书店，第 65~66 页。

级政权对封建阶级的妥协,有过独裁统治,欧美各国政府都采取行政的、经济的、法律的各种手段来扼制出版自由,各国政府先后采取的方法主要有以下几种。

1. 出版物的事先检查制

这是欧洲各国资产阶级政府最先采取的措施,防止报刊批评政府。1662 年 6 月,英国议会制定出版法案,明确规定报刊发行许可证制和出版物必须受议会设立的检察官的检查。1688 年"光荣革命"后仍然实施,直到 1694 年出版法案颁布才正式废止。拿破仑统治下的法国于 1810 年重新恢复新闻事先审查,而德国从 1819 年开始重新执行书刊检查制度。

这种事先检查制度使得报刊万马齐暗,也引发越来越激烈的反抗。英国在 1695 年,法国在 1814 年,德国(普鲁士)于 1850 年,俄国于 1905 年都先后取消报刊事先检查制。

2. 制定煽动法、诽谤法扼制出版物

取代报刊事先检查制,煽动法、诽谤法对于防止滥用新闻自由以维护国家安全、社会安定是必要的,问题是当时欧美各国制定的煽动法、诽谤法定域太宽,使报刊动辄得咎,报刊没有伸展身手的空间,尤其是各国政府借此来镇压敌对势力,压制反对政府的声音。在 18 世纪初期,英国国会可以随意确认煽动诽谤罪。国会认为,凡属诽谤议员、指责议会、批评政府大臣、猥亵不敬议会的言论、报道,均可按煽动诽谤罪论处。政府或国会如发现可疑的出版物或作者,即可由总务大臣签发逮捕状,对可疑出版物实行搜查、扣押、没收或毁灭,对一切可疑著作人、记者直接逮捕、审讯。成百上千名报刊发行人、作者、记者遭到罚款、监禁,甚至判刑。在法国,在 19 世纪初的 16 年中,巴黎有 109 家报纸受到内务大臣警告,8 家报纸暂时关闭,5 家报纸永久关闭,白色恐怖弥漫欧洲的报业。

3. 征收印花税,实行津贴制

英国国会在 1712 年 5 月 16 日通过印花税法案,除了报刊税(一般在 1 便士左右)外,还征收广告税、纸张税。这种种赋税占出版费约 2/3,沉重税负使得报刊入不敷出。印花税实行不到半年,报刊就停了一半。德国、俄国都先后实行过印花税。直到 1861 年,英国才取消印花税,欧洲各国也陆续取消。

与征收印花税相辅相成,政府以津贴方法支持、收买一批报纸,并把津贴列入政府预算。在 18 世纪前期,英国首相承认每年津贴报纸 5 000 英镑,而"秘密委员会"说每年达 5 万英镑。①

---

① [英]弗雷德里克·S. 西伯特:《1476—1776 年英国的出版自由》,美国 1952 年出版,第 342~343 页。

以上种种手段,使得报刊在重压下苟延残喘,种类少,报价高,售量小,发展迟缓。正像恩格斯所描绘的:"诽谤法、叛国法和渎神法,都沉重地压在出版事业的身上……英国的出版自由一百年来苟延残喘,完全靠政府当局的恩典。"①

列宁在综览近代世界史时曾精辟指出:"'出版自由'这个口号,从中世纪末到19世纪,在全世界成了伟大的口号。为什么呢? 因为它反映了资产阶级的进步性,即反映资产阶级对僧侣、国王、封建主和地主的斗争。"②

时至今日,出版自由(新闻自由)仍是一个伟大的口号,它是联合国宪章所规定的各国公民的基本权利。

如何评价当代资本主义国家的新闻自由是一个重大的理论课题。从总体上看,西方的新闻自由制度是西方资本主义政治制度、经济制度、文化、社会等的必然反映。西方新闻自由实践在促进信息自由流通、监督政府、协调资产阶级内部、调和社会冲突等方面都发挥着至关重要的作用。从这个意义上讲,西方的新闻自由制度在总体上适应了西方的资本主义制度。与此同时,我们也必须指出:对西方国家的普通公民来说,他们在法律上拥有新闻自由的权利,却缺乏实施新闻自由权利的手段和条件。就以出版自由来说,在西方各国,创办或收购一家媒体,动辄以上亿美元计算,甚至高达数百亿,除了财团,谁有如此巨大的财力? 于是,出版自由就沦为资本自由。这是西方新闻自由伪善的一面。

新闻自由和司法独立是现代化国家的两大基本标志。新闻自由的目的是确保信息的自由流动。这是确保公民的知晓权,进而参与国家、地区公共事务的前提,也是国家政权、企业、家庭(个人)对外界变动及时作出决策的前提条件。那种认为"新闻自由是资产阶级的"说法不是误解就是偏见,因为只有社会主义才能把新闻自由还给人民,社会主义理应实行比资本主义更宽广的新闻自由。

第三节　新闻自由属于人民

新闻自由是一种权利。谁拥有新闻自由权? 有种误解,以为新闻媒介才拥有新闻自由权。事实是,新闻自由权属于人民所有。1982年12月颁布的《中华人民共和国宪法》第三十五条明确规定:"中华人民共和国公民有言论、出版、集会、结社、游行、示威的自由。"在这一点上,西方各国的宪法或《人权宣言》都规

① 《马克思恩格斯全集》第1卷,人民出版社1956年版,第695页。
② 《列宁全集》第32卷,人民出版社1990年版,第492页。

定得很明确：是每一个公民拥有新闻自由权。

那么新闻媒介和公民的新闻自由权是什么关系？有些人以为新闻媒介是代表人民行使新闻自由权。这在西方的新闻学概念里称作"委托理论"。但这里所称的"代表""委托"只不过是约定俗成的说法而已，仅仅是新闻媒体的一种理念。它应该承担对公众负责的社会责任，并没有法律上的意义。各国宪法所规定的公民的新闻自由权都是不可转让的。人民从来没有也不可能委托任何机构来行使新闻自由权。当然，无论从历史上看还是从现实看，争取新闻自由最努力的是新闻媒介，而且，在现实生活中真正实践新闻自由权的也是新闻媒介。原因何在？如果用一句话来概括，那就是新闻媒介为了生存、发展。新闻媒介是向公众提供他们所需要的信息和意见的专业机构，并以此作为新闻媒介的生存条件，一旦新闻媒介不能满足公众的信息需求，那么它们就无法存在。为了满足公众对各种信息的需求，新闻媒介就必须拥有一定的新闻自由，即出版权、采访权、发表权，对于新闻媒介来说，新闻自由就像空气、水、阳光那样重要。在这个意义上，新闻媒介争取新闻自由的努力代表了人民的欲望和要求。

我们必须切记：新闻媒体争取新闻自由，绝非是出于对公众的负责。新闻媒体是为它们自身利益在争取新闻自由。套用西方经济学鼻祖亚当·斯密的话："保证我们的营养不是面包师的仁爱，而是他个人对利润的追求。"新闻媒介一旦获得新闻自由权，能否满足公众对信息的需求，那另当别论。事实上，有不少新闻媒介阻碍了大众行使新闻自由的权利。在当今的西方各国，新闻媒介已形成一种垄断局面，一批巨型媒介集团垄断了各国新闻市场，旁人难以插足。

在现代社会，公众深深地依赖着新闻媒体。而新闻媒体却常常有意或无意地掩盖、歪曲事实真相，误导受众，侵犯受众的知晓权，侵犯公众的名誉和隐私权等。

为了保护公众的各种权利，也为了保护国家利益，就必须对新闻媒介实行有效的社会控制。

第四节　公民知情权和政府信息公开

对于任何公民来说，与新闻自由关联最密切的是公民的知情权问题。知情权是新闻自由的应有之义。"我们的根本大法《宪法》第三十五条规定，'中华人民共和国公民有言论、出版、结社、游行、示威的自由'……这里显然包括作为权利主体的中华人民共和国公民享有知情权,因为只有在知情权的基础上,公民才能实现其他民主权利。"①

知情权,又称获知权、知晓权、了解权、知的权利,是指公民拥有获取有关社会公共领域信息以及本人相关信息的权利,尤其是指公民能够通过公开的渠道公平地获取他们需要的信息的权利。

知情权的本质是信息的公开和信息的自由流动。在现代社会,知情权所以重要,就在于知情权是公民实现其他权利的前提,是现代国家民主宪政的前提,是人民当家做主,对政府、社会实施监督的前提。

明确提出知情权这一概念的是1945年时任美联社总经理库柏。库柏提出知情权,从一开始就是针对政府的。在1945年1月23日的讲话中,他指责当时美国政府的保密制度,指出:"公民有权利接触全面、准确呈现出的新闻。如果不尊重知晓权,那么在一个国家或是在世界上就不可能有政治自由。"②

自库柏提出以后,知情权的矛头始终对着政府,因为政府掌握着最主要的政治、军事、外交和其他公共信息。如果政府不开放相关信息,甚至封锁新闻,那么公民就无法共享信息,信息的自由、新闻自由都将成为一句空话。新闻媒体以维护公民知情权为口号要求政府开放信息资源与政府以维护国家安全为诉求保守信息资源展开了长期的博弈。可以说,这是20世纪新闻媒体为争取新闻自由所展开的一场新的争斗。由此,知情权成为现代传媒业的核心问题。在20世纪50年代,争取知情权的运动在美国和西方国家逐步形成一股浪潮,政府的压力与日俱增。1966年,美国国会正式通过"信息自由法案",确认了一项基本原则:政府的任何信息公开是正常的,不公开是例外。"信息自由法案"规定了9种例外情况,除此9种情况,各机构都必须证明他们在拒绝时有正当理由。但实际执行过程并不理想,政府各机构都想方设法援引"例外情况"或故意拖延时间。1974年和1976年,美国国会先后通过"信息自由法案补充法案"和"阳光普照法案",前者规定了公民更容易从政府那里获取信息的一些措施,后者要求联邦政府属下的50多个委员会和机构的会议公开举行。举行任何秘密会议需得到该机构的首席法律官员或法律总顾问的认可。

"信息自由法案",尤其是"阳光普照法案"在西方国家产生广泛影响,西方大多数国家都先后通过类似法案。随之,公民的知情权也得到广泛的认可。

---

① 魏永征:《中国新闻传播法纲要》,上海社会科学院出版社1999年版,第53页。

② How the Freedom of Information Act's Legislative History Debunks the Supreme Court's.

我们国家是从人民当家做主、推进民主政治建设的高度来认识公民知情权的重要性。

1987年党的十三大报告提出："要提高领导机关的开放程度,重大情况让人民知道,重大问题经人民讨论。""要通过各种现代化的新闻和宣传工具,增强对政务和党委活动的透明度,发挥舆论监督的作用。"这是从理念上认可了公民的知情权。

而在十届人大二次会议上(2005年2月),温家宝总理在政府工作报告中提出："为便于人民群众知情和监督,要建立政务信息公开制度,增强政府工作的透明度。"随后,2005年3月24日《中共中央办公厅、国务院办公厅关于进一步推行政务公开的意见》正式发布,这是从制度建设上确保公民的知情权。

2003年1月广州市在全国率先实施《政府信息公开规定》,这是我国地方政府制度中第一部全面、系统规范政府信息公开行为的政府规章。到2005年底,中央政府部门共制定30部政务、政府信息公开的法规文件,75家地方党政部门颁发了政务、政府信息公开的法规文件。30个省级政府建立了政府网站,21个省级地方制定了有关政府信息公开的条例或者办法,17个国务院部委制定了有关政务公开的规定。2006年1月1日,中央政府门户网站正式开通,便于公众了解国家法律法规和重大决策。与此同时,中央、国务院各部委和省级政府建立了新闻发言人制度,通过新闻发言人,把政府工作及时通报各新闻媒体,让公众了解政府的工作。目前我国政府信息公开实践,无论是政府上网工程还是自下而上的政务公开制度,都还只是政府信息公开的开始,还有许多待完善和改进之处。

第五节 新闻法规和新闻纪律

对新闻媒介的社会控制有四种正规的途径。第一种是司法控制,国家以法律来监控新闻媒介;第二种是行政控制,行政部门以各种规定、税收来控制新闻媒介;第三种是资本控制,即大公司垄断媒介市场,使新来者难以进入;第四种是媒体的自律。当然,世界上任何国家对新闻媒介最具威慑的社会控制来自公众,即公众乐意还是拒绝接受媒介。

世界上大多数国家对本国新闻媒介的管理采取法律形式。新闻法规(以立法形式通过的法律条文和行政颁布的规定、规则)是国家实施新管理的主要依据。

　　世界各国的新闻法规有三种形式:一是以立法形式正式颁布的《新闻法》,欧洲大多数国家都采取此种方式。其特点是法院审理案件只能依据和服从《新闻法》。二是以最高法院和上级法院的判例为标准来审理新闻案件,即《判例法》,而没有成文的《新闻法》,在英国、美国、加拿大、澳大利亚、新西兰等国家通用。三是有些国家并没有单独成文的《新闻法》,而把新闻法规的有关条文写入《宪法》《民法》《刑法》以及其他的专用法律条款中,例如《少年法》《保密法》等,在日本、新加坡、印度等国家采用,中国目前也是如此。

　　无论采取哪种形式,新闻法规所要处理的一个核心问题是:保护新闻自由,同时必须防止滥用新闻自由,从而在确保国家利益、公众利益不受侵害的前提下,鼓励新闻媒体满足公众需要,促进国家发展。

　　国家以立法的形式保护新闻自由,这是资产阶级在和封建王朝作斗争并取得胜利以后的一个伟大成果,也是世界上任何一个现代化国家的标志。尽管不同社会制度、不同民族对新闻自由赋予不同的具体含义,但新闻自由总是任何现代国家的一个基本价值,保护新闻自由总是现代国家宪法的一个基本条文。

　　当谈论新闻法规的时候,我们应该记住:保护新闻自由,这是包括中国在内的现代国家最主要的一条新闻法规。正因为有新闻自由,才需要有防止滥用新闻自由的规定;而防止滥用新闻自由,一定意义上也是保护真正的新闻自由。

　　为了防止滥用新闻自由危害国家和公众,各国的新闻法规对新闻报道和评论作了一定的限制。这种限制,在世界各国尤其西方国家基于两条基本法理。

　　第一条是"明显和即刻危险"(the clear and present danger)的原则。

　　该检验标准由美国霍尔姆斯大法官在 1919 年的斯查克(Schenck)案中提出。他认为:"在通常时期的许多场合,被告具有宪法权利,去谈论在其传单中所谈论的全部内容。但每一项行为的特征,取决于它在被做出时的情形。即使对自由言论最严格的保护,也不会保护一个人在剧院谎报火灾而造成一场恐怖。"[1]依照这一标准,当公民"所使用的言词在特定情形下,其性质足以产生明显和即刻的危险,将带来国会有权阻止的极大恶果时",可以允许惩罚言论表达。但什么样的言论是"明显和即刻危险"的,这无法作量化的限定,只能由法官来裁定。

　　第二条是定义平衡的标准(definitional balance)。

　　该标准在 1942 年的美国查布林斯卡(Chaplinsky)案中首次得到阐述。这

---

　　① 　Wayne Overbeck, *Major Principles of Media Law*, Harcout Brace College Publishers, 1997, p.46.

个标准是许多具体标准的概括。在该案中,美国最高法院一致认为:"言论自由的权利并非在所有时候、所有情况下都是绝对的。有些经妥善界定和严格限定的言论从来不会因对它们的阻止和惩罚而被认为会提出宪法问题。这类言论包括淫秽、猥亵、亵渎、诽谤,以及侮辱性或'攻击性'言词。这类言词在探求真理方面的社会价值微不足道,从中获得的益处显然不如在秩序和道德上的社会利益。"[①]当限制某一类言论的价值超过放任这类言论的价值时,就应该限制它。

上述两条原则对世界各国制定新闻法规或多或少产生过影响。新闻法规的具体条目各国虽有不同,但国家安全法、诽谤法、隐私法和保护青少年法是大多数国家所共同的。

1. 国家安全法

新闻媒介不得以任何形式危害国家安全。尽管表达上有所不同,但这是各国新闻法规不可或缺的条文。这包括:不得煽动以武力及其他手段推翻合法政府、破坏国家制度和社会秩序,不得泄露国家机密,不得煽动宗教、民族对立,等等。例如,英国制定有"公务机密条例",严禁新闻媒介泄露有关国家安全的机密。在法国,如果新闻媒介刊载政府认为危害国家内外安全的消息,政府有权没收报纸,取消广播电视节目,甚至逮捕相关记者、编辑。澳大利亚、新西兰等国几乎所有有关国家安全的新闻,都须经相关部门的部长亲自签字同意才能发表。而美国自1884年国会通过《煽动法》《叛国罪》两个法案以来,从未明确宣布取消过。所以,西方的新闻学者都明确地说,绝对的新闻自由是不存在的,一切危害国家安全或者说危及资产阶级统治、危及资本主义制度的"自由"在西方是不容许的。

根据《中华人民共和国宪法》和《中华人民共和国刑法》,为了保障国家安全,我国的新闻媒介严禁公开传播下列文字和图像:

禁止公开传播一切诽谤和煽动推翻社会主义制度的文字和图像;禁止公开传播一切破坏民族团结、煽动民族分裂的文字和图像;凡煽动民族仇恨、民族歧视以及在出版物中刊载歧视、侮辱少数民族,都是犯罪行为;禁止泄露国家的政治、经济、军事机密。

2. 关于新闻诽谤

新闻诽谤是各国涉及面最广、案情最为复杂,也是令新闻界、司法界最挠头

---

① Elder Wiet, *Cuide to the U.S Supreme Court*. Congressional Ouarterly Ine, 1979, p.407.

的案件。"不准使用新闻媒介诽谤他人"是任何国家新闻法规必备的条文。但一涉及具体案件,是否构成诽谤罪,是轻微伤害还是严重伤害,那就变得非常复杂,有时官司一打几个月甚至拖上一年半载。

什么是诽谤? 各国法律的解释各有不同。美国法律研究会编辑的《法律的重述》所下的定义为:"无确凿的证据而散布对他人不真实的事实并损害他人的名誉。""传播足以损害他人名誉的事实使其在社会上处于不利地位或有碍其与第三人的往来。"

诽谤的对象一般有三种:一是个人(无论普通公民还是政府官员),二是某个特定团体(企业、事业及政府部门),三是企事业单位所生产的产品(包括服务)。

诽谤罪的确认,在西方国家通行的标准,一般有四个条件:一是特定的对象,可以让他人确认的对象,不是泛指。例如"无官不贪""无商不奸",虽然指责了所有政府官员、所有商人,但不是指向特定对象,不构成诽谤罪。二是歪曲、夸大、捏造事实。三是必须含有恶意。四是公开传播,造成对象的名誉损害。

在中国,诽谤罪称做新闻侵权,又称做侵害名誉罪。近些年,随着新闻侵权案的日益增多,新闻官司不断跃升。最高法院于 1998 年 8 月 31 日公布了《关于审理名誉权案件若干问题的解释》。不久,最高法院副院长提出判定新闻媒介侵害名誉权的主要标准有两条:一看报道是否真实,二看是否有借机诽谤诋毁的内容。如果媒体报道"严重失实"或"主要内容失实"或有诽谤内容就会构成侵权。① 这个标准和西方通行的标准基本相同。

无论是西方还是中国,在新闻报道中,真实性是防止触犯诽谤罪的最主要手段;在确认诽谤罪时,新闻真实是否定诽谤罪的最有力的辩护措施。

3. 关于隐私权

英国的《法律大辞典》对隐私权下了这样的定义:隐私权是公民"不被干涉的权利;免于被不正当地公开的权利……个人(或组织)如果愿意,可使他本人和他的财产不受公众监视的权利"。

隐私权虽然是个人神圣不可侵犯的生存权,但在世界绝大多数国家包括中国的宪法中都没有提到这个概念。在法律词汇中出现隐私权的条文还是近百年的事,但也只有近几十年才逐渐被社会重视。随着各种电子监视器无孔不入地侵入人们的私生活,人们越来越感到正常生活受到威胁,需要运用法律来保护

---

① 新华社:《国内外新闻最新动态》,1999 年 1 月号。

自己。

英国著名的法学家威廉·L. 布鲁塞在《现代民主国家的新闻法规》一书中将侵犯隐私权的情况分为四类:(1) 闯入原告的私人禁地。例如,记者用远摄镜头、监听器或装扮成其他身份的人混入他人家庭、病房或私人聚会获取材料,并在媒介上公开传播。但在公共场合所获取的任何个人资料均不在此列。(2) 公开私人物件,使原告的正常社会生活被破坏。例如未经本人同意,公开私人信件、日记、病例、档案。(3) 在公众面前将原告置于错误位置。例如,某家地方报纸在报道警察抓获一名盗窃犯时,将协助警察抓盗窃犯的居民名字错写成盗窃犯,该居民上诉当地法院,获得 50 万美元名誉赔偿费。(4) 未经本人同意,利用原告的姓名、肖像等进行商业活动,例如刊登商业广告、拍摄广告片等。

在确认诽谤罪时,真实性是防止触犯诽谤罪的最强大武器;但在确认侵犯隐私罪时,真实不起作用,唯一能起作用的是“新闻价值”。法院在判决时,常以传播内容是否有新闻价值作为决定性依据。

这里的所谓“新闻价值”就是指“公众人物”即政府高官和社会名人。“高官无隐私”“名人无隐私”在西方各国是非常久远的社会观念。在司法审判中,一般都实施公众人物隐私权有限原则,若原告被认定为“公众人物”,那么,新闻媒体对他们私生活的曝光都将合理合法。公众人物隐私权有限原则,在中国近几年的案例审理中也得到确认。

4. 保护青少年法

为保护青少年的健康成长,包括中国在内的世界各国都严格禁止在一般性的电台、电视台以及报刊上出现淫秽、色情以及宣扬暴力的节目,禁止出现虐待儿童、雇用童工的画面。

除此之外,对于广播电视的执照申请、反垄断、广告制播等,各国都有具体规定。

在中国,新闻媒介还有其特殊性。我国的绝大多数新闻媒介,尤其各级党委机关报,都是在党的领导下,因此,新闻媒介还必须受到党的纪律约束。《关于党内政治生活的若干准则》规定:党的报刊必须无条件地宣传党的路线、方针、政策和政治观点。对于中央已经作出决定的重大政治性的理论和政策问题,党员如有意见,可以经过一定的组织程序提出,但是绝对不允许在报刊、广播电视的公开宣传中发表同中央的决定相反的言论;也不得在群众中散布与党的路线、方针、政策和决议相反的意见,这是纪律。

复习思考题

1. 为什么说新闻自由是伟大的口号?
2. 什么是公民的知情权?
3. 新闻法规有何重要意义?

第十七章

舆论引导与舆论监督

第一节　舆论监督与舆情引导相辅相成

舆论监督与舆论引导两个词中的"舆论"并非一般意义上的舆论,而是指新闻媒体,因为新闻媒体可以称作是舆论界。

舆论监督就是新闻媒体公开揭露、批评政党、政府、社会团体、公职人员以及社会一切违反法律和社会公德的言行。

舆论引导就是新闻媒体劝服大众尊重、遵循、实行国家的法规、社会公德及政府的方针、政策,达成社会共识,形成共同行动。

那么,我们可以说,舆论监督、舆论引导都仅仅是新闻媒体的行为,至于新闻媒体的这两种行为能否引发真正意义上的社会舆论,这和舆论监督、舆论引导的效果相关。如果新闻媒体的行为能引发大众的高度关注,形成社会舆论,那就有了良好效果。

从一般意义上来讲,舆论监督主要的监督对象是政府和政府的公职人员,舆论引导主要的引导对象是一般公众,前者是自下对上的行为,后者是自上对下的行为。这两者看似是对立的,但对我们国家来说,则是相辅相成的两个方面。

我国党和政府高度重视舆论引导,因为这是政府施政纲领能否顺利实施的关键一环,是党和国家命运所系。1996 年 9 月 26 日,当时的中共中央总书记江泽民在视察《人民日报》时就明确指出:"舆论工作就是思想政治工作,是党和国家前途和命运所系的工作。"这次视察中还提出著名的"祸福论":舆论导向正确,是党和人民之福;舆论导向错误,是党和人民之祸。①与此同时,我国党和政府同样高度重视舆论监督,1987年10月中共十三大会议指出:"要通过各种现代化的新闻和宣传工具,增加对政务和党务活动的报道,发挥舆论监督的作用,支持群众批评工作中的缺点错误,反对官僚主义,同各种不正之风作斗争。"以后历届党的代表大会都提到重视舆论监督。党的十五大政治报告中还将舆论监督与党内监督、法律监督、群众监督并列为社会主义民主监督制度的重要组成部分。②

　　那么,为什么党和政府既重视舆论引导又重视舆论监督? 为什么舆论引导和舆论监督是相辅相成的呢? 舆论监督与其他监督方式一样,其目的是要消除党内、政府内的腐败和不正之风,只有这样,才能让公众真正体会到我们党和政府是真心实意为人民服务的。舆论引导和其他引导方式一样,其目的是要让大众认识真理,认清方向,认可党和政府的一系列决策。只有这样才能上下同心同德,形成促人奋进、健康向上的舆论氛围,形成如同毛泽东所说的"既有统一意志,又有个人心情舒畅"的生动活泼的政治局面。

第二节　舆论引导

　　舆论引导这一概念显示了我们党执政理念的改变,显示了党和群众的新型关系。舆论引导一词表明,我们党和政府不再把群众当作被教育的对象,对群众不再采取压服手段,不再采取自上而下的灌输式宣传;表明了我们党和政府对民意的高度重视,对人民权利的尊重。

　　那么,在当前,党和政府为什么如此重视舆论引导呢? 这是鉴于国内外所出现的新形势、新情况。

　　第一,中国已进入以多元利益为基础的多元社会,这已成为常态。互联网给予多元利益群公开表达的机会,不同区域、不同职业、不同社会阶层、不同社会地位以及不同兴趣都公开表达自己的诉求,林林总总的各种团体在网上集聚,甚至网上网下互动,在社会上或明或暗形成各种团队,非政府组织风起云涌。各种各样的群体在网上网下为不同议题分分合合,甚至争议不休,争吵不断。这给社会整合带来了巨大挑战,给国家在一些大政方针上达成社会共识,制定社会底线带来极大困难。因此,舆论引导十分迫切。

---

① 《江泽民文选》第一卷,人民出版社2006年版,第564页。
② 陈建云、吴淑慧:《舆论监督三十年历程与变化革》,《青年记者》,2009年第4期。

第二，互联网带来全新挑战。如前所述，互联网在去中心化—再中心化过程中，出现了一个以网络意见领袖为代表的新的社会权力层。网络意见领袖具有强大的社会动员能量，尤其在引导网络舆论方面有强大的影响力。网络意见领袖绝对不是一股敌对势力，但事实表明，他们和新闻媒体在引导舆论方面进行着舆论主导权、话语权的博弈。在不少网络事件中，他们和新闻媒体有相互配合的一面，促使事件圆满解决；也有相互对抗的一面，在不少网络事件中，网络意见领袖误导网民，激化事态发展，激化部分群众与政府的矛盾。这就使舆论引导比以前要困难得多，紧迫得多，重要得多。

与此同时，网络上谣言、炒作不断兴风作浪，引发社会动荡。例如人们至今还记忆犹新的 2011 年 3 月的"抢盐风波"，因为网络上盛传海水受到日本核事故影响，今后海盐会有核辐射元素以及海盐中含有的碘可以防止核辐射，东南沿海的城镇上突然爆发了全民抢购食盐风波。2015 年 6 月的网络发出了一个帖子："人贩子一律死刑""买孩子一律判无期"，短短几天，几乎所有微信、微博都在转发，形成一个舆情热潮。最后查实是一个婚恋网站的营销行为，纯属子虚乌有。2014 年 4 月 16 日《人民日报》盘点近年来 10 大谣言，这些谣言不但造成社会恐慌、动荡，而且实实在在重创了国家的经济。

第三，国外敌对势力在中国进行"颜色革命"的活动从未停止，存在着舆论失控的危险。随着中国综合国力的提升，中国国际地位和影响力在不断提升。但无论硬实力还是软实力，"西强我弱"的基本格局没有改变。西方反华的敌对势力在某些国家政府或明或暗的支持下，在中国竭力煽动"颜色革命"，颠覆我政权的图谋从来没有停止过。他们或公开传播极端宗教，煽动恐怖暴力；或暗中浸透西方意识形态、生活方式，其途径多样，手法多变，而网络更是他们的捷径。从中东的"茉莉花运动"可以看出，舆论失控是一个国家政权崩溃的前奏，也是共同特征。

这些新形势、新情况都彰示：舆论引导极其紧迫，对于国家政治、社会、经济的安全、稳定具有极其重要的作用。

从中国近 30 年来舆论引导的实践看，做好舆论引导的基本原则、基本态度和基本方法是：

一、要有理论自信、制度自信、道路自信

这些自信本质上就是相信我们最广大人民群众充分拥护党的领导，充分信任党中央，认可我们选择的社会主义制度和发展道路，这是我们做好舆论引导工

作必备的自信和实力。有这样的自信,我们才会坚定不移地做好舆论引导工作。如果缺乏这样的自信,前怕狼,后怕虎,事不敢明说,理不敢明摆,情不敢明显,畏畏缩缩,舆情引导就只是一句空话。

二、公开信息、揭示真相是舆论引导的基本原则

事实无数次证明:在许多突发性重大事件爆发以后,在现实社会和网络上引发公众情绪的热点事件,最后能够顺利解决,都是因为把真相原原本本告知公众。谣言止于真相,过激的情绪止于真相,合理的解决基于真相。

真相的背后可能会牵涉很多利益,会有不少黑幕,涉及一些政府官员甚至权重位高者,涉及权钱交易,等等。所以,突发事件发生后,许多当事人总竭力掩盖真相。而掩盖真相的结果总是激发一浪高过一浪的舆论声讨热潮,有些本来简单的事复杂化了,本来不大的事却膨胀起来,而最终的结果还是要把事情真相和盘托出,才能平息舆论热潮。这当中,有些权重位高的当事人往往会软硬兼施、威逼利诱新闻媒体。

三、相信大众、尊重事实、敬畏法律是舆论引导的基本态度

尽管大众有时会有偏激情绪,会误信误传,但我们应该相信,中国的大众是通情达理的,他们相信事实,服膺真理,千万不能居高临下去训斥大众,动不动就说"一小撮别有用心的人,煽动不明真相的群众",这只会引发公众的抗议。

尽管有不少事件令人扼腕,有不少事实啼笑皆非,但事实就是事实,来不得半点虚假和扭曲捏造,尤其在新媒体时代,网民会把视频、音频、图片发到网上,把事实真相和盘托出,任何虚假只能适得其反。

一切事情的是是非非、罪与非罪都要以我国的法律为准绳,千万不能以"犯法行为""犯罪言行"等语词来恫吓公众。

四、讲究舆论引导的艺术是舆论引导的基本方法

舆论引导是一门学问,得讲究舆论的策略。不同的情况下,舆论引导有不同的策略,但以下基本方法是共同的。

紧贴社会热点,新闻媒体不失语。社会热点涉及大众的利益、情绪,紧贴社会热点,新闻媒体的舆论引导才会引起公众的关注。公众说东,媒体说西,南辕北辙,再引导也是白费工夫。

先发制人,抢占舆论制高点,抢占公众的"第一印象"。我们的媒体习惯于

"后发制人"，但事实表明，先发制人，后发制于人，当重大突发性事件一出现，新闻媒体就要紧紧跟上，那就吸引了公众眼球，舆论引导就有了主动权。

第三节 舆论监督

舆论监督是新闻媒体对党和政府机关、官员的错误决策、腐败行为、不良之风以及不当言论的揭露、批评，同时也是对有碍公德的社会行为的揭露、批评。

如前所述，舆论监督与党内监督、法律监督、群众监督共同构成我国监督制度的体系，四者缺一不可，同时，又各有自身的不同作用、不同特点。

一、运用新闻媒介开展舆论监督的重要作用

"不怕上告，只怕上报"，这是在社会上流传很广的口头语，形象地反映出新闻媒介开展舆论监督的巨大威力。有些问题出现以后，上级批评，内部通报，往往收效不大，甚至硬顶软拖，迟迟得不到解决。但新闻媒介公开曝光以后，问题提到千千万万受众面前，能够把社会舆论动员起来；在强大的舆论压力下，问题就能得到较快较圆满的解决。具体而言，舆论监督有以下几方面作用：

第一，新闻的舆论监督能产生强大的威慑力，迫使违法乱纪者不得不收敛，或改过自新，促使问题得到尽快解决。我们可以看到，有些问题在被揭露前往往拖了数年得不到解决，媒介一曝光，几天以内就把数年的"老大难"问题解决了，这充分显示了舆论监督的力量。

第二，新闻的舆论监督就是把党和政府的各级领导置于广大党员和人民群众的监督之下，把自上而下的监督和自下而上的监督结合起来，有利于防止、克服腐败行为和一切不正之风。因为一切不正之风和腐败行为的根本特点是脱离群众，损害群众。一旦把人民群众动员起来，理直气壮地和一切不正之风、腐败行为作斗争，问题就能得到较快的解决。即使有人想搞不正之风，也会有所顾忌，有所收敛。"阳光是最好的防腐剂"，在光天化日之下，在众目睽睽之中，要搞腐败就很难。

第三，新闻的舆论监督有利于加强党和人民的联系，密切党群关系。党、政府内的腐败行为和不正之风，严重败坏了党的信誉，损害了党和群众鱼水相依的关系，是经济建设的巨大障碍。这些问题当然不能单靠新闻媒介来解决，但运用新闻媒介公开加以揭露，开展批评与自我批评，不但有助于问题的解决，还使人民群众看到党对人民的关心，看到党在真心实意为人民谋幸福，看到党和人民是

心连心的,党在人民心目中的威信就会大大提高,人民对党更加信任。

第四,新闻的舆论监督体现了我国新闻媒介的根本宗旨,是衡量新闻事业党性的一个尺度。对于我们新闻工作来说,是否敢于经常开展批评和自我批评,是否敢于公开揭露人民群众深恶痛绝的人和事,这是衡量新闻事业党性强弱的一个尺度。正如《中共中央关于改进报纸工作的决议》(1954 年 7 月 17 日中央政治局通过)所指出的:

> 各级党委要经常注意,把报纸是否充分地开展了批评、批评是否正确和干部是否热烈欢迎并坚决保护劳动人民自下而上的批评,作为衡量报纸的党性、衡量党内民主生活和党委领导强弱的尺度……

为什么说这是个党性问题呢? 因为这涉及党的新闻事业是不是对党和人民高度负责,是不是捍卫了党和人民利益的问题。如果党的新闻事业对于破坏党的基本路线、基本政策的行为听之任之,对于严重败坏党的信誉的不正之风和腐败行为不问不管,对于人民切肤之痛的事情不理不睬,我们的新闻事业还称得上是党和人民的新闻事业吗? 人民群众把新闻媒介能否坚持舆论监督,作为衡量新闻媒介能否代表人民说话,是不是党和人民的新闻媒介的一个尺度,是完全正确的。

二、我国新闻媒介开展舆论监督的性质、特点

在我国,新闻媒介开展舆论监督的出发点是非常明确的:保证中央的政令畅通,维护国家、人民的利益。舆论监督的战斗锋芒除了针对极少数敌对分子、不法之徒、腐败分子外,大多数是解决人民内部矛盾。解决人民内部矛盾的问题,要从团结的愿望出发,经过批评和自我批评,达到新的团结,绝不是为了整人,把人批倒批臭。

舆论监督和林彪、“四人帮”所掀起的“大批判”的性质根本不同。“大批判”把矛头指向革命干部和群众,实质上是封建法西斯主义专政。这种大批判运动以把人打倒、搞垮、“永世不得翻身”为目的,无中生有地罗织罪名,断章取义地篡改原作,无限上纲,打棍子,扣帽子,在报上一点名就等于宣布政治上的死刑。这种大批判造成全国成千上万件冤假错案,且株连所及,牵累几千万人民群众。这是我们党报史上最黑暗,也是最令人痛心的 10 年。

舆论监督和西方社会的“揭丑报道”性质不同。在西方,新闻工具也揭露“黑

暗面"，这就是所谓的"揭丑"报道。西方的"揭丑"报道始于19世纪70年代的美国。在开始时，集中揭露官吏贪污的丑闻、财阀与官吏狼狈为奸的黑幕，有一定的进步作用。到后来，这种"揭丑"报道成为各财团、各政党、各派政治力量之间勾心斗角的前台表演；报纸也借"揭丑"作为招牌，来吸引读者，扩大销路。这种揭丑是资产阶级内部鱼死网破的斗争，直至搞倒搞臭对手才罢休。当然，我们不能否认，他们的有些揭丑报道的确能起到正面的作用，如对"水门事件"、克林顿"性丑闻"的揭露等。

舆论监督和旧中国报纸上的所谓"黑幕新闻"的性质也不同。"黑幕新闻"始于1916年上海的《时事新报》的专栏"上海黑幕"，揭露政界、商行、军界的所谓阴暗面，一时吸引了不少读者，不少报纸也纷纷开辟这种专栏。实际上，这些材料不过是不加批评地记录各种犯罪作恶材料，或者是各个政治派别、流氓集团收买报纸、记者，利用报纸相互攻讦。鲁迅一针见血地说过，这些文章"丑诋私敌，等于谤书；又或有嫚骂之志而无抒写之才"。①

对于这种以小集团的政治私利为目的的"大批判""揭丑"，我们都应加以摒弃，绝对不能把党报的批评搞成资产阶级报纸上那种"内幕秘闻""暴露作品""谴责小说"。

与其他报道形式相比，我国新闻媒介的公开揭露、批评具有一系列特点。

1. 权威性

由于我国的新闻事业绝大多数是各级党组织领导的，尤其是党委机关报，干部、群众习惯上把报纸、广播、电视台当作党的声音的来源。正由于党在人民心目中的崇高威望，报纸、电台和电视台的批评具有很大的权威性。每一个问题被公开批评以后，总会引起有关部门、社会上的高度重视，并迅速做出反应。这不像西方的新闻媒介，仅仅代表一家新闻媒介或个人的看法，对于报、台的揭露，有关部门或当事人可以置若罔闻，你批你的，我干我的。

2. 典型性

由于新闻媒介面向社会，新闻媒介所揭露、批评的问题就应该有一定的代表性，要直接关系到党和人民的切身利益，从而引起社会的广泛关注；要对社会有普遍的教育意义，引起人们的警觉，从而推动实际工作的开展。不能事无巨细，样样拿到新闻媒介上来。报纸的版面有限，广播、电视的时间有限，现实生活中的诸多问题，绝大多数只能通过其他途径来解决，新闻媒介只能选择带有普遍意

---

① 《中国小说史略》，《鲁迅全集》第九卷。人民文学出版社2005年版，第301页。

义的典型事例来公开批评。

3. 紧迫性

新闻媒介所揭露、批评的问题,应该和当前的工作、生产、人民生活有密切关系,是"火烧眉毛",非要立即下决心解决不可的问题。

4. 重视社会效果

新闻媒介的揭露、批评要从有利于矛盾的转化,有利于问题的解决出发,着眼于提高人们的认识和觉悟。

三、开展新闻舆论监督的基本原则

在 20 世纪 50 年代,为了搞好新闻媒介的批评报道,毛泽东曾提出,报纸上的批评,要实行"开、好、管"的三字方针,开——开展批评,好——开展得好,管——党委把报纸上的批评管起来。党中央先后制定了一些基本原则,这是保证正确地开展批评和自我批评的准则。在贯彻这些方针和基本原则过程中,各新闻单位也积累了一些经验教训。

1. 从有利于党和人民的利益出发,坚持正确的揭露批评

对于这一点,《中共中央关于在报纸刊物上展开批评和自我批评的决定》中说得很清楚:

> 我们所提倡的批评,乃是人民群众(首先是工人农民)以促进和巩固国家建设事业为目的、有原则性有建设性的、与人为善的批评,而不是为着反对人民民主制度和共同纲领、为着破坏纪律和领导、为着打击人民群众前进的信心和热情,造成悲观失望情绪和散漫分裂状态的那种破坏性的批评。

怎样才能坚持正确的批评呢?

首先得区分情况,用不同的方法对待不同性质的问题。1954 年《中共中央关于改进报纸工作的决议》指出:

> 在报纸上进行批评的时候,还应当区别不同的情况,采取不同的方针:对典型的坏人和那些犯有严重错误而且坚持不改正错误的分子,不只是应该进行批评,而且要进行无情的斗争,给以严重的打击和应有的制裁;而对于在工作中犯了一般性质的缺点和错误,或虽然犯了严重或比较严重的错

误但是愿意改正并实行改正的同志,就应该采用同志的态度进行批评,以便大家团结起来,消灭这些缺点和错误。

2. 实事求是是保证揭露批评报道成功的基础

批评必须实事求是,对新闻机构来说,这一点尤其重要。因为新闻传播媒介面向群众,影响广泛。报纸上的文字是白纸黑字,难以消除;电视中出现的形象,一下子就印在广大观众的脑子里;广播的传播面大,如果事实有出入,势必造成不良影响和不良后果。为此中共中央的有关决定反复强调"在报纸上发表的批评的事实必须经过认真的调查研究"①,"事实一定要核对清楚"。②

事实要核对清楚,不但包括主要事实和关键性情节,还包括相关的细节。为此,记者在调查过程中要耐心地听取各方面意见,包括被批评者的、反面的意见,切忌先入为主,切忌只听单方面的陈述。从多年的实践看来,新闻传播工作中无中生有、凭空捏造的批评比较少,主要的失实大多是在细节上。新闻记者对关键性的事实比较注意,而往往忽视一些细节。但细节上失实常使一些被批评者不服气。为了保证批评稿的完全真实,许多新闻单位采取"三见面"的办法,即把小样送写稿者(或见证人)、有关部门组织、被批评者,请他们审阅,如对其中的事实有怀疑,再一次去核对。这样做,对于保证事实的准确很有好处。

实事求是,还包括对发生错误的原因所作的分析采取全面客观的态度。犯错误的原因可能涉及被批评者的思想意识、思想方法、工作作风、工作方法,以及各种客观环境和条件,是偶然失误还是一贯的必然的结果,是出于好心还是自私的动机,等等。只有实事求是地分析,才能使被批评者心服口服,才有利于被批评者改正错误,使报道产生积极的社会效果。

为了避免陷入被动,写批评稿宁可留有一些余地,不要把话说死、说绝。有些众说纷纭、一时难下结论的事情,不要急于登报;倘若非写不可,就把一些主要的不同意见写上为好。

3. 适时、适量、适宜,这是批评报道取得良好效果的重要一环

适时,就是批评的内容要选择适当的时机发表,特别是一些重大的批评,能够和一个时期党的中心工作或人民群众关心的问题相配合,这样可以取得更好的宣传效果。

适量,就是批评稿的数量要适当控制,不能像搞政治运动那样,报上杀气腾

---

① 《中共中央关于改进报纸工作的决议》,1954年7月17日。

② 《中共中央关于在报纸刊物上展开批评和自我批评的决定》,1950年4月19日。

腾,一派火药味。批评的数量不控制,也可能使人民群众产生一片黑暗的错觉。在报纸的版面上(电视画面上、电台的广播中),应该以正面表扬的稿件为主。表扬先进,这本身也是对落后的鞭策。即使对一个重要问题的批评,也不要一哄而起,给人以势压人的感觉。因为批评和自我批评是针对人民内部矛盾的,不能采用鸣鼓攻之的办法。

适宜,指的是批评的内容要有一定的典型性和紧迫性。例如,首都一家大报曾刊出《北京市东城区两位副书记违反交通法规被撞成重伤》的批评稿,其中一位是星期日去参加义务植树劳动,已 67 岁,过马路时未走人行道被小车撞伤;一位是骑自行车从公共汽车后方横穿马路被一辆工具车撞伤。短评中批评他们"目无交通法规,不替他人着想",造成交通堵塞,还特别强调领导干部要带头遵守交通秩序,不能对群众严格要求,对自己放任自流。我们认为,报纸这样批评就很不适宜,一名领导同志星期天放弃休息去义务植树,不幸被撞伤,应该首先去慰问他才是。选择这样的事例来批评违反交通规则就没有典型意义了。

还有一些群众意见很大、迫切要解决的问题,但由于客观条件限制一时难以解决,就要从实际出发,从大局着眼慎重考虑是否适宜公开批评,防止诱发群众的不满情绪,以免问题解决不了,反而激化矛盾。这类问题同样可以通过其他途径反映上去。

4. 保护批评者的合法权利,保留被批评者的申诉权利

中央有关文件对这两点都有明文规定,"热烈欢迎并坚决保护劳动人民自下而上的批评",批评"如有部分失实,被批评者应立即在同一报纸刊物上作出实事求是的更正,而接受批评的正确部分。如被批评者拒绝表示态度,或对批评者加以打击,即应由党的纪律检查委员会予以处理。上述情况触犯行政纪律和法律的部分,应由国家监察机关予以处理"。[①]这两点在当前尤其具有重大意义。有些人目无党纪国法,也由于法制不健全或执法不严,极少数领导干部对于向新闻单位投寄批评稿(特别是批评本单位负责人)的群众进行刁难、打击报复;也有些人为泄私愤,或出于个人其他不正当目的,以开展批评为幌子向新闻单位投寄诬陷信,或提供假情况;还有些新闻单位工作疏忽,造成批评事实失实或原因分析失当,使被批评者蒙受委屈。因此,保护批评者的合法权利和保留被批评者的申辩权利,应同样予以重视。

---

① 《中共中央关于在报纸刊物上展开批评和自我批评的决定》,1950 年 4 月 19 日。

保护批评者的合法权利包括：为不愿公开自己姓名的投书者代为保密；批评者如受到打击迫害，新闻单位应给予支持，为之伸张正义，直到事情得到合理解决。

保留被批评者的申辩权利，要求对批评稿中有多少失实就更正多少，如果基本事实失实，报纸就应该公开赔礼道歉，并和有关单位一起做好善后工作，必要时应刊登被批评者的实事求是的申辩文章。如果以维护"党报威信"为借口，对被批评者的申诉不予理睬，甚至动不动扣上"顽固不化、对抗党报批评"的帽子，那是不对的。凡确是凭空捏造、诬陷他人的，都应交有关部门处理。

5. 既要有独立负责的精神，又要自觉接受党委领导，积极争取各级党组织的支持和帮助

多年来的实践反复证明，新闻媒介的批评报道没有党委的领导，没有各级党组织的支持、帮助，单靠新闻单位不但干不好，反而会捅出乱子来。因此，党中央的有关文件反复责成各地党委对新闻媒介开展批评报道要加强领导，支持新闻单位的工作。归纳起来有以下几个方面。

首先，只有在党委的领导下，在各级党组织的支持配合下，新闻的舆论监督才会正确地、健全地、充分地开展起来。

但新闻单位不能由于依靠党委、党的各级组织的领导而产生依赖思想，吃现成饭，等党的纪委把事情调查好了，作了结论，拿到报纸上一登了事；或像算盘珠一样，拨一拨动一动，党委叫批评什么，就找点材料去批评一下。新闻单位应该有独立负责的精神，在党委领导下，独立自主地、积极主动地去发现问题，调查事实，开展批评报道，并对批评稿中的事实独立负责。

其次，在实际工作中，党委和新闻媒介对一些重大批评有时会产生不同的看法。遇到这种情况，新闻单位可以向党委陈述自己的意见，争取党委的帮助。党委毕竟掌握全面情况，比较了解当前工作的重点和存在的问题，会从全局考虑。同时，中央有关文件也明确规定，在批评和自我批评上，"党报编辑部和党委如有不同意见，除必须执行党委的决定外，有权向上级党委或上级党委机关报申诉"。①

第三，新闻工作面临复杂的现实情况，不可能完全不犯错误。新闻媒介要大胆地开展批评和自我批评，自己应该成为批评和自我批评的模范。如果在批评中处理不适当，出了问题，新闻媒介应当欢迎来自各方面的批评，并作出自我批

---

① 《中共中央关于改进报纸工作的决议》，1954 年 7 月 17 日。

评,吸取教训,改进工作。

6. 谨防媒体审判

所谓媒体审判就是新闻媒体有意无意代替司法部门(公安、法院)对事件定性,对案件定罪、定刑,从而有意无意干扰了司法正义、司法独立和法定程序。

新闻媒体可以客观地呈现某些事件、某些案件,并且应该臻于事实,但也只能止于事实。有些事情看上去简单,但实际上错综复杂,有着与方方面面千丝万缕的关联,甚至需要公安部门长期的、连续的侦查,才能建立完整的证据链,才能比较全面地揭示真相。

司法审判需要有完整的法定程序,要有全面考量才能定罪、量刑。而有时候,有些新闻媒体却偏听偏信,要求司法部门"从重从快审判",甚至说"不杀不足以平民愤"此类偏激之词,从而激起舆论热潮,给司法部门造成强大的舆论压力。我们当然希望司法部门不受舆论干扰,独立审判,但舆论也是司法部门不能不顾及的压力。因此,新闻媒体既要报道事实,又要谨防"媒体审判",这是舆论监督必须处理好的关系。

复习思考题　

1. 为什么说舆论引导与舆论监督是相辅相成的?
2. 为什么党和国家高度重视舆论监督?
3. 新闻舆论监督的基本原则是什么?

第十八章

中国新闻媒体的工作原则

坚持新闻真实性、指导性、群众性、战斗性和党性原则,是我国新闻工作的五项基本原则,这既是中国新闻事业基本性质的必然要求,也是党领导下新闻工作长期积累的传统。

第一节 新闻真实性

一、新闻真实性的含义和要求

新闻真实性指的是在新闻报道中的每一个具体事实必须合乎客观实际。即表现在新闻报道中的时间(when)、地点(where)、人物(who)、事情(what)、原因(why)和经过(how)都经得起核对。这个要求看上去很简单,但在实际工作中却很复杂。这种复杂的基本原因就在于:任何新闻报道都是经过选择的。这种选择有两个层面的含义:一是新闻工作者必须从每时每刻变化着的世界中选择极其有限的事件用以公开传播;二是对选中的每一个事件还得再选择其中的部分事实公开传播,这里有个主次、轻重、缓急的选择。在这样的选择过程中,必定会有不同的认识,不同的价值取向。于是,同一个事件,不同传媒报道出来可能会大相径庭,但谁都会宣称自己的新闻是唯一真实的。如果撇开价值取向不谈,仅从新闻学角度来看,有几组概念和新闻真实直接相关,需要弄清。

1. 新闻真实和事物之间的相互联系

世界上任何事物都是相互联系的,一个事物的产生、发展、消亡都是在相互联系中展开的。新闻报道要真实地反映一个事件,必须注意它上下左右的联系。

这就要求新闻工作者从事实的全部总和中去抽取事实,而不是带着固定的观点到现实中找例子,或者孤零零地表现一个事件。列宁说过:"社会生活现象极端复杂,随时都可以找到任何数量的例子或个别的材料来证实任何一个论点。"①但罗列一般事例没有任何意义,甚至会起相反的作用,因为在具体的历史条件下,一切事情都有它个别的情况。我们说"四人帮"控制下的报纸弄虚作假,这不仅指他们大量地制造假新闻,像《天安门广场的反革命政治事件》(1976 年 4月 8 日《人民日报》),《大辩论带来大变化》(1976 年 1 月 14 日《人民日报》),关于"风庆"轮首航报道《独立自主,自力更生的一曲凯歌》(1974 年 10 月 12 日《人民日报》)等,还指他们玩弄个别事件,制造"形势大好,越来越好"的假象。文化大革命,十年浩劫,已使国民经济濒临破产,但中国如此之大,要找几十个、几百个生产发展的例子并不困难,要找人民生活得到改善的少数例子也很容易。但是,如果新闻所报道的事实"不是从全部总和、不是从联系中去掌握事实,而是片断的和随便挑出来的,那么事实就只能是一种儿戏,或者甚至连儿戏也不如。"② 西方一批严肃的学者对新闻媒介也提出类似的要求,形成大众传播社会责任论的《一个自由而负责的报刊》一书,对负责任的报刊提出五点要求,其中第一点就提出:"对每日的事件给予真实的、全面的和理智的报道,并将它们置于能显示其意义的特定的前后联系之中。"

　　2. 单个真实和整体真实

　　有些学者称其为微观真实和宏观真实。这些学者认为,新闻真实性,不但要求每篇新闻都真实,而且通过连续不断的新闻报道反映出整个现实的真实。从"今天的新闻就是明天的历史"这一观点出发,这一要求有其合理性,也有其积极性。这要求新闻工作者尤其新闻媒介的负责人从整个现实出发,审时度势,决不漏报、瞒报重大新闻事件,力图做到新闻报道的平衡。但要做到整体真实有相当难度,尤其是难以有准确的评估。无论如何,整体真实、宏观真实不能成为衡量新闻报道真实性的标准。

　　3. 新闻真实和本质真实

　　"本质真实"一直是中国新闻界争论不休的一个概念。因为"本质真实"这一概念所指实在太多,具有代表性的有四种说法。

　　第一种,本质真实指的是反映事物的客观规律。新闻报道应当做到事实的准确和本质的真实。"所谓本质的事实,是指新闻报道要透过纷繁复杂的现象,

---

　　① 《列宁全集》第 2 卷,人民出版社 1956 年版,第 37 页。
　　② 《列宁全集》第 23 卷,人民出版社 1957 年版,第 279 页。

揭示事物的本质,反映带规律性的东西"。①

第二种,本质真实指的是全面反映情况。新闻报道应当全面、客观、公正。我们表彰光明面时,要注意到阴暗面;揭露阴暗面时要体现出光明面的力量,这才能接近和达到本质的真实。②

第三种,本质真实指的是正确的立场。本质的真实是无产阶级新闻报道的特色。报道什么,宣传什么,提倡什么,反对什么,都要符合党的政策精神和人民的根本利益。

第四种,本质真实指的是舍去假象、偶然性的事实,而必须报道真实、必然性的事实。

上述的提法是不恰当的,或者说不科学。客观规律可以说是具有普遍意义的真理。提供真实情况是走向真理的第一步,但真实毕竟不等于真理。马克思说过:"如果事物的表现形式和事物的本质会合而为之一,一切科学就都成为多余的了。"③"透过纷繁复杂的现象反映带规律性的东西",要经过相当艰苦、甚至相当漫长的道路,这基本上是科学研究机构的任务,新闻媒介无论如何承担不了。第二种、第三种说法涉及了新闻报道的指导思想、思想方法和立场。这种提法是否严谨,我们暂且不论,正确的政治立场、指导思想和思想方法无疑可以帮助我们正确分析事物,但我们不能以政治立场、思想方法的正确与错误作为判断新闻报道真与假的标准。第四种说法显然违反哲学常识。既然假象也是一种事实,只要我们不把它当作真相,为什么报道出来就不真实呢?要知道假象也是事物本质的歪曲反映。列宁说:"假象的东西是本质的一个规定,本质的一个方面,本质的一个环节。"④例如,要揭露林彪、江青的两面派本质,我们就得选用"当面喊万岁、背后下毒手"和"小小老百姓、大大野心家"的真相与假象。如果舍去"当面喊万岁"和"小小老百姓"两个假象,只用"背后下毒手""大大野心家"的真相,那何以反映出林彪、江青的阴险毒辣?对于偶然性的事情,得作具体分析。我们当然不能把一切细小的偶然事情和历史发展的必然性联系在一起,但在事物的发展过程中,必然性和偶然性是同时存在的,必然性通过偶然性为自己开辟道路,必然性通过大量偶然性表现出来。

很显然"本质事实"也不能成为新闻真实性的衡量标准。新闻报道的真与

---

① 王武录:《话说"本质真实"》,载《新闻战线》1981 年第 3 期。
② 张德勤:《关于新闻真实性的杂感》,载《新闻业务》1980 年第 15 期。
③ 《马克思恩格斯全集》第 25 卷,人民出版社 1974 年版,第 923 页。
④ 《列宁全集》第 38 卷,人民出版社 1957 年版,第 137 页。

假只有一个标准：是否符合客观实在。

二、坚持新闻真实性的重要性

真实是新闻的生命。坚持新闻真实性是新闻工作的起码要求，也是最高要求，新闻必须真实，是新闻工作的第一信条。无论是资产阶级新闻事业，还是无产阶级新闻事业，新闻必须真实，这是共同的要求。联合国国际新闻信条第一条规定：报业及所有其他新闻媒介的工作人员，应尽一切努力，确保公众所接收的消息绝对正确，他们应该尽可能查证所有消息的内容，不能任意歪曲事实，也不可以故意删除任何重要的事实。

这是世界各国绝大多数新闻机构共同承诺的。除此之外，世界各国的新闻机构还通过各种形式，例如新闻法、记者公约等规定了新闻必须完全真实的条文。无论是在过去还是现在，西方一些比较著名的大报对新闻真实性一直比较重视。例如，美国著名报人普利策在主持《世界报》（从 1883 年到 1911 年）期间，一再对记者强调"准确、准确、准确"，"光是不登假报还是不够的"，[1] 必须把每一个人都与报纸联系在一起——编辑、记者、通讯员、改写员、校对员——让他们相信准确对于报纸而言具有至高无上的重要性。

我国新闻事业之所以要特别强调新闻的事实性，是出于对党和人民事业高度负责的崇高责任感。

1. 坚持真实，才有助于党和人民正确认识客观世界，更好地改造客观世界

我们在前文反复说明：一切正确的判断和决策都建立在真实、全面的基础之上。人们获得客观世界的变动情况会通过各种各样的途径，但大众新闻媒介无疑是人们获得国内外重大信息的主要渠道之一。它对于人们的思想、行动，不论是领导机关的重大决策，或是企业单位的生产安排、人们的日常生活，都有巨大的影响。

搞假报道，对我国的政治、经济所造成的严重恶果，最明显的例子莫过于1958 至 1960 年报纸上的浮夸风和十年内乱时期的"造谣新闻"。二者性质不一样，但对政治、经济所造成的破坏力都是很大的。就像 1961 年刘少奇同志曾严厉批评的那样：

　　　　三年来[2]，报纸在宣传生产建设成就方面的浮夸风，……对实际工作

---

① 引自美国英文版《约瑟夫·普利策和新闻事业》，美国 U&C 出版社 1966 年版。

② 指 1958 至 1960 年。

造成了很大恶果,你们宣传了很多高指针、放卫星,在这个问题上使我们党在国际上陷于被动,报纸宣传大办万猪场,结果是祸国殃民。

这两个例子都发生在特殊时期,在平时,新闻失实同样会造成恶果。例如,1982年3月,某报刊登《空军飞机炸冰坝,黄河冰凌已消除》。消息一见报,黄河沿岸许多单位从防凌前线撤回力量。实际上飞机只进行局部试炸,冰凌并未消除,这直接影响了防凌工作。1997年春夏,《神医胡万林》《当代华佗》《发现黄帝内经》等长篇通讯在全国数十家大小报刊发表,声称胡万林已治愈几百名晚期癌症患者和各种疑难杂症,引得全国几千名患者,甚至一些外国病人千里迢迢赶到胡万林在西安近郊所开设的终南山医院求医。而事实上,胡万林是一个被判刑的犯人,根本不懂医术,所谓治病的万丹灵药就是一种芒硝,造成几十人非正常死亡。如果不是司法机构及时侦破,不知还有多少人死于非命。2006年7月19日广州一家报纸报道称广州街头的西瓜被人注入红药水,结果广州、香港市民不敢买西瓜,海南省的西瓜再也销不出去,一下损失了3 000万元。事实上,这也是一条假新闻。

新闻的真实性直接关系我国的政治、经济、军事、文化工作和人们的思想、日常生活。这就需要新闻工作者以高度的责任感来维护新闻真实性,细心谨慎地对待每一个事实。

2. 只有坚持真实,才能坚持真理,我们的宣传报道才会有力量,人民才会跟着共产党走

列宁说过:如果认为人民跟着布尔什维克走是因为布尔什维克的鼓动较为巧妙,那就可笑了。不是的,问题在于布尔什维克的鼓动内容是真实的。[①]

无产阶级新闻事业的全部历史证明了这一点。在革命战争年代,尽管我们党的新闻事业的物质条件极差,规模也很小,但它能赢得人心,击破国民党的谣言攻击,一是靠我们的新闻事业为人民说话,二是靠真实取信于民。人民决不会担心上当受骗,他们义无反顾地按照报纸上的指点去行动。报纸能够得到人民如此信任,该有多么强大的力量,那的确是"一支笔抵上十万支枪"。而报纸上只要有一个事实失实,人们就会怀疑九十九个事实的准确性。一旦人们对报纸心存戒意,将信将疑,"假作真时真亦假,真作假时假亦真",报纸的宣传作用就将大大降低,甚至完全丧失。

---

① 《列宁全集》第30卷,人民出版社1957年版,第273页。

3. 只有坚持真实,才能切实加强党和人民的联系,才能使人民和党心连心

党的方针、政策,总是根据现实的变动,通盘考虑而制定的。要使党的方针、政策为群众所理解、所接受,不但要讲清道理,还需要把现实情况真实全面地告诉人民,让人民和党一起思考,人民才能正确理解它,自觉地去执行。同时,党的领导机关也需要通过新闻机构来了解政策在实际执行中的情况,了解人民的反映,根据实际情况加以修订、补充,使之不断完善。保证新闻真实和情况反映真实,是党和人民相互联系的钢铁支柱。一旦真实性原则受到动摇,这座联系的桥梁也将动摇。关于这一点,刘少奇在《对华北记者团的谈话》中有中肯的论述:

> 你们的报道一定要真实,不要加油加醋,不要戴有色眼镜。群众对我们,是反对就是反对,是欢迎就是欢迎,是误解就是误解,不要害怕真实地反映这些东西。唯物论者是有勇气的,绝不要添加什么,绝不要带着成见下乡。党的政策到底对不对,允许你们去考察。如果发现政策错了,允许你们提出,你们有这个权利。如果你们看到党的政策大体上是对的,但是还有缺点,也要提出来。这是不是不相信党的政策呢?不是的。党的政策是否正确要在群众实践中考验。你们要把党的政策执行结果如实告诉我们,中央时刻在准备考验自己的政策。中央是这个样子,各级党委也应该是这样子。如果政策有错误,就改正它,如果它是不完全的,就把它补充得完全起来。马列主义的领导,应该如此。……你们不要怕反映黑暗的东西,当然,有的是不宜发表的。①

刘少奇在《对华北记者团的谈话》中,是从加强党和群众的联系方面来论述新闻真实的重要性,反复告诫记者:"党依靠你们的工作指导群众,向群众学习。因此,你们做得好,对党对人民的帮助就大;做不好,帮助就不大;如做错,来个'客里空',故意夸大,反映得不真实,就害死人了"②。这个论述是很深刻的。

4. 只有坚持真实,才能使我们的新闻事业取信于民,赢得人民的尊敬和信任

宣传要使人民信服,最重要的因素是什么?是宣传者(宣传机构)在受众心目中的信任度。信任度越高,宣传就越能取得效益。最好的宣传者是受众把他

---

① 《刘少奇选集》上卷,人民出版社 1981 年版,第 402~403 页。
② 《刘少奇选集》上卷,人民出版社 1981 年版,第 399 页。

们当作"自己人",这就是"自己人的效应"。很明显,信任的,人们就不会怀疑;怀疑的,人们就不会信任。一旦受众怀疑宣传者的诚实,那么宣传者即使讲真话也一时难以使受众信服。

在当前开放的环境中,新闻媒介在受众心目中的信任度显得更加重要。外国电台、电视台、报纸、杂志瞄准中国,和我们的新闻媒介激烈地争夺受众。在此格局下,谁在受众的心目中信任度高,谁就能争取到受众;同一事件,不同的说法,哪家新闻媒介的信任度高,受众就相信哪一家的说法。

要取得受众的信任,最主要的就是必须坚持真实,向人们说真话,向人民宣传真理。

5. 只有坚持真实,才能"让中国了解世界,让世界了解中国",营造有利于中国发展的良好国际氛围

当前,经济全球化不可阻挡,尤其是中国在 2001 年正式加入 WTO 以后,中国经济加速和国际接触,中国公众通过媒介来了解世界,世界各国公众同样通过媒体了解中国。特别是近 10 年来,中国经济高速发展,国际地位日益提高,世界各国对中国的变动日趋关切。新闻报道的真实性,直接关系到中国对世界事务的判断,世界各国对中国事务的判断。2001 年 5 月,中国各大报刊、网站纷纷发布一条题为《世界十大污染城市中国竟占了 8 个》的消息,包括北京、广州、济南、太原、兰州等中国首都和各省会城市都名列其中。消息一公布,广州、济南等城市立即分别召开新闻发布会,公开批评该消息实乃造谣。仔细一查,确实失实。据报道称,该消息是亚洲开发银行中国代表处环境和可持续发展部主任魏江说的。而魏江实际上说的是:1995 年某世界组织对世界十大污染城市排名;自此之后,中国加大了环保力度,环保成果显著。魏江先生在赞赏中国的环保工作,而我们的媒体却在自我毁容。2002 年第 1 期的《新闻记者》称之为"最伤中国自尊的假新闻"。其实,这岂止伤了中国人的自尊心,而且直接影响到中国的国际形象和对外交往。因为城市污染直接影响人们的生命安全,有多少人愿意到一个全球都闻名的污染城市去旅游,去投资?这些城市的出口产品也受到种种怀疑而蒙受不白之冤。怪不得广州、济南都立即出来辟谣,否则,坏了名声,出多少钱都挽回不了。

三、为维持新闻真实性不懈地努力

我国的新闻工作有马克思主义的世界观、方法论作指导,有党和人民的全力支持,又有坚持新闻真实的良好传统,我国新闻媒介发布的新闻理应做到基本

准确可靠。但实际情况表明,我国新闻的真实性状况远远不能令人满意。多次受众调查都表明:新闻失实是新闻媒介最不能令人满意的问题。

以实际情况看,新闻失实突出表现在五个方面。

1. 无中生有,凭空捏造

如果说,过去新闻失实主要表现在枝枝节节上,那么,当前新闻失实最突出的表现是凭空捏造。《新闻记者》杂志曾连续评出《2001 年十大假新闻》《2002 年十六大伪新闻》①中的"新闻"几乎都是无中生有、凭空捏造的。其中有"千年木乃伊出土后怀孕"、"美国医生操刀换人头"、"一男子游悉尼因好色两肾被偷"等这样匪夷所思的假新闻。在对体育、娱乐圈的球星、歌星、影星的报道中,往往是第一天报道,第二天辟谣或更正,第三天吵吵嚷嚷要诉诸法律,实在是真假难辨。2003 年 5 月下旬,在巴黎举行世界乒乓球锦标赛,男单冠军被奥地利队的施拉格夺走,令国人遗憾不已。但 5 月 26 日、27 日,中国各大体育报纷纷刊登一条新闻《施拉格是不折不扣的中国姑爷,沈阳媳妇助其夺冠》,新闻中写道:"记者竟然发现,施拉格身边一位亚裔血统的女人似曾相识,上前仔细一问,方知这位女孩是中国人,还是一名专业乒乓球运动员,在留学奥地利时与施拉格相识,现两人已经登记结婚。记者再一次向施拉格表示祝贺,他拉过这位女孩对记者说:'我取得金牌其中有她一半功劳,没有她就没有我的现在'。事后记者向中国乒乓球业内人士询问,方知这位女孩姓田,家住辽宁省沈阳市。"如此现场见闻,让人不能不信。但 5 月 28 日《华裔星报》就揭穿了这条假新闻,那位姓田的女孩在克罗地亚,根本没去巴黎,她公开辟谣:"怎么成了施拉格的夫人? 简直是天大笑话。"而且要上诉法院。这样的案例在各地体育报、娱乐性报纸上,不胜枚举。

2. 添枝加叶,层层拔高

这类失实,大量表现在追忆杰出人物和先进典型的报道里,作者以为"油多不坏菜,好话说多人不怪",说了许多过头的好话。比如,有些描写邓小平在 1969 年 11 月到 1972 年 11 月下放江西省新建县拖拉机修造厂劳动期间的新闻报道说:邓小平有八级钳工水平。而曾与邓小平一起干活的该厂工人余克钧回忆道:"刚开始,邓小平用的锯条断得很厉害。到后来,他的锯条磨光也不断了,这是一般人很难做到的,但是这也没有四五级钳工的水平。""不能因为他是伟人就故意拔高,把他说成八级钳工。至于一些文章说他有四五级钳工的水平,那

---

① 《新闻记者》2002 年第 1 期,2003 年第 1 期。

也是不确切的。"还有些文章说邓小平常和工人们促膝谈心,还有"邓小平和工人促膝谈心"的油画(邓小平手夹香烟坐着,工人们围着他作说话状)。该厂工人反映,这违背历史真实,在当时,邓小平不能和工人自由交谈,"而且,他在车间劳动时,我们从来没有看见他抽一支烟。"[①] 这些想当然的细节,用心并不坏,但效果并不好,反而有损领袖的形象。其实,言过其实,好话说多了反而会招致人家不满。1999 年 3 月 12 日,北大方正集团公司召开新闻发布会,发表公司的一个郑重声明:市场上正销售的《制造 100 个百万富翁——北大方正启示录》一书的任何言论,"不代表北大方正的观点"[②]。这本书以及摘引这本书的许多新闻都是为北大方正唱赞歌,但歌颂得太不真实,而且不惜贬低其他企业来抬高北大方正。这样的赞歌到头来可能对北大方正十分不利。

3. 要件残缺,隐瞒事实

上述两种失实,作者是采取凭空添加办法,"从无到有、从少到多"。与此相反,有些作者采取"减"法,在一个完整的事件中抽去部分事实,给读者造成假象。比如,评判一家企业的优劣标准大致有 8 项,包括产品的质量、产销比例、市场占有率、劳动生产率等等,但无论订多少评判标准,企业的获利情况是考察任何企业的主要标准之一。赢利的企业不一定是好企业,但不赢利的企业肯定不是好企业。上海一家报纸在 1999 年 3 月份以整版篇幅刊登一家化妆品公司开拓市场的先进事迹,文中什么都讲了,市场占有率、生产总值增长率、人均生产值等等,就是避而不谈企业的赢利情况。抽掉这个关键数字,企业的先进体现在哪里? 再如,有家省报在头版头条刊登《安康地区在"八分山"上建银行》的长篇报道,说安康地区在 5 年之内,多种经济收入几乎增长一倍。这个数字是真的,但收入增长怎么来的? 报道隐瞒了一个关键性事实,为了眼前利益,进行大面积毁林开垦,一年曾毁林三万二千亩。如果如实报道,那么所谓在"八分山"上建"银行",是应该受到谴责的。但作者通过巧妙地"取""舍",坏事变成了大受表扬的"好事"——歪曲了事物的本来面貌。毫无疑问,作者在写新闻时,需要对事实进行必要的取舍,但取舍的标准是真实地反映事物的本来面目,而不是按作者的想象去塑造事物的面目。

4. 偷梁换柱,移花接木

在新闻中,把过去发生的事情,写成现在出现的;把众人共同努力的成果说成是一个人的成绩;把别人做的事说成是某个人做的。例如,有位著名京剧演员

---

① 《新闻周刊》1999 年第 8 期。
② 摘自《科技日报》1999 年 3 月 17 日。

和剧团其他 6 位演员一起,20 多年来义务集体赡养一位孤独老人(该剧团一名因公死亡的演员的母亲),这本来是很高尚的情操。但在报道这位著名京剧演员先进事迹的通讯里,却把这个行为说成是他一个人干的,引起剧团同志的强烈不满,甚至迁怒到这位演员身上。在电视、广播中,这方面的失实比较突出,有些电视台在拍摄专题经济新闻时,让一些长得漂亮的文工团演员代替工人装模作样操作机器,代替农民来拍"喜摘丰收棉",用合并畜群的办法来表示"牛羊成群",用其他场合掌声的录音来表示"热烈欢迎"的气氛。

5. 因果不符

新闻指出的事件所发生的原因不符合实际情况,或把事件发生的多种原因说成只有一个原因,或者风马牛不相及。比如,九江化工厂曾是全国氯碱骨干厂,企业利税从 1984 年的 133 万元增长到 1987 年的 1 045 万元,可以说一年一大步,4 年增长 8 倍,经济效益好得出奇。多家媒体曾报道这家企业领导"治厂有方"、"不断开拓市场"等等。但实际上,这家企业管理一片混乱,煤、电、盐等原材料消耗直线上升,"1987 年,消耗之高,消费之大,是建厂 30 年从来没有的。"那么,该厂为什么能获得如此高的利税?《人民日报》的报道一针见血:"九江化工厂靠涨价发财"。[①]报道说:"1987 年实现税利为 1 045.5 万元(其中利润为 573 万元),这一年原材料提价因素是 407 万元,而该厂产品提价增收 884 万元,1987 年实现千万税利,其中将近一半是由于产品提价而获得的。"这就把九江化工厂利税大幅增长的真正原因揭示出来了,这才真正有利于九江化工厂的整顿治理。所以,只有揭示真实的原因,才有助于我们事业的发展。

新闻失实,就其性质来说,可分为两种:非故意性失实和故意性失实。

第一,非故意性失实。

在采编新闻过程中,作者并没有觉察到自己报道的事实与实际情况不符。这种失实,多半是由于作者在采访中获得的原始材料失实造成的。有的采访不深入,以讹传讹,造成失实。1984 年 4 月 7 日,全国几乎所有新闻媒介都刊登了"长沙上空落下一块五斤重的冰团"的新闻,许多科学家闻讯赶来,准备研究这位"天外来客"。但事隔两天,各报又相继刊登更正新闻:冰团"并非天外来客",而是一块人造冰。采访这条新闻的记者就是轻信了他人所作的判断。此外,记者"先入为主",带着现成的结论搞"印证式"采访,在采访时只听一面之词的"一面倒"采访,都是造成失实的原因。除了采访不深入以外,编辑不慎,校对不严,

① 《九江化工厂靠涨价发财》,《人民日报》1988 年 8 月 17 日。

都是造成新闻非故意性失实的原因。

第二,故意性失实。

明明知道自己所写的新闻与实际情况不符,却明知故犯,造成新闻失实。其原因比较复杂,有新闻队伍内部的问题,也有社会原因。

有些地方、有些部门党风严重不正,个别领导人想利用新闻来自我吹嘘,骗取荣誉,或掩盖劣迹,欺上瞒下。他们或者亲自出面向新闻记者提供假情况,或指使、暗示、强迫本单位的通讯员搞假报道,或采用组织手段,精心布置一些座谈会,提供假情况。《人民日报》评论员文章《捍卫真实性反对假报道》(1979年7月24日)比较全面地揭露了这种现象:

> 反对假报道,不光是新闻工作者的事情,它也与党的各级领导密切相关。文风反映党风,文风不正,正是党风不正的一种表现。有些虚假报道,不是记者或者通讯员写虚假了,而是有关党委的某些领导人有意弄假。他们喜欢隐恶扬善,总愿报喜不报忧,对记者、通讯员写本地区的成绩,不管抬得多高都同意,对报道本地区的缺点、错误,总是找各种理由不让登报。他们把新闻报道作为自我吹嘘、骗取荣誉的手段。有的得知上级要来检查,记者要来采访,就事先打招呼,精心作安排,看什么现场,介绍什么情况,早就布置好了,使你"不识庐山真面目"。有的见不到报纸上登自己单位有成绩的新闻,就对搞通讯报道的同志施加压力,甚至示意手下的"笔杆子"弄虚作假。当某一假报道被读者揭发出来,报社派人进行调查时,有的不是知错改错,而是一再刁难,庇护错误,企图"大事化小、小事化了",结果一错再错。特别使我们感到棘手的是,有些地方派性严重。他们不是站在党和人民的立场上组织宣传报道,而是从"派"的利益出发决定写什么稿,发什么稿。编辑部不可能了解每一个地区、每一个单位的详细情况,有时就表扬了不该表扬的单位,批评了不该批评的单位;当编辑部派人去调查,要根据事实进行更正时,他们又设法阻挠,不愿把真相告诉读者。有的领导同志,说了错话,做了错事,明明是自己叫记者、通讯员把错事写成了好事,经读者揭发以后还坚持错误,不准更正。类似这样的问题,值得引起全党的重视和警惕。

30多年过去了,《人民日报》评论员所揭示的这些问题还没有得到根本改变,有些地方还愈演愈烈。重庆市所属的綦江市彩虹桥事件就是很典型的事件。

彩虹桥被一个无施工资质的个体户费上利承包施工,使用不到一年就轰然倒塌,当场造成 40 人死亡的重大惨剧。事故发生后,綦江市委领导竟向全市下达"三不准禁令":不准到现场围看,不准谈论这个事件,不准向任何新闻媒介提供情况,企图封锁消息,并把一场重大人为事故歪曲为不可抵御的自然灾害。

记者、编辑队伍中的作风问题也是造成新闻失实的突出原因。有些记者心浮气躁,急于成名,不惜弄虚作假博取知名度;有些记者怕苦怕累,不深入实际,靠电话、道听途说、想象编造故事。2003 年 5 月 22 日,郑州某报"直通新闻现场"专栏刊登了一篇名为《警察鸣八枪镇住百人群殴》的新闻。该文称:"5 月 20 日凌晨,郑州市桐柏北路某家属院内,发生一起持械群殴案。双方前后纠集了三批共百余人参加了这场疯狂的打斗。"该文刊出后,先后被人民网、新华网等国内 30 余家网站转载。后经警方查明,朱某 5 月 19 日晚在家中用借来的一部电台接通警方专用频率,偷听 110 接出警信息,从中寻觅新闻线索。他从电台中听到了 110 指派中原夜巡民警赶赴西郊处理一起打架事件的信息后,便使用电台进行跟踪。由于电台中人声比较嘈杂,朱某便主观臆断现场发生了大规模的聚众械斗,他未去现场采访核实,该报道内容完全失实。①

2003 年 5 月下旬,不少报纸报道,风神汽车公司准备开发新产品,NISSAN 新蓝鸟将退出中国市场。《广州日报》记者找该公司董事长周文杰证实,总经理助理直截了当回答:"这种说法是无稽之谈。"而周文杰说了一句意味深长的话:"现在记者创作的想象力越来越丰富了。"② 文学创作需要想象力,但新闻能以记者想象代替事实吗?

面对日趋严重的作假,无论是党政主管部门还是新闻单位对此的处理轻描淡写,也助长了这股歪风。2003 年 4 月,《纽约时报》记者杰森·布莱尔的假新闻以及丑闻发生以后,报业公开向公众检讨,不但该记者被开除出报社,而且常务主编和执行主编双双辞职。我国媒体上那么多假新闻,本来同样应当把那些故意弄虚作假者清除出去,同时追究领导责任,但实际上,假新闻事件大多大事化小,小事化了,至多内部做个检讨,扣发些奖金了事;有些媒体还庇护那些作假者。此种做法,怎能杜绝假新闻?

从实际情况看,20 世纪 90 年代以后,新闻失实现象有逐年加剧的趋势。这和传媒业竞争逐年激烈有关。为了吸引更多的"眼球",许多媒体不辨真假,以"新奇"新闻刺激读者。同时,网络新闻的崛起也为新闻失实推波助澜。中国网

① 据《中国青年报》2003 年 5 月 27 日报道。
② 《广州日报》2003 年 4 月 4 日。

站没有新闻采访权，但可以转载。它们把许多"新奇"的故事包括无聊的小报新闻、八卦新闻都搜罗在一起，而不少传统媒体（报纸、广播、电视）再去转载，以至于假新闻遍地开花。过去，一条假新闻仅仅涉及一家媒体；而现在，一条假新闻，动辄几十家甚至几百家媒体、网站都上当受骗。比如，2003 年 6 月 3 日，北京市发行量最大的《北京晚报》报道，美国将新建一座豪华型国会大厦。这则假新闻最初由美国《洋葱》杂志编造出来，被几家网站转载，《北京晚报》信手拈来，刊发出来。于是，国内网站又转发《北京晚报》新闻，其他各报一看是《北京晚报》新闻，于是纷纷转发，假新闻由此蔓延。7 月初，"国产啤酒 95% 添加甲醛、威胁消费者健康"的说法出现在我国多家媒体。一时间，中国啤酒业遭遇前所未有的信任危机，"啤酒股全线下挫，甚至日本、韩国对我国啤酒也紧急下达'检查令'"。但事隔数日，"7 月 16 日，中国食品工业协会、国家质检总局、国家食品质量监督检验中心、国家工商总局、卫生部、国家食品药品监督管理局、国务院国资委等七部门联合在京召开'关于啤酒甲醛问题情况说明会'，为国产啤酒'洗冤'"。[①] 媒体工作者反思媒体在所谓"啤酒甲醛风波"中的作为时，发出"急躁开战'大打空拳'，媒体迷失'甲醛门'"的感慨。[②] 记者、编辑辨别真假的能力正在经受前所未有的考验，需要有一种"如临深渊，如履薄冰"的谨慎来从事新闻工作。

　　近几年来，对新闻真实性威胁最大、危害最烈的是炒新闻。何谓炒新闻？无中生有，小题大做，以假乱真，以耸人听闻的新闻混淆视听。1994 年春天，《敦煌处于危急之中》《莫高窟不再开放》《世界级艺术宝库告急——敦煌面临"灭顶"之灾》等爆炸性新闻以不同标题在国内媒体上频频出现，引发轩然大波，不仅全国人大、政协作出强烈反应，连联合国也表示要派专家小组到现场调查。但新华社记者以实地见闻、调查向国内外澄清：敦煌安然无恙，所谓灭顶之灾纯属讹传，其目的是制造轰动效应，吸引游客。一些广告公司、公关公司为包装明星、宣传企业形象、推销商品，伙同新闻从业人员炒作假新闻的事件时有发生。比如，2003 年元月，被一些媒体炒得火热的"三亚有望成为公开品尝虎肉的城市"，就属无稽之谈，有关主管部门认为，这就是一条经过策划的假新闻，目的是提高三亚的知名度。[③]

　　炒新闻的背后，必有个人或小团体的利益驱动。有些是社会上的职业骗子，专门造假新闻骗稿费。《中国记者》1998 年第 7 期刊登题为《"涮人"者为何一

---

①　《谁"陷害"了啤酒业　幕后有"黑手"？》，《东方早报》2005 年 7 月 19 日。

②　《急躁开战"大打空拳"　媒体迷失"甲醛门"》，《第一财经日报》2005 年 7 月 18 日。

③　《新闻记者》2003 年第 1 期。

再得逞》的文章,揭露报界一名"江洋大盗"张勇,以十几种笔名胡编、篡改稿件,把不到20厘米长的新疆鲵描绘成几米长的恐龙,号称"中国第一恐龙",震动全国。一年多时间,骗得10万元稿费。然而,更需要指出的是,有些新闻从业人员不顾职业道德,拿人"红包",搞有偿新闻。也有一些电台、电视台、报刊实行所谓经济承包制,承包人拿了企业、团体的赞助款或广告费,就不能不按他们的要求来炒新闻。所以,制止炒新闻,不仅仅是认识上的问题,不仅仅是职业道德问题,还必须从新闻媒介内部管理上下功夫。

四、坚持唯物论,维护真实性

为了维护新闻真实性,还必须澄清一些似是而非的错误认识。其中,"合理想象""扩大宣传效果"这两种错误新闻观点对新闻真实性也造成有害的影响。

"合理想象"这个术语,是在讨论通讯《马特洛索夫式的英雄黄继光》(1952年12月21日《人民日报》)时提出来的。该通讯在写到黄继光用胸膛堵敌人的机枪口时,这样描写黄继光当时的内心活动:"后面坑道里营参谋长在望着他,战友们在望着他,祖国人民在望着他,他的母亲在望着他,马特洛索夫的英雄行为在鼓舞着他。"对这段内心独白的描写,新闻界当时有两种意见:一种认为这不符合新闻真实的要求,黄继光在牺牲前的一刹那,谁也无法知道他在想什么。有些同志则认为这虽然属于推测,但根据黄继光的平时表现,他的这种想法合乎逻辑,作者的这种想象是合理的。

"合理想象"是从已知的事实去推测记者没有采访到而可能发生的"事实",并作为事实来报道。然而,新闻是事实的报道,以已经发生、正在发生的事实为依据,不允许以可能发生、将要发生的事实为"依据"。以已知的事实去推测可能发生的事实,这是逻辑推理的任务,而这种推测也只有在得到事实证明后才能成立;用想象来写作,这是文学的创作方法,不能用在新闻上。如果"合理想象"可以成立的话,记者就可以凭他的主观想象来写新闻,人们就无法核对事实,就很难保证新闻真实。1953年新闻界关于黄继光通讯的讨论,最后也基本上统一认识,否定了"合理想象",认为通讯中黄继光的一段内心活动不符合新闻真实性原则。

对新闻中的事实添油加醋,追求事实的"完美",借以"扩大宣传效果",不管是出于天真的想法还是为弄虚作假作遁词,都是不容许的。任何弄虚作假只能导致两种结果:一是立即被揭穿,直接败坏党的宣传工作的声誉;另一种是人们暂时被迷惑,收到一时的效果,但隐瞒总不能持久,一旦真相大白,上当受骗的人就会更加失望和愤慨。人们只要上当受骗一次,就会对今后的宣传产生防范心理,这种戒心很难消除,千百次的真实会被一次失实所败坏。实践反复证明:靠弄虚作假来扩大宣传效果,其效果适得其反。要收到真正的宣传效果,唯一的办法是采取老老实实的态度,坚持真实,坚持真理,才能赢得人心。让我们记住列宁说过的一句话:"用善良的词句来掩饰不愉快的现实,对无产阶级的事业来说,对劳动群众的事业来说,是最有害最危险的事情。不管现实如何令人痛心,必须正视现实。不符合这一条件的政策是自取灭亡的政策。"①

第二节　新闻指导性

一、新闻指导性的含义

新闻指导性就是通过报道新近发生的事实来宣传一定的观点,影响受众的思想,把受众引导到既定的目标上去。对我国的新闻业来说,新闻的指导性就是新闻工作者运用马克思主义的立场、观点、方法,用党的方针、政策来影响、指导受众的思想和行动,帮助受众明白形势,明辨是非,明确利弊,引导人民群众同心同德,共图改革开放大业。

需要强调的是:新闻指导性始终是道义上、思想上的影响,决不能把新闻指导性当作指挥权。新闻媒介从来不能对受众指手画脚,指挥受众"必须"如此,"应该"如何。

尽管新闻媒介的办报(办台)方针不同,新闻指导性有显有隐、有强有弱,但新闻具有一定的指导性是客观存在的。从我国新闻事业历史看,无论在战争年代还是和平建设时期,新闻指导性对鼓舞、启迪、引导人民群众发挥过巨大的精神作用,而新闻的误导也同样有过严重的甚至灾难性的后果。对新闻指导性所产生的影响无论如何不能低估。

最近几十年,随着报刊的社会责任论逐步取代报刊的自由主义理论而成为西方大多数国家新闻媒介的主导性理论,加强新闻的指导性的趋势日趋明显。社会责任论倡导者对报刊的五项要求中有一条就是:报刊要澄清和提出社会的目标和价值观。他们大声疾呼:"我们必须承认,大众传播机构是一种教育工具,可能是最有力的教育工具;并且他们必须承担教育者的责任,陈述和澄清为之奋

① 《列宁全集》第 24 卷,人民出版社 1957 年版,第 309 页。

斗的理想。"①

新闻指导性,本来是我国新闻媒介的好传统。然而,近几年来,随着新闻媒介逐步走向市场,新闻指导性却有弱化趋势,有些媒体甚至提出"淡化指导性"。中国新闻媒介作为党、政府、人民的耳目喉舌,尤其是各级党报,作为宣传党的方针政策的主阵地,就是以指导性取胜,淡化指导性无异于取消党报。而且,面对错综复杂的国际国内形势,面对瞬息万变的国内外市场,受众需要新闻媒介的正确指导。加强新闻指导性的方针不能变,但指导的方法必须改变,才能适应新时期受众的需要。

二、新闻指导性的具体表现

在我国的新闻工作中,新闻指导性包括指导受众的思想、工作、学习、生产和生活,涉及的范围很广泛。

新闻指导性对受众的影响主要表现在 7 个方面。我们以《人民日报》1999年 4 月 7 日和 8 日两天的报纸为例说明。

1. 鼓舞

以我国在政治、经济、军事、文化体育等各个领域、各个战线上所取得的令人瞩目的成就、成绩来鼓舞人民群众的士气,激发人民群众的热情。《一季度全国工业保持较快增长(主题)工业增加值同比增长百分之十一点一(副题)》,这则新闻使我们对实现 1999 年国民生产总值增长 7% 的目标更有信心。《福州国企量减效增(主题)亏损额由 2.3 亿减至 7 900 万元(副题)》,这条新闻要传达的思想是:国企改革,大有作为,从而坚定我们搞好国企改革的信心。读这样的新闻报道,能使人民群众看到我国的社会主义事业蒸蒸日上,看到国家的远大前景,从而增强对我们事业必胜的信念。

2. 示范

向亿万群众提供一个个值得仿效的榜样(先进人物、先进集体、先进事例),向社会提倡一种先进的思想、革命的精神,为人民群众指引前进的方向,开拓前进的道路。榜样的力量是无穷的。在土地革命时期,毛泽东同志曾亲自深入调查,推广江西省兴国县长冈乡和福建省上杭县才溪乡干部"关心群众生活、注意工作方法"的模范事迹。在抗日战争时期,延安《解放日报》树立了农业战线的吴满有、工业战线的赵占魁两个典型,推动了全国抗日根据地开展劳动竞赛运动。

---

① *A Free and Responsible press*,U and Cpress,1947.

新中国成立以后,黄继光、邱少云、郝建秀、孟泰、李顺达、王进喜、雷锋、"南京路上好八连"等,都是家喻户晓、活在人们心中的先进典型。他们教育、鼓励了整整一代人,至今还被人们所崇敬、怀念。在改革开放之初,安徽省凤阳县家庭联产承包制和浙江省海盐县海盐衬衫总厂厂长步鑫生的改革经验,先后对农村、对城镇企业(尤其乡镇企业)起到极大的示范作用。残疾姑娘张海迪顽强不屈、奋斗不息的精神激发了千百万青少年的自信心。在20世纪90年代,新闻媒介先后推出了河北省邯郸钢铁总厂、孔繁森(援藏领导干部)、徐虎(上海市一名管道工)、徐洪刚(解放军某部见义勇为的战士)、李素丽(北京市一名公交车售票员)、任长霞(河南省登封县公安局局长)等先进典型。在他们身上,体现了中国传统美德和现代意识的有机统一,给予人们震撼心灵的力量。

3. 论证

用典型的、新鲜的、生动的事例来论证党的路线、方针、政策的正确性、合理性、可行性,从而使人们坚定信念,提高执行党的方针政策的自觉性。《上海工业污染"止步"(主题)工业产值连续增长,污染指示大幅下降(肩题)》,这条新闻想说明的就是党和国家环保政策的合理性和可行性。产值升,污染降,上海这样的工业大城市可以做到,其他地方为什么做不到?《寻找新的拉动力——看闵行区如何创造新优势》,反映上海闵行区以市政基础建设的大投入而带来投资环境大改善,拉动经济的快速发展。这实际上是从闵行区看全国,证明以政府的财政投入拉动经济发展的思想是正确的。

4. 启发

介绍先进的具有普遍意义的工作经验、生产措施,从而给人们新的启发,指导人们结合本地、本部门的实际,举一反三,开创本地、本单位工作、生产的新局面。《当好农村发展的先行官——记如东县如东职业高级中学》,介绍如东职业高级中学的办学经验,探索农村职中的办学之路。《同样面对低迷的煤炭市场——国投新集公司逆市飘红》,他们的经验就是一句话:"只要精神不滑坡,办法总比困难多。"《西部也有科技"富矿"》,上海、江苏等地从陕西省引进多项技术,这说明中国西部地区同样有一批科技成果可以转化为生产力。

5. 解释

对于已经发生、正在发生的一些有关国计民生的重大事件和社会热点进行分析评估,分清事情的是非曲直、利弊得失、荣辱善恶,阐述对社会方方面面的影响、意义,从而指导人们正确认识事物,并作为采取进一步行动的决策参考。例如,上海过去响彻全国的名牌永久与凤凰自行车、华生牌电扇、上海牌手表等已风光不再,在上海及全国市场上,上海品牌节节败退,原因何在? 出路何在? 关键在于注入高科技。《上海品牌:尴尬与出路》这篇新闻从现象入手,分析原因,提出决策参考。《广西旅游业能否"甲天下"》,作者一针见血摆出一个现象,桂林山水甲天下,但广西旅游业却很落后,游客去后就说:那地方不能去! 落后在何处? 为什么会落后? 迎头赶上的方法在哪里? 作者一一提出了自己的看法。

6. 预测

从概括当前的种种变化或通过各种形式的调查来预测社会或某一系统、某一行业的未来发展趋势。既有宏观预测,比如社会发展的大趋势,整个世界、整个国家在政治、经济、文化上的发展趋向;也有微观预测,像原材料的供求、交通运输的状况、资金信贷的情况、各种消费的发展趋势、社会治安等。既有长期预测,像 10 年、20 年科技发展的趋势;也有短期预测,像几个月内各种消费品的供求预测。预测的目的或指导人们及早采取措施,调整自己的工作、生产,以适应未来的变动;或指导人们向新的方向努力;或指导人们防患于未然。随着我国全面改革的深入,社会变动的节奏越来越快,要求新闻媒介提供可靠的预测的期望也越来越迫切。

7. 警戒

提供各种典型的案例,向人们敲响警钟,防止腐朽的思想、生活方式对我们的侵蚀,警惕不法分子的破坏活动以及其他各种违法乱纪的行为。

新闻指导性所产生的社会效果,基本上有两种,一种是迅速地在受众中引起强烈的反响,立刻收到明显的效果;另一种是潜移默化的长期影响。对于这两种效果,应该予以同样重视,不可偏颇。"文武之道,一张一弛。"如果新闻既能天天对群众产生潜移默化的积极影响,又经常有引发群众强烈反应的新闻报道,就能较好地发挥新闻的指导作用。

三、新闻指导性要建立在新闻特点之上

除了新闻事业以外,其他传播工具,例如图书、电影、戏剧、文学作品等都有指导性。不同的传播工具有不同的特点,指导性就有不同的表现形式。我们这里讲新闻指导性,就不能不强调新闻的特点。具有指导作用的新闻,我们称之为指导性新闻。在指导性新闻中,究竟应把指导性建立在什么基础上,或者说指导性寓于何处? 近几年来在新闻界讨论得颇为热烈。流行的提法有三种:寓指导性于知识、趣味之中,寓指导性于可读性之中,寓指导性于服务性之中。现在我

们一一作分析。

1. 关于寓指导性于知识、趣味之中

这个提法自 20 世纪 60 年代初开始,在新闻界很流行。在新闻报道中,能够把指导性和知识、趣味有机地结合在一起,那当然是再好不过了。像毛泽东同志写的《中原我军占领南阳》(1948 年 11 月 5 日),在新闻导语中介绍了南阳的历史,说明南阳是军事战略要地,历来为兵家必争之地,从而揭示我军占领南阳的深远意义。这段介绍为全篇新闻平地增辉,是新闻报道的典范之作。

但是,知识性、趣味性的新闻大多是软新闻,只有通俗化的杂志、晚报、都市报才比较多地刊登知识性、趣味性新闻。我国大多数的硬新闻中很少有知识性、趣味性内容。如果指导性只能寓于知识、趣味之中,那么,我国大多数新闻就很难有指导性了。而且,在大多数的知识性、趣味性新闻之中,指导性是很难结合进去的。像科技的新发现、新创造、新发明,奇闻逸事、风土人情、历史掌故等,硬要把指导性塞进去,实在勉为其难。

因此,我们说,把指导性寓于知识、趣味之中,值得我们去尝试,去总结,但绝不是指导性的主要基础所在。

2. 关于寓指导性于可读性之中

这是近几年来最为时髦的、最为流行的提法。什么是可读性?新闻界众说纷纭,大致有两种观点。一种认为可读性是受众容易读,在西方一些国家称为易读性,主要指新闻语言问题,包括句子的结构、长短,词汇的难易程度,要求新闻语言准确、简洁、明了,让人们一看(一听)就懂。另一种观点认为可读性指的是受众愿意读、乐意读,这既包括新闻语言问题,更主要的是指新闻内容问题。那么什么样的内容人们愿意读、乐意读呢?答案更是形形色色。有的说要反映群众的愿望,接近群众的生活和心理;有的说要有新闻价值;有的又回到知识性、趣味性的路上去了;有的甚至还包括真实性、读者需要,把可读性当作一个无所不包的大概念。

指导性新闻的基础在于事实,换言之,指导性必须寓于一定的事实之中;没有事实,只有指导,那不能称为新闻,只能是评论。而可读性讲的是新闻的表达方式,很显然,指导性不能寓于可读性之中。从可读性的第二种含义来说,指导性寓于人们乐意读的内容(事实)之中。这当然不错,但这个提法不但适用于新闻作品,也同样适用于文学作品,适用于理论文章,适用于一切书籍,也就失去了新闻的特点。而且,"人们乐意读",这本身是一个模糊不清的概念。

因此,把指导性寓于可读性之中,这个提法并不确切。

3. 关于把指导性寓于服务性之中

这个提法目前在新闻界同样很流行。什么是服务性？有广义和狭义两种理解。从广义上说,服务性指的是我国新闻事业的宗旨,即必须全心全意为人民服务,我们的一切新闻报道、评论要从有利于人民利益出发。按这个意义来理解,向人民群众提供各种新闻是服务,指导人民群众也是服务,两者是同一类事物,谈不上把指导性寓于服务性之中。从狭义来说,服务性指的是某一类新闻,即为方便人民群众的日常生活、工作提供的咨询服务以及和人民群众日常直接相关的一些信息,像天气预报、生活消费、市场行情、交通状况等等。能够把指导性寓于这一类服务性新闻之中,那当然是很理想的。但必须指出的是,把指导性寓于服务性之中,充其量不过是指导人们的生活,这只能说是指导一个方面。从我国新闻事业的性质来看,指导生活是次要的,主要的是指导人们的思想、工作。把指导性仅仅局限于服务性之中,实在太狭窄了。

那么,指导性新闻的基础在哪里？指导性要寓于何处？这必须从新闻业的特点和功能出发。新闻业以向社会提供信息作为生存的依据,新闻业最主要的社会使命是传播信息。因此,指导性新闻的基础在于信息,指导性要寓于信息传播之中。完整的说,指导性新闻既要真实、及时地传播大众共同关心的事实,又要体现一定的指导思想,并把两者有机地结合起来。

第一,指导性新闻要具有新闻本身的特点,包括事实必须完全真实,要有一定的信息量,能够引起大众的共同关注。

第二,体现在新闻中的观点和新闻中的事实必须统一,事实能无可辩驳地说明观点,令人信服。

第三,选择适当的时机发表,取得最大的宣传效益。

例如,《大寨也不吃大锅饭了》(《羊城晚报》1982 年 12 月 21 日),就是一条有较好的指导意义的新闻。

　　　　本报昔阳二十日电　　山西省大寨大队也不吃大锅饭了。今天,他们将八百六十亩耕地全部分给一百三十户农民承包,实行大包干责任制。原来集体经营的一个煤窑、一座酱粉坊、三台拖拉机、二百亩果园、八百亩山林,也全部承包给个人。上午九时,大队党支部书记贾长锁带领着社员,从麻黄沟一直走到狼窝掌、康家岭,逐块分责任田。获得了自主权的社员喜悦之情溢于言表。原大寨大队大队长、现任大寨公社副书记的贾承让在接受记者采访时说:"我们现在才刚刚起步,过去搞的极'左'那一套不灵了。我们大寨人再不走'大寨路'了。我们曾去河南省兰考县参观,那里条件比我们差,积极性却比我们高,发展速度比我们快。我们大寨社员往地里一转,干不干两块半,不少好地荒了。大寨的一本经再不能念下去了……"

"学大寨人,念大寨经,走大寨路",这个口号在"十年内乱"时响彻全国。现在大寨人自己揭穿了所谓"大寨经验"是吃大锅饭,社员积极性不高,不少好地荒了,并且纠正了过去的做法,"今天"把耕地和大队企业分户承包。这一切都是新鲜的,报道十分及时。大寨人不走"大寨路",不念"大寨经",这对于宣传农业生产责任制的优越性,对于极少数还在留恋"大寨经验"的人是有很大教育作用的。

在我国的报纸上,尤其是各级党报上,指导性新闻占了新闻的主要篇幅,发表过不少好的指导性新闻。但目前一个突出的问题是:指导性新闻片面强调指导作用而忽略新闻的特点。新闻不新,新闻一开始就是"近几年来","最近一段时间来";新闻缺少信息量,空话、套话很多;指导性新闻没有新闻味,只有说教味;而最突出的毛病还在于失实,为了使事实符合自己的主观设想,或改造事实,或强扭角度,或移花接木。指导性新闻缺乏新闻的特点,只能削弱指导作用。严格地说,那些过时的、空话连篇的报道,根本称不上新闻,也就谈不上新闻的指导性。

四、不同历史时期,新闻指导性有不同操作要求

新闻指导性作为政党报刊的共同特点和我们党的新闻事业的传统,绝对不能放弃。但在不同的历史条件下,新闻指导性的具体内涵是不同的。

我们党近几十年的历史,经历了革命战争年代、计划经济年代和社会主义市场经济年代。不同历史时期对新闻指导性提出不同要求。

1. 革命战争年代的新闻指导性

当时新闻工作的环境及由此决定的新闻指导性的基本特点是:报纸指导一切,重点是指导工作。

(1) 当时我党的报纸处于战争环境下,发行范围基本上在农村。因此报纸反映的内容基本上是两项:战争和农业生产。而过去农业生产是比较简单的生产,这样,报纸能够具体地作思想上、工作上的指导,甚至可以对生产作指导。

(2) 农村群众的文化水平低,可以看懂报纸的读者大多数是干部,报纸实际上是办给干部看的,干部需要报纸指导他们的工作。工作经验、方法的介绍和

示范,先进单位的成绩,这些都受到干部的欢迎,也就等于受到大多数读者的欢迎了。

(3) 在革命战争年代,我们党报都是综合性的报纸,一个解放区仅一种报,报纸对所有工作都作指导。

(4) 由于交通阻隔,开会通信不容易,党内文件传送困难,因此通过报纸传达中央指示,统一全党思想,指导各项工作,是党的工作特别重要的一环。毛泽东同志曾指出:"我们地委的同志,应该把报纸拿在自己的手里,作为组织一切工作的一个武器,反映政治、军事、经济并且又指导政治、军事、经济的一个武器,组织群众和教育群众的一个武器。"① 我们翻看延安的《解放日报》,就可以看到,报纸的指导作用不仅是在政治思想上,而且大量地表现在工作的计划、步骤、措施、经验、方法上,甚至包括对农业生产的安排、耕作方法的具体指导。报纸在一定程度上代替了党内文件和具体工作部门的工作指导。

2. 计划经济年代的新闻指导性

计划经济要求高度统一思想,统一行动,由此决定新闻指导性的基本特点是多侧面的印证:印证党和政府各种举措、方针的合理性。

与革命战争年代相比,在计划经济年代,我国的生产力水平有了巨大发展,受众的文化程度有了很大提高,人们的物质生活和精神生活有了多样化的需求。但是,为了有计划按比例发展社会经济,国家对企事业单位和各群体、个人的要求进行高度的集中统一,不允许有任何计划外的发展。在这样的历史条件下,新闻媒介唯一的任务就是按照上级的指令进行宣传,向人民群众宣传要不折不扣完成或超额完成国家下达的计划指标。所以,新闻指导性集中表现在鼓舞——鼓舞全国人民克服困难的高昂士气;示范——不断地树立先进典型供人民学习、模仿;论证——说明国家方针、政策的合理性、必要性,让人民群众自觉地执行。

3. 市场经济年代的新闻指导性

在市场经济条件下,利益群体、决策主体呈现多元化,由此决定新闻指导性的特点是:阐释信息的意义。

与计划经济时期不同,在社会主义市场经济条件下,绝大多数的企事业单位成为独立法人,它们必须自主经营、自负盈亏,社会出现了不同的利益群体,出现了决策主体的多元化。国际国内形势的风云变幻、国际国内市场(不仅仅是商品市场,同样包括生产要素市场)的瞬息万变,关系到所有企业的存亡兴衰,牵动

---

① 《毛泽东文集》第 3 卷,人民出版社 1996 年版,第 111 页。

千家万户的神经。人们要了解宏观的、微观的形势,也竭力想把握这些变化的意义、趋势以及对本行业、本企业、本人的影响。人们在计划经济年代要读报、了解形势,那基本上是出于政治觉悟的考虑;而现在,中国人比以往任何时候更渴望把握形势,获取信息,因为这关系到他们的切身利益。

所以,在市场经济的背景下,新闻指导性应该和计划经济年代有不同的表现形式。新闻指导性除了继续发挥鼓舞、示范、论证等作用外,重点要在"解释"上下功夫。围绕着形势新变化,对党和国家每一项新措施的出台进行分析阐释,帮助受众弄清发展趋势,权衡利弊得失,保持新闻指导性宏观上的舆论一律和微观上的多元表达。因为,每一次新出台的政策、措施、法则,从眼前和局部利益看,对不同的利益群体带来的影响往往会有很大的差异。

五、纠正新闻指导性的不恰当做法

前面说到,目前有一些新闻媒介要"淡化指导性"的问题,究其原因,是受众不爱看指导性新闻。这里就产生了一个矛盾:一方面,受众在市场经济条件下迫切寻求指导;另一方面,那些指导性新闻却备受冷落。原因之一是指导不得法,不但不被受众接受,而且会引起反感。

1. 纠正图解政策的做法

图解政策,最常见的做法就是根据意图找材料,编辑根据领导的宣传意图制订报道计划,记者带着观点下去找材料,按图索骥,然后把观点和材料结合起来写成新闻。

根据意图找材料,先有观点,后有事实,观点在事实之前,这等于要客观实际符合自己的思想,而不是要自己的思想去符合客观实际,这就违背了马列主义的认识论。

违背马列主义认识论,新闻中的事实就不是从现实生活的总和中抽出来的,而往往可能是随便抓来的个别事例,把片面的东西夸大为全面的东西,把次要的强调为主要的,把偶然的个别的说成是必然的普遍的,甚至把错误的写成正确的。这样写出来的新闻必然是概念加例子,一般化、概念化。时任新华社副社长的朱穆之同志对这种根据意图找材料的做法有一个深刻分析:

记者实际上只要熟悉党的政策条文,并且根据这些条文搜集到一些能说明这些条文正确的材料和实例,就可以完成任务了。他无需深入实际,深入群众,进行调查研究,他也不会感到有什么重大的问题,需要独立思考……

很可惜,有许多时候我们就是这样来要求报道的,也就是这样来做报道的。这就产生了大家所熟知的情形:许多同志不是根据实际情况来考虑发什么新闻,而是用主观愿望去套实际情况,按照自己愿望发新闻,因此,要什么有什么,要好有好,要坏有坏,说风就是风,说雨就是雨……

这是主观主义的报道方法。这种方法,说得不好听些,和作"广告"没有什么很大不同。其结果就是所谓"概念加例子",就是所谓"赶浪头","随风倒",就是一般化、片面性。①

朱穆之讲这些话已过去了几十年,但在中国新闻界,这一顽症至今还未能解决。

正是这种图解政策的做法,妨碍了我们新闻工作者深入实际、深入群众,使得我们的报道往往一般化、概念化。宣传党的政策是新闻工作者义不容辞的职责,带着一定的意图下去采访也是需要的,但政策条文和报道意图不应该成为凝固不变的框框。一切具体的观点、结论,只能产生在全面了解实际情况以后。记者应在现实生活中考察党的政策贯彻以后所产生的实际结果,深入了解成绩和效果、问题和困难、失误和倾向、群众的反映和生动活泼的创造性,这样来检验自己的报道思想是否正确,从而选定报道的题目。

2. 改变公报式、命令式的做法

新闻工作中有时有这样的情况,一谈到报纸要加强指导性,报上就增加会议新闻、领导同志的指示、工作经验介绍以及许多技术性、业务性的报道。把指导性新闻写得像会议公报,像对读者发出指令,而读者对此却不感兴趣。

这是对指导性片面理解而得出的一个片面的结论。所谓片面理解就是把报纸混同于党政机关向读者发号施令;以指导者自居,想对业务工作进行具体指导。这就离开了报纸的特点去理解指导性。

会议新闻、领导指示并非不可见报,问题在于:选择什么样的会议新闻和领导指示登报? 报纸既然是面对众多读者的,那么一般来说,就要选登与众多的读者有直接关系的会议新闻和领导的指示,这样读者才会有兴趣,才愿意读它。

具体业务工作也并非不能上报,事实上,许多新闻报道离不开业务工作。问题在于:这种具体业务工作所包含的意义是否具有普遍的社会性? 这需要跳出

———————————
① 《关于深入》,《新闻业务》1957 年第 3 期。

具体的工作圈子,把个别的业务、经济现象上升为普遍性的业务、经济问题,从社会看企业,从思想看事件,才有广泛的社会影响力,这样的指导性群众怎么会不欢迎?

增加指导性,不能靠数量上取胜,更不能靠发号施令,靠说教,关键在于新闻能否真正抓住读者所关心的问题,能否启迪读者的思想,能否令读者信服。

3. 防止片面性、简单化

从历史和当前的实际工作来看,如果说失实是新闻中的突出问题,那么片面性、简单化是宣传上的突出毛病。在全国人大六届三次会议和全国政协六届三次会议上,一个重要的议题就是改进宣传工作。许多代表、委员尖锐地批评有些新闻媒介在宣传上长期存在片面性的毛病。这种片面性宣传损害了党的方针政策的科学性、严肃性,搞乱了群众思想,妨碍了改革的进程。片面性、简单化具体表现在以下几方面。

(1) 在宣传党和政府的某一项政策、规定时,往往只有质的概念,而缺乏量、度的把握,说了不少过头话。真理往前多走一步,便变成了谬误。比如,自从党的十一届三中全会以后,由于农村实行承包责任制,全国大多数农村已解决温饱问题,有些地区、有些农户先富起来。选择一些典型,宣传农村大好形势,可以鼓舞全国人民。但在一段时间里,全国有许多新闻单位连篇累牍地报道万元户、万元户村的新闻,这给城镇居民造成错觉,似乎农村万元户遍地皆是,农民都已发了大财,似乎中央只关心农民,不关心城镇工人,从而产生一种"失落感"。又如,中共中央为调动科技人员积极性,提示要重奖那些对国家有重大贡献的科技人员。有些新闻单位在宣传这一政策时,不断加码,重奖的数目从一万元、两万元到十万、几十万,奖得越多越先进,结果使这一政策又走了样。任何一个事物,质和量、度是密不可分的。质以一定的量作为必要的条件,质决定于数量的界限。一旦量变超过了质所规定的限度,事物的质就会改变。因此,我们在宣传党的方针政策时,既要有质的规定性,又必须把握量的规定性。

(2) 抓住一点,不及其余,不善于从整体上把握党的方针政策,而是孤立地静止地宣传党的某一项具体政策、规定,造成宣传上的左右摇摆。在近几年的宣传中,这一类问题特别严重。在宣传农村要兴办乡村企业、增强农民的商品观念时,强调了"无工不活、无商不富",而忽视了"无农不稳"这个基本点,造成许多地区只管工商,放弃农业。在企业管理上,当强调思想政治工作的重要性时,就把企业的一切成绩归功于思想政治工作,宣传人的觉悟决定一切,忽略了先进的企业管理方法的必要性;而在宣传先进的企业管理方法的重要性时,又把思想政治工作摆到无足轻重的地位上。在宣传提高经济效益时,强调了企事业单位要赢利(这是正确的),但当宣传精神文明时,却又去宣传有些工厂的工人利用上班时间,拿了工厂的许多材料免费为居民服务,这种慷公家之慨的举动也受到赞扬,似乎一讲到金钱就玷污了精神文明。1998 年国务院提出要确保当年 8% 的经济增长,许多新闻媒介大力宣传高速度,使有些地方和有的企业忽视了产品的质量、成本、经济效益,忽视了我国国力的实际状况,助长了各地在建设速度上的盲目攀比。

(3) 脱离具体的条件,脱离历史的环境,简单地肯定一切或否定一切。当宣传承包责任制时,提出“一包就灵”,把过去的一切管理方法一笔否定;而当宣传租赁制的优越性时,又全盘否定承包制。到了 20 世纪 90 年代中期,党中央提出“抓大放小”的方针,提出以股份合作制等多种形式搞活中小国有企业。不少新闻媒介又唱起“一股就灵”的赞歌。从“一包就灵”到“一租就灵”再到“一股就灵”,这样简单化的宣传怎么能让人信服?

片面性、简单化,在推广先进典型的过程中则表现为,不顾时间、地点、条件,搞一刀切,一律齐。“文化大革命”中,大力宣传“农业学大寨”,要求“学大寨不走样”,从劳动组织、评工记分到农田基本建设都跟大寨一模一样,这样的指导,给全国农业生产造成灾难性后果。在报上,我们有时可以看到这样的口号:“×× 地方能做到,其他地方为什么做不到?”其实,这必须作具体分析,有些确实是主观上不努力,有些就是因为客观条件不允许,不能违背客观规律蛮干。对于党中央所制定的路线、方针、政策,各地都应该贯彻执行,和中央在政治上保持一致,但在具体的做法上,各地应该根据具体情况采取行动。例如,农村政策放宽后,出现了各种形式的生产责任制,宣传上要注意什么呢? 邓小平同志这样告诫我们说:

我们在宣传上不要只讲一种办法,要求各地都照着去做。宣传好的典型时,一定要讲清楚他们是在什么条件下,怎样根据自己的情况搞起来的,不能把他们说得什么都好,什么问题都解决了,更不能要求别的地方不顾自己的条件生搬硬套。①

(4) 在先进典型的宣传中,往往强调革命精神而忽视科学态度。“一不怕苦,

---

① 《邓小平文选》第 2 卷,人民出版社 1994 年 10 月第 2 版,第 316~317 页。

二不怕死"的革命精神,为中华崛起而顽强拼搏的精神,在经济建设中是非常必要的。但革命精神、拼搏精神必须和科学态度相结合。丢弃科学态度,只讲拼搏,那只能是蛮干。然而,我们有些新闻报道,恰恰把蛮干当作拼搏,不讲起码的科学精神,甚至去赞扬无知。比如,有家省报刊登长篇通讯《我们身边的赵春娥》,介绍一位女共产党员的先进事迹,说有一次,"她的头被砸出一条长口子,鲜血直流,缝了好几针,第二天照样上班。""几年前,她患胃病……一天只吃一个馒头,还是带领大家加班干活。"有家中央报纸发表《一块熊熊燃烧的优质煤》通讯,介绍一位青年掘进工的先进事迹。文中写道,有一次他的脚脖子被十字镐扎了半寸多深的洞,医生给他治疗后,反复告诫他伤脚不能动,不能沾水,谨防感染。但他第二天照样上班。工友劝他别拿身体开玩笑,他竟回答:"我个儿虽小,连骨带肉也有上百斤吧,这么个小窟窿,连二两都没有,有什么了不起?"三天后,果然伤口感染。还有的报纸宣传"为四化建设'超负荷运行'的人"。这种种宣传,违背最起码的生理常识,不但不能使读者感动,反而有点可怕了。

在新闻报道中,我们当然不能面面俱到,一个时期总有一个宣传重点。那么,宣传重点和宣传的片面性有什么区别?"重点"是根据事物内部矛盾的不平衡原理而提出来的,要求我们分清一个时期的主要矛盾、次要矛盾,抓住一个时期的主要倾向、关键问题,这就叫没有重点就没有政策。而"片面性都以只有极端才是真理这一点为根据而自命为真理;结果任何一个原则都只表现为脱离某一他物的抽象,而不表现为整体本身。"①

我们在宣传上所表现出来的片面性、简单化毛病,反映出有些新闻工作者理论基础较差,政策水平不高,缺乏对实际生活的认知,更不善于用马列主义的立场、观点、方法对具体事物作具体分析;也反映出有些新闻工作者长期以来习惯于政治运动那一套宣传报道方式,闻风而动,一拥而上。为防止宣传上的片面性、简单化,我们要认真学习历史唯物主义和辩证唯物主义,全面领会党的路线、方针、政策,切实加强对实际情况的调查研究。

第三节　新闻传媒的群众性

谈到新闻业的群众性,许多同志想到新闻、评论的表现形式和语言。的确,表现形式应该为群众所喜闻乐见,语言应该通俗易懂,这些是群众性的一个重要

---

① 《马克思恩格斯全集》第 1 卷,人民出版社 1956 年版,第 356 页。

方面,但并不全面。新闻业的群众性应该包括三层含义。

1. 在内容上:新闻业应该尽量满足群众的需要。

2. 在工作路线上:新闻工作应该走群众路线,坚持全党办报(台)、群众办报(台)。

3. 在形式上:新闻、评论的表现形式应该尽量为群众所喜闻乐见。

由于表现形式基本上属于新闻业务范围,本节只讲前两个问题。

一、新闻业依赖群众的需要而存在

世界上的任何一种大众新闻传播工具,例如一张报纸,不管是哪个阶级办的,是近代还是现代,是中国还是外国,也不管各自有怎样的宗旨和主观动机,它总是办给社会大众看的,而不是为了"自产自看"。一张没有读者的报纸,没有人收听的广播,没有人收看的电视,就失去存在的意义。新闻业和群众是不可分割的整体。

那么群众为什么要读报、听广播、看电视? 我们在前面说过,最根本的目的是为了了解客观世界的变动以及对这种变动做出正确的解释,以此来做判断,采取行动;除此以外,还想获得新的知识,增加见闻,娱乐身心。这就是读者(观众、听众)的需要。在新闻业和受众的关系中,到底是要求新闻业去满足受众的需要,还是要求受众去适应新闻业? 答案只能是前者而不是后者。马克思在谈到生产和消费时曾经写道:

> 没有生产,就没有消费;但是,没有消费,也就没有生产,因为如果这样,生产就没有目的。……
>
> 因为消费创造出新的生产的需要,因而创造出生产的观念上的内在动机,后者是生产的前提。……如果说,生产在外部提供消费的对象是显而易见的,那么,同样显而易见的是,消费在观念上提出生产的对象,把它作为内心的图像、作为需要、作为动力和目的提出来。消费创造出还是在主观形式上的生产对象。没有需要,就没有生产。[①]

马克思所指出的社会生产的一般规律,对新闻业同样适用。新闻业就是以受众的需要作为自己产生、发展的前提。受众需要是影响、制约新闻业发展的决定性

---

① 《马克思恩格斯选集》第2卷,人民出版社1995年版,第9页。

因素之一。

从报纸的产生到现在已有 300 多年时间，新闻业的整个面貌已今非昔比。表面上，这是经过一些有先见之明的编辑们对报纸不断改革的结果。但是，我们应该看到，编辑们改革的动机不是凭空产生的。存在决定意识，受众的需要作为社会的客观存在驱使着编辑们去改革；而受众的需要随着社会的发展而不断地扩大、变化，驱使着编辑们不断地去改革。

受众不但是推动新闻业改革发展的直接动力之一，而且是新闻业任何改革成功与否的最后鉴定者。什么叫改革的成功？就是进一步满足受众的需要，从而受到受众的欢迎。凡是受众欢迎的任何革新，就能巩固下来；凡是受众不欢迎的任何新花样，只不过昙花一现。例如，发明新闻的倒金字塔式写法[①]，纯粹是由于拍发电报的需要，但这种写法便于读者以最短时间获取最重要的信息，不但很快风靡美国，而且被世界各报所接受。最初的新闻周报都采用小册子形式，自1665 年英国的《牛津公报》采用单页两面印，一改书本模样以后，世界各报先后采用这种办法，而且一直保持到现在。这种形式加快了印刷速度，争取了提前发行的时间，而更重要的是方便了读者的阅读，读者可以在最短时间内把一个版的新闻一览无遗。而一个相反的例子是：在"十年内乱"期间，林彪、"四人帮"一伙一面批倒批臭"受众需要论"，一面大搞所谓"新闻革命"，花样不断翻新：消灭社会新闻，发明"语录新闻"，一天用许多版面宣传一个典型，等等。但花样越新，读者越少。一切心目中没有读者，一切不以满足、适应读者需要为目的的改革，无不以失败告终。任何一个大众传播媒介的主持者都可以按照他自己的意愿来设计自己的报纸、广播、电视的面貌，规定方针、任务。但他们能否如愿，却由不得他们自己，决定权是在受众手里。如果他们的主观设想能满足受众的需要，受众欢迎，那么他们就是成功的，这样的新闻媒介就在社会上有立足之地；反之亦然。

新闻业之间的竞争是推动新闻改革的一个动力。所谓"竞争"，说到底就是争夺受众。凡能够满足受众需要的，就争取到了受众，那就是竞争的胜利者。凡不被受众所欢迎的，那就是竞争的失败者。

受众需要是影响、制约新闻事业发展的一个决定性因素，这是一条基本规律，对新闻事业的具体业务工作具有重大的影响。既然媒体以满足一定数量受

---

　①　新闻倒金字塔形式在美国南北战争时期出现。当时一批战地记者开始采用电报拍发新闻，因为电报时有故障，费用又贵，所以记者尽量在第一段中将最重要的内容传出去，用词力求简明扼要，这样就产生了倒金字塔形式。

众的一定需要作为自己的目标,那么,从内容的选择、安排,版面的设计,到新闻评论的写作风格,都要处处考虑到这些受众的需求,这样就能使新闻媒体具有自己的独特性。

因此,我们可以说,满足受众需要,既是新闻事业发展的一条基本规律,又是新闻工作的具体工作原则。

受众需要也不是凭空产生的,而是在一定的历史条件下,在一定的环境中产生的,是以时间、地点、条件为转移的。受众需要,归根到底由生产力水平、社会的生产方式以及人与人之间的密切程度所决定。这就使受众需要具有历史的规定性。而伴随这种规定性,受众需要又表现出永不满足的无限性,因为客观世界在永恒地变动着,受众需要也随之发生变化,不断地发展、扩大。

二、满足群众需要是新闻业的天职

社会主义制度,共产党的领导,为新闻业开辟了广阔的前景,使新闻业能比较充分地满足群众的需要。《人民日报》1956年4月1日的社论《致读者》明确指出:"尽量满足读者的多方面的要求,这是我们的天职。"为什么称"天职"? 就是说这是党报本身应尽的责任,不是外加上去的。

我国社会主义生产建设的根本目的,就在于不断地满足社会成员日益增长的物质文化生活的需要。因此,新闻业要不断地满足受众的需要,这是符合我国社会主义生产建设的根本目的的。

我国的新闻业是在党领导下的人民的事业。全心全意地为人民服务是我国新闻业的宗旨,因此,我国的新闻业要不断地满足受众需要,这是符合我国新闻事业的性质的。

正是由于社会主义制度和我国新闻业的性质,决定了我国新闻业和群众之间是相互支持、相互帮助的关系,新闻业是为群众服务的。

我们在前面说过,任何政党报纸的最终目的是宣传本党的纲领、方针、政策,从而争取群众。那么,我们的党报宣传党的纲领、方针、政策和满足受众的需要之间有没有矛盾呢? 对于共产党的新闻事业来说,影响、引导群众和满足受众的需要,为群众服务,这两者是一致的。

在我们国家,满足受众的需要包括什么内容呢? 许多新闻单位对受众调查表明,受众的需要主要是:

(1) 全面、及时、准确地了解一切与受众有关系的、引起他们关心的客观世界的变动情况。

(2) 对令人迷惑不解的引起受众关心的事情作出合理的、正确的分析和解释。

(3) 反映人民群众在工作、生活中的实际困难、要求、意见、建议，并希望得到解答，运用新闻媒介的力量促进问题的解决。

(4) 了解新的知识。

(5) 得到娱乐，丰富业余生活。

群众的这些要求，从总体上看，和我国新闻业的作用、任务基本上是一致的。

在新闻工作中，服从领导的宣传意图和满足群众的需要，有时会出现矛盾。毛泽东同志为解决这一矛盾提出了一个正确的指导思想：

> 报纸是要有领导的，但是领导要适合客观情况。马克思主义是按客观情况办事的，客观情况就包括客观效果。群众爱看，证明领导得好；群众不爱看，领导就不那么高明吧？有正确的领导，有不正确的领导。正确的领导按客观情况办事，符合实际，群众欢迎；不正确的领导，不按客观情况办事，脱离实际，脱离群众。使编报的人感到不自由，编出来的报纸群众不爱看，这个领导一定是教条主义的领导。我们要反对教条主义。①

按照毛泽东这个思想，新闻工作就要把立足点移到群众中去，一切从人民群众的实际需要出发来进行宣传；一切离开群众实际需要进行的宣传，是教条主义的方法。

满足受众需要，是我国新闻业的目的。党的新闻媒介要教育群众，指导群众，引导群众跟党走，必须首先满足群众需要。一切不从群众实际需要出发进行的宣传都是虚功。毛泽东同志指出：

> 共产党员如果真想做宣传，就要看对象，就要想一想自己的文章、演说、谈话、写字是写给什么人看、给什么人听的，否则就等于下决心不要人看，不要人听。②

总之，我国的新闻业既要满足群众的需要，又要引导群众，提高他们的政治觉悟，这两者相辅相成，不可偏废。

近几年，有少数新闻媒介为扩大发行量和提高收视率、收听率，大搞煽情新

---

① 《毛泽东文集》第 7 卷，人民出版社 1999 年版，第 262 页。
② 《毛泽东选集》第 3 卷，人民出版社 1991 年版，第 836 页。

闻,以"性"(男女之间两性关系)、"腥"(各种充满血腥味的暴力案件)、"星"(追星)来刺激受众,美其名曰"满足受众需要"。其实,满足受众需要和迎合受众的低级趣味是两回事。这种煽情新闻,名为"满足受众需要",实为毒害受众,尤其对青少年产生有害的影响,引起广大受众的不满甚至愤慨。这种煽情新闻,与其说为"满足受众需要",倒不如说是满足某些新闻媒介一家之私的需要。因为它们的真正目的就是为争取更多的广告。

三、全党办报、群众办报——我国新闻工作路线

对于全党办报、群众办报,毛泽东曾有过两次明确的说明。一次是在《报纸是指导工作教育群众的武器》(1944年3月22日)一文中说的,要求各级党组织都来办报,包括办墙报,"把墙报当做自己组织工作、教育群众、发动群众积极性的武器"。他指出:"这样来办报纸,那么全边区可以有千把种报纸,这叫做全党办报。"①

另一次是在《对晋绥日报编辑人员的谈话》中说:"我们的报纸也要靠大家来办,靠全体人民群众来办,靠全党来办,而不能只靠少数人关起门来办。"

这两个说法有不同的意思。前一个指的是党的新闻业规模,各级党组织都要有自己的报纸(包括墙报)。这里的"全党办报"中"办报"两字指创办报纸。后一个指的是每一家报纸编辑的工作路线,这里的"办报"两字意思是把报纸编好,编得引人入胜。为此就要依靠全党、全体人民群众,光靠报社的几个人编不好报纸。在新闻工作中,长期以来,我们从新闻工作路线的角度来理解"全党办报、群众办报"。这有历史原因:前面一篇毛泽东同志的文章在《毛泽东新闻工作文选》出版后才见到,以前很少有人知道,而后一篇文章早已成为新闻工作的经典之作。还有一个工作职责范围问题,要求各级党组织都来办报(包括办墙报),虽然和新闻界有关系,但主要是各级党组织的任务。而新闻工作的路线则直接关系到每一个新闻单位。这里,我们也是从新闻工作路线的角度来谈"全党办报、群众办报"。从新闻工作路线来说,"全党办报、群众办报"究竟包含什么意思呢?

1. 各级党委要重视党报工作,紧紧地把党报抓在自己手里,加强对党报的领导。在思想上,要高度重视党的新闻事业,明确党的新闻事业的重要性,把党的新闻工作看做党委工作不可缺少的一环,纳入党委的议事日程,经常加以讨

---

① 《毛泽东新闻工作文选》,新华出版社1983年版,第114~115页。

论。毛泽东同志在 1944 年就指出:各地政府与党组织,均应将报纸、学校、艺术、卫生四项文教工作,放在自己的日程里面。①

1954 年 7 月中共中央政治局讨论通过的《关于改进报纸工作的决议》中指出:

> 改进报纸工作的决定关键,是加强各级党委对自己机关报的领导。党委的机关报是党委的一个工作部门,各级党的委员会应该把它们的机关报紧紧地掌握在自己手里,并从政治上、组织上用大力健全和充实自己的机关报。
>
> 在组织上,选派政治上强、业务上懂行的同志去担任党的新闻机构的负责人。党的机关报由党委书记之一直接加以领导,在重要问题上及时给以指示。

2. 党的各种新闻机构必须从思想上明确党的领导是坚持正确政治方向、办好党的新闻事业的关键,自觉地主动地接受党的领导。这一点,我们将在本章第五节"新闻媒体的党性原则"中作论述。

3. 组织广大党员和非党群众为党的新闻媒介提供情况、材料和稿件。1942 年 8 月延安《解放日报》的社论《展开通讯员工作》中指出:"我们的报纸,如果没有广泛的通讯员,如果没有参加实际工作的、生活在群众中的党和非党的通讯员,是不可能办好的。"

4. 倾听群众的意见,并依据群众的意见改进报纸工作。不但编辑、记者要主动到党员、群众中去征求对新闻工作的意见、要求、建议,还要发动群众通过各种形式来反映自己的看法,以此接受群众的批评、监督。毛泽东同志指出:

> 一个报纸既已办起来,就要当做一件事办,一定要把它办好。这不但是办的人的责任,也是看的人的责任。看的人提出意见,写短信短文寄去,表示欢喜什么,不欢喜什么,这是很重要的,这样才能使这个报办得好。②

---

① 《1945 年的任务》,载延安《解放日报》1944 年 12 月 16 日。
② 《毛泽东新闻工作文选》,新华出版社,1983 年版,第 48 页。

第四节　新闻媒体的战斗性

新闻业强烈的战斗作用是无产阶级新闻事业特有的风格,也是各新闻媒介孜孜以求的目标。毛泽东同志指出:"我们党所办的报纸,我们党所进行的一切宣传工作,都应当是生动的,鲜明的,尖锐的,毫不吞吞吐吐。这是我们革命无产阶级应有的战斗风格。我们要教育人民认识真理,要动员人民起来为解放自己而斗争,就需要这种战斗风格。用钝刀子割肉,是半天也割不出血来的。"① 为捍卫党和人民利益而无所畏惧地斗争,为传播真理而不倦地探讨,这就是新闻事业的战斗性。它主要表现在四个方面。

第一,揭露、打击一切敌对阶级分子妄图颠覆人民政权的阴谋和破坏安定团结的政治局面、破坏社会主义建设事业、毒害人民等不法行为。

第二,大胆揭露在党政机关、司法部门、经济部门内极少数人利用职权贪污盗窃、索贿受贿、失职渎职、为非作歹的种种腐败行为以及这些腐败行为给国家、人民造成的巨大损失;大胆揭露社会上少数不法之徒危害人民的生命财产和社会治安的种种劣迹。

第三,及时地发觉和批评在党政机关、经济领域、文化领域以及思想理论界的错误倾向和错误思潮。

第四,鲜明、及时地提出和解决人民内部的各种问题,如社会大众迷惑不解的问题、社会主义建设中亟待解决的问题、干部工作中焦虑不安的问题、社会上争论不休的问题,从而催人猛醒,发人深思,引起社会各方重视并着手研究、解决。从一定意义上说,我国新闻媒介的战斗性就是指新闻媒介的揭露、批评性报道,实行新闻媒介的舆论监督作用。

关于舆论监督,参见第十七章舆论引导与舆论监督。

第五节　新闻媒体的党性原则

一、党性原则——马克思主义新闻思想的精髓

从马克思、恩格斯到列宁,再到中国共产党的领袖毛泽东、邓小平等,他们

---

① 《毛泽东选集》第 4 卷,人民出版社 1991 年版,第 1322 页。

的新闻宣传思想是十分丰富的。而党报的党性原则是贯穿于他们新闻宣传思想的一条红线。在较为成熟的马克思主义政党形成以后，党的报刊成为党的外在形象，恩格斯曾经说过："党本身正是像它在报刊上和代表大会上让公众所看到的那样。""德国《社会民主党人报》是德国党的旗帜。"① 马克思、恩格斯虽然并没有明确使用党性原则这一名词，但他们明确地要求党的机关报必须捍卫科学理论、维护党的形象、宣传党的纲领和策略。并且马克思、恩格斯身体力行，利用党报、党刊和其他报刊，与形形色色的机会主义理论、思潮以及违背党的纲领的言行进行不懈斗争。在坚持党性原则的同时，马克思、恩格斯同样提倡"党内自由发表意见"、"自由交换意见"，包括对科学社会主义理论和对领导的批评两方面。② 1889 年，丹麦社会民主党的温和派多数将批评他们的革命派少数开除出党。恩格斯虽然在某些问题上并不赞同革命派的观点，但是坚决反对这样处理争论。他在给革命派代表的信中指出："批评是工人运动生命的要素，工人运动本身怎么能避免批评，想要禁止争论呢？难道我们要求别人给自己以言论自由，仅仅是为了在我们自己队伍中又消灭言论自由吗？"③

　　明确地正式提出党报党性原则的是列宁。列宁在《论党的改组》《党的组织和党的出版物》(1905 年 11 月)两篇文章里反复论述了党性的重要性。列宁指出：

> 　　如果我们党有蛊惑人心的倾向，如果党性基础(纲领、策略规定、组织经验)十分缺乏或者薄弱、动摇，那么毫无疑问，这个危险可能是很严重的。可能党是自愿的联盟，假如它不清洗那些宣传反党观点的党员，它就不可避免地会瓦解，首先在思想上瓦解，然后在物质上瓦解。确定党的观点和反党观点的界限的，是党纲，是党的策略决议和党章，最后是国际社会民主党，各国的无产阶级自愿的联盟的全部经验。④

　　列宁坚持了马克思、恩格斯办党报的准则，并明确地把按照党的纲领、策略原则和党章办报规定为党报的党性原则。

　　列宁在强调党报党性原则的同时，还和马克思、恩格斯新闻思想一脉相承，

---

① 《马克思恩格斯全集》第 34 卷，人民出版社 1972 年版，第 263 页。
② 陆力丹：《马克思主义新闻思想概论》，复旦大学出版社 2003 年版，第 93 页。
③ 《马克思恩格斯全集》第 37 卷，人民出版社 1971 年版，第 324 页。
④ 《列宁全集》第 12 卷，人民出版社 1987 年版，第 79、95 页。

同样强调发表意见的自由,提出了党内"行动一致,批评自由"的著名原则。列宁在《关于俄国社会民主工党统一代表大会的报告》中写道:

> 应该努力做到对代表大会的决定进行最广泛的讨论,应该要求全体党员以十分自觉的、批判的态度对待这些决定。……但是,在统一的党内进行的这种思想斗争,不应该分裂组织,不应该破坏无产阶级行动的一致。这在党的实践上还是一个新的原则,因此,正确地加以贯彻还要做很多工作。讨论自由,行动一致,这就是我们应该努力做到的。……除了行动一致外,还必须最广泛地、自由地讨论和谴责我们认为有害的措施、决定和倾向。只有这样进行讨论,通过决议,提出异议,才能形成我们党的真正公众舆论。……在还没有号召采取行动的时候,可以对决议及其根据和各条规定进行最广泛的、自由的讨论和评价。①

列宁在这里对"批评自由"和"行动一致"作了初步的解释。行动一致是指对代表大会决议的事情,在行动之时,为了党的统一,必须绝对一致,不允许在行动的时候进行批评;但是在还没有号召采取行动之前,可以批评准备采取的行动,他列举的行动包括参加杜马选举、举行罢工和起义等。

毛泽东十分重视报纸工作,他强调指出:"我们地委的同志,应该把报纸拿在自己手里,作为组织一切工作的一个武器,反映政治、军事、经济又指导政治、军事、经济的一个武器。组织群众和教育群众的一个武器。"为了运用好这个武器,毛泽东高度重视党报的党性原则,反复强调"务使它们(指党报——引者注)的宣传服从于党的当前政策","使我们的宣传完全符合于党的政策"②。1948年4月在《对晋绥日报编辑人员的谈话》中,毛泽东以简洁的语言完整地表述了党报的党性原则:"报纸的作用和力量,就在它能使党的纲领路线,方针政策,工作任务工作方法,最迅速最广泛地同群众见面","在报纸上正确地宣传党的方针政策,通过报纸加强党和群众的联系,这是党的工作中的一项不可小看的、有重大原则意义的问题"③ 这一论述成为我们党领导新闻媒体的基本指导思想。

邓小平在叙述党内生活基本准则时强调:"党报党刊一定要无条件地宣传

① 《列宁全集》第13卷,人民出版社1987年版,第62~63页。

② 《毛泽东新闻工作文选》,新华出版社1983年版,第96、98页。

③ 《毛泽东选集》第4卷,人民出版社1991年版,第1318页。

党的主张。对党的工作中的缺点和错误,党员当然有权利进行批评,但这种批评应该是建设性的批评,应该提出积极的改进意见。"①

江泽民在代表党中央领导集体历次关于新闻工作的谈话中,反复强调党报的党性原则,坚持从马克思到邓小平一贯的基本主张:"坚持党性原则,就要新闻宣传在政治上必须同党中央保持一致"②。在 1994 年 1 月全国宣传工作会议上,江泽民代表党中央领导集体提出了新时期党性原则和新闻宣传工作的基本要求:"以科学的理论武装人,以正确的舆论引导人,以高尚的精神塑造人,以优秀的作品鼓舞人"③。

由此,我们可以看出,党性原则不但是中国共产党而且是整个国际无产阶级政党新闻事业一个根本性的原则,一个光荣的传统。

二、坚持党性原则的重要性

那么,党的新闻事业为什么必须坚持党性原则呢? 用一句话来概括,党性原则决定了党的新闻事业的成败与优劣,从而也影响到党的宣传工作的成败与优劣。

1. 坚持党性原则是使党的新闻事业永不变质的保证

既然党的新闻事业的性质是党的喉舌,那么它必须服从党的领导,必须无条件地宣传党的主张,必须和党中央在政治上保持一致。为了和党中央在政治上保持一致,真正起到党的喉舌作用,就必须用党性原则来约束党的新闻事业,用党性原则来要求每一个党的新闻工作者。如果没有党性原则,各家新闻机构自订方针,自搞宣传内容,每一个新闻工作者自作主张,按照个人的意志自由行动,各唱各的调、各吹各的号,那就不可能成为党的喉舌、党的代言人,党的新闻事业的性质就改变了。因此,坚持党性原则,这是由我们党的新闻事业的性质决定的;反过来,坚持党性原则是使党的新闻事业永不变质的保证。

2. 坚持党性原则才能使党的新闻事业保持正确的政治方向和立场

党的新闻工作面对复杂的现实世界,承担着繁重的宣传任务。我们靠什么来把握方向,靠什么来完成任务? 最主要的是依靠党性。只有按照党性原则,我们的新闻工作才有正确的政治方向,才能在纷繁复杂的社会现象中把握事物的本质,分清是非,才会有正确的立场。例如,在向市场经济转变过程中,新的事物

---

① 《邓小平文选》第 2 卷,人民出版社 1994 年版,第 272 页。
② 《中国新闻年鉴》,1995 年版。
③ 《中国新闻年鉴》,1995 年版。

层出不穷,这其中,有些是代表改革方向的新生事物,反映了群众的首创精神,有些则是新形势下的新的不正之风。怎么来划清界限? 那就必须从党性原则出发,按照党的方针政策、以党和人民的利益为标准来衡量。没有党性原则,单凭个人的好恶,可能会颠倒是非。

3. 坚持党性原则才能充分发挥党的新闻事业的积极作用

在我国,党的新闻事业具有很高的威望,有很大的社会影响力和权威性。这种威望是从哪里来的? 首先来自于党。从新闻史上看,任何政党报纸的兴衰荣辱总是和政党的命运紧紧相连的。我们党的新闻事业的威信,首先来自党中央和中央人民政府的威信,来自党的新闻部门忠实地传播中央的声音。因此,只有紧紧地依靠党的领导,只有依靠党性原则,才能充分发挥党的新闻事业应有的积极作用。离开了党的领导,离开了党性原则,我们将寸步难行、一事无成。比如说,我们的新闻事业要指导、教育群众,那就必须按照党的方针政策,按照党的主张去指导、教育群众,否则,势必把群众引导到错误方向上去,或者会引起群众强烈的不满。我们的新闻事业要发扬战斗作风,开展批评和自我批评,就必须按照党性原则,紧紧地依靠各级党组织。否则,或者不可能收到任何社会效果,或者会把事情搞乱。

4. 坚持党性原则才能划清无产阶级新闻事业和资产阶级新闻事业的界限

党性原则,是无产阶级新闻事业区别于一切资产阶级新闻事业的根本特征。我们不拒绝学习、吸收资产阶级新闻事业在新闻采访写作、编辑、传播等方面的先进技术和先进的经营管理方法,但我们必须拒绝资产阶级的腐朽没落思想。划清无产阶级新闻事业和资产阶级新闻事业界限的最主要标准就是党性原则。

5. 坚持党性原则才能推动、指导我国的各项改革(包括新闻改革)沿着健康的道路发展

在当前,坚持党性原则还有其十分紧迫的现实意义。加入 WTO 后,我们国家正处于历史性的转变时期,各行各业都在进行改革,出现了许多新情况、新问题。反映这场伟大的改革,推动、指导这场伟大的改革,这是党的新闻事业最重大的课题。为了完成这样艰巨的任务,新闻工作者更需要增强党性,和中央保持政治上的一致。一旦离开了中央的方针政策,在一些重大问题上自作主张,势必给改革造成严重后果。

同时,我们的新闻事业也在巨大的变革中,新闻事业呈现迅速发展的态势。新的报纸、广播电台、电视台与日俱增,一大批新人踏上新闻岗位。从全国情

况看,我国的新闻队伍正处在新老交替阶段,要使新闻改革沿着健康的道路发展,要使新一代的新闻工作者得到党和人民的信赖,就必须加强党性。

三、党性原则的具体表现

什么叫党性?党性是阶级性的集中表现。无产阶级政党的党性是无产阶级阶级性的集中表现。中国共产党的党性原则表现在:政治上,必须和党中央保持一致;思想上,必须坚持马克思主义、毛泽东思想、邓小平理论,努力实践"三个代表"的重要思想;组织上,必须无条件地遵守党纲、党章,服从党的一切决议,遵守党的纪律。

党的新闻事业具有自身的规律和具体要求。把党性原则的总要求和新闻工作的具体要求结合起来,形成了党的新闻工作的党性原则。党的新闻工作的党性原则包括以下三个方面。

第一,党的任何新闻媒介必须无条件地服从党中央和上级党委的领导,无条件地执行党中央和上级党委的决议、决定。

第二,党的任何新闻媒介必须把党的纲领作为自己总的宣传纲领,无条件地宣传党的基本理论、基本路线、方针政策;不得公开传播任何违背党纲、党章以及中央、上级党组织决议的文章;不得公开批评关系到全局性的重大理论问题以及重大方针、政策;与任何违背中央制定的路线、方针、政策的错误展开斗争,保证中央的政令畅通。

第三,在当前及今后很长一段时期内,把我国建设成为现代化的、高度文明、高度民主的社会主义国家,是我们党和人民的宏伟的奋斗纲领。党的新闻事业必须围绕着经济建设这一中心开展宣传报道。一切脱离、干扰经济建设这一中心的,就是背离了党的路线,也就违背了党性原则。

从多年的新闻实践看,在贯彻党性原则时,需要处理好以下四个方面的关系。

1. 坚持鲜明的倾向性和真实性的统一

在一些重大事件中,在一些重大的是非问题上,党报必须自觉地捍卫党的原则。在日常宣传中,应该鲜明地表达党的立场、观点、态度。列宁曾经把党报上那些超党派的自由主义论调斥责为"没有党性的宣传",把马克思主义报纸同小资产阶级报纸混淆起来。中共中央宣传部在 1948 年 10 月曾批评华北《人民日报》在一条重要新闻中的客观主义倾向,认为这种新闻只是枯燥无味地罗列了许多事实,没有思想,没有分析,没有目的,忽视对群众的积极鼓舞和指导,这就把党报降低到不觉悟的群众的思想水平。

从新闻史上看,任何政党的报纸都有自己的倾向性。但资产阶级政党报纸在表达他们的立场、倾向的时候,常常是不顾事实的。他们不是一切从实际出发,而是一切从党派利益出发,从小集团利益出发。有利于他们的事实就抓住不放,大做文章;对不利于他们的事实可以闭眼不见,或加以歪曲;在需要的时候甚至凭空捏造事实。而我们共产党人新闻事业的立场、倾向,是建立在新闻真实性的基础上,建立在尊重事实的基础上,建立在对客观规律科学认识的基础上。我们的立场、观点所以正确,所以有生命力,仅仅因为它是符合实际情况的。无产阶级不需要隐瞒事实、歪曲事实。恰恰相反,我们的认识越是接近于客观事实,我们越是能揭示出现实世界的客观规律,就越是符合无产阶级的利益,这是因为无产阶级的前进方向和人类社会的历史发展方向是一致的。因此,坚持鲜明的倾向性和真实性的统一,是无产阶级政党报纸区别于资产阶级政党报纸的最显著的特点之一。

2. 坚持维护党的利益和人民利益的统一

从新闻史上看,凡政党报纸都是一个政党的宣传工具。任何政党报纸在这一点上没有区别。无产阶级政党报纸和资产阶级政党报纸的区别在于:无产阶级政党报纸既是党的喉舌,又是人民的喉舌,宣传党的理论、纲领、方针、政策和反映人民的愿望、要求,维护党的利益和维护人民利益,对党负责和对人民负责是一致的。而其他阶级的政党报纸尽管口头上可以这样说,实际上却无法做到。这是由政党的性质决定的。按照马克思主义的观点,共产党人没有任何同整个无产阶级的利益不同的利益,除了为民族、为人民谋利益,共产党本身无私利可图。党报宣传党的理论、路线、方针、政策,正是在维护人民的利益,因为这一切是符合民族和人民利益的;党报反映人民的愿望、要求,同样坚持了党的立场,因为这一切是正确地制定政策的出发点和执行政策的归宿点,是使我们党永远和人民心连心、立于不败之地的切实保证。

3. 坚持宣传党的原则和掌握灵活的宣传策略的统一

党的新闻事业在任何时候、任何场合都应该坚持党的立场,宣传党的主张。决不能为了扩大销售、为了多赚钱而丧失原则立场,单纯地迎合受众的低级趣味。但是,坚持原则立场并不意味着我们的新闻事业在任何时候、任何情况下都只能是同一张面孔、用同一种腔调发言,而必须从实际情况出发,灵活地运用宣传策略。例如,当党处在革命时期(夺取政权以前)和处在执政党地位时期,在战争时期和和平建设时期宣传的方法应该不同。在夺取政权以前,合法的、公开出版的党报和秘密出版的党报应该有不同的宣传方法。处在执政党时期，不同的宣传对象应该有不同的方法。例如，对于不同觉悟程度的群众，对于不同年龄、不同职业、不同文化程度的群众都要有不同的方法，要从群众实际能够接受的水平出发。不考虑具体的历史条件，不考虑实际的宣传对象，这是主观主义的宣传方法，不可能收到实际的宣传效果。主观主义的宣传方法是党性不纯的表现。

4. 坚持严肃的态度和生动活泼的文风的统一

党的新闻事业既然是党的喉舌，那么新闻工作者的工作作风必须是严肃的，其风格应该是庄重的，特别是在宣传党的重大方针政策时必须一丝不苟，以维护党的政策的严肃性。但严肃仅仅指工作作风和工作态度，并不意味着以严厉的态度对待群众，板起面孔来教训群众，以"指导者""教育者"的姿态，居高临下地指挥群众。党的主张要让群众乐于接受，让群众自觉地执行，这就需要新闻工作者付出艰苦的劳动，要讲究宣传艺术，这就需要有生动活泼的文风，运用群众喜闻乐见的形式。空洞的说教、单调的形式、枯燥的语言，是不能吸引群众的，是收不到良好宣传效果的。

四、坚持党性原则和发挥新闻工作者的积极性、创造性、主动性是一致的

近几年来，随着市场经济的发展，党的新闻事业兴旺发达，进入了前所未有的"黄金时期"。党的新闻事业包括广播、电视、报纸、通讯社等不同的层次，它们各有自己的特点。报纸的类型也越来越多，不同类型的报纸应有自己的特点。不同的传播工具、不同类型的报纸在受众、发行地点、出版时间、版面样式等方面各有特点，但它们的性质是共同的，都是党领导下的新闻事业，都要在政治上和中央保持一致，这是不能动摇的。

我们的新闻事业为适应市场经济的需要正在进行改革。新闻改革的重要目的之一是加强党的新闻工作的党性，而不是削弱党性。

我们新闻工作者为适应新的历史时期新闻工作的要求，需要更新新闻观念。但是在新的历史时期，党性观念只能加强，不能削弱。

当然，党的新闻事业要当好党的喉舌，并不意味着各家只能照抄照搬中央已说过的话，不能简单地理解为"上面要我宣传什么，我就宣传什么"，"上面给观点，我们找例子来证明"。因为这种照本宣科的宣传，不可能充当党的喉舌，只不过是传达机构，起一种扩音机、留声机的作用。

党的新闻事业要名副其实地成为党的喉舌，就必须在合乎中央的路线和政

策的前提下,充分发挥新闻工作者的积极性、主动性、创造性。原因在于:

第一,新闻事业具有自身的规律和工作要求。我们要宣传好党的方针政策,必须尊重新闻事业的规律和工作要求。要不断地探索、总结新闻事业的规律和工作要求,新闻工作者必须发挥自己的积极性、主动性、创造性。

第二,在党的新闻事业中,报纸、广播、电视等不同传播工具有不同的特点。日报、晚报、周报,中央报、各地方报纸,大报、小型报等不同类型的报纸有不同的特点和要求,要努力办出各报的特色,使各报各有不同的角度、不同的重点、不同的风格、不同的面貌,能够牢牢地吸引自己的读者,这需要各单位的新闻工作者倾注辛勤的劳动,发挥聪明才智。

第三,各个新闻媒介为办出自己的特色,在社会上有一定的影响,就需要有一批名记者、名编辑、名评论家。这批名家有自己对问题的独到见解,有自己独特的风格,在宣传党的方针政策时有其独特的作用。要成为这样的名家,不充分发挥自身的积极性、主动性、创造性,是根本办不到的。

第四,中央的方针政策是适应全国的,各地必须宣传、贯彻。我们国家幅员辽阔,各地具体情况很不一样,在贯彻执行中央的方针政策过程中,各地还会出现不同的情况。各家新闻单位在宣传中央的方针政策时,要和本地的实际情况结合起来,报道新经验,提出新问题,得出新结论。为此,新闻工作者必须发挥积极性、主动性、创造性。那种不从本地的实际出发,只会照抄照搬的宣传方法,是一种形式主义的偷懒办法。

第五,贯彻执行中央的方针政策绝不是一帆风顺、一蹴而就的。这当中,有广大干部群众在贯彻执行中央的方针政策过程中的新创造,代表着时代方向的新生事物,需要我们去发现、扶植;由于一时不理解或理解不正确,在执行过程中出现偏差,需要我们循循善诱加以指导;也有极少数人抵制中央的方针政策,故意歪曲,造成不好的社会影响,需要我们加以揭露批评。从多年的实践来看,在贯彻执行中央的方针政策过程中,总会出现大量的新事物、新情况、新经验、新问题,这就需要新闻工作者以极大的热情,深入实际,及时地去发现,准确地判断,巧妙地进行宣传。

上述种种原因都说明:既要有坚强的党性原则,又要有高度的积极性、主动性、创造性,把这两者统一起来,党的新闻工作者才能圆满地完成党的宣传任务,使党的新闻事业真正成为党的喉舌、政府的喉舌、人民的喉舌。

复习思考题

1. 中国新闻媒体的工作原则是什么？
2. 简述坚持新闻真实的重要性。
3. 简述坚持新闻工作党性原则的重要性。

第十九章

新闻生产和新闻选择

第一节　决定新闻生产的因素

新闻生产是指新近变动的事实经过加工形成新闻作品的过程。

新闻是被生产出来的。这话的含义不仅仅是指事实经过采访、写作、编辑最后成为新闻作品这样一个生产流程,更深的含义是指新闻是新闻生产者有意识加工的产物,新闻生产者从而建构了新闻事件、进而建构了现实。

新闻生产的每一个生产流程中,无论是采访、写作还是编辑,这些看似是新闻生产者的个体劳动,然而在这些流程中,每一名新闻生产者都是在一定的组织机构中从事生产的。他们从事新闻生产必须遵守国家的法律法规,必须服从组织机构的规章制度和领导的要求,必须遵循新闻的基本要求,必须考虑方方面面的关系,最后才有个人的发挥。我们可以说,新闻生产过程是各种力量博弈的过程。新闻生产产品是各种因素共同作用的结果。

决定新闻生产的主要因素或者说在新闻生产中必须权衡的主要因素包括:

1. 专业标准。新闻选择的基本标准,例如新闻价值,是任何新闻媒体都必须遵守的。

2. 法规。各国制定的新闻法规、新闻政策,这是由各国的政治制度、经济制度、文化传统以及社会结构所决定的,也就是国情。

3. 形势。包括国际形势、全国形势、地方形势。新闻生产必须审时度势,把握时局,预测趋势,考虑新闻报道的社会效果。

4. 决策者。从最高的中央决定、主管部门的决定,到媒体主持人的决定,也包括新闻从业者直接领导的决定。

5. 市场。广告客户的要求和受众(用户)的需求。

6. 媒体的定位。媒体的性质——独立的或非独立的,商业性的或非商业性的;媒体的诉求——商业利益、社会效益;媒体的类别——综合性的、专业性的,全国性的、地方性的,等等。

上述六个基本要素可以分为两大块:前三个要素构成新闻语境,后三个要素构成新闻场域。新闻语境就是在特定的空间、特定的时间、特定的条件下从事新闻生产的环境。

第二节 新闻生产的场域

场域是法国社会学家皮埃尔·布尔迪厄提出的概念:"一个场域可以被定义为各个位置之间存在的客观关系的一个网络,或一个构型。"[①] 新闻生产的场域就是在新闻生产过程中,新闻生产者与社会方方面面的客观关系。这种关系处在不同位置上,有不同的矢量,对新闻生产产生不同的影响。从这个意义上讲,新闻生产的场域是各种不同力量之间博弈的场所,新闻产品是各种力量博弈的产物。

在所有关系中,有三组关系在媒体日常的新闻生产中有着决定性影响。

一、政府、社会与媒体

在这三者关系中,新闻生产者几乎每天都要考虑政府(国家)的一元意志与社会的多元诉求之间的矛盾如何平衡。

我们知道,依照党性原则,服从党的领导,宣传党的方针政策是中国传媒尤其是主流媒体的基本职责所在。改革开放以后,中国社会的多元利益格局已经形成,党和政府出台的各种政策、各种举措在一定程度上必定会引发社会利益格局的调整,有得益的,有无利无害的,也有受到损害的,有百利而无一弊的政策是空想。政府只能从利弊得失的大局出发来制定政策,尽可能趋利避害。而那些利益受损的群体,甚至有些无利无害或只得小利的群体会感到不公平。"不平则鸣",他们要求公开表达他们的意见以维护或寻求他们的利益。例如,

---

① [法]皮埃尔·布尔迪厄:《实践与反思:反思社会学导引》,华康德等译,中央编译出版社 1998 年版,第 133—134 页。

国家教育部门考虑到教育资源的平衡,要求相对减少全国名牌大学在当地的招生数,增加在全国各地的招生数。这对全国大多数地方是有利的,但势必损害名牌大学所在地公众的利益,从而引发他们的抗议。再比如,国家社保部根据目前中国公民的健康状况、劳动力短缺的前景以及社保基金收支状况,提出逐步延长退休年龄的意见。全国公众有喜有忧,有拍手叫好的,有拍案而起的。还有诸如房地产政策、医保改革、教育改革、计划生育政策,甚至在国家的基本方针上,都有不同意见存在,可以说众声喧哗。在新闻报道中,如何在体现国家的一元意志和表达多元意见之中保持平衡,是新闻媒体几乎每天都会遇到的问题。

二、资本、公众与传媒

除了少数非营利性的媒体外,全世界绝大多数需要自负盈亏的媒体的基本运行逻辑是:传媒向社会提供内容,吸引广大受众(用户),从而吸引广告商来投放广告,传媒依靠广告收入来获取利润。而广告投放的数量和价格是由媒体受众的数量和质量决定的。受众数量以报纸发行量、广播电视的收听率(收视率)、网站的点击率为标准的。这就是传媒"二次买卖"理论:把报纸卖给读者,把读者卖给广告商。在这个运作过程中,资本(广告商)、受众、媒体三者看上去很一致,但这个过程中的一个核心问题是:如何对待受众? 这是在处理资本、受众与传媒三者关系时的一个关键问题。

按照传媒与生俱来的公共性要求,传媒必须承担起社会责任,首先满足公众的知情权,向公众提供真实严肃的新闻,并对此作出合理解释。这就是我国一直倡导的"社会效益第一,经济效益第二"的方针。但这样做,既费时费力费钱,而且往往不讨好,因为"曲高和寡",受众不一定买账。

按照"二次买卖"理论,传媒把受众当作消费者,当作商品,为了取悦受众,他们就会大量提供娱乐内容,甚至把一切严肃内容都加以娱乐包装,"为我们提供纯粹的娱乐是电视最大的好处,它最糟糕的用处是它企图涉足严肃的话语模式——新闻、政治、科学、教育、商业和宗教——给他们换上娱乐的包装。"[①] 为了在激烈的竞争中胜出,许多传媒甚至不惜牺牲新闻的真实要求,夸大、扭曲甚至造谣,肆意炒作。

传媒为谁服务? 为公众、为资本、为自身,这往往考验着每一家媒体。

---

① 〔美〕尼尔·波兹曼:《娱乐至死》,章艳译,广西师范大学出版社2004年版,第207页。

三、政府、传媒与记者编辑

记者编辑是新闻生产的第一线操作者,新闻产品的最后完成者。记者编辑作为个体,当然有他们自己的意志,有自己的理想、追求、专业理念、职业精神,以及个人利益。但每一个记者编辑都处在一个组织构架之中,他们绝不可能完全按照自己的意志来决定内容取舍。在我国的新闻体制下,政府管着媒体,媒体管着记者编辑,政府、媒体、记者编辑都各有自身的目标、自身意志、自身利益,这势必形成三方博弈。记者编辑在新闻生产过程中面对着来自方方面面的压力。

来自政府部门的压力。"在各地新闻单位,主管的宣传部会给新闻单位传真或电话下达各种巨细靡遗的指令和禁令,它们都没有任何解释,只有一道道简单的'不得⋯⋯'或'要⋯⋯'的决定。"[1] 而且,记者编辑依照他们的专业判断,认为那些上面"一定要做的,很多是没有什么新资讯的陈词滥调"。[2]

来自编辑部领导的压力。新闻单位的设置像行政单位一样是科层制。记者编辑受部主任领导,部主任受总编、副总编领导。内容取舍的标准以及内容取舍最终裁定都在各级领导手里,尤其是一些重大事件的新闻稿,其终审权都由领导决定。"在很多单位,新闻从业者报的选题会被无情否决,精心制作的节目会被枪毙,而且通常没有申辩可能。"[3]

非组织的社会关系压力,各种亲朋好友的关系稿,各色企事业单位的公关稿,利益攸关部门的红包稿等,都在时时刻刻向记者编辑施压、诱惑,也就时时刻刻考验着记者编辑的意志。

从上述关系中,我们可以说,新闻生产是一个错综复杂的关系处理过程,新闻产品是各种力量博弈的产物。

第三节　新闻选择和新闻选择的标准

从新闻生产的专业视角来看,新闻选择是新闻学专业知识、新闻工作经验和其他社会科学、自然科学知识的综合运用。新闻选择是新闻生产中最重要的工作之一。

---

① 陆晔、潘忠党:《成名的想象》,《新闻学研究》2002 年第 71 期。
② 陆晔、潘忠党:《成名的想象》,《新闻学研究》2002 年第 71 期。
③ 陆晔、潘忠党:《成名的想象》,《新闻学研究》2002 年第 71 期。

我们之前讲过新闻的定义：新闻是新近发生的事实的报道。这个定义就把过去发生的事实（历史）、重复出现的事实（人们所熟知的、司空见惯的）以及虚假的"事实"排除在新闻之外。这个新闻，不但包括了大众新闻传播工具所传播的新闻，还包括个人传播、群众传播的新闻。对大众新闻媒体来说，单有新闻定义还不能解决问题。戈公振在 20 世纪 20 年代末所著的《中国报学史》一书中就指出，把新闻看做是"发生事件之报告"，这是正确的，"但于报学之处置上，有散漫而不明显之憾"①。所谓"散漫而不明显"，意思是说，大千世界每日每时发生的事件实在太多，把新近发生的事件都报道，报纸不胜负担，而且也做不到。因此，单有一个新闻定义还不能解决报纸所面对的难以尽数的新近发生的事实与有限版面的矛盾。为了解决这一矛盾，还得对新近发生的事实进行选择。

对现实生活中发生的事实加以鉴别，选出新闻媒介值得传播的事实，这就是新闻选择。新闻选择仅仅是对事实的选择。

选择事实是新闻工作具有决定性意义的一环。如果说文学的基本任务是调动各种艺术手段来塑造具有鲜明个性的艺术形象，那么新闻的基本任务就是从大千世界每日每时变动的无穷事实中挑选事实。新闻学关注挑选事实，新闻工作者必须把注意力集中在选择事实上。

从整个社会来看，新闻工作者是社会的把关人。报纸、广播、电视、互联网是人们了解世界的四大窗口。新闻工作者通过新闻媒介，向人们提供什么样的新闻，这在很大程度上关系到人们如何看待这个世界，关系着人们思考什么，怎样思考以及思考的结果，在很大程度上关系到人们的思想和情绪。美国作家西奥多·怀特把新闻媒介的这一效果称为"报纸……安排公众讨论的议程"，② 日本的新闻学家把它称为"变事情为事件"。③

采访、写作、编辑，是新闻业务的三个主要环节，都和新闻选择有着密切关系。

新闻采访过程是不断挑选事实的过程。记者获得新闻素材主要有两种途径，一是在新闻现场亲眼目睹，一是听别人介绍。在新闻现场，记者目光所及，可以看到许多东西，不可能把一切都记下来，必须有所选择。采访对象在滔滔不绝地介绍情况时，可能向记者提供了许多事实，记者就得不断地进行筛选，哪些事实无关紧要，哪些事实重要；凡重要的事实，记者就得抓住不放，追问下去，直到

---

① 《中国报学史》，上海商务印书馆 1927 年版。

② ［美］西奥多·怀特：《美国的自我探索》，中国对外翻译出版公司 1984 年版。

③ ［日］和田洋一等：《新闻学概论》，中国新闻出版社 1985 年版。

全部弄清为止。你说我记,不加选择,笔记本上记得满满的,结果无关紧要的事情记了很多,至关重要的事实却记得不清楚,这样的记者是不称职的。

新闻写作的过程是重新挑选事实的过程。新闻写作是组织事实、描述事实。为此,就必须对采访到的事实作一番梳理、挑选:哪些事实应该淘汰,留下哪些事实写入新闻稿;哪些事实非常重要,在新闻稿中要突出;哪些事实只需一笔带过。"有闻必录"只能是一笔流水账,写作前不挑选事实,那就必然主次不清,轻重不分,同样不合要求。

新闻编辑过程是再一次挑选、审视事实的过程。编辑面对的是新闻稿,一篇新闻稿能不能用,当然要考虑到写作技巧。但取舍一篇新闻稿的标准,首先不是写作技巧,而是新闻稿中的事实。新闻工作有句行话,叫"稿件的分量"。"稿件的分量"指的是新闻稿中的事实,"有分量"是指这篇新闻稿所提供的事实重要,可以放在显要的位置上发表。事实有分量,写得也好,这当然是最理想的新闻稿。有些稿子,写作技巧不怎么好,但提供的事实十分重要,编辑经过文字加工,可以公开播发;有些稿子,尽管写得很漂亮,但提供的事实并无多大价值,好比麻袋上绣花——底子太差,也无法被编辑看中。

作为一名记者、编辑,仅有生花妙笔是远远不够的,首要的是有挑选事实的过硬本领。我们经常说的"新闻敏感"就是迅速地判断事实价值的本领,善于选择事实的本领。

新闻选择的标准不是一种,而是有多种,好像有许多把筛子,对事实进行一次一次筛选,最后记者才把符合要求的事实写成新闻稿。

对任何新闻媒介来说,新闻定义、新闻价值、宣传价值、新闻法则是新闻选择的四项主要标准。

一、新闻定义

新闻是新近发生的事实的报道。根据这个新闻定义,我们所选择的事实一要真实,二要新鲜。为此,要淘汰下列事实:

(1) 虚假的"事实"。

(2) 陈旧的事实(当作背景用另当别论)。

(3) 人们司空见惯的事实。

(4) 空话连篇的"事实"。

新闻选择通过"新闻定义"这一标准的筛选,去掉假的、旧的、空的事实,留下真的、新的事实。

二、新闻价值

为了弄清新闻价值对新闻选择的作用,我们必须先把共同兴趣的问题弄清楚。我们在前面讲过,新闻事业与口头新闻、书信新闻最大的区别是:新闻事业所面对的社会大众,他们分属不同的阶级、阶层,有不同的社会地位、不同的职业、不同的年龄、不同的爱好。一张报纸印出来,要大家都来买,都愿意读,那就不能仅仅满足个别人的需要,必须满足社会大众的共同兴趣。否则,报纸就没有销路,连维持简单的再生产也不可能了。"共同"的范围越大,报纸的销路也越好。从这一点上讲,报纸是依赖共同兴趣而生存的。在一些新闻学术文章、专著中,有的称共同兴趣为共同需要或共同关心、共同关注,都是一个意思。

大众传媒既然有阶级性,那么怎么可能满足不同阶级、不同阶层受众的共同兴趣呢? 既然肯定了共同兴趣,岂不丢掉了阶级性吗? 其实,共同兴趣和阶级性并不相互排斥。所谓新闻的"共同兴趣",是指新闻要反映社会大众关心的事实,不是个别人关心的事实。而阶级性是指新闻单位对事实的选择和阐述。例如,一个重大战役在进行着,敌我友各方无不关心,一般老百姓和国内外各个政治集团都关心。不管属于什么阶级,对这场战争是反对还是赞成,不论站在交战双方的哪一边,都希望随时了解这场战争的进程,并根据实际情况采取对策。故而,持各种不同政治态度的报纸都会刊登这场战争的消息。阶级性,则是指对战争的态度(希望甲方胜利还是希望乙方胜利),表现在对这一事实的表述上:甲胜,拥护甲方的报纸欢呼"战果辉煌",拥护乙方的报纸则千方百计掩饰败绩,"完成歼敌任务,转进新阵地","由于气候不佳,运输困难……"等等。两个立场两种说法,但不能改变甲胜乙败这一事实。刘志清写于1930年6月16日的散文《一个伟大的印象》①有一段写当时红军武装抢报的事:

> 上海的报纸是不容易输送到他们底手里的。有一次,现在的第四军,因为山上二十几天得不到报纸,心里是非常的焦急,后来探得某一城的某处,有几份报纸,于是就在当夜,开了一团兵,走了六十几里的长路,攻进城,取得了这几份报纸回来。

1930年,当时在上海的党中央并没有机关报,即使有,也不可能发行到偏僻

---

①　载于《世界文化》,1930年创刊号。

的县城去。可以肯定红军取来的报纸是属于资产阶级办的报纸。红军为什么对这几份报纸这么有兴趣,"开了一团兵,走了六十几里的长路"去取,因为他们可以通过报上刊登的新闻来了解形势。这些报纸站在什么立场,用什么观点评论形势,红军不感兴趣,只对新闻中所传播的事实感兴趣。可见新闻的共同兴趣是建立在读者对当前变动事实的共同关心的基础上,因此,完全没有必要担心提倡共同兴趣会把阶级性丢掉。

我们可以说,任何一种大众新闻传播工具,不管宗旨、目的是什么,它想要在社会上存在下去,就必须考虑受众的共同兴趣。共同兴趣直接关系到报纸的发行量、广播的收听率、电视的收视率和网站的点击率。

现实生活中每天发生的许许多多的事实和有限的版面之间的矛盾,在报纸一产生时就出现了。报纸到底在无数的事实中选择什么样的事实才能引起社会大众的兴趣呢?我们都知道,任何大众传媒总是出版在前,阅读在后,记者不可能在每篇稿子写好以后,先征求广大受众的意见再登报。因此,必须事先研究出一套标准,凡符合这些标准的,就会引起受众的共同兴趣。新闻工作者为此进行了多年的探索,尤其是在美国便士报运动(1833年)开始以后。便士报完全自负盈亏,以社会大众作为对象,为了扩大发行,就必须考虑报纸的内容能否引起众人的兴趣。报人根据他们的经验,提出了各自的标准。例如,美国第一张成功的便士报《太阳报》(1833年9月3日创刊)的创办人戴伊说:

> 我们报人的兴旺基于他人的灾难之上,把你真实的"莫斯科大火"告诉我们;把你的"滑铁卢战役"告诉我们;当某个"拿破仑"带着他的纵队在世界上冲杀,把千年的皇冠打落在地,并将世界淹没在血泪之中,那我们这些人太荣幸了。[①]

这就是说,戴伊认为在世界上发生的事件中,只有新奇的、不寻常的、灾难性的、骇人听闻的事才可以上报,才会引起公众兴趣,从而使报纸兴旺。

被称为"报界怪杰"的普利策在主持《世界报》(1883—1911)期间,对新闻的共同兴趣表述得更具体。他反复告诫手下记者,去采集"与众不同的、有特色的、戏剧性的、浪漫的、动人心魄的、独一无二的、奇妙的、幽默的、别出心裁的,适于成为谈资而又不致破坏高雅的审美观或降低格调的,尤其不能损害人们对报

---

① [美]莫特:《美国新闻史》,原载美国《太阳报》1833年第3期。

纸的信任⋯⋯" 的事实。[①] 他的这个标准,使《世界报》别具一格,到 1897 年,该报成为美国销量最大的报纸。

在中国新闻史上,凡能取得成效的报纸也都注意到了共同兴趣,提出了新闻选择标准。《申报》从 1872 年创刊的第一天起,就开宗明义提出,报上所刊载的内容是:

> 凡国家之政治、风俗之变迁、中外交涉之要务、商贾贸易之利弊,与夫一切可惊可愕可喜之事,足以新人听闻者,靡不毕载。[②]

《申报》认为,只有这样,报纸才能"上而学士大夫,下及农工商贾",使得人人爱读。

这些说法都有一定的道理,对我们有一定的参考价值。共同兴趣对一张报纸的兴衰具有重要的意义。19 世纪中期《纽约时报》的主持人雷蒙德羡慕《纽约先驱报》的主持贝内特常常发表公众感兴趣的新闻,曾感慨地说:"我宁可出一百万美元,如果能使魔鬼每天晚上来告诉我,就像他告诉贝内特一样,纽约的人们明天早晨喜欢读些什么。"[③] 当然不会有魔鬼,告诉贝内特的,正是他自身的实践经验。这种经验是可贵的,但它毕竟没有上升到理论,因此,它们是零碎的、不系统的,而且应用范围有限,对某一种报纸适用,对另一种报纸不一定适用。经过不断的实践、总结,新闻工作者最终提出了"新闻价值"这一概念。新闻价值是为了解决究竟选择什么事实才会引起公众兴趣这个难题的。新闻价值就是事实本身包含的引起社会公众共同兴趣的素质。这些素质包括五个"性"。

1. 时新性。事件是新近发生的而且是社会大众所不知道的,即时间近、内容新。事件发生离公开报道的时间越短,新闻价值就越高。

2. 重要性。事件和当前社会生活以及广大群众的切身利益有密切关系,势必引起人们的关心,例如政局的变动、政治决策、战争、重大经济信息、重要科技发明、天气的显著变化、重大的灾害、疾病以及当前国际政治经济的新动向等。与人们关系越密切,关系面越大,新闻价值也越高。就拿天气来说,没有哪一天的天气比 2008 年 8 月 8 日晚上北京是否下雨更让人关心的了。因为那一晚北

---

① [美]斯旺伯格:《蕾利策传》,新华出版社 1989 年版,第 380 页。
② 《申报·本馆告白》,1872 年 4 月 30 日。
③ [美]斯裴特逊:《报道新闻》英文版,纽约出版社 1946 年版。

京奥运会正式开幕,开幕式能否顺利进行与天气关系极大。所以,8月8日晚上北京是否会下雨成为一个月内媒体上的重大新闻。

3. 接近性。地理上接近——读者首先要知道自己周围发生的事情,因为本地发生的事情,对他们的生活有更直接的关系。在报纸发行范围内发生的事情,要比外地发生的、性质相似的事情更能引起读者的兴趣。心理上接近——有些事情虽然发生在远方,但由于经济上、文化上、人事上与本地公众有密切联系,因此也会引起本地公众感情上、心理上的共鸣,"天涯若比邻""千山万水不隔心",就是这种心理上接近的反映。在报纸工作中要加强地方报纸的地方性,其实就是接近性的具体表现。毛泽东同志在《普遍地举办〈时事报〉》中反复强调"简报"要有本地的内容。他指出:

> 红军编的《时事简报》,它的内容国内国际消息要少,只占十分之三,本军、本地、近地消息要多,要占十分之七。只有这样,才能引起士兵和群众看报的兴趣,取得我们所要取得的效果。①

在新闻学上说,这就是接近性。毛泽东同志的这一办报思想在1942年4月以后延安《解放日报》的改革中又进一步得到了贯彻。

4. 显著性。名人、胜地和著名团体、单位的动态往往为世人所瞩目,例如,生老病死是社会上天天发生的事情,对一般人来说,当然不会登在报上当新闻;但著名人物的生老病死却成了大新闻。在西方的新闻学教科书中提出一个著名公式:名人 + 普通的事 = 新闻;普通人 + 不寻常的事 = 新闻。正是出于"名人效应"的考虑,西方一些新闻媒体对名人穷追不舍。日本著名影星山口百惠淡出影坛生孩子,结果日本200多家新闻媒体的记者云集医院门口,争拍山口百惠抱孩子出院的第一张照片。英国黛安娜王妃死于车祸,震动世界,其中一个重要原因是摄影记者对她穷追不舍,想抢拍她和新男友的照片。当她和男友乘车外出时,后面有十几名摄影记者(西方称为狗仔队)紧追其后。为了摆脱记者纠缠,司机高速行驶,最后造成车毁人亡的大悲剧(当然也掺杂着其他一些复杂的因素)。

5. 趣味性。这就是我们通常说的奇事趣闻,富有人情味和高尚的生活情趣,能引起人们感情上的共鸣。

---

① 《毛泽东新闻工作文选》,新华出版社1983年版,第32页。

任何一个事件,只要具备了时新性再加上其他任何一性,就有成为新闻的可能,就可供新闻单位选用。一个事实所具备的以上素质越多,其新闻价值就越高,越能引起人们的兴趣。我们以"9·11"事件的报道《美国纽约华盛顿受到严重袭击》(《人民日报》2001 年 9 月 12 日)为例:

综合本报纽约、华盛顿 9 月 11 日电 记者何洪泽、丁刚、任毓骏、王如君报道:今天上午,纽约世界贸易中心和华盛顿五角大楼接连遭到飞机撞击而引发爆炸,震惊了美国乃至整个世界。

美国东部时间 11 日上午 8 时 45 分许(北京时间 11 日晚 8 时 45 分许),一架被劫持的由波士顿飞往洛杉矶的波音 767 型飞机撞击了位于纽约曼哈顿区的世界贸易中心安装有电视有天线的一号大厦。约 18 分钟之后,另一架被劫持的飞机拦腰撞入世界贸易中心的二号大厦。上午 10 时 30 分许,遭到撞击的世界贸易中心双子大厦相继坍塌。411 米、110 层高的世界贸易中心是纽约市的标志性建筑,平时在那里上班的人多达 4.5 万人。据了解,在世贸中心有一些中国公司和不少华裔工作人员。

目前尚不清楚具体伤亡情况。据纽约市长朱利安尼说,这些爆炸事件导致了"巨大的人员伤亡"。

此后不久,位于华盛顿的美国国防部所在地五角大楼也发生了飞机撞击事件,导致建筑物浓烟滚滚,部分倒塌。有报道说,国务院附近也发生了汽车爆炸事件。

这一系列爆炸事件在美国引起了极大恐慌。美国国防部发布了最高级别的国家安全警报。国会、白宫及政府各部均迅速将所有人员撤离。全国的所有航班停飞,机场关闭,所有飞往美国的国际航班转停加拿大。

事发之后,美国总统布什立即向全国发表了简短声明。他说,这些飞机撞击事件可能是恐怖分子所为,这是一个"全国悲剧",并发誓捉拿和严惩肇事者。

这条新闻所反映的事实具有多种素质。9 月 11 日发生的事件,所有媒体几乎同步报道,具有时新性。美国纽约作为世界级的经济中心,为世人瞩目,具有显著性。更令人瞩目的是,"9·11"恐怖袭击将对世界的政治格局、经济走势、社会心态产生难以预料也难以估量的影响,具备了重要性。袭击造成数千人死亡,这当中不知有多少催人泪下的生离死别,因而极富人情味。纽约作为国际性大都市,包括华人在内,世界各国都有自己的同胞在纽约,他们的生死牵动着世界各地的亲人,这条新闻也就有了心理上的接近性。可以说,"9·11"事件具备了新闻价值的五要素,怎能不引起全世界的关注?

这里,我们顺便讲讲"狗咬人不是新闻,人咬狗才是新闻"这句广为流传的行话。这句话最先出自19世纪下半叶美国著名报人戴纳之口(也有说是出自戴纳手下一位老编辑之口)。这句话原意并非是给新闻下定义,而是戴纳试图告诉初学者什么样的新闻才是报纸所需要的。他采用了一个形象的比喻:"狗咬人",这是当时人们司空见惯的、正常的事情,这样的事情不能供报纸采用。"人咬狗"是罕见的、反常的事情,只有这样的事情才能供报纸刊登。"狗咬人不是新闻,人咬狗才是新闻"这句话告诉记者,只有反常的事情才是有用的新闻,而正常的事情不能成为新闻。这就涉及新闻价值问题。这句话形象、生动、易记,因而广为流传开来。我们认为,对这句话的评价不能全盘否定,也不能全盘肯定,有其积极方面,也有消极方面。从积极方面讲,它反映了新闻采访、新闻选择有一个具体要求:反常的事情确实比正常的事情更能吸引受众。从消极方面讲,它可能诱使新闻工作者去猎奇、追逐耸人听闻的消息。我国的新闻工作者要吸取它积极的一面,防止消极的一面。

三、宣传价值

上面说过,新闻价值是解决报、台新闻的阅读率、收听率、收视率问题,即让人们愿意读、听、看。但是,对于追求政治利益的报、台,尤其是政党报纸,这还不够。因为他们传播新闻绝不仅仅是为了满足受众的需要,他们还要关注社会效果。这样,经过新闻价值筛选的事实还要再经过宣传价值的筛选,挑选具有宣传价值的事实。

宣传价值就是事实本身所包含的有利于传播者、能够证明和说明传播者主张的素质。

由于新闻媒体的背景不同、性质不同、办报(台)的方针不同,宣传价值表现出强烈的政治倾向、利益取向(国家或民族利益、团体利益)和价值取向。一般来说,宣传价值的素质包含五个方面,合称宣传价值"五性"。

1. 一致性。一致性是指与新闻媒体所持的政治主张、价值标准相一致。

这里的标准就是政治上的"利"与"害"的问题。凡对我有利的就多选多报道;凡对我有害的就少选少报道,即使不得不报道,也尽量避重就轻,反话正说。对于我们国家的媒体来说,就要以党的理论、方针、政策,以国家的法令和社会主义核心价值观作为选择新闻的标准。世界各国严肃的高级报纸、一批重要的电台和电视台在选择新闻时，无不首先从政治上考虑。毛泽东提出的《人民日报》等党报要"政治家办报"，也是要求报纸要有政治敏感性，从政治方向出发选择新闻。

2. 针对性。针对社会上的各种猜测、怀疑、歪曲、流言，选择事实进行有的放矢的宣传。针对性越强，宣传价值越大。1999 年 1 月 25 日，新华社发出一条电讯：朱镕基总理在会见老挝总理西沙瓦尔时重申：人民币不贬值。就在当天，几乎世界所有重要新闻媒介都把它作为重要新闻发出。因为就在朱镕基总理这次谈话的前两天，受人民币可能贬值的猜疑、流言的影响，东南亚各国的汇率、股市双双大幅下跌，人心浮动。这条新闻一发出，人心趋稳，汇率、股市再次稳定。

3. 普遍性。事实中所包含的思想观点对广大受众具有普遍的教育意义、指导作用，从而能引起人们广泛的注意，启发人们去思考，引导人们举一反三。

4. 典型性。事实不但要和作者的思想观点相一致，而且能够有力地说明观点，所选用的事例能以一当十、以少胜多，使人口服心服。

5. 时宜性。有些新闻要选择适当的时机来发表，才能够收到更大的宣传效益，避免引起思想混乱。

四、新闻法规

新闻法规是新闻选择的最后一道关口，其目的是"去毒"，即把危害国家或人民利益的新闻撤下来，不能传播。

某一事实在政治上、法律上是否容许传播，这是任何新闻机构必须考虑的问题。是否容许的标准就是新闻法规。

新闻法规一般由国家的立法机关制定，对新闻事业有强制性，目的在于约束新闻报道，以免危及国家利益和社会公众利益。

第四节　新闻选择的具体运用

一、新闻选择的过程

新闻选择的过程可以制作成如下流程图：

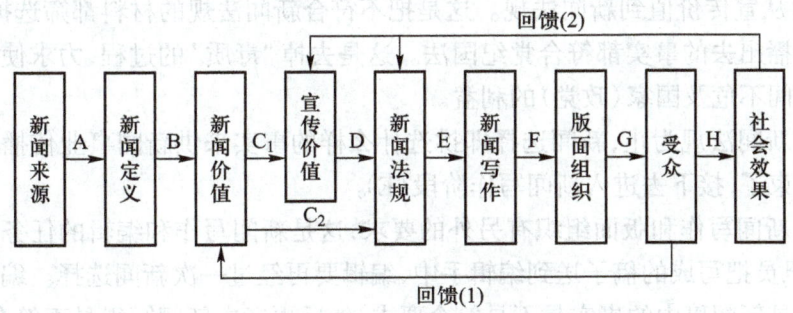

图 19-1　新闻选择流程图

现在对这张流程图作些说明。

A：从新闻来源到新闻定义。记者获得现实生活中的材料，一般有两种途径，一种是直接的，即在现场亲眼目睹的事实；一种是间接的，即当事人、目击者或有关的人、单位提供的。一般来说，直接得到的第一手材料比较可靠。而间接得到的材料，由于有些人出于种种原因会向记者提供假情报或有真假掺杂的情况。为了确保新闻真实性，记者不要轻信盲从，应多深入现场，力争得到第一手材料，对间接得到的材料加以核对。新闻选择的第一道工序就是把一切不真实的东西和陈旧过时的、人们司空见惯的材料筛选掉，使所有材料都符合新闻定义的要求。

B：从新闻定义到新闻价值。这一道工序是尽量去掉只满足个别人或少数人特殊需要的材料，选用引起社会公众共同兴趣的材料。这是去掉"杂质"的过程，淘汰不适宜新闻事业传播的材料。

接下来，两条流程同时并行。第一条，C_1从新闻价值到宣传价值；第二条，C_2从新闻价值到新闻法规。

宣传价值的选择比较严格，像一张筛子一样，它的孔是很小的。具有新闻价值，甚至具有很高新闻价值的事实，不可能全部有宣传价值，比如并不说明什么政治观点的经济信息、奇事趣闻等。如果每一个事实都必须具备宣传价值才能发表，那么新闻的报道面势必很窄，就不能满足社会公众的需要。为了满足受众需要，有些具有较高新闻价值的事实虽然宣传价值不高，但也会刊登。而政党所办的新闻事业，对宣传价值比较讲究；商业性的新闻机构就不会那么严格。因此，经过新闻价值筛选以后的事实，到新闻法规这一工序时，有些具有宣传价值，有些并无宣传价值。

D：从宣传价值到新闻法规。这是把不符合新闻法规的材料都筛选掉，使所有能传播出去的事实都符合党纪国法。这是去掉"毒质"的过程，力求使传播出去的新闻不危及国家（政党）的利益。

到新闻法规为止，新闻选择即挑选什么样的事实来供新闻事业传播的全过程就结束了，接下去进入新闻写作阶段（E）。

F：新闻写作和版面组织有另外的要求，这是新闻写作和编辑的任务。当记者、通讯员把写成的稿子送到编辑手中，编辑要再经过一次新闻选择。编辑首先考虑的是新闻稿中的事实是不是符合要求，然后再考虑新闻写得是否符合要求。经过挑选，淘汰一批质量较差的稿子，留下的组织到版面上去。像美国的《纽约时报》，每天收到120万到150万字的来稿，见报的仅占十分之一。

G：从版面到受众。受众根据自己的需要和兴趣挑选新闻来看、听，凡是不符合他们兴趣的就不看、不听。

H：从受众到社会效果。受众看了、听了新闻，对他们的思想、行动产生了影响。我们在前面说过，有些影响是立刻显示出来的，有些影响是潜移默化的。但产生社会效果的前提是受众必须看（或听）新闻。如果新闻不能引起他们的兴趣，大家不愿看、不愿听，那也就谈不上什么社会效果了。

回馈（1）：新闻阅读率、收视（听）率的高低，取决于新闻能否引起受众的兴趣，这就和新闻价值直接有关。"读者的兴趣是新闻价值的试金石"就是这个意思。这就是说，新闻价值直接影响阅读率、收视（听）率。考核新闻价值的高低，从报纸的销售量以及对受众作调查就大体可知。新闻工作者要通过对阅读率、收视（听）率的了解，不断改进自己的工作，更好地运用新闻价值。

回馈（2）：新闻所产生的社会效果，有好的、有坏的，也有不好不坏即受众无动于衷或不置可否的。如果效果良好，证明新闻选择是正确的，那就应该坚持和发扬。如果产生不良的社会后果，那么就根据具体情况分析原因，或调整新闻法规，重新加以修订；或调整宣传价值（一种情况是政党、政府的主张本身有不正确之处，一种情况是政党、政府的主张正确，新闻工作者理解错了，在宣传上犯了错误），改进宣传方法。这也就是说，社会效果的好坏，是受新闻法规、宣传价值制约的，如果说新闻法规的目的是力图使新闻不产生有害的社会效果，是防御性的做法，那么宣传值的目的是争取群众跟我走，是积极进取的做法。但是，我们必须指出，社会效果是复杂的。对于一条新闻，对于一种主张，常会有不同反应。有的表示热烈欢迎，有的强烈反对；有的在局部地区产生好的效果，却对全局不利；有的在短期内反映良好，但到后来出现许多弊病，等等。而且还应该考虑到影响新闻传播的社会效果的其他因素。因此,考察社会效果要作全面的、历史的、具体的分析,力戒片面性。

我们从上述的分析可以看出,新闻价值和新闻法规、宣传价值之间,既有相辅相成的一面,又有相互制约的一面。既然任何社会效果必须以受众愿看、愿听为前提,那么制定新闻法规、运用宣传价值时就必须考虑到新闻价值。限得过死、禁令太多,使新闻报道面过窄,许多有很高新闻价值的新闻不能见报,新闻不能满足读者需要,读者不愿看、听,那么一切良好的愿望都会落空。如果新闻报道只考虑受众兴趣,不考虑受众看后、听后的社会效果,那就可能对社会产生不良后果。因此,选择新闻要两方面都考虑到。

二、新闻选择的标准要和各新闻媒体的具体情况相结合

上述新闻选择的过程,仅仅是报、台工作的一般过程,在具体运用中要复杂得多。不同的国家、不同性质的报、台,各有不同的具体标准。一个国家的新闻法规是统一的标准,各报、台一律不准违背。但不同类型的报、台由于各自的对象不同,发行地区不同,所承担的任务不同,宣传价值和新闻价值在运用时千差万别。以我们国家来说,不同报纸由于各有不同的宣传任务和读者对象,因此,对新闻的宣传价值、新闻价值就有不同的要求。例如新闻价值中的"重要性",任何报纸都强调这一点,但什么样的新闻才是重要的,不同报纸有不同要求。例如,一场重大的体育比赛,《体育报》认为十分重要,登头版头条;《人民日报》可能认为它的重要性不及一条政治新闻,把它放在第三版、第四版;《经济参考》又可能认为与它无关,可以不登报。这里没有现成公式,要和各报具体情况结合起来。也正是因为这样,才能使报纸上的新闻丰富多彩,各具特色,满足人们多方面的需要。如果以提倡"共同兴趣"为标准,那么所有报纸的新闻都是一样的,那就错了。所谓"共同兴趣"指的是每一家新闻媒体要提供给自己的受众共同感兴趣的内容,各种新闻媒体有各自的受众群,共同兴趣的具体内容也各不相同。

三、澄清一些模糊的认识

新闻价值、新闻选择曾在中国新闻界引起过热烈的讨论。有些模糊的认识,至今还未得到澄清。

1. 不能把新闻价值等同于新闻的价值

有些人望文生义,一谈到新闻价值就和价值取向标准联系起来。比如,有些

文章提出：

> 新闻价值指新闻事实具有政治、知识和实用价值，即对群众的启发教育作用，实际工作的指导作用，以及对读者日常生活的参考作用，核心是政治价值。[①]

> 我们常谈的新闻的指导性、思想性、战斗性、知识性，谈新闻报道的鼓舞作用、激励作用、教育作用、推动作用等等。这个"性"是强是弱，那个"作用"是大是小，还不就是个新闻价值问题吗？换句话说，不就是新闻的社会效果吗？[②]

确实，新闻是有价值的，有政治价值、经济价值、社会价值、文化价值。但这是新闻的价值，不是新闻价值。新闻价值考虑的仅仅是新闻是否能引起受众共同兴趣，它并不考虑新闻的社会效果问题，比如鼓舞作用、激励作用、教育作用等。新闻的价值是由宣传价值和新闻法规这两个标准来解决的。

把新闻价值和新闻的价值混为一谈，实际上是把新闻价值和宣传价值混为一谈，表面上看，这些人也在大谈新闻价值，很重视新闻价值，但实际上，他们以宣传价值取代了新闻价值应有的地位，无形中排斥了新闻价值。选择新闻只看宣传价值而忽视新闻价值，最终会导致很少有人爱看新闻。

2. 新闻定义无法概括新闻选择的标准

用新闻定义来概括新闻选择的标准，中外学者做过不少尝试。

> 人们想要读的东西，不违背高尚趣味或诽谤法，都是新闻。[③]

> 新闻就是新发生、发现或发表的事件。它具有时间性、社会性和正确性的程度，和新闻价值成比例。[④]

> 新闻就是能唤起读者、引起人们的关心，进而教育他们，鼓舞他们并使他们能够得到乐趣的一种对于人们活动的最适时的记录。[⑤]

---

① 转引自《新闻学专题讲座》，人民日报出版社 1983 年版，第 208 页。
② 《新闻学会通讯》1980 年第 11 期。
③ ［美］哈里斯·约翰逊：《全能记者》，中国新闻出版社 1988 年版。
④ 田振玉：《新闻学新编》，商务印书馆 1944 年版。
⑤ ［美］华连：《现代新闻报道》英文版。

这些观点希望用添加限制词的办法,来指导新闻工作者正确地选择新闻单位所要求的新闻。但是,新闻的定义只能解决"是"或"不是"这个问题,至于新闻是否触犯"诽谤法"、是否"正确",是否能使读者得到"教育""鼓舞""乐趣",定义是无法解决的。因为下定义用形式逻辑,而分析新闻是否合法或分析社会后果如何不能用形式逻辑。比如上述定义中的第一条,至少包括三个内容:人们想要读的东西——涉及新闻价值;不违背高尚趣味——涉及社会道德要求;不违背诽谤法——涉及新闻法规。这样一系列标准,怎么可能用一个新闻定义来解决呢?

3. 不能用新闻价值一个概念囊括全部新闻工作

有些人为了强调新闻价值的重要性,把新闻写作的要求也囊括进新闻价值之中。

> 新闻价值是指新闻为群众所喜闻乐见的程度以及它在社会实践中产生影响的广度、深度和作用的大小。[①]
>
> 新闻价值还包括新闻写作的要求,"让事实说话"的新闻比假大空的新闻有价值,单独报道一件重大事情比把它淹没在长篇讲话、长篇报道中有价值,短的比长的新闻有价值,迅速及时的比迟缓的新闻有价值。[②]

按这种见解,一个新闻价值问题不但包括新闻选择的一切过程,还把新闻学的基本课题都包括进去了,新闻学几乎等于新闻价值理论了。科学是分科之学,只用一种方法解决不同性质的问题反而把问题搞混了。比如,群众所喜闻乐见的程度和社会实践中的影响、作用,这里包括了三个层次的问题:

(1) 新闻的内容为群众所喜闻乐见,这涉及新闻价值。

(2) 新闻表达的形式、语言为群众所喜闻乐见,这涉及新闻写作的要求。

(3) 社会实践中的影响、作用,这涉及新闻法规和宣传价值。

这样三个不同层次不同要求的问题,不能简单地用一个标准去衡量。

新闻选择是极其重要的,新闻选择的过程也是极其复杂的。它是对新闻工作者政治、文化和新闻素质全面、综合的检测,反映出他们对党的路线、方针、政策熟悉的程度,对时局认识、把握的能力,对实际工作、对受众的理解程度。

---

① 《新闻价值及真实性指导性》,人民日报出版社 1984 年版。
② 《新闻价值及真实性指导性》,人民日报出版社 1984 年版。

复习思考题

1. 决定新闻生产的主要因素是什么？
2. 什么是新闻选择？
3. 简述新闻价值的定义和基本要素。

第二十章

传媒业的管理和经营

传媒业的管理有两种含义,一是指国家对传媒业的管理,可以称为传媒业的外部管理。二是指传媒业决策层对传媒业自身的管理,可以称为传媒业内部管理。传媒业外部管理已在第十六章新闻自由和社会控制中讲过,本章只涉及传媒业的内部管理。

第一节　核心竞争力、公信力是传媒管理经营的基本目标

无论在中国国内还是在全球范围内,传媒业的竞争日趋加剧。在竞争如此激烈的市场上,每一家传媒靠什么来争取受众,赢得市场份额? 从长远发展战略看,一靠传媒打造自己的核心竞争力,二靠传媒在受众心目中的公信力。

什么是核心竞争力? 核心竞争力就是一家传媒超越其竞争对手的强项,这个强项使一家传媒能占得市场先机,或稳固地占据市场相当份额。以通俗的话来说,就是一家媒体的绝活,是他人难以超越的独家武器。我们以号称世界传媒业巨头的时代华纳公司为例,它之所以能牢牢地长久地占据市场,就在于它拥有许多其他媒体难望其项背的独门绝活,时代华纳公司拥有:

- 全球发行量最大的新闻周刊——《时代》杂志。
- 全球影响最大的商务周刊——《财富》杂志,每年评选全球企业 500 强。
- 全球受众最广的有线新闻频道——美国有线电视新闻网(CNN)。
- 全球受众最多的影视频道——HBO。
- 全球最具影响力的影视制作商——华纳兄弟电影公司。

- 全球储量最大的影视片库。
- 全球的 CD 和 DVD 制作商。

当然还有其他的项目，但仅仅上述七个项目，就已经显示出时代华纳雄厚的实力。

在当今传媒市场上，凡是能长久不衰的，都具有核心竞争力。日本的《读卖新闻》《朝日新闻》长期霸占全球报纸发行量第一、第二的位子，除去其内容外，就在于它们独具特色、行之有效的发行工作。前者在全球拥有 8 500 家《读卖新闻》专卖店和近 10 万名报纸专职销售人员；后者拥有 3 600 家《朝日新闻》专卖店和 88 000 名专职销售人员，深入到全日本每家每户，真正服务到家。

我国中央电视台一套（新闻综合频道）和湖南卫视长期占据着收视率第一、第二位子绝非偶然。央视以它精心制作的新闻节目和精彩的综艺、电视剧赢得观众，而湖南卫视以不断翻新的娱乐节目红遍全国。

没有核心竞争力，任何庞然大物都不过是泥足巨大，可能会一夜之间轰然倒下，法国威旺迪公司就是典型。威旺迪公司凭借其母公司的资金，从 1996 年开始，以 875 亿美元在全球疯狂收购媒体，打造威旺迪环球影视帝国。其业务范围涉及广电、报刊、电影、出版、音像、广告、互联网、主题公园、电信、能源、公交、水务等等，几乎无所不包，但却无法有效实行资源整合，难以打造具有竞争力的媒体，几乎做什么亏什么，到 2002 年债务高达 290 亿美元，股价一落千丈，威旺迪总裁梅西埃也惨遭解职。新总裁上台以后调整战略，集中力量做收费电视业务，才稳住阵脚。

同样，原先的核心竞争力一旦丧失，媒体航母就会像发动机被损坏而失去前进的动力。众所周知，迪斯尼公司除了主题公园，就以动漫称雄世界，但 1997 年以后，迪斯尼遭到新兴的动漫制作公司的挑战，景况一年不如一年。再加上内部纷争，搞得内乱外患，2004 年初，美国有线电视运营商康卡斯特公司公开出价 660 亿美元收购迪斯尼。[①] 直到 2005 年，迪斯尼新总裁罗伯特·伊格尔上任，重整动漫王国，其推出的新作在全球 10 大动漫 DVD 中占有 3 个，迪斯尼才重振旗鼓。从这个意义上说，核心竞争力关系一家媒体的生死兴衰。

媒体的公信力就是公众对于一家媒体的信任度和忠诚度。我们在前面说过，任何一个媒体都要有一批核心受众，否则难以立足。媒体靠什么来稳定自己的核心受众并不断争取潜在的受众成为核心受众？就是靠公信力——获得受

---

① 《新闻晨报》2004 年 2 月 13 日。

众长期的青睐和信任,并在一定程度上对媒体有归属感。比如说,读者几十年如一日订阅一份报刊;每天定时收看一个电视节目;当社会上对某些现象众说纷纭时,他们只相信一家媒体之言。

公信力和核心竞争力有相合之处,但也有很大区别。核心竞争力可以是单项的,所谓"一招鲜,吃遍天",而公信力是全面的、整体的。现在,国内外的学者对媒体的公信力制订了各种评判指标,有的 10 条,有的 20 条。对于受众来说,能让受众信任的新闻媒体最关键的就是做到以下几条:

(1) 新闻真实、及时。

(2) 新闻有吸引力,满足受众的需要。

(3) 说真话,反映公众的要求、愿望。

(4) 敢担当,勇于揭露损害国家、公众利益的不良行为和不法之徒。

(5) 有责任心,对受众服务到位。

不同的媒体在公信力建设中会有不同的要求。但我们从国内外所有媒体的比较中可以看到,凡受众信任的媒体,上述 5 条是共同点。

公信力的建设是长年累月的不懈追求和努力的结果,是与时俱进不断创新的结果。然而,几条不良新闻、几个不当举措却可以让信誉卓著的媒体毁于一旦。《纽约时报》号称美国历史的"档案记录报",可见读者对其新闻真实性的依赖。但 2003 年 5 月,该报一名 27 岁记者杰森·布莱尔被揭露制造了十几篇假新闻登在报上。此事一经公开,《纽约时报》的声望一落千丈。2003 年 7 月 3 日,该报发表 7 500 字长文,公开承认错误,也公开承认这一事件"导致本报跌入创刊 100 多年来最大的低谷"。[①] 为此,两名常务主编引咎辞职。这一造假事件影响所及,不但损害《纽约时报》,也累及美国整个报业,报业公信力降到历史最低。[②]

打造媒体的核心竞争力,建设媒体的公信力,是媒体管理经营的战略目标。媒体要从自身的条件出发,经过长期的努力来达成。从中国传媒业的实践来看,对于打造核心竞争力、建立公信力最有害的是急功近利的短视行为。为争一时的"眼球",弄虚作假的"花边新闻",小事大作的肆意炒作,近求"星、腥、性"的媚俗新闻,策划华而不实、愚弄受众的娱乐节目,虽然能赚得一时的轰动效应,但从根本上损害了媒体自身的形象,必然会给社会带来不良影响。

---

① 转引自《参考消息》2003 年 7 月 16 日。

② 《美国新闻正失信于民》,《环球时报》2004 年 5 月 28 日。

第二节　媒体的三种所有制和三种管理方式

从单一媒体来说,世界各国的媒体有三种所有制形式,私营的、公营的、国营的。

一、私营媒体的基本特点

1. 独立

私营媒体都是个人投资的,所以它们在经济上是独立的,在政治上也是独立的。不管私营媒体在暗中和政府、财团有什么默契、交易,至少它们在名义上不依附于政府、政党,也不依附于财团。尤其是西方一些大报,像美国的《纽约时报》《华盛顿邮报》,德国著名的施普林格集团旗下的《图片报》《世界报》等都是世代相传的家族报业,它们对政府的一些重大政策、决策采取独立的立场,往往能发表深刻的、精辟的独到见解,从而对社会、对政府决策产生影响。

2. 以赢利为目的

所有私营者都追求利润。不赢利就不必办媒体,也无法办下去。尤其是那些上市媒体公司,每季度、每年都必须向社会和股东公布财务报表。一旦媒体不能赢利,股票价格就会下降,媒体的财产就会大幅缩水,其社会影响力也随之下降。所以,私营媒体都承受着巨大的赢利压力。

广告收入是所有私营媒体的主要财源。要赢利就要争取广告客户,那些大的广告客户即大企业、大银行在相当程度上制约着传媒的成败命运,因此,传媒必须倾向、迎合甚至自觉地代表那些大企业、大银行的利益。

当然,对私营媒体和广告客户的关系也要作具体分析。有些大媒体,因为广告来源多样,能够顶得住一些广告客户的无理干预和无理要求,而中、小媒体抗击广告客户尤其是大公司压力的能力相对较弱。

在私营媒体中,有一大批是商业化的媒体,它们的全部目的和终极目的是赢利,它们会不择手段追求利润,自觉地去迎合、满足广告客户的要求,只要不违法。然而,在私营媒体中也有一批政企合一型媒体——既追求利润又追求社会影响,这批媒体往往有良好信誉,有一定的社会影响力。它们会在追求利润和保持良好社会形象之间寻求平衡。

3. 把发行量、收听率、收视率作为媒体的生命线

要争取广告客户,节目和栏目必须有相当的收视率、发行量、收听率;收视率越高,广告客户越多,广告收费也越高。所以,收视率是商业电视台所有节目的第一生命。比如美国一年一度的超级碗橄榄球比赛,到 2000 年每 30 秒的广告费高达 190 万美元,且条件苛刻,但仍旧应者如云 [1],原因就在于收视率高,全美估计有 50% 左右家庭,全球有 15 亿人收看该节目,奇货可居。

报纸、电台同样如此。像美国《洛杉矶时报》从 20 世纪 90 年代中期开始,把市场营销原则贯彻到每一个版面。编辑、记者、广告部三方组成每个版面的"战斗小组",一起策划版面内容。不管品位高低,凡读者叫好的版面才有生存权,致使《洛杉矶时报》从一张严肃高雅的大报沦为通俗小报。

4. 市场竞争激烈,使节目既丰富多彩又有媚俗倾向

私营媒体为追逐受众而进行激烈的竞争,内容得不断创新,设备需不断更新,从而使节目丰富多彩,争奇斗艳,其中也不乏经典之作,世界一些重大事件也能迅速及时报道出来。在新千年到来之时,美国六大电视台都派遣记者奔赴世界各地,从报道千禧岛吉里巴斯全球新千年第一缕曙光开始,连续 25 小时,逐一现场播出世界主要大都市进入新千年时的欢庆活动,场面壮阔,异彩纷呈,没有雄厚的财力和高技术难以做到。但激烈的竞争也会导致媒体品格下降,出现传媒媚俗倾向,娱乐化的泛滥就是市场竞争的结果。

二、公营媒体的基本特点

公营媒体分布在电台、电视台,在 20 世纪 80 年代以前,西欧 20 多个国家除卢森堡、英国外,在电视业占主导地位的是单一的公营电视台,英国广播公司(BBC)、日本放送协会(NHK)是其典型代表。

1. 相对独立的管理机构

公营媒体既不属于私人,也不属于政府,而属于全体公民。公营台的管理机构或由政府首脑提名、议会批准,或由原先的管理机构提名经议会批准。但公营台的管理机构一经成立,就独立运转,不受政府的领导或控制,从电视台的办台方针到财政预决算、节目制作、播出,都由管理机构最终决定。德国广播联盟的管理机构就是其代表。它由三种组织各司其职。一是电视台理事会,由具有社会影响的民间组织及联邦议会各政党的代表组成,负责监督执行电视台的方针,

---

[1] 参见《洛杉矶时报》1999 年 12 月 29 日 3B 版。

决定章程,决定电视台财政收支的预算、决算;对电视台节目安排提出建议,并对某些重大问题作出最后决定。二是电视台管理委员会,由社会民间团体和电视台业务人员共同组成,是电视台业务的监督机构。它负责收集市民的意见要求,审查电视台节目,遴选电视台台长并与台长签订工作合同。三是台长,领导整个电视台业务,有权选择电视台各业务部门经理。

2. 以视听费作为主要收入

以每架电视机为收费基准,一般每季度或每半年收费一次,费率各国不同。收费一般由政府的邮政部门代理,然后全额交付给电视管理部门。正因为公营台依靠视听费,所以电视节目基本上不播放广告。这样一来,公众真正成了电视台的衣食父母,电视台直接对公众负责,不受广告商的干涉,也不受政府的控制。

3. 公营台是半官方的

虽然公营台名义上不受政府的控制、领导,但它和政府有着剪不断、理还乱的紧密关系。从传统上看,公营台都天然倾向于政府,宣传政府的施政纲领,维护政府的形象。虽然在某些问题上会抨击政府,但也是"小骂大帮忙"。所以民间多把公营台当做半官方的机构,只是程度不同而已。比如日本放送协会(NHK)的电视网始终紧跟政府,而英国广播公司(BBC)对于政府的独立性要鲜明一些。

4. 公营台把观众当做"公民"而非"消费者"

从这点出发,电视业对社会政治文化发展的追求高于商业利益,维护民主制度、保障公众利益高于对收视率的追求。所谓公众利益包含了以下原则:独立——在政治上不为政府或其他利益集团所左右;平等——观众不分等级享受同样的服务;全面——反映不同的观点,照顾少数人的兴趣。[①]在电视台的节目安排方面,公营台都侧重于时政和社会教育节目,尤其重视新闻;娱乐节目也偏重于健康,寓教于乐。

5. 缺乏活力

相比于商业运作的电视台,公营台的节目一般都比较严肃、凝重,由于缺乏竞争,节目更新慢,缺乏活力,且众口难调,各种不同的甚至冲突的意见、要求,令电视台不知所措。

---

① [加]赵月枝:《公众利益·民主与欧美广播电视的市场化》,载《新闻与传播研究》1998年第4期。

三、国营媒体的基本特点

国营台的基本特点是：

（1）电视台的所有权完全属于国有。除了政府投资以外，其他任何部门，无论是国有企业还是私营企业，都不得在电视台投资或参股。

（2）电视台是政府的宣传机构，电视台的主要领导人是由政府任命的；电视台的宣传报道方针必须和政府的施政纲领保持一致并经过政府批准。

（3）电视台义不容辞地承担着宣传政府的重大理论、方针、政策的职责。在此前提下，要尽量满足观众对信息和娱乐等的需求。

（4）电视台享受政府多种优惠，例如政府拨款资助、播发政府广告等等。

世界各国的新闻媒介分属三种所有制，由于所有制形式不同，内部管理模式也不同。一般地说，私营的新闻媒介属于董事会领导制，公营的新闻媒介属于社会化领导制，国有的新闻媒介属于政府领导制。

1. 董事会领导制

其决策、领导、监督结构如图 20-1 所示。

比较大的私营新闻媒介多采取股份制。名义上，股东大会是最高决策机构，但实际上分散的小股民对新闻媒介并无实际影响力，真正的决策机构是董事会。

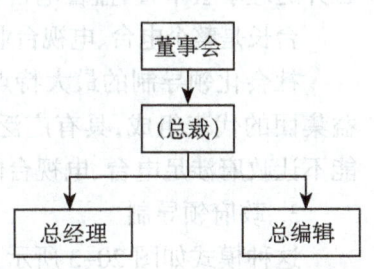

图 20-1　董事会领导制结构图

董事会任命媒介的实际主持人（在大多数情况下就是董事长），决定总经理、总编辑人选；决定新闻媒介的办报（台）方针；决定新闻媒介的预决算和财务分配。同时，董事会也是监督机构，监督媒介的运行，并根据实际情况，不断调整人选和经营方针。

主持人，在报界又称发行人，实际领导媒介的日常运作，对外代表新闻媒介，向董事会提名总经理、总编辑人选；直接任命经理部、编辑部的主要业务干部；决定经营和编务上的重大问题。

总经理，主管媒介的经营。

总编辑，主管媒介的编辑业务。

在西方各国，由于私营新闻媒介以赢利为主要目的，广告和其他经营活动是其收入的全部来源，所以，总经理的地位比总编辑更重要。

在这种模式中，董事会作为最高决策机关，虽然也投票表决各种议案，但董事会成员是以股份数量来推举的,实际上就是谁握有最大股份谁就拥有最大的权力。

2. 社会化领导制

其决策、领导、监督结构以德国广播联盟为代表,如图 20-2 所示。

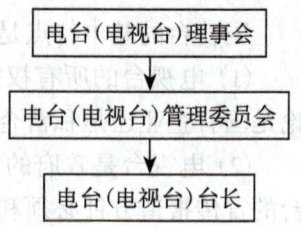

图 20-2　社会化领导制结构图

理事会是电台、电视台最高决策机构,由大的民间团体和议会中各政党的代表组成,并由议会批准。理事会负责制定电台、电视台的基本原则,决定章程,决定预决算,向管理委员会推荐台长人选。

管理委员会是电台、电视台的监督机关,由社会知名人士、专家、技术人员组成。其职权是任命台长、与台长签订工作合同;审查年度预决算和年度工作报告并送理事会审查;监督电台、电视台的节目内容。

台长是整个电台、电视台业务工作的责任领导,对外则全权代表电台、电视台。

社会化领导制的最大特点是,作为最高决策机关的理事会由各党各派各利益集团的代表组成,具有广泛的代表性;同时,尽可能不让政府涉足电台、电视台的日常运作。

3. 政府领导制

这种模式如图 20-3 所示。

政府通过其主管部门,任命报纸、电台、电视台的主要领导;决定新闻媒介的方针,负责财政拨款。

而台长、社长或总编辑负责媒介的日常运作。

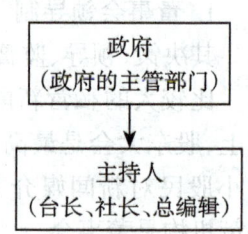

图 20-3　政府领导制结构图

第三节　媒体的三种运行模式

从单个媒体来说,西方国家媒体有三种性质的所有制,但就一个国家来说,当今世界上没有一个国家是纯而又纯的单一性质的媒体,而是多种性质所有制的混合,只是所占比例不同而已。从全世界看(不仅仅是西方国家),当今世界形成了三种媒介体系,形成了三种运行模式。

一、以美国为代表的以私营媒介为主体的完全商业化运作模式

美国的媒体基本上都是私营的,除公共电视网(PBS)和公共广播电台网(NPR)外。PBS 成立于 1967 年,由国会立案批准成立,其目的是和美国三大电

视网展开竞争，不是为了广告，而是让观众听到另一种声音。经过 30 多年的惨淡经营，PBS 目前拥有 348 家成员台，在文化领域确立了自己的地位。它的新闻节目《麦克尼尔／莱勒新闻节目》、教育节目《芝麻街》曾广受好评。但无论 PBS 怎么努力，都无法撼动私营媒体在全国受众市场上的主体、主导地位。美国的媒体除 PBS、NPR 以外，几乎全是私营的，且完全是商业化运作。

美国的商业化运作，广告是主要收入，但并非是全部收入来源，报纸的收入分为发行和广告两大块，其中发行占 40% 左右，广告占 60% 左右。而电视的收入可分为四大块：广告收入、有线电视付费收入、出售节目收入、电视购物收入。以 1999 年为例，美国电视总计收入为 799 亿美元，其中广告收入为 410 亿美元，有线电视观众付费 280.76 亿美元，出售节目和电视购物手续费合计为 78.24 亿美元。[①] 收入来源的多样化，大大减轻了电视的市场竞争压力，使一批优秀频道脱颖而出。

二、以西欧、日本为代表的公私兼顾的双轨制运作模式

经过近 20 年的变革，西欧和日本正式确立了公私兼顾的双轨制体制。公营台按原先的模式继续运作，私营台进行商业化运作。从目前情况看，公营台和私营台的实力不相上下，而且都是大的电视公司之间的垄断竞争。其中，意大利是公营的意大利广播电视公司（RAI）与私营的贝鲁斯科尼领导的菲宁威特集团（Fininvest）平分意大利观众市场（两者占意大利电视市场 90% 的份额）。

法国是公营的电视二台、三台、四台和私营的电视一台、五台以及新频道六家电视台瓜分法国电视市场。

英国是公营的 BBC 三个电视频道（一、二频道和 24 小时新闻频道）和私营的 ITV 三个电视频道（三、四、五频道）平分英国电视市场。

日本是公营的 NHK 和四大私营电视网——东京广播公司（TBS）、日本电视公司（NTV）、富士电视公司（FTV）、全国朝日广播（ANB）角逐日本电视市场。

欧洲各国允许甚至鼓励私营电视台的创办，但同时继续保留、保护公营台，这有其深刻的政治、经济、文化上的考虑。

（1）在政治上，旨在防止极少数人或少数集团垄断、控制全国舆论。公私并存的双轨制有助于保持政治上的多元化，保护西方的民主制度。

---

① ［美］卡当娜：《全美广告浮出海面》，载《国际广告》1999 年第 6 期；张志：《美国有线电视业十年变革》，载《世界广播电视参考》2001 年第 2 期。

（2）在经济上，公私并存，相互竞争，但"分灶吃饭"，从不同渠道获得收益，避免在有限的广告市场上恶性竞争，自相残杀。

（3）在文化上，旨在保护传承本民族文化传统，尤其是公营台的存在，对保护本民族文化，避免外来文化和低俗的商业文化冲击具有重要作用。

实施双轨制，其初衷是把竞争机制引入电视业：一方面大大丰富电视节目，满足各层次观众的不同需求，比如公营台多以严肃的时政节目为主，格调高雅；私营台多以娱乐节目为主，内容通俗；另一方面，又不会对政治、本国文化以及电视业造成伤害。从十余年来的实践看，这个目的基本上达到了。从这个意义上看，西欧的电视业体制改革是成功的。依照麦奎尔的观点，这个体制在欧洲将长期保持。[1]

但不能忽视的是，新的问题不断出现，麻烦也不少。其中最突出的是两个：一是私营台的商业化操作促使电视台出现娱乐化倾向，这种娱乐化倾向又"引狼入室"，让美国的电视片尤其是好莱坞的电视连续剧充塞西欧电视台。因为私营台必须寻找价廉物美的电视片填充它们的播出时间，相比而言，美国的电视剧更适合这种需求。据统计，在英国、西班牙的私营台中，美国电视剧占整个娱乐片的70%，最低的法国三大私营台也占了40%，西欧各私营台平均达到60%左右。[2] 西欧的新闻学者不得不喟然长叹："电视越商业化，也就越美国化。"[3] 二是公营台在与私营台的竞争中渐处下风。虽然各国政府、议会采取了不少措施扶持公营台，但公营台的观众流失、收入下降已是不争的事实。目前虽然还没有达到危及生存的地步，但欧洲的不少新闻学者担心，长此以往，公营台的处境不妙。

三、以中国为代表的完全国有的有限商业化运作模式

从20世纪90年代开始，中国新闻界重新界定传媒具有双重属性，即既属于上层建筑又属于信息产业，从而确定传媒"事业性质、企业化管理"的运作模式，开始了传媒在经营上的商业运作。

完全国有的有限化商业运作是在一定的控制范围内进行的。

（1）节目的制作和播出只能部分而不能完全按市场需求来执行。传媒首先必须完成党和政府所赋予的宣传任务，而且所有节目都在不能违背党和政府的

---

① ［英］Denis Mcquail, *Media Policy*, SAGE Publications, 1998, p.218、108、109、110.

② ［英］Denis Mcquail, *Media Policy*, SAGE Publications, 1998, p.218、108、109、110.

③ ［英］Denis Mcquail, *Media Policy*, SAGE Publications, 1998, p.218、108、109、110.

方针政策的前提下再考虑满足观众的信息、娱乐等方面的需要。

(2) 各家传媒之间有着激烈的竞争,也有"优胜劣败"的现象,但迄今还未出现"优胜劣汰"的现象。所谓"优胜劣败"仅指传媒收益,经营得好的传媒收益较好,那么职工收入和福利较好,设备更新较快;那些经营比较差的传媒收益就较差,但无需担心传媒会关闭或被其他台兼并。传媒作为党和政府的宣传机构,在经费上实在入不敷出时,地方政府自会以财政拨款来扶植。

(3) 由于上述两方面的条件,各传媒非常看重节目的收视率,因为这和广告收入紧紧相连。但并非像美国电视台那样以收视率为评判节目的唯一标准。

中国传媒强调"社会效益第一,经济效益第二"。所以,中国的电视节目必须在保证具有良好的社会效益的前提下,再考虑节目的收视率。当然,这个"社会效益"是个相当模糊的指标,不同节目有不同的要求。

倡导有限商业化运作模式的初衷就是把市场的竞争机制引入传媒,在确保传媒国有制,确保传媒宣传好党和政府方针政策的前提下,增加传媒的活力,丰富节目内容,满足观众的需求,减轻国家的财政支出,增加传媒的收入,快速壮大传媒。从 10 年的实践看,基本上达到了原先的构想。中国广播电视的年广告收入从 2005 年的 468 亿元增加到了 2014 年的 1 464 亿元。

第四节　集约化——媒体经营的基本路径

以最小的投入获得最大的产出,这是任何经营的基本原则。这一原则在市场经济的条件下必然促使企业走向集约化经营之路,传媒业的经营也不例外。

集约化经营就是走内涵发展之路即合理化整合内部人、才、财和产、供、销的资源,不断开拓资源的利用价值,提高生产率。对于传媒业来说,集约化经营必然走向集团化经营。

最早的报业集团是 1892 年成立的美国斯克里普斯家族拥有的报团,当时有 5 家报纸在其麾下,到 1917 年已在 15 个州拥有 23 家报纸。但后来该报团逐渐衰落。在早期的报团中,最有影响的是美国报业大王赫斯特集团,1904 年赫斯特拥有 6 家报纸,在其去世的 1951 年已拥有 18 家报纸,520 万订户,是美国第一大报团。英国早期的报业集团是哈斯沃斯(因受封为北岩勋爵,也称北岩集团)。他拥有《每日邮报》《泰晤士报》等著名报纸,长期垄断英国报业市场。当广播电视兴起的时候,各国又纷纷成立广播电视网(集团)。在美国长期处于垄断地位的是 ABC、NBC、CBC 三大广播公司。英国的 BBC、日本的 NHK 等都是集团化运作。进入 20 世纪 90 年代,尤其是美国《1996 电信法》颁布之后,传媒业掀起了一股兼并浪潮。传媒业跨媒体、跨区域、跨行业、跨国家的经营成为一股全球化浪潮。

跨媒体即广播、电视、报纸、杂志不同媒体组建成一个集团公司;跨区域即跨越同一个国家不同行政区划,在异地开展经营;跨行业即传媒业外的资金、人才大批进入传媒业,尤其是电讯、金融业进入传媒最为普遍,像法国威旺迪集团原先是水处理企业,也于 20 世纪 90 年代进入传播业;跨国家即在全世界范围内开展传媒业务。经过"四跨",产生出像时代华纳公司、维亚克姆公司、新闻集团、迪斯尼集团这样超级巨型传媒集团。

从集团的组成看,全球传媒集团有两大类型,一类是单一的传媒集团,如报业集团、广播公司、出版集团等;另一类是混合多媒体集团,包括报纸、杂志、广播电视、互联网、出版发行、影视制作、广告公关等。前一类是专业化集团,把报纸或广播电视做深做细,尽可能做到极致。后一类是多种媒体的分工合作,协同作战。

无论是哪种类型,集团化作为一个整合平台,对集团内的人、财、物、产、供、销进行全面整合,把恰当的人才放在恰当的岗位上,人尽其才;一物多用,物尽其用,从而实现最小的投入最大的产出。

无论是哪种类型的集团化,都需要打造一个完整的产值链。产值链是在一个总部(总公司)领导下由多个部门(或分公司)组成的使产品不断增值的过程。在这样一条产值链上,每一个部门都生产自己的产品供应市场,同时也为下一个部门生产新产品提供准备。例如,迪斯尼公司出品的动漫片《狮子王》,还未公演,就由该集团的广告公关公司在全美继而在全球造势,结果未演先热,造成轰动。在电影放映的同时,开始改编成电视剧,并在迪斯尼旗下的 ABC 广播网上播出。《狮子王》热播过程中,迪斯尼的主题公园里《狮子王》中所有动物粉墨登场,吸引大批游客。然后,制作成动漫连环画在书店销售,出 DVD、出 CD,再把《狮子王》中所有动物制作成各色儿童玩具,与麦当劳快餐店联手推出。再后,《狮子王》改编成音乐剧,在全球巡回演出。2006 年 8 月,该剧组在上海大剧院公演,造成不小轰动。最后还有一笔收入:把《狮子王》的动物造型专利权拍卖给相关公司,作为 T 恤衫上的图案。《狮子王》一路走下来,路越走越长,路越长身价越高,在产值链的每一个环节上都赚到大把金钱。这就是集约化经营,这就是集团化经营带来的利益。

中国的传媒集团从 1996 年《广州日报》报业集团成立开始,到 2006 年共有报业集团 39 家,其中中央级报业集团 2 家,省级报业集团 23 家,省会城市及计划单位到市报业集团 14 家。从 2000 年开始,中国广播电视也开始集团化,先后成立 16 家广电集团,但从 2005 年开始,有些广电集团改称广电总部。而图书出版集团从 2000 年起步,到 2006 年已有 12 家出版集团。从目前情况看,中国的传媒集团基本上是单一的专业集团,还没有跨媒体的传媒集团。不同于西方主要依靠市场实行集团化,中国传媒集团的组建主要依靠行政力量。这样组建的传媒集团往往是"集而不团",增加了内部资源整合的难度。进入新世纪以后,中国传媒处于高速增长期,传媒集团基本上都采取粗放型的外延扩张方法来快速占领市场,而疏于内部的资源整合。从 2006 年开始,随着中央对文化体制改革的高度重视,传媒集团意识到,中国传媒业必须走集约化经营之路,开始重视内部资源整合。

第五节　从传者中心转向受者中心

在 20 世纪 70 年代以前,全球的媒体是以传者为中心而设立的,就是"我写你看,我播你听(看)"这样一种模式。中国传媒业情况更是如此,当时中国还处于计划经济时代,经济短缺,传媒业也"按计划、有比例"来设计,一个省一家日报、一家电台、一家电视台,即一报两台。普通群众能看到报纸、能听到广播、能看到电视已是相当奢侈的了,没有任何选择,也不可能有什么挑选。在西方,受众调查也会做,但仅仅作为改进工作的参考。在西方各国,在商界包括传媒业的经销盛行的是"4P 理论",它是由美国行销专家 J. 麦卡锡(McCarthy)1960 年提出的。这个理论构造了传统市场营销策略的基本框架,包括产品(Product)、价格(Price)、渠道(Place)和促销(Promotion)四个要素:产品——注重开发产品功能;价格——根据不同的市场定位制定不同的价格策略;渠道——企业不直接面对消费者,而是注重培育经销商和建立销售网络,企业和消费者通过分销商进行联系;促销——企业注重销售行为的改变来刺激消费者,以短期行为(如让利、买一送一等)促使消费增长。这个理论的基本点就是制造商控制整个流程。

从 20 世纪 80 年代开始,新创办的媒体不断出现。新办媒体为避开老牌媒体的锋芒,开始寻找特定受众,即媒体不是面向社会全体,而面向其中特定一部分,这就是分众。分众有明确的传播对象(年龄、职业、性别、收入、区域等等),而这恰恰迎合了某些商品销售商的需要,这种分众广告更有针对性,而且价格便宜。随着新办媒体大量涌现,媒体竞争越发激烈,分众化不再是个别现象,而成为一种趋势。这种趋势意味着:传播开始从传者为中心向受者为中心转移。

1990 年,美国另一位营销专家劳特鹏(Lauterborn)提出营销的"4C 理论",即消费者(Consumer)、成本(Cost)、方便(Convenience)、沟通(Communication)。消费者需求——企业应生产消费者所需要的产品而非自己能制造的产品;消费者愿意付出的成本——企业定价要研究消费者的收入状况、消费习惯和同类产品的市场价,而非品牌策略;为消费者所提供的方便——销售的过程在于如何使消费者快速便捷地买到该产品,由此产生送货上门、电话订货、电视购物等新的销售行为;与消费者的沟通——消费者不只是单纯的受众,其本身也是新的传播者,必须实现企业与消费者的双向沟通,以谋求与消费者建立长久的关系。

通过 4C 理论可以看到,企业整个营销是以消费者为核心的,消费者的需求决定企业的经营方向和营销策略,当然也决定广告的内容和形式。以消费者为核心的营销理论就是整合营销。整合营销主张依据消费者的实际情况确立统一的传播目标,并综合运用各种传播手段,发挥不同传播工具的作用,以达到整体传播效果。

正是在这种理念的推动下,媒体高度重视自身品牌建立,高度重视媒体自身的定位,高度重视受众调查以及与受众的互动,追随受众的变化而不断创新。

进入新世纪,有学者称作为"碎片化"时代来临。受众的需求越来越个性化、多元化。对媒体来说,受众不再关注哪家媒体,只关心我需要什么信息。随着互联网的普及以及互联网数据库的建立,每个人的需求都在一定程度上相应地得到满足。人的需求本来就千差万别,一旦每个人都选择自己想要的信息,那接收信息的图景就支离破碎,这就导致碎片化。这种碎片化正改变着媒体传统的经营方式。中国人民大学教授喻国明指出:"今天已经开始的新传播竞争时代的特点在于,传播渠道的拥有和掌控能力对于传媒产业核心竞争力形成的贡献将越来越小,而传播内容的原创能力及内容资源的集成配置能力,以及对于销售终端的掌控能力,终端服务链、产业链、价值链的扩张能力却越来越成为形成传媒产业核心竞争力的关键。"①

---

① 喻国明:《"渠道霸权"时代的终结——兼论未来传媒竞争的新趋势》,《当代传播》2004 年第 6 期。

复习思考题

1. 传媒管理的基本目标是什么?
2. 构成传媒公信力的主要因素是什么?
3. 简述媒体三种所有制及其特点。

第二十一章

新闻工作者的修养与职业道德

第一节　中国新闻传媒业对新闻工作者的基本要求

那些刚刚踏上新闻工作岗位、未经新闻实践的同志，往往以为新闻工作者就靠一支笔——能写就行。毫无疑问，新闻工作者必须有一定的写作技能，但是不能把"能写"和记者水平等同起来，认为只要能笔下生花就能应付裕如的想法太简单了。

多年从事新闻工作的人都有一个共同的认识：一个称职的新闻工作者不仅仅要有一支得心应手的"笔"，还必须具备多方面的修养。其中有些修养是对各国新闻工作者的共同要求，例如，新闻记者应当有各方面的知识，应当有踏实、严谨、勇于深入实际的工作作风和坚忍不拔的毅力，有熟练的新闻业务专业知识等。但在不同的社会制度下，不同性质的新闻事业对工作者的具体要求也是不同的。那么我国社会主义新闻事业对新闻工作者提出了什么要求呢？

一、热爱党和人民，热爱党和人民的新闻事业，有在新闻岗位上为宣传真理、捍卫真理，为维护党和人民利益忘我奋斗的献身精神

有不少同志立志新闻工作，这种热情是可贵的，但他们往往不太了解新闻工作，把新闻工作想象得过于美妙，涂上了一层浪漫色彩。身带照相机，袋装记者证，可观名胜古迹，可游名山大川；走到哪里，哪里都笑脸相迎，出门有车，进门让座，冬送热茶，夏有冷饮；手下妙笔生花，报上大名生辉。这就是他们想象中的记者形象。不错，由于工作需要，新闻工作者的活动面大，比一般人走得多，看得

多,听得多;而且党和人民给予新闻工作者很高的社会地位,在工作上提供了许多方便,给予了很多的支持。但我国的新闻岗位是维护党和人民利益的战斗岗位,这个战斗岗位是艰苦的,有一定风险的,需要有献身精神。

新闻工作是一项艰苦的工作。有经验的记者都有一个体会:新闻与其说是用笔写出来的,倒不如说是用心血和生命写出来的,是跑路跑出来的。在革命战争年代,我们一批随军记者和战士一起行军露宿,活跃在战斗第一线,跟着部队一起冲锋。当指战员们休息时,他们就得赶紧写稿、发稿。《徐州匪军西逃时的狼狈相》这篇特写就是这样写出来的:

> 1948年底……我那时跟着九师在徐州正南30里的将军山下阻击敌人。当时非常疲倦,准备到师部去睡一觉。走到师部驻地的庄头上,碰到刘伟政委,他说:"南京电台宣传徐州蒋匪主动实行战略转移,实际上杜聿明向徐州西南方向逃跑,我们的任务是不惜一切力量抓住他。"听到这个大新闻,我的疲倦全部跑到九霄云外,到伙房拿两个窝窝头,撒开两腿就向西奔……我从下午5点钟开始跑,到第二天上午11点,急行军180多里,赶到前哨阵地萧县西南的瓦子口……当时如果不亲自赶到前线,就不能及时写出这样具有重大政治意义的报道,完不成党交给我们的任务。那将是我终身的憾事。[1]

在现在和平环境中,"下午5点钟开始跑,到第二天上午11点,急行军180多里"的情况不大会出现,但在边疆、农村采访,长途跋涉却还是常事。在大城市,交通条件好得多了,但为发现新闻线索、挖掘材料、核对事实,同样需要满城跑,有时接连十几小时得不到休息。然而,新闻工作的艰苦不仅仅在体力上,或者说主要还不在体力,而在脑力。新闻既然是新近发生的事实的报道,那么记者的劳动不可能是机械的重复劳动。他们每日面对新的情况、新的问题、新的事实,需要去了解、寻求、挖掘、研究;为了不落后,他们要不断地学习、思考。中央一位领导同志曾说:"新闻工作是世界上最艰苦的劳动之一,他终年不能休息,每天都要遇到新的问题,经常遇到精神上没有准备的东西,每天都要做些冒险性质的工作。"[2] 这并非夸张。就拿采访来说,记者所面对的采访对象有不同的职业、不同的性格、不同的年龄。俗话说"话不投机半句多",话要投机,就得熟悉他们,了

---

① 阁吾:《亲临火线,直接取得第一手材料》,载《新闻业务》1958年第3期。
② 《谈谈报纸工作》,人民日报出版社1982年版,第125页。

解他们。一般记者很少重复采访一个人,那么记者就得不断地熟悉、了解、研究自己新的采访对象。

新闻工作是一个有风险的工作。在革命战争年代,许多党的优秀新闻工作者,或牺牲在枪林弹雨的战场上,或在敌人占领地区秘密从事新闻工作时被敌人发现而光荣牺牲。他们可歌可泣的英勇业绩值得后人永远铭记。革命胜利以后,在一般情况下,牺牲生命的危险性很小,但政治上的风险还存在。在革命战争年代,敌我双方的阵线分明,敌人多是明火执仗的,而在新中国成立后,情况就复杂多了。敌我矛盾和人民内部矛盾往往一时难以分辨,而新闻工作每天遇到大量的新问题、新情况,又要在极短的时间内进行报道、评论。在这样的仓促情况下,新闻工作往往容易出差错,稍有不慎,可能会犯大错误,给党和人民事业带来莫大的损失。另一方面,新闻工作者在宣传真理、捍卫真理的工作中同样会遇到风险。我们不必去说在十年动乱中,一大批新闻工作者因说真话、反映真实情况而遭受的种种迫害,就以近几年的情况说,我们新闻工作者在揭露党政机关、企业界、社会上丑恶现象的时候,同样会冒很大的风险,甚至有生命危险。这就需要有一种为维护党和人民利益忘我奋斗的精神。广东省汕尾市陆丰碣石曾是远近闻名的走私摩托车集散地,1998年新华社一名记者决心深入现场采访。他写道:

> 听说我们要去现场暗访,许多朋友都替我们捏一把汗。中央电视台的《中华之盾》摄制组曾有过惊险的经历。他们对一走私市场进行采访,当他们快速抢拍完现场正准备撤离时,路旁夹道响起一阵鞭炮声。这是集市上聚众抗法的暗号。果然,刹那间从周围涌出人流,把摄制组车队围住。幸亏摄制组及时撤退,才避免了不测之祸。深入虎穴去采访,实在太危险了,但这个题材又太吸引人。我们决定还是冒险进入现场。第二天,我们叫了一辆车,沿着汕深高速公路,直奔陆丰碣石的"赃车窝"。

就以这种"明知山有虎,偏向虎山行"的精神,这位记者依据现场目击写出了一篇稿子向中央反映情况,恰逢朱镕基总理在广东视察,朱总理对此十分重视,他在8省(区)打击走私骗汇会议上公开宣读此稿。一位主管政法系统的中央领导还专门复印了稿件,送到一些与会领导手上,由此拉开了广东省打击走私摩托车的专项斗争。①

---

① 《一个记者的反走私经历》,载《中华第三产业报》1998年11月20日。

新闻工作会造就一批而且也需要一批在社会上有名气的记者,但新闻工作也同样需要有长年累月、默默无闻地坚持在自己岗位上的无名英雄。例如在群众工作部处理来信,在资料室工作,当校对等等,他们所付出的劳动不会比记者少,有些甚至还需要更高的水平,付出更多的心血,却终年不会在报上见到他们的名字。新闻工作这一切特点,需要任何一位立志从事新闻工作或正在新闻岗位上的同志十分热爱党的新闻事业,需要有一种为宣传真理、捍卫真理、为党和人民利益而忘我奋斗的献身精神。

新闻工作是崇高的、光荣的、幸福的,这不是因为我们个人可以获取什么好处,而是因为新闻工作是整个党的事业不可或缺的一环,是党和人民的耳目喉舌。如果有谁抱着不切实际的幻想,想从新闻工作中捞取个人名利,一旦幻想破灭就怨天尤人,悲观失望,那只能说明这些同志还不了解新闻工作的特性。

二、有一定的马列主义理论水平,熟悉党的方针政策

我国的新闻工作者对于学习党的方针政策一直比较重视,因为宣传党的方针政策是我国新闻事业的重要任务之一。党的方针政策是我们搞好宣传报道的一个依据。不熟悉党的方针政策,新闻工作者寸步难行。但有的同志往往忽视理论修养,在新闻队伍中流行这样的口头语:政策是实的(实用),理论是空的(无用);政策是硬的(必需的),理论是软的(可紧可松)。或者认为,理论修养对搞言论的同志必不可少,对搞新闻报道的可有可无。这种认识,使得不少同志放松了理论学习,严重地影响新闻工作的质量。

"共产党记者最可宝贵的知识,是理论知识",这是刘少奇同志在《对华北记者团的谈话》中的一句名言。

我国新闻业的性质决定了我国的新闻工作要指导人民群众的思想、工作,给人们指明前进的方向,必须以科学的革命理论的光辉思想赢得人心。人民群众通过新闻事业不但要了解新闻,还要受到思想上的启发,在错综复杂的现象中豁然开朗。这就需要新闻工作者善于从理论上分析问题,有自己的独到见解。要做到这一点,没有一定的理论水平办不到。报纸上有些新闻、评论,人云亦云,套话空话连篇;就事论事,只会罗列一些事实,而不能作深入的分析;只会用"应该""必须"来发号施令,而不善于通过分析让读者自己去得出结论。这反映出记者的理论水平比较低。谢觉哉同志曾这样说:文章的好坏,首先要看内容好坏。人云亦云,没有独到的思想见解,没有比较深刻的思想,决不能说是好文章。当然,这是不容易的,这就要求我们在有些问题上站得比别人高一些,看得比别人

远一些。这靠什么？不靠聪明，而要靠我们真正地掌握马列主义、毛泽东思想，锻炼自己明辨是非的能力。①

新闻工作天天面对新的情况、新的问题，许多错综复杂的情况、问题并不是靠几个现成公式就能立刻分清是非好坏。恩格斯说过："新闻事业使人浮光掠影，因为时间不足，就会习惯于匆忙地解决那些自己都知道还没有完全掌握的问题。"②这就使新闻工作容易犯错误。但容易犯错误，并不等于可以原谅自己，可以心安理得。我们认识到新闻工作容易犯错误，就要去研究如何避免犯错误，少犯错误，不犯大错误。办法之一，或者最重要的办法之一是运用马列主义的立场、观点、方法去观察问题，分析问题。在 1991 年三四月间，上海《解放日报》接连刊出署名皇甫平的三篇时评《改革开放要有新思路》(3 月 2 日)、《扩大开放的意识要强些》(3 月 22 日)、《改革开放需要大批德才兼备的干部》(4 月 22 日)。这三篇文章就当时改革开放的一些重大问题，鲜明地提出了自己的见解。例如，就当时争论不休的市场经济与计划经济问题，作者明确地提出："计划和市场只是资源配置的两种手段和形式，而不是划分社会主义与资本主义的标志。"在干部的任用上，作者提出要重用一批敢说敢为的优秀青年。这三篇文章，立刻轰动海内外，外电纷纷报道，人们争相传阅，因为它们切中时弊。90 年代初的中国态势，就像 1992 年 1 月邓小平南方讲话时所指出的："改革开放迈不开步子，不敢闯，说来说去就是怕资本主义的东西多了，走了资本主义道路。"③这三篇文章就坚持改革开放、继续解放思想，提出了自己的见解。这就是运用马克思主义立场、观点和邓小平理论来观察问题、分析问题的典型范例。

我们党正确的路线、方针、政策，都是马列主义的普遍真理和中国具体实践相结合的产物。我们要宣传党的方针政策，不但要在实践中去考察它执行的情况，而且还要从理论上去正确理解它、把握它，然后才能恰如其分地宣传它。我们在前面指出在宣传党的方针政策过程中出现了片面性、简单化的毛病，群众也指出新闻媒介在宣传时忽"左"忽"右"，忽而提倡，忽而批评，"东一榔头西一棒，急刹车，脑震荡"。产生这种毛病很重要的原因就是缺乏马列主义的理论修养，在宣传过程中犯了主观主义、形而上学的错误。

有的同志认为，我在写新闻的过程中，仅仅是客观地叙述事实或用事实说话，通篇只见事实不见理论，也不公开发表自己的意见，需要什么理论修养呢？

---

① 转引自顾行：《谈谈记者的基本功》，人民出版社 1980 年版。
② 《马克思恩格斯全集》第 37 卷，人民出版社 1971 年版，第 319 页。
③ 《邓小平文选》第 3 卷，人民出版社 1993 年版，第 372 页。

确实,有许多新闻并不需要有理论。然而,对记者来说,理论的重要不在于你笔下有多少理论色彩的文字,而在于在选择事实、分析事实、叙述事实的过程中,反映出思想水平的高低。

三、乐于深入实际,善于和群众打成一片

新闻报道必须真实地迅速地反映现实的变动,因此,新闻工作者要和实际、和群众保持经常的联系,这是不言而喻的。问题在于:一位新闻工作者有没有深入实际、深入群众的渴望。

在新闻工作中,和实际保持联系有两种做法。一种是"蜻蜓点水"。这些同志往往关起门来想点子,凭着经验吹路子,跑到下面找例子。这种联系只是表面上的接触,并不叫"深入"。这些同志往往迷信自己的"灵感""聪明""点子多",他们缺乏深入实际、深入群众的渴望。这是新闻、评论产生平庸之作的原因之一。另一种是和实际生活保持密切的联系,长年累月地深入下去,去掌握丰富的第一手材料,去了解现实的变动,反映人民群众的生动活泼的创造和人民群众的要求、意见、呼声。这才是新闻工作者的好作风。

一切真知灼见,一切对实际生活产生重大影响的新闻作品都是在深入实际、深入群众中得来的。这已被新闻史和当前新闻实践所证明。范长江以《中国的西北角》和《塞上行》两本通讯集而闻名。1935 年 7 月开始,他为了实地考察,历经川北、陕西、甘肃、青海等地区,爬过大雪山,穿过瘟疫区,晚上睡牛棚,露宿野外,有时和腐尸为伴,历尽险恶,四次险些丧生。西安事变刚刚发生时,外面谣言四起,他为探求事件真相,只身闯进西安,后又秘密去延安。他就以这次自己亲身的经历、亲眼目睹的事实,揭开了中国西北部神秘的内幕,号召人民挽救空前严重的民族危机;揭穿了国民党对西安事变、对共产党所散布的种种谣言,使许多奇谈怪论不攻自破。这两本通讯集里有具体的叙述、形象的描写、深刻的分析、精辟的见解,给当时读者很大的震动。范长江的这些成就都是他深入实际、深入群众得来的。"教给学生一碗水,教师自己应该有一缸水",其实当记者何尝不是如此?"百里挑一,以一当十",这是有经验记者的口头禅,意思是说:要从一百个事实中挑出一个事实来,才能使这个事实起到十个事实的作用。要收集大量丰富的材料,那就只能深入实际、深入群众。

在深入实际、深入群众的过程中,新闻工作者还改造了自己的世界观,增强了对群众的感情,产生了真诚为群众服务的愿望,说群众想说的话,与读者的悲欢哀乐、甜酸苦辣打成一片,真正成为群众的耳目喉舌。邹韬奋以他在《生活》

周刊上的小言论出名,他的最大的特色就是抓住了群众当时最关心的问题,而且以最通俗的群众语言像朋友谈心那样来写作。韬奋小言论的成功就在于他热爱群众,始终和群众保持密切联系。大量的群众来信,他每封必复,开始亲自写,后来实在忙不过来,才请人代笔,但发信前一一过目,签上自己的名字。他从群众的大量来信来访中,了解群众的情绪、要求,用自己的笔为群众呼喊,群众来信成为他的小言论的"维他命"。就像他自己所说:

> 每篇不到一千字的"小言论",在下笔之前,要费很多时间考虑什么是当前大多数最关心最焦虑的问题。[1]

就因为这一点,在他的笔下,倾注了群众的思想感情,跳动着群众的脉搏,因而受到群众的欢迎。

所有有作为的新闻工作者,所有想真正为党和人民服务的新闻工作者都应该热爱群众,有一种深入实际、深入群众的渴望。

四、有比较宽广的知识面和一定的专业知识

看过《燕山夜话》的人都赞叹该书作者学识渊博,文笔优美。这和作者邓拓博古通今分不开。论历史,他是有名的明清史学家;论文学,他是著名诗人、散文家;论新闻,他写过几百万字的社论,是位政论家。邓拓掌握了丰富的知识,厚积而薄发,写作杂文自然游刃有余。

要求新闻工作者都成为某一个方面的专家,当然要求过高,但有比较广阔的知识面,有一定的专业知识却是从事新闻工作所必需的。

广博的知识能帮助记者找到与被采访对象的共同语言,比如采访农民就要了解一点农业知识。没有丰富的知识,采访难以深入。对被采访对象的调查表明:70%以上的同志喜欢和记者采取讨论方式来交谈,而不喜欢"你问我答"方式。在这样的讨论方式中,记者必须要有一定的专业知识,否则就讨论不下去。即使在"你问我答"的方式中,记者的问题提不到点子上,或老问一些很浅的问题,答者也会索然无味。有位记者去访问地质学家,听不懂地质名词,连连请人家解释,解释多了,地质学家不耐烦了,从书架里抽出一本通俗地质读物给记者,请他读完后再来采访。

---

[1]　转引自胡愈之:《人民生活是写作的唯一源泉》,载《人民日报》1956年5月6日。

　　知识能帮助记者辨别真伪、是非,找到问题的关键,不会轻信上当。美国《纽约时报》曾有一位总编叫卡尔·范·安德(1904—1925 年任总编),以他对数学、化学、物理学的造诣开创了美国的科技报道。1919 年,爱因斯坦的相对论问世,世人称之为"只有他和上帝"才领悟的天书。但安德却以丰富的学识意识到这一理论的潜在意义,在《纽约时报》上发表许多文章介绍相对论,几年后就使爱因斯坦和相对论在美国老少皆知。有一次,安德收到爱因斯坦在普林斯顿大学的一篇讲稿,当他仔细核对时,发现讲稿中一则公式错了。他打电话去询问,对方说:"没错,爱因斯坦就这么讲的。"安德说:"那么,一定是爱因斯坦讲错了。"最后去问爱因斯坦,爱因斯坦大吃一惊:"安德是对的,我在黑板上抄写时把公式抄错了。"这则奇闻,一时成为美国报界的佳谈。这样的编辑当然是很罕见的,但掌握必要的文史地理知识、自然知识,不要出现常识性的错误,是对每一个新闻工作者的起码要求。然而常识性的错误,在我们有些报纸上却是屡见不鲜。例如,中央一家报纸报道军民合力扑灭一家银行火灾的消息,不到一千字,却多处出现常识性错误。消息中说,"银行库存 150 万现金撒满一地,分文未失。"按规定,金库现金是保密的,只有银行行长才知道,记者怎么知道的? "哗啦一声,一只柜子摔下来砸开了,钞票、账本撒了一地。"军民在烈火中抢救撒在地上的钞票,这又是外行话。银行钞票都放在保险箱里,不可能摔下来就砸开。"副教导员李银海踢开着火的大门,冲进金库⋯⋯",谁都知道,银行的大门不是木制的,而是铁门,铁门怎么可能一脚踢开? 记者不深入实际,又缺乏关于银行的普通知识,轻信别人的介绍,闹出这些笑话来。有一篇报道勘探工作的消息说,某一钻探了 1.2 万多米,"这一钻进深度,相当于把我国最高的喜马拉雅山高峰从山顶钻透到山脚以下 3 000 多米",这是缺乏科学常识的错误比较。珠穆朗玛峰高 8 848.13 米,指的是海拔高度,不是山顶到山脚的高度,从山顶钻到山脚并没有这么高。还有"高炉出钢"、"年降水量 210 天",把软体动物鱿鱼、墨鱼、章鱼说成"鱼类"等等说法,被人们传为谈笑资料。还有人由于孤陋寡闻,动不动就说"世界第一"、"世界之最"。更有甚者,一位电台的节目主持人在现场直播中,居然不知道每年的 12 月份是 30 天还是 31 天,说要回去查一查,真是出尽洋相。2006 年 7 月广州一家报纸揭露"西瓜注入红药水",引发广州、香港市民恐慌,不敢买西瓜吃。结果海南省西瓜卖不出去,损失达 3 000 万元。但专家指出西瓜不可能注入红药水,因为成本太高,并且西瓜除了加快腐烂,不可能变红。[①]这

---

① 《新民晚报》2006 年 8 月 17 日。

样简单的常识,记者也不去讨教专家,自以为是地公开报道,损失难以挽回。这些情况,无论如何不能再继续出现了。

知识还能帮助记者、编辑把新闻、评论写得丰富、生动,深化主题,更富有说服力。毛泽东同志写的《中原我军占领南阳》新闻稿中,交代了南阳的历史背景。这一交代使人明了南阳这一地区自古以来就是兵家必争之地,从而深化了我军占领南阳的意义。

新闻工作的性质要求记者才思敏捷,写得快,这和作者的知识修养有很大关系。古人说:落笔原非倚马才。没有平时的知识积累就不可能有倚马可待的本领。恩格斯在《新莱茵报》工作时,写社论、新闻,常常一挥而就,又快又好。这不但因为恩格斯有很高的理论水平,对现实的深刻了解,还因为恩格斯有渊博的文史、自然科学知识。马克思赞扬恩格斯"是一部真正的百科全书,不管在白天还是黑夜,不管是头脑清醒还是喝醉酒,在任何时候他的工作能力都很强,写作和思索都极快"[1]。而马克思本人也同样如此。拉法格曾说:"马克思的头脑是用令人难以相信的历史和自然科学的事实和哲学理论武装起来的,而且他又非常善于利用长期脑力劳动所积累起来的一切知识和观察",所以,他能迅速解决各种难题,"不管碰到什么题目,非常丰富的有关事实和见解立刻就涌上他的脑海。"[2]

从目前的新闻实践中,新闻媒介急需一批学者型的或称专家型的记者、编辑。这批记者、编辑应该既有广博的知识,又在某一专业,如金融、经济、法律、农业、体育等领域,有一定的造诣,成为行家里手。尤其在报纸的深度报道、电视台的新闻透视等栏目中需要这样的学者型记者、编辑。我们有些新闻报道,写得外行看不懂,内行不愿看,就因为记者本人似懂非懂,抓不到要害,写不出既有深度又通俗易懂的文章。新闻界有句流行话:记者一思考,上帝就发笑。讽刺有些深度报道写得太幼稚,尽说些外行话。

五、有高尚的职业道德

我国的新闻事业是中国共产党领导下的新闻事业,因此,新闻事业从一个侧面反映出党的形象。新闻工作者的思想、道德、作风在群众的心目中也是和党的形象联系在一起的。这是我国新闻事业和西方新闻事业显著的区别。群众给

---

① 《马克思恩格斯全集》第 28 卷,人民出版社 1973 年版,第 604 页。
② [美]拉法格:《回忆马克思恩格斯》,人民出版社 1964 年版。

予新闻工作者这么高的信任、这么高的荣誉,每一位同志都有责任以自己的行动维护党的形象,为党的新闻事业增添光彩。关于新闻职业道德的具体要求,我们将在第二节陈述。

六、有熟练的新闻业务才能

一名新闻工作者要有熟练的新闻业务才能,这是无须多说的。这里需要指出的是:一名编辑、记者,不仅应该精通一行,而且样样都能拿得起来,包括采访、写作、编辑、评论;包括各种新闻体裁,消息、通讯、新闻特写、新闻评论、调查报告等等。只有熟悉新闻业务的全盘工作,才会从整体上处理自己的局部工作;只有熟练地掌握各种新闻体裁,才能恰到好处地运用各种材料。现在各新闻单位都有一些这样一专多能的记者、编辑,发挥着业务骨干的作用,但数量实在太少。不少记者、编辑的业务路子很窄,当记者的不会当编辑,写新闻的不会写评论,写消息的不会写通讯、写特写。一个萝卜只能按在一个坑里,临时有紧急任务,编辑部常常派不出人。新闻工作的实践需要培养出一大批一专多能的记者、编辑。

以上六个方面,是我国新闻事业对新闻工作者的基本要求。新闻工作是艰苦而又光荣、有一定风险而又崇高的工作。只有具备了上述六个方面的基本素养,新闻工作者才能完成党和人民交付的任务,才能成为党的宣传员,人民的朋友,历史的记录员。

第二节　新闻工作者的职业道德

在世界绝大多数国家,除了明令的新闻法规,还制定了明确的新闻工作者职业道德标准。新闻职业道德是新闻工作者自立的行为准则,它借助舆论力量促使新闻工作者自觉地遵守。新闻法规是一种他律,新闻职业道德是一种自律(行业的自我约束,个人的自我约束),两者相辅相成,促使、鼓励新闻工作者完成社会使命。

新闻工作者的地位很特殊,上至总理部长,下至平民百姓,接触方方面面的人物,走遍角角落落的地方。正因为新闻工作的重要性和特殊性,除了新闻法规强制新闻工作者"不准"做的禁区,以防止滥用新闻自由外,还要提倡新闻职业道德,以行业内部的相互监督、以个人的自觉来抵御社会上的种种诱惑,防范不良行为,做一名坚持真理、维护真实、敢讲真话的新闻工作者。

在当前,在中国,提倡新闻职业道德还具有现实的紧迫性。计划经济向社会主义市场经济的转变,给新闻工作者带来巨大的工作动力和前所未有的发展机遇,同时也带来前所未有的挑战和诱惑。这些年,为了扩大发行,提高收视收听率,争取多拉广告,不少媒介的内容低俗、媚俗,还有屡禁不绝的"有偿新闻"。在市场经济下的新闻工作,必须有新闻职业道德作保证。

新闻职业道德包括职业理念、职业态度、职业纪律、职业责任四个基本方面。联合国《国际新闻道德规约》《中国新闻工作者职业道德准则》以及世界其他国家的新闻职业道德标准都基本上包含上述四个方面。

1. 职业理念

这涉及新闻工作的宗旨和"为什么""为谁"从事新闻工作。联合国《国际新闻道德规约》中提出为公众利益服务的理念:"职业行为的崇高标准,是要求献身于公共利益。谋求个人便利及争取任何有违大众福利的私利,不论所持何种理由,均与这种职业行为不相符合。"《中国新闻工作者职业道德准则》要求新闻工作者全心全意为人民服务。"为人民服务是社会主义道德建设的核心,是社会主义道德的集中体现,也是我国新闻工作的根本宗旨。"

2. 职业态度

新闻工作必须严肃、严谨、认真、踏实。《国际新闻道德规约》中指出:"报业及所有其他新闻媒介的工作人员,应尽一切努力,确保公众所接受的消息绝对正确。他们应当尽可能查证所有的消息内容,不应任意曲解事实,也不故意删除任何重要的事实。"并且强调:"任意中伤、污蔑、诽谤和缺乏根据的指控,都是严重的职业罪恶;抄袭剽窃的行为亦然。""对公众忠实,是优良新闻事业的基础。任何消息发表以后,如果发现严重错误,应立刻自动更正。"

3. 职业纪律

国际新闻记者联合会通过的《记者行为原则宣言》中有两条记者必须遵守的纪律:"只用公平的方法获得新闻、照片和资料。""对秘密获得的新闻来源,应保守职业秘密。"除此之外,世界各国的新闻职业道德准则中,还规定新闻工作者"不得以任何名义索要、接受或借用采访报道对象的钱、物、有价证券、信用卡等;参加各种会议和活动不得索取接受任何形式的礼金"等等。

4. 职业责任

竭尽一切努力,以确保新闻的真实、全面、客观、公正。

为保证新闻职业道德准则的执行,除对新闻工作者经常进行教育外,许多国家还建立新闻评议会。其中英国的报业总评议会是世界上影响最大的新闻评议组织之一。第二次世界大战结束后,英国议会鉴于新闻业垄断已导致新闻职业道德水准下滑的现实状况,于 1946 年建立了皇家报业委员会,对新闻业现状作彻底调查。1949 年,皇家报业委员会的调查报告发表,其中提出了建立报业评议组织以维护新闻自由、提高新闻道德的建议。1953 年 7 月 1 日,在英国政府的支持下,英国报业总评议会宣告成立。该组织共有 25 名委员,均为来自 7 个报业团体的编辑或经理代表,其主要职责是受理外界对报界的控告与申诉,作出裁决与结论,但这些裁决只有道义上的权威,并无实际约束力。据统计,英国报业总评议会每年收到的申诉信为 100 多件,其中 60 多件被立案处理。1963 年 7 月,英国报业总评议会根据第二届皇家报业委员会的建议,改组为由报界、司法界以及其他社会各界人士共同组成的报业评议会,以增强其权威性与社会性。在此先后,日本、比利时、荷兰、德国、意大利、土耳其、奥地利、韩国、南非、智利、巴基斯坦、以色列、加拿大、丹麦、印度、菲律宾等国家的新闻评议组织也纷纷建立,其名称除了报业评议会外,还有新闻纪律评议会(比利时)、新闻荣誉法庭(意大利、巴基斯坦、土耳其)、报业伦理委员会(韩国)等,亚洲、非洲以及南北美洲其他国家也有类似的机构。

　　这些新闻评议组织的基本职能是对报业及其他传媒的表现进行评议,并对一些违反新闻道德的案件做出不具有法律效力的裁决,一般不受理违法案件。但是,悖德与违法之间的界限是很难划分的,有些国家因而对此另作特殊规定。例如,土耳其报业荣誉法庭规定,凡法院审理过的案件,荣誉法庭不再审理;挪威报业评议会规定,在受理案件时,如果认为被告已触犯法律,则应请求法院或律师公会派员参加审理;瑞典、菲律宾等国的报业评议会要求原告在投诉的同时须发表一项保证不将该案件向法院控告的书面声明。大多数国家的新闻评议组织仅有裁决权,但也有少数国家如日本等则既有裁决权,又有处罚权,处罚的项目有警告、记过、罚款、开除会籍等。个别国家由于新闻评议组织与政府机构紧密结合,使这些组织带有半官方色彩,因而还拥有核发与取消记者证、向报社征税等权力。就人员构成而言,大多数国家的新闻评议组织是由新闻界与其他各界代表共同组成的,也有的仅有新闻代表而无其他代表,或仅有社会各界代表而无新闻界代表。

复习思考题

1. 中国新闻传媒业对新闻工作者的基本要求是什么?
2. 请阐述新闻职业理念、职业态度、职业纪律、职业责任的内涵。

附录一

中国新闻工作者职业道德准则

　　中国新闻事业是中国共产党领导的有中国特色社会主义事业的重要组成部分。新闻工作者要适应形势发展的需要,努力学习和宣传马克思列宁主义、毛泽东思想和邓小平建设有中国特色社会主义理论,坚决贯彻执行党的基本路线、基本方针,坚持以科学的理论武装人,以正确的舆论引导人,以高尚的精神塑造人,以优秀的作品鼓舞人,牢牢把握正确的舆论导向,为人民服务,为社会主义服务,为全党全国工作大局服务,为推动社会主义物质文明建设和社会主义精神文明建设,实现我国社会主义现代化的宏伟目标努力奋斗。

　　继承和发扬党的新闻工作优良传统,树立良好的职业道德,维护新闻工作的严肃性和声誉,对于发挥新闻舆论的引导作用,对于建设一支政治强、业务精、纪律严、作风正的新闻队伍,保证新闻事业健康发展,具有十分重要的意义。树立正确的世界观、人生观、价值观,自觉遵守新闻职业道德,应该是每一个有理想、有抱负、有操守和富于敬业精神的新闻工作者对自己的基本要求。

一、全心全意为人民服务

二、坚持正确的舆论导向

三、遵守宪法、法律和纪律

四、维护新闻的真实性

五、保持清正廉洁的作风

六、发扬团结协作精神

扫码见全文

附录二

联合国国际新闻道德规约二则

其一《国际新闻道德信条》草案

（联合国新闻自由小组委员会，经过五次讨论制订）

其二《记者行为原则宣言》

（国际新闻记者联合会 1954 年通过）

扫码见全文

再 版 后 记

《新闻学导论》于1999年10月出版,至今已过去整整7年。这7年时间,中国和整个世界的传媒业已发生深刻的、广泛的变化。经济全球化的浪潮、政府新规制的出台,尤其新技术的巨大推力,使传媒业正处于前所未有的转型过程中,与传媒业深刻变化相适应,新闻传媒业的研究空前活跃。新思想、新观点不断涌现。相比之下,《新闻学导论》有不少方面显得陈旧,于是下决心作一次大的修改。

再版的《新闻学导论》删去4章,修改一些陈旧的案例和观点,充实了近7年来传媒业的新发展和新闻传播学研究的新理论,从原先的18章扩充到19章。

我指导的研究生协助我完成了本书的修改。他们写出初稿,由我修改定稿。其中:

林晖博士(上海财经大学新闻系主任)撰写第五章、第十二章。

李舒、单凌(在读研究生)撰写第七章、第十七章。

戴苏苏(在读研究生)撰写第八章。

面对快速变化着的传媒业,我明白自己要学习、研究的东西太多太多。尽管我的整个暑假都扑在本书的修改上,费尽心机,但当我读完本书的修改稿时,我知道本书需要修改的地方还有许多许多。我已力不从心,让我过两年再修改吧!

深深感谢大家的厚爱,期望着大家的批评指正。

作 者

2006 年 9 月 12 日

第三版后记

《新闻学导论》自 2006 年再版迄今,过去了 10 年。对于传媒业来说,过去 10 年最大的变化就是网络和新媒体以无可阻挡之势突飞猛进,引发传媒业一场新的革命。以往新闻学的一系列理论、观点、模式都是以大众传媒为研究对象的。如果把新媒体仅仅作为一种新的新闻媒体,那么大众传媒与新媒体会有共同点,但也有显著的区别。其中最大的区别就是大众传媒是高度组织化、专业化的新闻生产,而新媒体是高度分散的、泛社会化的新闻生产,它赋予了互联网时代新闻生产全新的特点。而且,现在大众传媒与新媒体融合日趋紧密,这迫使新闻传播学不但要研究新媒体的新闻生产,同时还要研究新老媒体融合下的新闻生产,从而形成新闻学新的理论架构、新的观点、新的模式。这是全新的研究课题,我们才刚刚起步。

本次再版重点是对新媒体的特点以及新媒体带来的变革作了简要描绘和概括。新增加了三章,即第十三章互联网与传播革命,第十四章从大众传媒到新媒体,第十七章舆论引导与舆论监督。修改补充第七章当代世界传媒业的第一节,第八章当代中国传媒业的第一节,更新了其中的数据。第十九章改为新闻生产和新闻选择。

我的研究生袁鸣徽帮我收集了第七章第一节、第八章第一节的全部数据,并写出了初稿,从始至终帮我完成本次修改任务。

我知道,本教材还有许多观点需要重新审视,许多数据、案例应重新修订,有些我一时把握不准,有些我来不及,只好留待下一次再版时再做大的修改。

感谢多年来坚持选用本教材的师生们。

期待大家的批评,批评是推动我不断前行的动力。

作　者
2016 年 2 月